雄安基础教育
高质量发展
实践和探索

胡友永　王瑞志　李继良◎主编

光明日报出版社

图书在版编目（CIP）数据

雄安基础教育高质量发展实践和探索 / 胡友永，王瑞志，李继良主编． --北京：光明日报出版社，2025.7
1． --ISBN 978-7-5194-8418-7

Ⅰ．G639.2

中国国家版本馆 CIP 数据核字第 20255S5K99 号

雄安基础教育高质量发展实践和探索
XIONGAN JICHU JIAOYU GAOZHILIANG FAZHAN SHIJIAN HE TANSUO

主　　编：胡友永　王瑞志　李继良	
责任编辑：刘兴华	责任校对：张　丽　乔宇佳
封面设计：中联华文	责任印制：曹　净

出版发行：光明日报出版社
地　　址：北京市西城区永安路 106 号，100050
电　　话：010-63169890（咨询），010-63131930（邮购）
传　　真：010-63131930
网　　址：http://book.gmw.cn
E - mail：gmrbcbs@gmw.cn
法律顾问：北京市兰台律师事务所龚柳方律师
印　　刷：三河市华东印刷有限公司
装　　订：三河市华东印刷有限公司
本书如有破损、缺页、装订错误，请与本社联系调换，电话：010-63131930

开　　本：170mm×240mm	
字　　数：565 千字	印　　张：31.5
版　　次：2025 年 1 月第 1 版	印　　次：2025 年 1 月第 1 次印刷
书　　号：ISBN 978-7-5194-8418-7	

定　　价：99.00 元

版权所有　　翻印必究

编委会成员

陈　丹　　陈归华　　樊慧琴　　郭　峰　　霍海罗
金美华　　李辰东　　李晨曦　　李　娜　　李　雪
刘　明　　刘永刚　　孙永辉　　王维雪　　王志国
许钦贤　　许　毅　　于　钊　　袁美英　　张建新
赵晓娟　　郑倩倩

序　言

　　雄安新区，国之盛事、千年大计、战略之选。余知天命之年闻之，神涌似澜海之澎湃，飒沓如流星之翩然。戊戌之岁（2018年），遂怀老骥尚有追风千里，驽马可成久久功绩之志，自京城赴雄安支教，欲为建未来之城尽绵薄之力。至今时，倏忽七载，初曾司安新二中（今北京市第八十中学雄安校区）校长之职，其后尤以辛丑之岁（2021年）于安新三台始创容和一高，后迁至容东并发扬光大，最难忘却。

　　余感之，创业虽苦，然以己身先而率人则创业不难矣。创校之初，租用安新城郊五育小学校所。校舍局促，教师备课无冬暖夏凉之办公用室，学生活动无酣畅淋漓之操场。夜宿有蚊虫相伴，物购无丰备之市，信联缺当代之网。余思之，善将者，必以身先而率人；不善将者，多强而令之。遂以身先率众师生躬耕致力，研学备教，共克时艰。其常第一人至校，最后一人离校。余常曰："口尝苦胆，以锻意志。"众教工亦不敢稍有松懈，亦不敢不尽一百二十分之力也，兢兢业业，驰而不息。

　　神志，心之帅也。善凝心者，必将先筑其神而强其志。余初入三台五育校址时，告众教工曰："治学创业须收敛心性，历磨'三必三为'。"即思必以定志为导、动必以念深为要、成必以革新为功，遂以"正身育德、宽容大爱、恒学善研、严谨执教"为志导。时至中秋，校北大片红高粱挺拔直立似卫兵，整而有序，坚贞不屈。余又以此红高粱喻建校之精神，曰："此红高粱无论干旱或水涝，肥沃或贫瘠，均能结出饱满之颗粒，吾等均当持此志也。"红高粱之神志遂在吾校传扬之，后又凝练提升之：红高粱之神志即以艰苦创业为核，以不畏困难、开拓创新为支撑，以无私奉献、追求卓越为取向。现吾等思之，神志高尚则跟随者心凝力聚，心凝力聚方可行深致远。无神志或神志低下者，所辖必如散沙乌合。此神志亦为凝吾等心志之神器也。而今，吾校新入列之教工，均需学此神志也。

欲成大事，必广以聚才。高帝收三人，遂成百年帝业。辛丑尚未建校时，余即提出，成雄安教育大业，必集五湖奇才，聚燕赵能士。自辛丑至壬寅（2022年）、癸卯（2023年）三载不足，学校共招聘高职、研究生二百余人也。群贤既至、腾蛟起凤，人杰集聚、俊采星驰，此乃吾校创辉煌之基也。余教诸师云："教之以事而喻诸德，欲使弟子发愤忘食、学而不厌，教者必以勤；欲使弟子敏而好学、乐以忘忧，教者必以博；欲使弟子善问多思、明而能辩，教者必以启；欲使弟子读思交叉、温而能新，教者必以审。诸师亦以谦谦之心，谨遵之循之行之。"

时至七载，倏忽而逝。大淀白洋之风苇水荷，逐人而舞；韧蒲婀柳，摇曳生姿。全校执教者亦集心之拳拳、奉之默默、力之绵绵，笃行不怠，昼夜不舍。岁月惊风，光景驰流，激情似火，拼搏不息，伴露晨起，戴月而归，教、学、研三功并进，新区教学能手、省级各项大赛、全国同课异构，一路斩获，满誉而归，实为不易。

雄安春早，大淀风清，学校育人大业亦如雄安之盎然生机，勃勃然也。习近平总书记之语"堪称奇迹""殊为不易""扎实有效"亦对吾辈之努力者赞也。北风万里起大鹏，吹之不息也；驽马十驾跨神州，功在不舍也。筑梦未成，大业才始。鸷鸟将击，卑飞敛翼；猛兽将搏，弭耳俯伏。建雄安名校、育百年英才。讲台三尺虽小，天地浩然为筑；萤火之光虽微，集炬可成芒阳。路虽长，初心必不改；难虽多，此志宜愈坚。

二〇二四年十二月一日 书于雄安

目 录
CONTENTS

第一章　文化传承与创新 …………………………………………… 1

第二章　学校发展规划制定 ………………………………………… 10
　　北京市第八十中学雄安容东分校发展规划（2021—2027）……… 17
　　附件2：申报河北省示范校自评报告 ……………………………… 28

第三章　教师成长与发展 …………………………………………… 58
　　青蓝工程——师徒结对的成长故事 ……………………………… 70
　　大单元教学实践中的共同成长 …………………………………… 74
　　以身立教，用爱育人 ……………………………………………… 78
　　浸润心灵的校园文化 ……………………………………………… 80
　　岁月安暖，静待花开 ……………………………………………… 82
　　帮他绽放心中的那朵花 …………………………………………… 85
　　"教学重在学生，重在细节" ……………………………………… 89
　　讲台亦是舞台 ……………………………………………………… 91
　　北京市八十中的教育故事 ………………………………………… 93
　　教学设计中的意识在教学中的应用 ……………………………… 95
　　从零开始，稳步前行 ……………………………………………… 97
　　扎实教育教学之识　践行立德树人之路 ………………………… 99
　　抓基础，培思维，建结构 ………………………………………… 103
　　构高效课堂，以提质增效 ………………………………………… 105
　　关于提升新入职教师专业化水平的思考 ………………………… 107
　　实验探真知，科学助成长 ………………………………………… 109
　　北京市第八十中学的教育故事 …………………………………… 111

1

实施"名师工程",引领教育高质量发展…………………………… 113
教育基本功大赛活动总结 …………………………………………… 146
立足雄安建设高标准 创新助力教育新发展 ……………………… 199
新课程标准下的《将进酒》教学探索 ……………………………… 204
初中英语"教—学—评"一体化育人理念的实践探索 …………… 213
基于北京市第八十中学雄安容东分校"澄明课堂"模式下的高中历史
教学思考 ……………………………………………………………… 223
直线与平面垂直的教学案例 ………………………………………… 232
让红色基因根植现实 ………………………………………………… 238
信息技术在初中地理教学中的运用探究 …………………………… 244
高中英语小说阅读教学实践 ………………………………………… 251
基于初中生物核心素养的情境化教学探索 ………………………… 255
基于问题导向的大单元教学设计 …………………………………… 263
新课标视域下初中地理情境化教学案例研究 ……………………… 269
新课改背景下初中数学大单元教学的实践探索 …………………… 279
英语学习活动观指导下基于主题意义探究的初中英语听说教学设计实践 … 287
饱经磨砺方能一路生花 ……………………………………………… 298
勿忘初心,砥砺前行 ………………………………………………… 300
以赛促教 ……………………………………………………………… 302
同课异构的感受 ……………………………………………………… 305
2022 年同课异构活动感悟 …………………………………………… 306
初中历史教学创设情境的课例 ……………………………………… 312
课例分析 ……………………………………………………………… 317
基于概念构建的情境式教学实践 …………………………………… 320
"素养本位"指导下的课例—功和功率(第一课时)……………… 324
"法治政府"活动型学科课程教学设计 …………………………… 329
从课例"复分解反应发生的条件"谈初中化学教学中的情境创设 … 334
教科研基本功大赛 …………………………………………………… 340

第四章 课程建设 …………………………………………………… 344
"三级立体生命教育"课程体系 …………………………………… 344
基于核心素养的专题性课程群建设 ………………………………… 346
温馨如画 欣赏德育——德育课程建设 …………………………… 349

第五章　课程教学改革 ······ 405

第六章　北京市第八十中学在京津冀教育协同发展中援建雄安成果总结 ··· 425

第七章　援建体会和感言 ······ 442
  京津冀教育协同发展背景下雄安办学的实践与探索 ······ 442
  让雄安孩子在家门口享受最优质的教育 ······ 451
  专业凝练与合作分享：从学校管理走向学校治理 ······ 456
  回眸六年支教无悔 ······ 463
  雄安支教 怀揣教育情怀 三尺讲台 书写别样青春 ······ 469
  雄安，希望的田野 ······ 473
  我在雄安教高三 ······ 477
  支教感言 ······ 481
  一段难忘的岁月，一段宝贵的经历 ······ 488

第一章

文化传承与创新

一、学校奋斗目标

建校初，本校秉承北京市第八十中学的办学理念，结合雄安新区教育实际确定了学校、干部、教师、学生共四个层面的发展目标。

（一）学校发展目标：探索雄安新区未来学校样板，创建中国教育的雄安名片，建设在雄安新区有示范引领作用，在河北省乃至全国具有影响力的现代化学校

示范引领：学校通过在党建品牌、教育教学创新、校本课程体系构建、人本管理等方面的探索和实践，推陈出新、创出特色，以合作和研讨的方式，全方位地在全新区乃至全省全国同类学校中持续性地发挥素质教育的表率和创新型人才培养的示范辐射作用。学校充分挖掘、整合、拓展学校办学中的优势，以优势带动发展，以优势孕育优势，形成具有辐射作用的各种优势团队，并形成学校的优势群。

现代化：努力提高学校教育制度、教育思想观念和教育教学机制的现代化和学校发展的信息化；在促进办学条件和教育手段现代化的同时，积极推行教育民主化，尊重学生个体的主体性和教师发展的自主性，为师生创设个性发展的平台，进而实现人的现代化。

（二）干部发展目标：建设一支具有"大局意识、合作品格、服务情怀、坚韧作风"的干部队伍

大局意识：自觉从大局看问题，把本部门工作放在学校工作的大局中去思考、定位、谋划、开展。切实破除本位主义和小团体主义，克服不顾大局、不顾整体、不顾集体的现象，科学处理好大局与局部、整体与部门、集体与个人的关系，做到正确认识大局、自觉服从大局、坚决维护大局。

合作品格：共识学校的愿景，明确学校的发展目标，向上把学校愿景与部门规划、个人目标紧密融合，平级之间多倾听、多沟通，相互配合、协同工作，

向下分工明确，群策群力，做到换位思考。

服务情怀：淡化"管人"的意识，强化服务观念，真正把精力放在服务上，想问题、办事情多为师生考虑，多为党员、干部、教师和学生着想，深入了解学校情况，广泛听取师生呼声，多为师生办实事、办好事，不断提高服务大局、服务学校的质量和水平。

坚韧作风：要坚定信念，经得起来自多方面的考验，坚决克服心浮气躁、急功近利、好高骛远等不良倾向，始终保持奋发有为的精神状态，沉下心来专注于自己的本职工作，用坚韧不拔的毅力集聚和积淀工作经验，做到追求事业不浮躁，独立思考不跟风。

（三）教师发展目标：建设一支"正身育德、宽容大爱、恒学善研、严谨执教"的教师队伍

正身育德：教师要内外兼修，表里如一，既注重内在修养和提升，又要发挥自身示范引领作用。严于律己，洁身自好，自觉将爱岗敬业、爱校如家、爱生如子的师德要求内化于心，外化于行。以高尚的品德、精湛的业务、优良的作风带动学生，捍卫教师职业的权威性和公信力，引导和帮助学生。

宽容大爱：教师要用关心的目光赞许每个孩子，允许他们犯错误，并把握教育契机，积极创造机会，让学生健康成长，不断进步；要善于用自己的宽容施爱，走进学生的内心，尊重学生的人格，成为学生心目中可亲、可敬、可以推心置腹信赖的人，从而达到教育学生的目的。

恒学善研：持之以恒的读书，做思考着的教育者，要将阅读融入教师的继续教育和专业发展中，并内化为自身的自觉行为，不断提升自我、完善自我，以满腔的教育激情践行自己的教育初心，通过研究申报课题、开题、中期和结题等一系列过程，助力自己从一名"力求站稳讲台的新手"发展为"站好讲台的熟手"，再到成长为"具备独特教学风格的研究型教师"。

严谨执教：在教学过程中，能根据课程标准和教学大纲要求，结合学生实际情况因材和因人施教，备课、授课、批改作业、出题考试、阅卷评分等环节要一丝不苟，切实抓住教材的重点和难点，明确教学目的和教学要求，能自制教具和灵活使用教具，能准确、科学、生动、形象地向学生传授知识和技能。

（四）学生发展目标：培养"有理想、强体魄、会学习、善合作"的具有中国灵魂和国际视野的未来领军人才

有理想：积极了解自己、关心他人、关心国家、关心社会，能够根据祖国、人民、社会的需要，根据自己的兴趣优势确定崇高远大的理想，并将理想转化为具体的生活和学习的目标，以坚定的信念为实现目标而坚持不懈、持之以恒。

强体魄：通过丰富、有趣的体育活动提高自身对运动的兴趣，积极参加体育锻炼和赛事活动，促进自身体魄强健、身心健康、全面发展，并能将意志坚定、团结合作、顽强拼搏等体育精神运用到学习和生活之中。

会学习：能够培养自己对于各种知识的兴趣，能够根据自己的实际确定适合自己的学习目标，能够形成适合自己的学习习惯，能够在学习中质疑、主动进行实践探究，并乐于尝试创造性地解决问题。会学习的核心是形成可持续学习的发展能力。

善合作：在家庭能与家人合作，在学校能与老师和同学合作；在合作中善于倾听，善于发现同伴的优点，善于友好地表达自己，善于学习和吸纳别人的优点，善于将自己对生活的体验与人分享，体会到奉献他人和服务社会所带来的幸福感，善于结交朋友，合理安排生活。具有合作交流与共事能力是学生善于合作的核心。

二、北京市第八十中学优秀文化的传承

本校继续坚持北京市第八十中学坚持的"一人一天地，一木一自然——让生命因教育而精彩"的办学理念，秉承"勤奋、求实、创造、奉献"的校训，建校不到两年就取得了可喜的育人成果。

（一）办学理念：一人一天地，一木一自然

"一人一天地，一木一自然"，这是第八十中学的教育观。作为一名生物教师，我更喜欢从生命的角度来理解教育。我觉得人才的培养，其实不是给他什么，而是充分尊重他的生命天性，让他发现自己有什么，通过创造最适合他生长的环境，让他呈现自己最好的生命状态。

——北京市第八十中学校长田树林

新区的分校秉承北京市第八十中学的办学理念和校训。校长认为：孩子其实拥有未来发展的一切可能，我们要做的就是呈现这种可能。从这个意义上讲，校长的工作，最重要的就是营造一个大自然，营造出生命成长的和谐教育生态，让最好的生命能量生发出来、呈现出来、流动起来、传播出去。

事实上，每一个教师都和孩子一样，也在成长中。成长中的教师才能和成长中的孩子进行真正的能量互动。只有在成长中，教育的过程才能在生命、血

脉和灵魂的层面得以完成，教与育才是真正有效的。

学校创新教师发展机制，从师德修养提升力、自主发展内驱力、开拓创新学习力、课程教学领导力等关键部分着力，探寻一条从普通到优秀再到卓越的教师培养之路，试图创造一个生动的、具有真正创造力和生命力的，像大自然一样的生态系统。

（二）校训：勤奋、求实、创造、奉献

勤奋：郭沫若曾说过："形成大才的决定因素应该是勤奋。"作为一名中学生，我们现在的主要任务就是勤奋学习，要坚信一分耕耘，一分收获，要想取得成功必定要付出辛勤的汗水。

求实：求实的意思是讲求实际。要诚实守信做人，以科学的精神做事。

创造：创造是创新人才的目标追求。在当今社会中，创造具有十分重要的作用和意义，因为创造性的思维可以不断增加人类知识的总量，不断提高人类的认识能力。

奉献：奉献是一种真诚自觉的付出。雷锋曾经说过："我的生命是有限的，而我的奉献是无限的。"我们应该追求这种高品位的生活情操，以服务祖国、服务大家为目的，以奉献社会为使命，以收获快乐为报酬，发扬中华民族优良的传统美德。

三、校园文化创新——红高粱地精神的形成

（一）内涵及重要性

校园文化指的是学校具有的特定精神环境和文化氛围，是一种意识，是学校教育的重要组成部分，更是全面育人不可或缺的环节。校园文化建设逐渐成了一所学校综合实力的重要体现。在校园文化中，真正的核心是人。我校通过校园文化的建设，让校园文化反映人文风骨，让精神气息刻进少年基因。

1. 显性规定性

校园文化具有"显性规定性"的功能，特别是制度层面的校园文化，明确地对学生、一级教师等群体的行为提出规范性的要求。本校根据教师队伍的构成、班主任的组合、回迁学生的学情等，制定了《班主任手册》、学生"双十条"协议等，指导并引领全体师生的发展与培养。

2. 无声影响性

校园文化具有"无声影响性"的作用，校园文化提供了指引学校成员行为的各种表达性符号，潜移默化地育人，以无声润物。

2021年9月6日，新生报到。天公不作美，绵绵细雨。学校门前都是积水，老师们在雨中接过学生的行李，身体力行地帮助学生们。学生们看见教师们在雨中忙碌的身影后，深深为之感动，他们的表情瞬间由失望、不满变成了感动、满意，并且主动与教师们一起帮后续报到的学生提行李，将这种乐观、奉献的精神传递。

（二）重要组成部分——红高粱地精神

文化为校园立魂。2021年8月，容东片区尚未开放、新校园尚未竣工，为了让学生能够准时开学、保障教学质量，校领导东奔西走，寻找到了安新县张村五育小学。就这样，教师们奔赴于此，开始了如火如荼的开学准备工作。在红高粱地旁，在艰苦的环境中，学校领导和教师们以高昂的斗志、满腔的热情投入教育教学工作中，每一位北京市第八十中学雄安容东分校的人都像窗外的一株株红高粱，"向下扎根、向上生长"。2021年12月29日，在初、高中全体教师及新区部分领导参加的述职大会上，胡友永校长正式提出"红高粱地精神"作为学校的建校精神，成为本校文化的重要根基。

红高粱地精神主要包含4个方面，即不畏困难、积极乐观进取的精神；不怕流汗、不怕挨冻的奋斗精神；全身心投入工作的拼搏精神；不计个人得失、追求卓越的奉献精神。

1. 不畏困难、积极乐观进取的精神

借址办学期间，工作不如想象般顺利。五育小学内很多教学设施不齐全：没有网络，没有监控，教室、办公室、会议室都没有桌椅。为了让教师们正常办公、学生们正常上课，学校购置了200多套学生课桌椅，教师们将学生的课桌一张张搬到了教室中摆放整齐，桌子不够，便用电脑包装箱摞起来替代。信息技术老师为各学科组的办公室安装电脑、拉网线、连接监控。准备好教学设施后，新的困难随之而来——学生住宿。五育小学所在的张村工业区地处张村的边缘，附近是制鞋工厂，离三县较远且交通不便，学生不便走读。因此，学校决定对学生进行封闭管理。200多名学生需要大量的宿舍，而五育小学并没有专门的学生宿舍。这时，学校将目光投向紧邻小学的废弃旅店，旅店东西朝向，与小学构成直角，刚好将校园封闭起来。经过多方协商，学校成功将旅店改造成了宿舍，师生同住。尽管房间小而逼仄，年久失修的卫生间排风扇常常漏水，也没有晾晒衣物的地方，但住宿问题终于得以解决，师生在此有了"容身之地"。

2021年9月13日，学校举行了第一届新生开学典礼。这是一次特殊的开学典礼，没有宽阔的操场，没有大气的教学楼，有的是校门外一望无际的高粱地。开学典礼也没有摄像机、三脚架，教师们用自己的手机接替着录下了开学典礼的全程。教师的庄严宣誓、家长的通力配合、校长的慷慨陈词、学生们朝气蓬勃、掷地有声地齐诵《少年中国说》，无不令人历历在目，永生难忘。

搬回新校区后，面对基础知识不太好的生源，教师们迎难而上，绞尽脑汁打造适合现有学情的高效学习方案，提出"三二二一澄明课堂"教学模式，进行分层化教学。小班化授课过程中，提出"以生为本、学案先行、情境再造、探究展示、精讲释疑、当堂检测"，在课堂上在生与生和师与生的互动下进行内心的交流和矛盾碰撞，最大限度地调动每一位学生动脑想、动手练、动口说，以期达到课堂效益最大化。实验班使用搭载闭合网络平台的平板教学，基于学校的优越的教师资源，通过大数据测量，打标签、定制、整合课程内容，做到了"对人、对点、对题、对分"的靶向精准辅导。此外还开设日语这一小语种，为学生提供全新的机会，为学生未来的高考开辟了新的道路。在2021年11月的外语学科月活动中，日语班的合唱获得一致好评。作为雄安新区唯一开设两门外语课的学校，本校也将继续从教学质量评估、常规管理、文化活动组织等各个方面为日语班提质，力争打造办学又一特色，促进学校多元化特色发展。

2. 不怕流汗、不怕挨冻的奋斗精神

借址办学期，学校一穷二白，教师们反而激发了斗志，决不向艰苦的条件低头：没有空调，大家与汗水和蚊子相伴；没有暖气，大家就与寒冷斗争。入冬天冷，办公室没有暖气，教师们裹着一层又一层外套，抱着暖水袋备课，坐得久了，起身时腿脚已经僵硬，只能一瘸一拐地去教室上课，如此坚持了半月有余。雨后学校有积水，为了学生的安全，教师徒手疏通，用桶一点点地把水排到校外；下雪后学校有积雪，教师自制清扫工具，带领学生用木板和铁皮清理。他们不怕流汗、不怕挨冻、集思广益、冥思苦想，活用每一份资源，只为给学生呈现更好的课堂。

迁回新校区后，学校环境和硬件设施得到了极大的改善，教师和学生们不再需要与艰苦的条件作斗争，在冬暖夏凉的教学楼内、在明亮的现代化教室里、在宽敞专业的操场上，师生以崭新的形式继续践行"不怕流汗、不怕挨冻"的奋斗精神。不论寒冬还是酷暑，手脚冰凉或汗流浃背，早晨6点10分准时看见师生跑操的身影，晚上10点10分依然能看见站在校门口送学生回家的教师。

胡校长穿棉衣办公　　　　　　　　师生在没有取暖设备的教室上课

3. 全身心投入工作的拼搏精神

校长心系师生，呕心沥血，尽管前一天加班到深夜，第二天清晨6点依然准时地出现在校园陪学生跑早操。教师们为了上好每一堂课，书不离手，废寝忘食，宿舍熄灯也要开着台灯备课。早读晚辅，科学指导，答疑解惑；课堂课间，高效授课，批改试卷。每个教师都成了安装工、修理工、保洁工，用无微不至的关怀和丰富专业的知识为学生提供最暖的服务、最强的后盾。

搬回新校区后，全体教师们全身心地投入教育教学的实践中，参加省、市、区等众多比赛，总结经验，提升能力。两年来，有17位教师在河北省教师优质课中获奖，6位教师在河北省教师大赛中获一等奖，11位教师获河北省二等奖；有46位教师在雄安新区优质课中获奖，其中26位教师获一等奖；2021年雄安新区教学能手大赛，本校共计46位教师参赛，43位教师获优秀教学能手荣誉称号。

4. 不计个人得失、追求卓越的奉献精神

借址办学，宿舍空间狭窄，教师们将大宿舍让给学生，自己住进小宿舍；食堂菜系较少，教师们与学生们统一饮食，绝不搞特殊化，班主任还陪学生一起用餐，时刻关注学生的反馈；没有网络，教师们就用手机开热点为学生进行钉钉直播；体育课没有器材，教师们带学生跑步、跳远、玩体育游戏，从家中搬来闲置的器材给学生使用；合唱团没有设备，教师们用自己珍藏的蓝牙音响外放伴奏；实验课没有仪器，也是教师们自己买材料，用一支蜡烛和一根冰棍为学生们呈现出了气压变化现象与大气环流原理。

搬回新校区后，为进一步加强家校合作，形成更有效的教育合力，学校在寒假期间开展了2023年春季开学的线下家访活动。教师们精心准备、分工协作，牺牲自己宝贵的寒假时间深入到学生家中，把关爱学生做到"家"，跟家长交流孩子平时在学校的表现，了解孩子在家学习生活的情况，探讨学生未来的发展规划。家访结束后教师们及时记录家访内容，细致整理、认真归纳，用温情书写着一份份家访记录，建立学生个人成长档案，制定后续个性化教育策略，形成家校合力。班主任教师们也撰写家访随笔，为自己的德育工作留下成长印记。

【教师感言】

借址办学的3个月里，大家有泪水，也有欢乐；经历了磨难，但更多的，是收获了成长。搬离"红高粱地"之前，教师们内心五味杂陈，纷纷有感而发：

清晨，远远望着黑暗中灯火辉煌的五育小学，想想即将从这里搬走，心里有太多的不舍。在这里我们团结一心，每个老师都成了安装工、修理工、保洁工，我们从无到有；在这里，外边冰天雪地，我们在冻得发木的办公室里为学生答疑解惑，依然备课至深夜；在这里，尽管每夜被叮当响的下水道吵得睡不了3小时，但6点依然准时起床跑操。在这里，我们真正体会到我们是雄安的建设者，我们来自五湖四海，在这里奋力拼搏，献身新区教育事业！校舍外那片高粱地，见证了我们在这里、开拓、耕耘。我们相信：幸福都是奋斗出来的，奋斗本身就是一种幸福！

——王维雪

初见容和，在一个天高云淡的9月。印象深刻的不仅有校门外那大片大片的千斤红高粱，还有校园里一张张洋溢的笑脸。就这样，在这个秋高气爽的9月，在这个秋兰飘香的9月，怀揣教育梦想的我们开始了忙碌而充实的日常工作。

秋天是忙碌的季节。她见过我们的早出晚归、风雨奔波，听过我们的苦口婆心、研讨备课，也懂得我们忙碌的意义，为肩上的使命、为家长的信任、为容和的未来。

秋天是难忘的季节。难忘我们一起吟诵的诗歌，难忘我们一同出游的时光。阳光转过楼角，你们青春正好。共同拼搏的课堂，一起跑操的操场，一块儿抢饭的时光……所有这些，定会成为你记忆里的白月光。

当秋天的脚步渐行渐远，冬的寒意便在季节的眉眼间渲染。3个月的校园时光已成为记忆中美丽的琥珀，我们开始拥抱初冬的美。岁月是一场有来无回的旅行，一切只是经历，每一段时光虽是短暂，也是美好。

遇见一座城，是初见，亦是重逢。方知，这世上有这么一片土地，是你前半生的异乡，却成为你后半生的念想。秋天开学季，我们背上行囊，远离家乡，奔赴属于我们的异乡，亦喜亦忧的我们，在雄安体会到了很多，这座未来之城，终将成为我们一生割舍不掉的情结。人生四季，每一季都有美丽的景色、动人的故事，我，我们，便是彼此四季中，最美好的那一段光景！

——赵晓娟

8月份入职雄安容和教育总校，我抱着满腔热血投入新的工作岗位。一切从零开始，总校在没有校舍的情况下，第一时间积极解决问题，寻找到安新县三台镇的育人小学。我们一群有教育理想，怀揣教育梦想的可爱的人们，克服重重困难：居住条件拥挤，办公环境简陋，每天饭菜单调等等，都没有丝毫影响我们的热情！办公室每天热火朝天的讨论问题，一下课就被学生围得水泄不通的老师，探讨各种教学教育难题，积极准备各种示范课、展示课，日常忙碌于教研听课，大家都相信一切艰苦条件都不是事儿，我们要认真做事儿，高调做事儿！我们坚信只要有梦想，有坚持，就一定能成功！

——钟景娟

2021年9月，怀揣着对新区的向往，带着对教育的执念，我辞去了石家庄市公办学校的编制，毫不犹豫地来到雄安新区。

初来新区，我对未来充满了憧憬，然而现实却很骨感，我跟着导航驱车3小时来到了安新县三台镇张村的临时校区，内心不由一惊：旧校舍正在装修、操场堆满杂物、办公室是临时改装的。2021年后半年我们全体师生就在没有空调、没有电扇也没有暖气的临时校舍里办公和学习，条件艰苦没什么，只是对家乡和孩子的思念总是让人潸然泪下。后来我把孩子接到身边，每天早上五点半驱车赶往学校，白洋淀大道上大雾弥漫，只有那漆黑中的一片光提醒着我到学校了。张村校园外那由绿而红的高粱见证了我们不怕流汗、不计得失、永不言败的红高粱精神的诞生。如果说曾经在漆黑的路上，那一片光是我前行的唯一方向，那么在那段流过泪的日子里，红高粱精神就是我心中那盏不灭的灯。

——李娜

第二章

学校发展规划制定

规划，是脚下的路，更是学校最真实的"施工图"，直接决定着团队的方向、路径、速度和节奏。

一、借鉴北京经验，建立学校高质量发展的四梁八柱

（一）学校基本情况概述

规划建设雄安新区，是千年大计、国家大事，而教育是千年大计、国家大事的重要组成部分。雄安新区积极引进京津冀优质教育资源，积极推动以容东片区为起点的现代教育治理体系改革创新，新区教育迎来了百花齐放的春天，教育先行，初见成效。

根据北京市教育委员会和河北雄安新区管理委员会关于京雄教育合作协议精神，2021年8月北京市第八十中学在雄安容东安置区援建两所新学校：雄安容和第一高级中学和雄安容和兴贤初级中学，合称北京市第八十中学雄安容东分校。学校把北京先进的教育理念和先进的管理经验引入雄安，使这所新建学校在建校之初就有了先进的、成熟的学校文化，在此基础上得以实现强势开局、跨越发展。学校办学质量不断攀升，2021年12月被评为首届京津冀教育高峰论坛"我身边的好学校"；2022年5月被中国教育国际交流协会评为中美"千校携手"项目学校；2022年9月被雄安新区评为"雄安新区先进集体"；2023年1月18日，省教育厅下发《河北省教育厅关于认定赵县实验中学等九所学校为河北省示范性普通高中的通知》，认定雄安容和第一高级中学为省级示范高中；2023年4月被中央电化教育馆确定为第三批智能研修平台应用试点工作校。

（二）规范管理治校情况

坚持党的领导。学校牢记为党育人、为国育才的光荣使命，全面贯彻党的教育方针，坚持社会主义办学方向，坚持用习近平新时代中国特色社会主义思想铸魂育人，培养德、智、体、美、劳全面发展的社会主义建设者和接班人。

学校严格落实党组织领导的校长负责制，党支部严肃认真落实"三会一课"、谈心谈话、民主评议党员等组织生活基本制度，全力打造激情奋进的党员队伍。

坚持依法办学。学校严格按照国家法律法规和有关文件要求办学治校，坚决禁止违规招生、有偿家教、体罚学生等行为，借助北京市第八十中学先进教育理念和优质办学资源，不断加快建设现代学校制度，校风、教风、学风良好，办学特色突出，逐渐成为新区学生心向往之的雄安标杆学校。

坚持制度管人。学校管理是一项复杂工程，制度明确可以使学校各项工作有章可循、有制可遵、有据可依、有度可评，是学校教育教学正常运行的保障。因此，本校在建校之初就制定了科学合理、符合学校实际的规章制度，并在之后的工作过程中及时征求教职工的意见和建议，不断完善各项规章制度的内容，使其能充分调动教职工的积极性、主动性和创造性。

根据《中华人民共和国爱国主义教育法》《中华人民共和国义务教育法》《中华人民共和国教师法》《中华人民共和国未成年人保护法》等法律法规和有关政策，学校制定了《北京市第八十中学雄安容东分校学校章程》《教学常规》《考勤管理制度》《仪容仪表及礼仪规范》等制度规范。学生管理方面如《中学生日常行为规范》《礼仪常规》《一日活动常规》《仪容仪表标准》《班级管理量化细则》《成绩考核与考试规则》《个人习惯养成》《请假手续办理程序及要求》《疫情防控指南》等一并纳入学生手册当中。

学校定期召开教职工代表大会，听取教职工代表的意见和建议。每年整理、编辑《北京市第八十中学雄安容东分校教师光荣册》，将为学校教育教学工作做出突出贡献的事迹收录在册，作为校史一部分收集存档。学校每学期评选"最美教师"，并通过公众号、国旗下讲话等各种形式大力宣传最美教师的优秀事迹，努力营造崇尚"最美"、践行"最美"、争做"最美"的浓厚氛围。

（三）学校管理面临的困难

1. 学校在教师招聘、经费使用等方面缺乏自主权，给学校工作安排带来不便。
2. 生源主要是容东片区回迁群众，部分家长对孩子教育方面重视程度不够。
3. 学校没有学生宿舍，部分距离较远的学生在附近小区租房居住，学校课后服务的压力较大。

二、立足本校实际，建设有雄安特色的德育工作体系

学校坚持立德树人，德育工作贯穿学校教育教学的全过程和学生日常生活的各个方面，渗透在智育、体育、美育和劳动教育之中，努力构建全员育人，全程育人，全方位育人的德育工作体系。

（一）学校德育工作现状分析

本校大多数学生是雄安新区容东片区回迁群众子女，家庭教育水平相对较低，小学、初中学段没有养成良好的行为习惯，部分学生对于新区建设带给他们从农村到城市生活的变化缺少正确的认识。

面对这种现状，学校以北京市八十中"一人一天地，一木一自然"的办学理念为引领，以中华优秀传统文化为主要内容，以丰富多彩的主题教育为载体，从创新的思路和扎实的工作入手，将德育的内容和形式审美化，让学生在欣赏中被熏陶，从而建设我校德育工作的特色之路。根据每个阶段学生的身心发展规律和特点，确定不同年级的阶段性德育目标，并通过各种形式的主题教育去落实本年级德育目标，最终实现学校"有理想、强体魄、会学习、善合作"的育人目标。详见下表。

	初一	初二	初三	高一	高二	高三
关键词	仁	美	和	礼	信	智
核心思想	爱国——人与人类	悟美——人与自然	明理——人与文明	知礼——人生境界	诚信——公民社会	创新——求真向善
纪录片	《跟着书本去旅行》《行知中国》	《美丽中国》	《中国》	《礼乐中国》	《从长安到罗马》	《大国崛起》

12

续表

	初一	初二	初三	高一	高二	高三
必读书目	《论语译注》杨伯峻《仁者爱人》张岂之《美德书》贝内特	《此刻，让美好发生》宗白华《美学散步》宗白华《美的历程》李泽厚	《荀子》荀子《传统文化与文化传统》刘淼《明理养德》王明波	《孟子》《现代礼仪与修养》《左传》	《诚信中国》阎孟伟《年画上的中华经典故事·诚信篇》沈泓、王本华《坚守诚信》蔡辰梅	《曾国藩家书》曾国藩《天工开物》宋应星《新时代的中国创新》陈劲
榜样人物	孔子 钟南山 张桂梅	王国维 蔡元培 梁启超	荀子 季羡林 王继才	孔融 诸葛亮 周恩来	曾子 韩信 谢延信	韩愈 张衡 袁隆平
年级主题活动	"培根铸魂，激扬生命"——成长礼主题活动	"激扬青春活力，展现青春魅力"——青春礼主题活动	"明理做人，束发成才"——束发礼主题活动	"彰显文明之风范，争当青年之先锋"——青年礼主题活动	"诚信律己，立德修身"——修身礼主题活动	"成长、责任、创新、梦想"——成人礼主题活动
公共经典活动	开学典礼暨校庆活动 体育文化艺术节 学科学术文化节 郊野公园远足考察活动 法制教育活动 红五月歌咏比赛					

（二）五育并举，培养全面发展的时代新人

本校非常重视学生身心健康发展，制定了《学生身心健康全面发展实施方案》并认真落实，保证学生每天睡眠时间不少于 8 小时，每天校内锻炼不少于 1 小时。教育处经常组织召开安全、防疫、应急等方面主题班会或观看相关视频，学校学生手册中对手机使用及管理、吸烟喝酒等行为都有明确的要求及处理措施，学生均能认真落实执行，养成了良好的习惯，学生国家体质健康测试数据合格率为 95.2%，优良率为 37.6%。

本校开设音乐和美术课程，通过多样、生动地课堂教学，学生在潜移默化中陶冶道德情操、开掘创造潜能、培养团队精神、提高艺术鉴赏力。

本校配备了金工教室和木工教室，设置每周一次的劳动课程，培养学生的劳动意识和劳动能力。并积极组织学生进行社会实践、志愿服务等活动，增强学生的社会服务意识和提升学生独立、自主、自强的意志品质。

（三）德育工作存在的问题

家校社协同育人有待加强。本校家长多为新区回迁群众，对孩子的家庭引导普遍缺乏，造成学生在校与在家有着不同的表现。同时，有些学生不能很快适应从农村到城市生活的变化，给学校教育带来一些困难。

社会实践活动和德育教育基地开发不足。学校的德育工作大多停留在校内，在组织学生游学研学方面进行了一定的尝试，还需要进一步开拓社会资源，形成协同育人的强大合力。

三、打造澄明课堂，构建高标准的三级立体课程体系

（一）课程建设

学校提出打造高效课堂，向课上40分钟要质量，推行"三二二一澄明课堂"教学改革，提出走向深度学科理解的"境通至要、问驱睿思、探以澄澈、辩（变、辨）生明达"的澄明课堂2.0版教学模式。

学校贯彻落实五育并举、"双减"政策，着力构建具有雄安特色三级立体校本课程体系，在开齐、开好必修和必选类课程的基础上，开办拓展延伸类课程、实践应用类课程，同时开发特长自主发展课程，逐步走向跨学科的课程深度融合。

学校的教育着眼于学生的未来发展，让学生快乐学习，让每位学生都能找到自己的成长点、闪光点，在自身基础上取得最大的进步，绽放最美的自己！学校基于"学校特色、教师特长、学生特点"合理安排社团活动，最大限度优化学校教学资源，设有陶瓷社、武术团、电影制作、AI人工智能、啦啦操、古典音乐社、合唱团、音乐社、羽毛球社、魔方社等20余种社团课程。社团活动的开展，既减轻了学生的课业负担，又培养了学生的兴趣爱好，丰富了学生的精神生活，为学生的个性发展提供了广阔的舞台。暑假本校与首都师范大学联合组织"云端夏令营"活动，为学生开阔眼界、增长见识、树立远大理想搭建更高的平台。

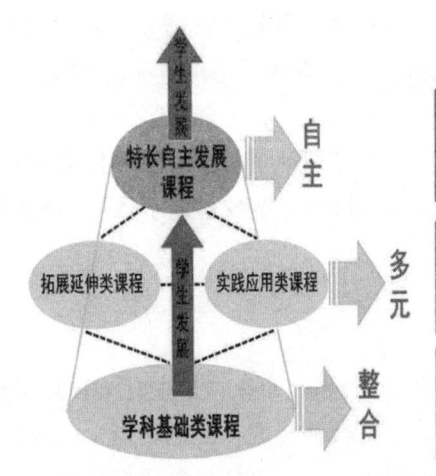

[图示内容：]

学生发展 — 特长自主发展课程 — 自主 — 坚持以学校育人目标为课程结构设计的出发点和归宿。

满足学生个性学习需求，凸显为志趣专长、领域潜能学生自主发展的课程平台。

拓展延伸类课程、实践应用类课程 — 多元 — 满足学生个性学习需求，凸显选择、应用、实践等学习能力的培养。

学科基础类课程 — 整合 — 学科课程整合研究，面向全体学生，重学科核心概念、主干知识、学科思想、学科能力等。

（二）信息化教学

学校积极推动信息化教学改革，依托辅立码课大数据教学平台，采集学生的课堂数据与历次考试伴随性数据，形成学生的知识图谱与学习画像，针对学生各学科的薄弱知识点和高频错题，实施"对人、对点、对题、对分"的靶向教学，帮助学生"脱离题海"，提高训练的针对性和有效性，实现信息化教学和精准教学的有机结合。学校"依托智慧校园建设，助推区域智慧教育发展"和"信息化引领教育提升之路"两项研究被教育部评为优秀案例。2023年4月学校被中央电教馆确定为第三批智能研修平台应用试点工作校。

（三）课题研究

学校推进各级各类课题的申报、管理工作，积极鼓励教师科研论文的撰写。学校教师承担立项课题共计13项，其中，北京市"十三五"规划课题1项，河北省课题1项（《高中政治教学中学生分析解决问题的能力培养方法途径》），雄安新区"十四五"规划课题1项（《提高高中历史试题讲评课有效性的研究》），容和教育总校"十四五"规划课题2项（《新课标下高中数学教学方法与模式探讨》《践行英语学习活动观，培养英语学科核心素养——以高中英语阅读课为例》），雄安容和第一高级中学校本课题8项（《澄明课堂模式下语文情境创设研究》《通过数学历史文化的情境创设探究高中数学高效课堂的实践活动》《利用雄安红色资源提升高中生政治认同学科素养的行动研究》《"双减"政策背景下高中化学"大单元"教学实践问题的研究》《大单元教学背景下高中生物高效课堂的策略研究》《地理校本课程开发的实践研究》《雄安新建学校

15

智慧课堂的核心技术与应用模式分析》《"双减"背景下教师专业发展模式探究——以骨干教师和初任教师专业发展为例》）。教科研处通过建立组织、召集会议、制定方案、邀请专家，采取"一个主会场+六个分会场"同时进行的方式，顺利完成首批校级课题的开题论证工作。在研究过程中，教师们通过查阅资料、阅读书籍、论证交流，教科研能力大大提升，学校形成了浓厚的教科研氛围。

（四）教师专业发展

要想成为名校，首先要有名师，学校的师资由北京市八十中骨干教师团队、新区面向全国统一招聘的骨干教师和优秀青年教师构成，其中硕士学位教师占比85%，教师培养和评价与北京本部同步同质。因为大多数教师都是刚从大学毕业，没有教学经验，所以如何发挥北京市八十中优质教育资源和学校骨干教师的带头引领作用，让年轻教师迅速成长，就成为本校师资培训的重要课题。

学校制定了教师发展目标：建设一支"正身育德、宽容大爱、严谨治教、恒学善研"的教师队伍。结合青年教师多，骨干教师少的实际情况，学校制定了科学可行的学校教师培训计划，开展"青蓝工程"、师徒结对活动，通过教学基本功、教育基本功、教科研基本功、"雄安·领军杯"线上教育改革创新发展论坛等活动，为广大教师搭建教学研究课、观摩课、创优课等课程类教学观摩平台，训赛结合，以赛促研，研训一体，全面提升教师队伍整体素质。

学校不断完善教师激励、评价机制，充分发挥骨干教师的引领示范作用，有计划地安排骨干教师到北京市八十中本部学习培训，搭建校内丰富的教师发展平台，以学科教研促进教师专业水平提高，以规范课堂教学提高课堂效率。建校两年以来，学校教师参加河北省和雄安新区各项大赛，均获优异成绩，其中李娜老师获得河北省优质课评比一等奖，赵晓娟老师、张银宝老师获得河北省优质课评比二等奖，张倩老师获得河北省第五届"基于互联网+"数字教育技能大赛一等奖、河北省教师教育学会第五届微课大赛一等奖，王铁栓老师获得河北省国防教育课程比赛一等奖，李欣老师获得年河北省军事微课比赛二等奖，王亚茹老师、董千册老师获得雄安新区优质课评比一等奖，刘志峰老师获得河北省班主任基本功大赛一等奖，张建新老师获得河北省体育教师教学基本功大赛一等奖。

附件1：北京市第八十中学雄安容东分校发展规划（2021—2027）

（一）指导思想

2021年是中国共产党成立100周年，也是我国"十四五"规划开局之年，是乘势而上开启全面建设社会主义现代化国家新征程、向第二个百年奋斗目标进军的关键之年。

2021年也是北京市第八十中学雄安容东分校的建校之年，学校牢记为党育人、为国育才的光荣使命，全面贯彻党的教育方针，坚持用习近平新时代中国特色社会主义思想铸魂育人，培养德、智、体、美、劳全面发展的社会主义建设者和接班人。

学校制定《北京市第八十中学雄安容东分校发展规划（2021—2027）》，致力于更好地落实立德树人的根本任务，推动学校教育教学高质量发展，在此基础上积极探索雄安新区未来学校样板，创建中国教育的雄安名片，建设在雄安新区有示范引领作用，在河北省乃至全国具有影响力的现代化学校。

（二）学校概况

北京市第八十中学雄安容东分校高中部（雄安容和第一高级中学）是雄安新区汇聚各方优质资源高起点规划、高标准建设的首批新建学校，占地面积42 029平方米，建筑面积37 294平方米。北京市第八十中学雄安容东分校初中部（雄安容和兴贤初级中学）是雄安新区容东片区先期开办的两所初级中学之一，占地面积37 575平方米，建筑面积51 943平方米。学校具有一流的教育教学设施，师资由北京市八十中本部骨干教师团队、新区面向全国统一招聘的骨干教师和优秀青年教师构成，其中硕士学位教师占比85%。校长胡友永毕业于新加坡南洋理工大学国立教育学院，是教育管理硕士，理学学士，北京市特级教师，正高级教师，全国模范教师，北京市高级校长，全国中小学德育先进工作者，首都师范大学硕士研究生导师，河北大学硕士研究生导师，雄安新区优秀教育工作者，雄安新区首届名校长。曾担任北京市第八十中学副校长、北京市第八十中学睿德分校校长兼党支部书记等职务。

学校全面贯彻党的教育方针，秉承北京市第八十中学"一人一天地，一木一自然——让生命因教育而精彩"的办学思想，坚持"每个学生都独一无二"的育人理念，借鉴北京先进管理经验和教学方法，推行"三二二一澄明课堂"教学改革和三级立体课程体系构建，学校不断完善教师激励、评价机制，充分发挥骨干教师的引领示范作用，有计划地安排骨干教师到北京市八十中本部学习培训，搭建校内丰富的教师发展平台，以学科教研促进教师专业水平提高，以规范课堂教学提高课堂效率。学校办学质量不断攀升，自2021年8月以来，本校参加河北省和雄安新区各项大赛，均获优异成绩，其中省级一等奖3人，省级二等奖2人，雄安教学能手42人。新区级别线上优质课一等奖4人，二等奖4人，三等奖2人。线下优质课一等奖1人，二等奖2人，三等奖1人。在雄安领军杯全国同课异构大赛中，参赛9个科目共有5科获第一名。

（三）校训校歌

校训："勤奋、求实、创造、奉献"

校歌：《我们梦想一定实现》

（四）发展基础

1. 学校发展的基础分析

本校作为雄安新区容东片区2021年首批开办学校之一，是高标准、高起点兴办的第一所高中，学校发展具有国家政策方面的高质量支持，拥有良好的发展基础与资源优势，不仅引入北京市八十中管理团队，而且通过全国招聘组建起一支年轻化、高学历、中青结合的高素质师资队伍。学校拥有先进的教育理念、办学模式、正确的价值取向以及高效的教育发展路径，夯实了学校稳健发展的理论基础。学校实行"党建+"融入式党建工作法，实现党建全覆盖，使党建工作全方位融入学校教育教学工作，为加快本校教育改革发展提供坚强的政治保障。

2. 学校进一步发展面临的主要问题

（1）生源劣势短时间内难以改观

容东片区对于教育的重视程度不够，本地居民子女的发展水平良莠不齐，家庭教育环境和家长对子女教育关注度远远不够，片区内中小学办学水平较之新区内其他学校有较大差距，学生学业水平和习惯养成都亟待提高。家长教育和片区办学水平提高是学校需要重点关注的问题。

（2）学校处于发展初期，各方面的基础设施相对还不够完善，精致管理的水平急需提升

在学校管理、课堂教学、学生发展、校园文化等方面，学校存在着管理粗放，不精不细的问题，各方面的工作需要进一步细化与完善。

（3）学校文化积淀不够

作为新办校，办学规模在逐步扩大，虽积极投入学校文化建设，深入挖掘办学理念、价值文化、活动文化、环境文化，努力突出良好校风、教风、学风建设，但尚未形成规范化、系统化、品牌化的学校文化特色。校园主题文化和价值理念建设缺乏规划。

（五）发展目标

1. 学校发展目标：探索雄安新区未来学校样板，创建中国教育的雄安名片，建设在雄安新区有示范引领作用，在河北省乃至全国具有影响力的现代化学校。

2. 干部发展目标：建设一支具有"大局意识、合作品格、服务情怀、坚韧作风"的干部队伍。

3. 教师发展目标：建设一支"正身育德、宽容大爱、严谨治教、恒学善

研"的教师队伍。

4. 学生发展目标：培养"有理想、强体魄、会学习、善合作"的具有中国灵魂和国际视野的未来领军人才。

（六）具体举措

1. 强化党建引领，夯实发展根基

加强基层党组织建设，切实转变工作作风，提高工作效率，使支部的各项工作进一步规范化、制度化。

（1）推动学习型党组织建设

全面贯彻党的教育方针，把培养中国特色社会主义事业建设者和接班人的历史使命贯穿党组织活动始终。坚持和完善"三会一课"制度，大力开展"党员活动日""党员奉献日""微型党课"等活动，通过有效的活动载体，引导党员干部、党员教师和群众更加自觉地把创先争优贯彻到教育改革发展的实际行动中。

（2）加强学校党的组织建设

把领导班子建设和干部队伍建设作为党建工作的重要内容，不断提升领导班子和干部队伍推动跨越发展、维护长治久安的能力水平，有效发挥领导班子的整体合力。要不断完善工作机制，切实履行工作职责，强化思想建设、组织建设、制度建设，强化载体创新和责任制落实，把握党建工作服务中心，促进和谐的原则。对全体学生实施爱国主义教育，公民意识、法治意识教育，奉献社会教育，心理健康教育，安全教育、环境教育、廉洁教育等为主要内容的"红色教育"。深入持久地开展意识形态领域反分裂、反渗透专题教育，进一步巩固社会主义教育阵地。

（3）加强党员干部和党员队伍建设

坚持党员经常性教育制度，不断加强党员领导干部、党员教师队伍建设，把教学能手培养成党员，把党员教师培养成教学能手，把党员中的教学能手培养成后备干部。党员教师要带头提高教育教学质量，带头遵守校纪校规。高度重视在教学一线发展党员，不断壮大党员教师队伍，激励广大党员教师坚定信念，振奋精神，行为示范，争创佳绩，努力营造比创新、比发展、比实干、比作风、比奉献的良好氛围。通过多种形式广泛开展"党员公开践行承诺"主题实践活动，设立党员先锋岗、党员责任区等方式鼓励党员教师把党员身份亮出来，不断增强党员意识，提高创先争优活动实效。

2. 坚持立德树人，构建特色德育体系

以培养涵养高雅、积极奋进、有理想、强体魄、会学习、善合作的优秀学子为目标，以北京市第八十中学"一人一天地，一木一自然——让生命因教育而精彩"的办学理念为引领，以中国传统文化为内容，以丰富多彩的活动为载体，从创新的思路和扎实的工作入手，创建安全和谐、积极向上的优良校风，提高德育实效性，扎实推进学校"欣赏"德育工作，将德育的内容和形式审美化，让学生在欣赏中被熏陶，从而建设我校德育工作的特色之路。

（1）德育组织网络化

在6年内，进一步完善学校、家庭、社会三位一体的德育网络，形成以学校为主阵地，党政齐抓共管、社会各方参与的德育工作格局，营造全社会关心的育人氛围。

（2）德育队伍专业化

至2024年，100%的班主任都要接受过轮训或培训，努力打造德育专职干部队伍，实现德育管理教师队伍职业化、专业化、知识化、规范化和年轻化；培养若干名心理健康教育教师持证上岗。

（3）德育评价科学化

力争用3年时间，完善学生综合素质评定、年级部和班级量化考评、班主任绩效考核、德育学科评价和学校德育工作评估五项德育评价机制。

（4）德育资源多样化

在6年内，形成"爱国主义教育基地、社会实践基地、校内德育阵地"三大基地纵向联合、横向沟通的德育基地网络。

（5）德育效果最优化

努力创建新区级乃至省级安全文明校园，在各项质量评比和竞赛中努力争取优胜地位。

3. 坚持全面发展，提升人才培养质量

（1）学生社团是学校课堂教学的延伸性活动，是进一步深化教育教学改革、落实双减政策、推进素质教育的一个重要体现

学生社团活动的正常开展，既可丰富学生的课余生活，也可为学生提供自主发展的时间与空间。通过引导学生自己去组织、去实践、去探究，培养他们的多种能力和创新精神，培养学生的审美能力和动手动脑能力，丰富课余生活，调节学生的学习和生活心态，使课内学到的知识得到巩固和加深，为他们掌握课内基础知识提供广阔的智力背景。组织学生参加有益的音乐、体育、美术活动，使学生获得许多在课堂中学不到的知识和技能，有利于激发学生学习兴趣，

发展个性特长，促进学生身心健康发展。

①创建一批高层次、高品位的精品社团活动。学校以发展学生兴趣为出发点，结合高校课程设置，创建一批有实践意义的、与社会接轨的、高质量的精品社团课程。学生通过社团课程了解课本以外的知识，发展学生兴趣，提高学生鉴赏力、审美能力以及创新实践等能力。

②打造一批有影响力、能征善战的竞赛类社团。学生通过系统的专项训练，能对参与项目有进一步的了解，且达到同级别竞赛水平，并在竞赛中取得优异成绩，打造一批招之则来，来之能战，战则必胜的高素质社团。

③造就一批素质高、能力强的学生社团骨干。

学校利用学生课余时间，深度挖掘学生潜能，发展学生兴趣，提高对社团课程的认知，同时在此过程中，增强学生吃苦耐劳、坚韧不拔、百折不挠的意志品质，培养学生成为有理想、能创新、会学习、善合作的社会实用型人才。

④打造一支充满活力、富有创新、适应教育现代化要求，具有良好师德和专业素养，满足青少年全面发展需求的师资队伍。

⑤强化社团活动示范指导功能，深化"艺、体、教"结合，促进学校社团工作整体水平的不断提高。

（2）培养强健体魄、优美生活、艺术欣赏、具有挑战能力、体育拼搏精神、团结协作的优秀学子

经过6年左右时间的努力，全面贯彻落实北京市第八十中学雄安容东校区体育及音乐、美术学科工作的指导性意见和要求，积极开展艺体工作。充分发挥学校艺体教育特色，进一步加强音体美教研组建设，完善教研组工作机制，促进本校全面发展，促进学生德、智、体、美、劳等全面发展，提升本校的品质，在雄安新区成为社会心向往之的品牌学校。

①规范教学行为，认真落实教学常规管理，努力推进新课程改革，全面提高学生的身体素质，提高学生的健康水平。做好近视防控工作，给孩子们一个"光明未来"。

②积极开展特色教学，促进校园文化建设，培养学生参加特长社团的积极性和主动性。积极举办各类比赛，丰富师生文体生活，促进师生身心全面发展。

③各任课教师要积极与各班主任联系、摸底，做好特长生的培养工作，选拔人才。打造一批专业强、美感度高、站位高、效果佳的高质量的艺体俱乐部，运动中心，基地，协会组织。

④建立一批以北京市第八十中学雄安容东分校为中心的雄安新区社会组织，承接新区的艺体活动和比赛，丰富校内教职工业余文体活动。

4. 完善课程建设，彰显亮点特色

围绕培养有理想、有本领、有担当的时代新人，完善现有课程，提高质量，做到有计划、有教材、有过程、有评价等，推动校本课程建设，设置动态多样、自主选择的课程，满足学生发展不同需求，构建雄安特色的课程体系。

（1）落实课程要求，科学规划校本课程体系

根据课程标准要求，科学规划、落实校本课程。从学生基础、兴趣和特长培养出发，以学生培养目标为目的，尊重学生个体差异，满足不同学生成长需求，构建让学生动态多样、自主选择、自主发展、各得其所、各展其长的校本课程体系。

（2）以智慧校园为支撑，提升校本课程管理信息化水平，并将学生活动、劳动等纳入校本课程，纳入统一的学分管理体系

重点推进郊野公园主题课程、艺术体育社团活动、数理化生信息奥赛课、劳动、研学等校本课程建设。加强校本课程档案管理，分类、分级整理好校本课程实施过程材料，包括学生作品、活动、竞赛成绩等资料。定期召开校本课程建设专题研讨会，展示优秀教师成功经验，及时解决存在的问题，总结实施情况。校本课程纳入学分制管理，将竞赛课、社团活动、学科文化艺术节、研学等校本课程及各类活动，纳入学分管理体系。

（3）立足核心素养，适应新课程实施的需要，服务学生多样化个性自主发展

围绕雄安新区建设，体现育人理念，与校园文化相适应，发挥教师主动性和创造性；挖掘地方文化历史、教师特长、工程建设等课程资源，初、高中融合，活动教学融合，生活学习融合；高标准构建学科拓展、研究性学习、科技教育、艺术及体育教育等特色课程，将校本课程的开发与开设，列入教师年度绩效考核、评优评模等内容中。

（4）鼓励学生在"合格"基础上进行多样化选择和校本课程学习，参与各种活动，实现全面发展、特长发展、个性发展

重点开展"自我规划"研究性学习课程，帮助学生形成自我规划能力，开展农业、工业、生活等多样化劳动体验活动，落实劳动教育要求。完善校本课程实施评价，重点关注学生自主学习能力的发展、教师对学生自主学习能力的指导能力。完善校本课程学分制管理，开发校本课程管理信息系统，建立家庭、学校、师生等多边沟通渠道，实现课程与学分的统一、高效管理。围绕雄安建设，形成郊野公园主题课程、第二外语、地方文化历史、人工智能、白洋淀保护、自我规划等一批精品课程。

(5) 引进校本研修，挖掘、发展强势学科

五大竞赛学科（数学、物理、化学、生物、信息技术）是本校努力打造的品牌学科，配备专门的竞赛教师，争取在全国竞赛获奖。利用竞赛课程的优势，提升本校学生思维水平，提高本校综合素质能力。开发人文学科，推进新课改全面铺开。英语教学以"交际能力"为重点，培养学生英语的实际运用能力。政史地组以丰富的学科底蕴带动与学生生活相联系的拓展型、研究型课程建设。音体美组以提高修养、锻炼品格为教学宗旨，以动感与美感来培养学生的兴趣，完善学生的人格。"提高兴趣，激活思维"，试点双语教学，开设日语走班教学，扭转雄安教育发展中外语薄弱环节的劣势，加强双语教学的教师培训和管理，逐渐形成双语教学特色课程。

(6) 贯彻课改精神，为学生终身学习和终身发展奠定基础，使学生具有较扎实的基础知识、技能和实践能力

全面使用"澄明课堂"课程体系，在课程改革中先从课程设置入手，做到开好和开全基础型课程、拓展型课程和探究型课程，在教学实践中，逐渐开发并形成本校特色的校本课程。积极开发校本课程，以学生为本，因材施教，使课程设置满足学生需求，注重学生的自主选择和个性的和谐发展。

5. 加强队伍建设，培育卓越教师团队

坚持以习近平新时代中国特色社会主义教育思想为指导，贯彻落实中央和各级基础教育相关文件的精神要求，推动"四有"教师队伍建设。统筹教科研和教师培训，打造一支师德高尚、团结协作、有世界眼光等的高水平"四有"教师队伍。

(1) 加强师德教育，实施教师专业发展计划

加强师德教育，不断完善师德评价制度，提高教师的师德水平。以校本培训为主体，统筹线上和线下各类教师培训和教研活动，实施教师专业发展计划，提高教师综合素养和教育教学专业能力，使教师具备参与开展研究性学习、校本课程开发、指导学生社团活动和分层走班等方面的能力。适应信息时代教育新形势和雄安教育发展新要求，落实"四有"要求，转变教师教育教学观念，培养一批省区级学科带头人和骨干教师，推出有一定知名度和影响力的教育教学专家。完善教师培训政策，健全培训新机制，以继续教育网和国家智慧教育云平台为主，全面提高信息技术使用能力，促进教学方式、教学手段的现代化、信息化。

(2) 立足课堂，研训一体，发力教师专业发展

着眼教师专业发展，立足日常课堂教学，落实澄明课堂模式，突出大单元

备课、学生高阶思维培养、沉浸式学习等特色，充分展示教改新成果。定期举行年度教学基本功大赛、同课异构活动、教学设计评比、作业设计评比等竞赛活动，组织网络研修、专家讲座、学科融合、课程整合等教研活动，提升教师教学水平。推动教学课题研究，争取区级教科研课题、市级以上规划课题奖项，鼓励小论文、教学反思、典型案例等自主教科研活动，提升教科研创新能力。组织教师业务论坛、外出培训、读书分享等研修活动。线上和线下相结合，为教师搭建成长平台、展示舞台，促进青年教师成长。推动智能化网上教学，探索5G、大数据、AI等信息技术教育应用，完善钉钉教学平台等使用，实施电子备课、网络教学、网上考评等，克服新冠病毒影响，打造高效、智能新课堂。转变教师教育观念，推动课程管理信息化，提升教学智慧化，增强学情诊断、提升教学效率等。

（3）立足自主，方向引领，助力青年教师蝶变

制定教师发展6年总体规划，构建青年教师分层次、分目标、分内容的培养体系，引导青年教师自主成长向精细化、体系化方向发展，助力青年教师蝶变。科学设计研修手册，建立教师成长档案袋，包括职业道德、入职宣誓、培训建议、工作方案、研修记录、研修日志、评价考核等，帮助青年教师开拓教育、教学、科研的路线图；落实教师成长活动，青年教师拜一名指导教师，第一次执教，一日常规，"学术个唱"，汇报成果，提交培训答卷……不断打磨，从合格到优秀再到卓越。

（七）发展规划六大亮点

1. 根植校园特点，遵循学校实际

《北京市第八十中学雄安容东分校发展规划》（简称《规划》）立足于学校发展实际，在梳理了学校发展基础与发展现状的基础上，在德育特色彰显、教学质量提升、教师队伍建设、学生卓越成长等方面做出符合自身发展特点的规划，为学校实现卓越发展提供新路径。

2. 聚焦办学目标，面向未来发展

《规划》明确了学校"创建新区乃至全国具有一定影响力"的办学目标，全面对标教育综合改革最新政策，精准分析学校面临的机遇与挑战，注重高质量、前瞻性、现代化。《规划》锚定名校担当，紧扣时代脉搏，以推动基础教育发展为己任，如在办学质量提升、区域辐射引领等方面下功夫，指出要将学校建设成为在新区乃至全国具有一定影响力的现代化学校，站位高远，催人奋进。

3. 扎根中国大地，培育家国情怀

《规划》进一步明确了学校"培养有家国情怀与世界格局的未来领军人才"的育人目标，始终突出教育的国家属性，让学校教育切实履行"为党育人，为国育才"的使命，用行动深刻回答了"培养什么人、怎样培养人、为谁培养人"这一根本性问题。《规划》再次强调了力求培养学业精湛，综合素质强，德智体美劳全面发展，以报效国家为己任，主动为家乡、为集体谋福祉的社会主义建设者和接班人。《规划》提出要进一步完善校本课程体系，立足核心素养，适应新课程实施的需要，服务学生多样化个性自主发展，围绕雄安新区建设，体现育人理念，与校园文化相适应，发挥教师主动性和创造性，挖掘地方文化历史、教师特长、工程建设等课程资源，充分体现了学校"扎根中国大地办教育"的使命担当。

4. 参与人员广泛，内容覆盖全域

《规划》对学校工作进行了前瞻性思考和系统性规划，内容覆盖全局全领域，包括育人品质提升、治理能力优化、学术治校建设、学校影响力扩大等多方面的内容。

5. 细化规划目标，清晰数据导向

《规划》注重结果导向，各类目标均以明确的数据呈现，在教学质量方面，有明确的具体要求；在校本课程建设方面，有明确的课程开发具体类别和数量；在德育工作方面，有明确的生态化德育实践内容和特色项目；在教师结构优化方面，有明确的人才增长目标；在科研工作方面，有明确的重点课题立项和获奖目标。

6. 明确实施路径，保障规划落实

《规划》梳理了未来6年的任务举措，将教育教学发展放在首位，明确了规划实施的重点工作，并制定了具体的、可操作的细化举措。如以温馨德育、社团活动、学科竞赛等项目为载体实现育人目标；以进一步完善科研机制，强化科研措施，营造科研氛围，形成"实践—困惑—问题—课题—学习—研究—实践—反思"的科研思路为路径优化学术科研生态，不断扩大学校辐射力与影响力。《规划》明确了从干部队伍建设、师资队伍建设、职员队伍建设、基础设施装备、实施保障体制等方面为目标达成提供保障，为愿景实现搭建阶梯。

（八）保障机制

1. 思想保障：动员和组织全校教职工认真学习讨论《北京市第八十中学雄安容东分校发展规划（2021—2027）》，统一认识、振奋精神，形成齐心协力、

不断前进的氛围。

2. 组织保障：①学校成立以党支部书记、校长为组长，副校长为副组长，学校中层、教研组长、年级组长、教师代表为组员的"六年发展规划实施领导小组"，全面负责《规划》的制定、论证、实施、评估等环节。②党政工责权明确。党支部发挥政治核心作用，充分发挥党员的模范带头作用；行政中层职责分明，责任到人，分工合作。

3. 资源保障：①经费保障——力争得到上级部门的支持，加大资金投入，保障教师培训、科研、课程改革及特色建设等各项工作的顺利开展。②人员保障——积极争取上级部门的政策倾斜，加大引进优秀管理人才和优秀教师的力度。③激励机制——完善教师奖励制度、教师绩效工资制改革。④后勤保障——不断增强后勤教辅人员的服务意识和服务能力。

4. 评估保障：建立健全校务公开、民主决策和民主评议制度，定期召开学校教职工代表大会，及时通报《规划》实施情况。制定相应的年度实施方案和评估体系，每学期检测《规划》实施情况，针对实施过程中出现的问题，及时采取有效的措施进行调控。每学年进行全面评估，检测目标达成情况。

（九）校长寄语

全体教职员工要以《北京市第八十中学雄安容东分校发展规划（2021—2027》为行动指南，用实力兑现承诺；用荣誉印证品牌；用成绩书写非凡；用特色确保领先；用科研引领发展；用使命展望明天；用责任成就辉煌。为实现北京市第八十中学雄安容东分校的美好明天努力奋斗！

附件 2：申报河北省示范校自评报告

申报省级示范性普通高中自评报告

北京市第八十中学雄安容东分校
（雄安容和第一高级中学）
2022 年 10 月

学校基本情况介绍

北京市第八十中学雄安容东分校（雄安容和第一高级中学）是雄安新区汇聚各方优质资源高起点规划、高标准建设的首批新建学校，也是容东片区最先开办的第一所高级中学。学校位于雄安容东片区东北侧，总占地面积 42 029 平方米，建筑面积 37 993 平方米。学校设施齐全，智能化水平高，共建有 38 个智能化教室、45个功能教室、13个高标准实验室、1个400米标准跑道运动场、1座1000平方米的图书馆，同时配建了大礼堂、现代化游泳馆、地下溜冰场、学生餐厅和地下车库。

学校共设36个教学班，实行小班化教学（每班不超过40人），可提供1440个学位。学校师资由北京市八十中骨干教师团队、新区面向全国统一招聘的骨干教师和优秀青年教师构成，其中硕士学位教师占比85%，教师培养和评价与北京本部同步同质。校长胡友永毕业于新加坡南洋理工大学，是北京市特级教师、北京市高级校长、全国模范教师、雄安新区首届名校长。中央电视台大型纪录片《雄安 雄安》对胡友永校长及学校进行了专题报道。

学校全面贯彻党的教育方针，秉承北京市第八十中学"一人一天地，一木一自然——让生命因教育而精彩"的办学思想，坚持"每个学生都独一无二"的育人理念，借鉴北京先进的管理经验和教学方法，推行"三二二一澄明课堂"教学改革和三级立体课程体系构建。学校不断完善教师激励、评价机制，充分发挥骨干教师的引领示范作用，有计划地安排骨干教师到北京市八十中本部学习培训，搭建校内丰富的教师发展平台，以学科教研促进教师专业水平提高，以规范课堂教学提高课堂效率。学校办学质量不断攀升，自2021年8月以来，本校参加河北省和雄安新区各项大赛，均获优异成绩，其中省级一等奖3人，省级二等奖2人。雄安教学能手42人。新区级别线上优质课一等奖4人，二等奖4人，三等奖2人。线下优质课一等奖1人，二等奖2人，三等奖1人。在雄安领军杯全国同课异构大赛中，参赛9个科目共有5科获第一名。

学校的教育着眼于学生的未来发展，坚持立德树人，聚焦五育并举，让学生快乐学习，促进学生全面发展，让每位学生都能找到自己的成长点、闪光点，在自身基础上取得最大的进步，绽放最美的自己！学校基于"学校特色、教师特长、学生特点"合理安排社团活动，最大限度优化学校教学资源。学校设有陶瓷社、武术团、电影制作、AI人工智能、啦啦操、古典音乐社、合唱团、音乐社、羽毛球社、魔方社等二十余种社团课程。社团活动的开展，既减轻了学生的课业负担，又培养了学生的兴趣爱好，丰富了学生的精神生活，为学生的个性发展提供了广阔的舞台。

学校制定《北京市第八十中学雄安容东分校发展规划（2021—2027）》，致力于更好地落实立德树人的根本任务，推动学校教育教学高质量发展，在此基础上积极探索雄安新区未来学校样板，创建中国教育的雄安名片，建设在雄安新区有示范引领作用，在河北省乃至全国具有影响力的现代化学校。

根据《河北省教育厅关于做好2022年省级示范性普通高中申报及复核工作

的通知》的要求，学校对申报工作高度重视，按照《河北省示范性普通高中评估标准（试行）》，进行了认真细致的资料准备，并逐条逐项进行自查自纠，在此基础上进行了客观的自我评估，自评总分为741分，符合河北省示范性普通高中的评估认定标准和要求，并形成评估自查报告如下。

1. 办学思想（自评分100分）

1.1 办学理念（自评分30分）

1.1.1 办学目标（自评分10分）

1.1.1.1 学校发展目标：探索雄安新区未来学校样板，创建中国教育的雄安名片，建设在雄安新区有示范引领作用，在河北省乃至全国具有影响力的现代化学校。

1.1.1.2 干部发展目标：建设一支具有"大局意识、合作品格、服务情怀、坚韧作风"的干部队伍。

1.1.1.3 教师发展目标：建设一支"正身育德、宽容大爱、严谨治教、恒学善研"的教师队伍。

1.1.1.4 学生发展目标：培养"有理想、强体魄、会学习、善合作"的具有中国灵魂和国际视野的未来领军人才。

学校牢记为党育人、为国育才的光荣使命，坚持用习近平新时代中国特色社会主义思想铸魂育人，全面落实习近平总书记关于教育的重要论述和全国教育大会精神，全面贯彻党的教育方针，落实立德树人的根本任务。学校坚持五育并举，以"高质量"与"现代化"为发展关键词，努力培养有家国情怀与世界格局的未来领军人才，力争在教学质量、德育工作、校园建设、课程建设、学术科研、队伍建设、资源整合等方面实现卓越发展。学校制定《北京市第八十中学雄安容东分校发展规划（2021—2027）》，致力于更好地落实立德树人的根本任务，推动学校教育教学高质量发展，在此基础上积极探索雄安新区未来学校样板，创建中国教育的雄安名片，建设在雄安新区有示范引领作用，在河北省乃至全国具有影响力的现代化学校。

1.1.2 办学特色（自评分10分）

学校全面贯彻党的教育方针，秉承北京市第八十中学"一人一天地，一木一自然——让生命因教育而精彩"的办学思想，推行"三二二一澄明课堂"教学改革和三级立体课程体系构建，提出走向深度学科理解的"境通至要、问驱睿思、探以澄澈、辩（变、辨）生明达"澄明课堂2.0版教学模式，以规范课堂教学，提高课堂效率。

学校着眼于学生的未来发展，坚持立德树人，让每位学生都能找到自己的成长点、闪光点，在自身基础上取得最大的进步，绽放最美的自己！学校基于"学校特色、教师特长、学生特点"合理安排社团活动，最大限度优化学校教学资源，开设陶瓷社、武术团、电影制作、AI人工智能、健美操、古典音乐社、合唱团、音乐社、羽毛球社、魔方社等二十余种社团课程，既减轻了学生的课业负担，又培养了学生的兴趣爱好，丰富了学生的精神生活，为学生的个性发展提供了广阔的舞台。

1.1.3 学校文化（自评分9分）

在校园文化建设中，学校坚持以爱国主义教育、中华优秀传统文化教育为重点，着力培养学生爱党、爱国、爱家乡的高尚情操，整体规划设计、分批次推进实施，让学校的一草一木和每一面墙壁都成为知识的载体、育人的阵地。

学校位于河北省雄安新区容东片区八于社区乐安北三街1号，由北京市建筑设计研究有限公司进行"立体绿色交往空间"+"立体室内交往空间"+"立体交通三首层空间"的创意设计，建有滑冰馆、篮球馆、容纳900人的报告厅、餐厅、地下车库等，有"温度的茶水间"可以供学生们课间休息聊天。

校园内种植有紫叶李、紫薇、海桐球、鹅掌楸、千头椿、银杏、丛生紫薇、白蜡、美国红枫、鸡爪槭、红叶石楠树、紫叶小檗、卫矛、金叶女贞、大叶黄杨、草坪等多种植物，基本形成三季有花，四季常绿的绿化格局，总绿化面积12 800平方米。学校内设有班牌、展牌、文化园地、通知栏以及安全提示等各种指示标志，设有社会主义核心价值观、校训校歌、学校教育理念、名人画像、名言警句等文化装饰。

学校不断完善制度文化建设，作为新建学校，力争在建校之初通过制度文化建设立规矩、定标准，为学校长期发展提供有力的制度保障。学校先后制定了《容和一高中层干部竞聘方案》《雄安容和第一高级中学教学常规》《雄安容和第一高级中学教师考勤管理制度》《雄安容和第一高级中学教师仪容仪表及礼仪规范》《公章管理使用规定》《容和一高教育扶贫管理制度》《容和一高班级量化考评细则》等规章制度，通过制度文化建设，促进师德、师风建设，促进教风、学风建设。

本校始终把"建设书香校园"作为实施素质教育、推进课程改革的一项重要工作，进一步拓宽思路，创新组织形式，努力推动本校书香校园文化建设。本校图书馆是目前雄安新区最大的现代化、智能化图书馆之一，建筑面积1000平方米，分为休闲区、阅览区、电子阅览区。馆内可同时容纳400人同步阅览，馆藏图书66 523册，生均95册，电子图书52 000册，实行开架借阅和微机管理，图书分类科学、排架有序、合理，便于学生检索、查询，馆内工作人员定期进行排架整理及书刊修补、剔除工作。图书馆采用信息化管理模式，全馆实现无线网络覆盖，内设自助借还系统、自助查询系统，实行藏、借、阅一体化的大开间布局，为全校师生提供优质的借阅环境。自开馆以来，以语文教研组为主导，开展了形式多样、内容丰富的阅读指导与阅读活动。学校鼓励教师读书，要求每位教师每个假期至少读两本书，定期召开教师读书分享会。

学校各项工作都严格参照"是否有利于学生的发展、是否有利于教师的发展、是否有利于学校的发展"的标准来执行。学校定期召开教职工代表大会，听取教职工代表的意见和建议。每年整理编辑《北京市第八十中学雄安容东分校教师光荣册》，将为学校教育教学事业做出突出贡献的师生记录在案，作为校史一部分收集存档。每学年开展"教育基本功大赛""教学基本功大赛""教科研基本功大赛"。通过三项大赛激励全体教师努力提升自身教育、教学、教科研水平的同时也为所有老师营造了一个相互学习、相互交流、相互促进的良好氛围。

在生本文化体系建设中，学校以"温馨德育研究与实验"为切入点，从校情、教情、学情实际入手，侧重对德育有效途径的探索。从形式上变原有的学校单一助力为多元合力。确定了"三线三主体"：一是以教育处—年级组—班主任为主体的常规德育体系，负责日常工作框架和活动形式设计，对学生自行组织的活动把关、指导、服务，组织开展班级"生本德育"方法的摸索实践，使班级文化建设达到"一班一世界，一师一天地"的主旨要求。二是以课堂教学为主体的学科德育体系。从学科特质和学生兴趣点入手，进行新的教育教学环境下学科德育渗透有效方法的探索，掌握课堂主阵地，合理发挥教师主导作用。三是以学生群体组织为主体的自我教育规范体系，征集学生中有创意的方案或办法，以及学生会等平台，使学生成为活动的重要力量，使学生代表成为校园文化建设的生力军与核心力量。

"三二二一澄明课堂育人体系"在"澄明"课堂教学模式中提出"以生为本，学案先行、情境再造、探究展示、精讲释疑、当堂检测"，在课堂上在生与生和师与生的互动下进行内心的交流和矛盾碰撞，最大限度地调动每一位学生动脑想，动手练，动口说，以期达到课堂效益最大化。

学校基于"学校特色、教师特长、学生特点"合理安排社团活动，最大限度优化学校教学资源。坚持以学生为本，强化学校教育主阵地作用，同时本着培养学生的兴趣爱好，张扬学生个性和专长的理念，制定社团活动方案，满足学生不同的教育需求。学校按照学生兴趣导向、自愿报名的原则，开设了篮球、羽毛球、足球、健美操、国标舞、武术、广播、二胡、吉他、合唱团、陶瓷、绘画、魔方、AI 图像、创意编程、微电影、现代文学、政协模拟、历史、法语等多样化社团，社团师资以本校有特长的教师为主，每周一次的社团活动既满足了不同学生的个性化发展需求，又能有效提升学生素养。

1.2 班子建设（自评分 30 分）

领导班子及干部队伍选拔任用公开透明，职数设置、年龄结构、专业结构等科学合理。校长由北京市朝阳区教育委员会推荐，雄安新区任命，副校长分别由北京市朝阳区教育委员会推荐、雄安容和总校任命、河北省教育厅选派，中层干部由校委会选聘任命。领导班子现有 5 人，均获得校长任职资格证书，学校领导干部年龄结构、专业结构合理，积极进取，富有朝气，工作务实，勤奋敬业，是一支学习型、专家型的领导团队。

1.2.1 学习情况（自评分 4 分）

学校领导班子重视政治理论学习和业务学习，深入学习党的十九大和十九届历次全会精神，深入学习习近平总书记关于教育工作的重要论述，认真学习《党章》《准则》《条例》，学习党史、新中国史、改革开放史、社会主义发展史、中华民族发展史。学校领导坚持业务学习，通过读书学习和参加培训不断革新教育教学及学校管理的理念，通过听、评课与教师共同提高业务水平。

1.2.2 团结协作（自评分 5 分）

学校管理队伍精诚团结，务实高效，整体素质高，具有较强的专业知识理论素养及领导管理学校的基本知识，组织管理能力和服务意识强，适应时代发展需要，富有创新意识，有着强烈的使命感和责任心，能独立履行岗位职责，在师生员工中有较高威信，无违法犯罪现象。学校领导干部年度个人考核合格率 100%。民主测评中，全体教职工对领导班子工作的满意度和家长对学校工作的认可度均达 95% 以上。

1.2.3 廉政建设（自评分 10 分）

党风廉政建设的成效直接影响着学校的发展，是维护学校稳定，促进学校繁荣的迫切需要。

一是加强领导责任制。学校把党风廉政建设作为一项重要工作来抓，明确了一把手负总责，分管领导负专责，成立党风廉政建设责任领导机构，健全责任网络，把责任具体落实到人，自觉增强责任意识，提高抓好党风廉政建设的自觉性。一把手既要对学校党风廉政建设负全面责任，又要对班子成员的党风廉政建设负领导责任；分管领导对自己分管范围内的党风廉政建设负直接领导责任，对自己分管范围的下级负主要领导责任，实行一岗双责，既要对他们的工作目标、工作任务完全负责，又要对他们的党风廉政建设负责。

二是加强管理制度化。学校制定了较为完善的各项规章制度,未雨绸缪,预防在先,严格做到:坚持勤俭节约、杜绝浪费;坚持校务公开;实行收支两条线,每学期向教代会报告一次财务收支情况,接受群众监督;规范教育收费行为,杜绝一切擅自设立收费项目、提高收费标准、扩大收费范围的行为。

三是加强政治责任感。领导干部应通过学习对照廉洁自律的有关要求,很好地把握权力与责任的关系,明确手中的权力是党和人民赋予的,任何时候、任何情况下,都只能为党为公,用权为民,而不能以权谋私,要有强烈的责任感和忧患意识,为学校发展做实实在在的事;明确职位与奉献的关系,职位即责任,无论在什么职位上,都应尽自己的责任;无论客观环境发生什么样的变化,都应耐得住清苦,抵得住诱惑,经得起考验,全心全意为人民谋利益。

1.2.4 勤政情况(自评分10分)

学校领导干部在工作中勤奋认真,以身作则,不搞特殊化,以满腔热情投入繁忙的工作之中;坚持吃苦在前,率先垂范,认真履行全面从严治党主体责任;坚持抓细、抓小,经常深入教学一线,认真参加各年级、各学科的听课、评课等教研活动和年级组会,时时了解学校教育教学新动态;多次主持并开展多层次、全方位的谈心谈话活动,倾听师生心声,深得全校师生、家长的信任,在教职工中有极高的威信和极强的凝聚力、号召力,成了全体师生的楷模。

1.3 机构设置(自评分20分)

1.3.1 党的组织(自评分5分)

学校支部立足学校实际,明确党建工作分工,形成了支部书记负总责,领导班子其他成员分工抓的党建工作格局。书记作为第一责任人,带头研究谋划学校党建重要工作、重大活动,坚决贯彻落实"三会一课"制度;带头制定实施学校党建工作规划、计划和措施;带头调研指导,带头抓工作落实,充分调动各方面积极性,形成抓学校党建工作合力。建立和完善学校党组织建设工作载体,推进工作创新,推进民主决策,加强服务型党组织建设,班子成员经常深入基层聆听师生心声,及时了解师生诉求,全方位收集意见,及时帮助解决涉及师生切身利益的困难和问题,发挥基层党组织战斗堡垒作用。

1.3.2 行政机构(自评分5分)

1.3.2.1 校长办公室

校长领导下的办事机构,协助校长处理学校日常事务。

1.3.2.2 教学处

学校教育教学的组织管理机构,主要负责协助校长组织、领导全体教学工作。

1.3.2.3 教育处

学校德育工作的组织管理机构，主要负责管理学生的思想政治工作和学校德育工作。

1.3.2.4 总务处

学校后勤工作的组织管理机构，主要负责为学校教育教学和学校各项工作提供经费、物质保障和综合服务。

1.3.2.5 教科研处

提升科研素养，以研促教，扩大科研影响，以研兴校。

1.3.2.6 艺体中心

培养强健体魄、优美生活、艺术欣赏、具有挑战能力、体育拼搏精神、团结协作的优秀学子。

1.3.2.7 教师发展与课程规划中心

统筹教科研和教师培训，打造一支师德高尚、团结协作、有世界眼光等的高水平"四有"教师队伍。推动校本课程建设，设置动态多样、自主选择的课程，满足学生发展不同需求，构建雄安特色的高中教育。

1.3.2.8 信息技术中心

负责信息技术辅助教学相关工作。

1.3.3 教代会、工会（自评分4分）

本校于2021年6月成立了教代会组织，并进行了首届教代会选举。现有教师代表51位，设有教代会执委会、民主管理工作委员会、职工权益保障工作委员会、财务监督委员会等机构，学校"三重一大"事项需经教代会讨论通过后方可实施。经教代会通过后实施的制度包括《北京市第八十中学雄安容东分校2022年职评工作方案》《北京市第八十中学雄安容东分校2021年8—12月奖励性绩效工资考核及分配实施方案》《北京市第八十中学雄安容东分校2021年8—12月奖励性绩效工资考核及分配补充方案》等。

1.3.4 共青团、学生会（自评分5分）

本校建有完善的共青团组织，基础牢固，团组织制度健全，人员配备整齐。团委建有青年教师团支部、学生团支部共19个。根据上级团委和学校工作的要求，本校团委工作以加强学生的养成教育、礼仪教育为重点，紧紧围绕学校的工作中心，团结、领导全校青年团员，积极开展网上"青年大学习"，以及形式多样、内容丰富的学生活动，如合唱节、新春诗会、成人礼等。本校学生会由团委负责组织管理，有完备的竞选、换届、评价制度，包含纪检部、生活部、策划部、文体部、礼仪部、广播站、国旗队，各部门职能定位准确，在参与学

校学生日常管理，如三操、午休、周歌、卫生等各种活动中发挥了重要作用。

1.4 规章制度（自评分20分）

学校管理是一项复杂的工程，明确学校各项管理规章制度是学校教育教学正常运行的保障，也是学校走向法治的必由之路，缺乏了各项规章制度，学校教育教学就不能正常进行。因此，本校在建校之初就结合学校实际，制定了配套的、科学的、合理的、与实际情况相结合的规章制度。同时，学校也在不断完善健全各项规章制度的内容，使其能充分调动教职工的积极性、主动性和创造性。

1.4.1 学校各项规章制度（自评分20分）

本校各项规章制度完备，根据《中华人民共和国教育法》《中华人民共和国义务教育法》《中华人民共和国教师法》《中华人民共和国未成年人保护法》等法律法规和有关政策，制定了《北京市第八十中学雄安容东分校（雄安容和第一高级中学）学校章程》《教学常规》《考勤管理制度》《仪容仪表及礼仪规范》等制度规范，并列入教师手册中供学校教师学习、了解。学生管理方面如《中小学生守则》《中学生日常行为规范》《礼仪常规》《一日活动常规》《仪容仪表标准》《班级管理量化细则》《学生集会制度及考核细则》《成绩考核与考试规则》《个人习惯养成》《请假手续办理程序及要求》《疫情防控指南》等也一并纳入学生手册中，让学生提前学习、了解，明确各项管理细则及规范。同时随着学校各科室工作的开展，各项规章制度相关内容也在不断完善，逐渐组建了学校教师代表大会、学校工会、校务会、财务室等组织，明确了各项规章制度，并将相关内容一并纳入教师手册及学生手册中，规范学校各项管理。

2. 学校管理（自评分 225 分）

2.1 课程管理（自评分 30 分）

学校高度重视课程管理，认真落实教育部和河北省有关课程的实施方案。学校课程管理的总体目标：体现办学宗旨、实现育人目标。

创设"澄明"课程育人体系，旨在引领常态教学走向深度学科理解的"学案导学、情境再造、探究展示、变式应用、反馈评价"的澄明课堂教学模式。

校本课程的管理既要利于学生的全面优质可持续发展，使学生学会选择、学会合作、学会探究，提高实践能力，增强社会责任感，又要有利于教师专业化可持续发展水平的提高，使教师、学科和学校的发展尽早更好地适应未来社会对人才发展的需要，体现前瞻性，同时又要依据国家课程计划和学校的实际情况，体现规范性和学校特色。

学校一边扎实推进科学创新普及育人，一边高位锻造科学创新个性育人，创建校级"最强大脑"——创新人才培养。下设科创课程、奥赛课程、大学先修课程，配齐高水平专业化师资队伍和专业的研究设备：生物创新实验室，物理、化学、生物奥赛实验室，VR，机器人实验室，实验温室等。

2.1.1 课程设置（自评分 10 分）

学校课程方案设置符合《河北省普通高中课程设置方案（试行）》中规定的必修、选修内容要求以及学校的实际情况，按学年、学期、学段做出系统、科学的安排，形成三级立体课程体系。

课程安排：

2.1.1.1 学科基础课程（国家规定的必修课+选修课）

2.1.1.2 （拓展）实践应用类课程（社会实践类+知识拓展类+职业体验类+科技创新类+研究性学习课程+劳动技术课程）

2.1.1.3 （卓越）特色课程（五大学科竞赛课程+社团活动类课程+特色校本类课程+大学先修课程）

2.1.2 课程实施（自评分 10 分）

学校全面落实和实施国家和河北省课程方案，按要求开全、开足课程，保证教师不缺课，学生上课不缺人，保证各课程落到实处。学校专门成立课程实施管理小组，运用行为观察、情景测验、学生成长记录等多种方法，对学生的发展过程和结果进行综合评价，也为课程实施提供保障条件。专任教师数量符合配备要求，课程评价体系健全。

2.1.3 课程开发（自评分 10 分）

开发制度：学校制定了课程开发实施方案，明确了课程开发的程序和要求，鼓励和引导老师结合本校实际开发校本课程。校本课程是基础教育课程改革的组成部分，搞好校本课程的开发是落实新课程改革的需要，校本课程的开发与实施，给学校教学质量的发展、教师专业能力的提升、学生个性化的需求提供了新的舞台。

开发管理机构：校本开发不是一两个人能完成的，是由校长、课程专家、教师、学生等共同参与的。学校要形成开发校本课程的组织网络，形成领导小组—教研组—教师—学生的开发网络，通力合作，共同创建"学习化校园"。

2.1.3.1 成立课程开发领导小组（负责课程的初步审议）

组长：胡友永

副组长：李继良、李晨曦

组员：班主任、年级组长、各学科教研组长

2.1.3.2 成立课程开发研究小组（负责课程的具体开发）

组长：胡友永

副组长：李继良、李晨曦

组员：班主任、年级组长、各学科教研组长

目前本校已开发社会实践性校本课程9个（国学、悦读、生活中的化学、心理课堂、英文电影赏析等），学生个人发展规划性课程1个（学习方法探索），社团类课程10个（手语、剪纸、播音主持、篮球、话剧等）。校本课程的时间安排在每周三、周五的第10节课，课程中期和末期会发放问卷，对校本课程的上课进行学生评价。

2.2 教师管理（自评35分）

2.2.1 聘任使用（自评5分）

教师聘用符合编制和录用有关规定，程序合法、公开透明。有完备的教师聘用制度、聘用方式、聘用程序。

2.2.2 培养培训（自评分15分）

教师培训有计划、有经费、有时间安排。结合青年教师多，骨干教师少的实际情况，学校制订了科学可行的学校教师培训计划，开展"青蓝工程"、师徒结对活动，通过教学基本功、教育基本功、教科研基本功、"雄安·领军杯"线上教育改革创新发展论坛等活动，为广大教师搭建教学研究课、观摩课、创优课等课程类教学观摩平台，训赛结合，以赛促研，研训一体，全面提升教师队伍的整体素质。结合学校培训计划，有序进行教师培训，有翔实的培训时间安排、内容记录。同时，老师们结合学校培训，制订符合自身特点的自我培训计划，积极参与各项研训活动，多次荣获省市等各级表彰。

2.2.3 考核评价（自评分14分）

学校有完善的教师考核评价体系，包括：考核内容、考核标准、考核方法、考核结果。

学校成立学术委员会，制定量化方案，对教师教育、教学、教科研进行全面量化管理。从任职班主任、工作量、劳动纪律、考试成绩、教科研能力提升等方面对教师进行全面考核评价。政策制定科学，人为干扰因素少，考核公平公正。政策确定合法，草案经学委会通过，教代会批准。在评优、评先和绩效工资评定上实现了奖勤罚懒，调动工作积极性的目的。政策实施有效，管理学生水平提升，教师工作积极性提高，各项工作取得长足发展，多次获得省市表彰。

2.3 学生管理（自评分40分）

2.3.1 日常管理（自评分9分）

学校制定了健全的学生日常管理制度，包括考勤制度、考试制度、行为规范制度及相关奖惩制度、贫困生建档立卡制度等，所有制度合法、合规、合理，注重落实，可操作性强。

2.3.1.1 考勤制度方面。学生每日严格按照学校的作息表安排，准时到校，按时离校，因故不能到校须提前向班主任和年级主任请假，严格遵守和执行学校的请销假制度。为了提高学生的身体素质，增强学生的体魄，学生每日严格按照时间节点出早操和课间操，学生按照课表时间上下课和自习，每节课考勤由该堂课任课老师负责，保障学生学习的纪律和课堂的顺利进行。

2.3.1.2 考试制度方面。学生按照学校组织安排按时参加月考、期中考试、期末考试和各种联考，若因故不能参加考试者，须出具证明，按照学校请销假制度执行请假和销假。学生考试严格按照考试规则诚信应考，出现违规违纪行为，学校按照相关政策进行批评教育、警告、记过和劝退等不同程度的惩戒措施。

2.3.1.3 行为规范制度方面。学生的仪容仪表要符合中学生的日常规范，穿着校服，衣着干净整洁，帮助学生养成和保持良好的卫生习惯；学生礼貌待人，热情问候校长、老师，真诚对待同学。通过每学期举办的文明礼貌月活动，学生养成了良好的文明行为，符合中小学生日常行为规范。

2.3.1.4 贫困生建档立卡制度方面。学校高度关注贫困家庭学生，严格管理学校所涉及的各学段资助工作。成立了以校长为组长，各处室主任、班主任、财务室相关责任人为成员的"贫困学生助学工作"领导小组，制定实施方案，由教育处负责实施。严格操作流程，建立完整、齐全的档案资料，让这一惠民政策真正落实并惠及民生，确保不让一个学生因为家庭经济困难而失学。依据新区公服局总体部署，在容和总校的指导下，学校 2021 年共资助 3 人，共计发放资助金约 9000 元。截止到 2022 年秋有贫困生 5 人。所有贫困学生已全部列入困难信息中心，贫困档案材料整齐规范。

2.3.2 学籍管理（自评分 10 分）

2.3.2.1 有专职学籍管理人员，能严格按上级规定招生，办理转、退学和休、复学，手续齐全。

2.3.2.2 严格控制班容量，每个教学班不超过 40 名学生。

2.3.2.3 学校有各年级的招生录取花名册，学生人人有档案，学生基本情况统计资料齐全。

2.3.3 生活管理（自评分 10 分）

学生生活管理制度完善，有科学的作息时间安排，有早操、早读、课间操、午休及眼保健操等制度，责任明确，管理到位。学生在校期间严格遵守校规校纪及《中学生守则》《中学生日常行为规范》《学生手册》等相关规定，校内公共秩序井然，学生养成了良好的学习和生活习惯。

2.3.4 发展指导（自评分 10 分）

学校高度重视学生发展和生涯规划指导，组织班主任学习掌握相关生涯辅导所需的知识与技能，不断提高理论与实践水平，把生涯规划指导与日常的教育教学活动和学生的管理工作有机结合起来。

2.4 教学管理（自评分 70 分）

2.4.1 选课（自评分 10 分）

学校结合学生职业规划、学习兴趣和学习成绩进行选科指导，选课自由度高。选科分班之前，会有专任教师进行每班每周一节的生涯规划指导，帮助家长和学生选出适合学生自我发展的课程组合。

2.4.2 排课（自评分 5 分）

根据课程标准、选修课程、不同类型科目及学科任课教师特点，结合多媒体设备、教室分布和学生作息规律科学、合理、有序的排课。

2.4.3 走班（自评分 5 分）

依据学生选课需要、教室分布、学生层次和学科教师类型充分有序地安排分班，行政班和教学班并驾齐驱，高效运行。

2.4.4 备课（自评分 20 分）

学校有详细的备课管理制度和要求：《教师教学常规》《说课制度》《听评课制度》，对教师的备课从课标、学生、课件等各个层次进行全面规划，管理和指导。学校合理安排各学科组的统一教研、集体备课时间，并由教学处进行巡查旁听，保证做到全员参与、内容充实、组织有序。学校要求教师上课前必须做好"教案、学案、课件、作业"四件套。

2.4.5 授课（自评分10分）

学校推行"三二二一澄明课堂"教学模式，提出走向深度学科理解的"境通至要、问驱睿思、探以澄澈、辩（变、辨）生明达"澄明课堂2.0版，以规范课堂教学，提高课堂效率。

2.4.6 作业（自评分5分）

学校规定作业要有明确的目标和要求，避免随意性和低效能，要关注个体差异，满足不同学生的学习需要，作业应按教学实际分层设计，建议分为基础类、提高类、拓展类，要按年级学科统筹安排各科作业时间和难度层次。作业检查和批改由各学科制定标准，经过教研组讨论后制定检查标准和批改标准，把标准上报年级组和教学处，由年级和教学处督导检查。教师重点讲评错误较多的中等题和相对易得分的难题，规范建立年级和班级错题本。由教学处牵头年级组检查、记录、通报。

2.4.7 评价（自评分9分）

学校对学生进行综合素质评价，汇总学生思想品德、学业水平、身心健康、艺术素养、社会实践等各方面成绩，做到全方位、科学评价学生，做到学生评价和教师评价相结合，过程性评价与结果性评价相结合，体现"教学评"一体化，制定相应的评价机制与标准，可以完整的反馈学生的成长过程。

2.4.8 学分（自评分5分）

学校切实做好普通高中新课程实验的学生评价工作，加强学分管理，充分发挥发展性评价的功能，根据教育部颁发的《普通高中课程方案（实验）》中的精神，制定学分认定细则。严格按照学分认定办法进行学分认定，坚决禁止弄虚作假、营私舞弊的行为，维护学分认定工作的真实性和严肃性。

2.5 设备管理（自评分30分）

2.5.1 实验设备（自评分5分）

学校各类实验室、功能教室齐全，设施一流。实验室有物理实验室、化学实验室、生物实验室。功能教室有电教化一体功能室、地理功能教室、历史功能教室、书法室、心理咨询室、通用技术功能教室、机器人教室、音乐教室、舞蹈教室、美术教室、风雨操场等，既能满足教育教学的需求，又能基本满足学生的社团活动。

理化生实验器材单套分组仪器满足学生一人一组或两人一组，能够开展课程标准规定的实验，有逐年更新机制。

目前物理实验室设有学生实验室4个，一次可同时容纳160人完成学生分组实验。同时设有物理准备室和物理仪器室。化学实验室设有学生实验室4个，一次可同时容纳120人完成学生分组实验，同时设有准备室、化学仪器室、化学药品试剂室。生物实验室设有学生常规实验室2个，显微镜实验室1个，组织培养实验室1个，一次可同时容纳120人完成学生分组实验，同时设有生物准备室、生物标本室、生物试剂室，生物各类标本近1200件。

实验室不仅能满足常规教学中所有的教师演示实验及学生分组实验的需求，还对学生开放，为学生进一步探索科学奥秘提供一切便利条件。每年都根据课程标准变化及时跟进、更新实验内容。实验室的通电、通水、通气设施完善，仪器柜、药品柜、标本柜、模型柜等符合要求，有较充足的实验材料和试剂，并符合技术指标要求。

2.5.2 音体美及卫生器材（自评分5分）

音体美器材设备属于学校公共财产，在学校有统一编号，设备损坏及淘汰需要报请学校，再根据教学需要进行更换及统计编号。音乐器材室共有1个，配备音乐器材100余件，包括民族管弦乐团、西洋管乐团、中学鼓号队所需要的乐器。音乐器材管理办法及制度全部公示，音乐器材的借还也有专门的人员进行登记和管理。本校设有美术资料室1个，美术教室2个。资料室配备各类型美术学具以满足日常的课程需求，包括画板、画架、美术学具、静物、石膏头像、美术专业资料书籍等专业课程必需品。美术器材室管理办法及制度全部公示，美术器材的借还也有专门的人员进行登记和管理。体育设备主要涉及体育馆及场馆内设施的保管，由体育组专人负责管理，体育馆的使用需要填写使用单及使用用途等事项。校内设医务室1个，按河北省《中小学卫生室器械与设备配备目录》中的一档配齐了卫生器械、设备，并备有常备药品。

2.5.3 图书馆藏书、阅览设备设施（自评分5分）

雄安容和第一高级中学图书馆是目前雄安新区最大的现代化、智能化图书馆之一，建筑面积1000平方米，分为休闲区、阅览区、电子阅览区，馆内可同时容纳400人同步阅览，馆藏图书66 523册，电子图书52 000册，实行开架借阅和微机管理，图书分类科学，排架有序、合理，便于学生检索、查询，馆内工作人员定期进行排架整理及书刊修补、剔除工作。图书馆采用信息化管理模式，全馆实现无线网络覆盖，内设自助借还系统、自助查询系统，实行藏、借、阅一体化的大开间布局，为全校师生提供优质的借阅环境。馆内藏书整齐有序，符合有关规范。

本校图书馆图书补充及时，每年有计划地进行新书采购，图书经费专款专用，层层把关。图书馆由专人管理，实行登记阅览制度，对核心期刊定期进行整理、保存工作。馆内运用数字化管理，借阅手续完整，并配有手写版借阅记录，保证了借阅记录的规范与完整。本校图书馆自开馆以来，以语文教研组为主导，开展了形式多样、内容丰富的阅读指导与阅读活动。

2.5.4 校园网等现代技术装备（自评分10分）

学校设施设备齐全，智能化水平高，能充分满足各学科教学和学生全方面发展的需求。具体包括：（1）创建技术小组。建校伊始，本校就成立了信息中心，实现了对全校信息化工作的统筹与管理，对相关基础设施的对接与维护，对软件的管理与升级，以及对学校教师教育信息化的相关培训。（2）利用先进设备。学校共有20间录播教室，其中包括两间精品录播教室，还配备了可容纳100、300、500、900人的阶梯教室，在校期间成功举办了多次"教学基本功大赛""教育基本功大赛"和"教科研基本功大赛"，完成了70余次的信息化录制编辑工作。（3）提供优质平台。本校为广大教师搭建教学研究课、观摩课、创优课等课程类教学观摩平台。本校曾作为承办方成功举办"雄安·领军杯"线上教育改革创新发展论坛活动，分为初、高中9大学科18个分会场，全国直播观看人数达到14 339名。（4）软件多样先进。本校分别在相应重要点位安装了精品录播系统、广播电视台系统、机房凌极云系统、广播铃声系统和华为远程会议系统，可以满足本校各类优质精品课比赛录制、学生考试、线上线下会议和网络升旗等众多活动。

2.5.5 办公、生活设备及设施（自评分5分）

学校现有教师办公室33个，教师研讨区3个，处室办公室14个，配备了176套办公桌椅和文件柜，89组更衣柜，151台计算机，60台打印机。学校还设有食堂、医务室等设施，满足师生生活和工作需要。

2.6 档案管理（自评分10分）

本校各项管理制度齐全，学校章程、党建党务、教代会、工会、共青团、行政决策、教育教学、学生管理、教师管理、财务管理、生活管理等制度健全，相关内容均辑印成册，以教师手册及学生手册的形式让学校师生知悉相关制度。学校设有专门的档案室，按照行政工作、教学工作、学生管理、后勤工作、依法治校等分类存放，并设有专人管理。

2.7 后勤管理（自评分10分）

2.7.1 食堂、宿舍及其他（自评分9分）

学校食堂面积1400平方米，由雄安第一中央厨房的"今元康"提供服务，制度健全、管理到位、营养均衡、价格合理，满足了师生的需求。后勤人员数量配备达到标准，具有良好的服务意识。学生食堂管理严格按照《食品卫生法》及相关法规文件精神，制定采购、消毒、安检、陪餐等各项管理制度。学校绿化面积 12 800 平方米，处处是美景，优美舒适。

2.7.2（自评分 1 分）

3. 五育并举（自评分 225 分）

3.1 学校德育（自评分 25 分）

3.1.1 机构人员（自评分 5 分）

学校坚持立德树人，德育为先，设有教育处，由分管学校德育工作的副校长主管。形成了学校—教育处—年级部—班主任—任课教师组成的全员德育系统，学校重视班主任工作，建立了班主任队伍建设、培训、管理体制，实行"青蓝工程"帮助年轻班主任迅速成长。

3.1.2 内容、形式及效果（自评分 19 分）

以培养涵养高雅、积极奋进、有理想、强体魄、会学习、善合作的优秀学子为目标，以北京市第八十中学"一人一天地，一木一自然——让生命因教育而精彩"的办学理念为引领，以中国传统文化为内容，以丰富多彩的活动为载体，从创新的思路和扎实的工作入手，创建安全、和谐的优良校风，提高德育实效性，扎实推进学校"欣赏"德育工作，将德育的内容和形式审美化，让学生在欣赏中被熏陶，从而建设本校德育工作的特色之路。根据每个阶段学生的身心发展规律和特点，确定各年级德育核心思想，辅以纪录片、必读书目和榜样人物，通过年级主题活动实现本年级德育目标，结合公共经典活动，实现学校德育目标。详见下表。

	初一	初二	初三	高一	高二	高三
关键词	仁	美	和	礼	信	智
核心思想	爱国——人与人类	悟美——人与自然	明理——人与文明	知礼——人生境界	诚信——公民社会	创新——求真向善
纪录片	《跟着书本去旅行》《行知中国》	《美丽中国》	《中国》	《礼乐中国》	《从长安到罗马》	《大国崛起》

续表

	初一	初二	初三	高一	高二	高三
必读书目	《论语译注》杨伯峻《仁者爱人》张岂之《美德书》贝内特	《此刻，让美好发生》宗白华《美学散步》宗白华《美的历程》李泽厚	《荀子》荀子《传统文化与文化传统》刘淼《明理养德》王明波	《孟子》《现代礼仪与修养》《左传》	《诚信中国》阎孟伟《年画上的中华经典故事·诚信篇》沈泓、王本华《坚守诚信》蔡辰梅	《曾国藩家书》曾国藩《天工开物》宋应星《新时代的中国创新》陈劲
榜样人物	孔子 钟南山 张桂梅	王国维 蔡元培 梁启超	荀子 季羡林 王继才	孔融 诸葛亮 周恩来	曾子 韩信 谢延信	韩愈 张衡 袁隆平
年级主题活动	"培根铸魂，激扬生命"——成长礼主题活动	"激扬青春活力，展现青春魅力"——青春礼主题活动	"明理做人，束发成才"——束发礼主题活动	"彰显文明之风范，争当青年之先锋"——青年礼主题活动	"诚信律己，立德修身"——修身礼主题活动	"成长、责任、创新、梦想"——成人礼主题活动
公共经典活动	开学典礼暨校庆活动 体育文化艺术节 学科学术文化节 郊野公园远足考察活动 法治教育活动 红五月歌咏比赛					

3.2 学校安全（自评分20分）

3.2.1 机构人员（自评分5分）

学校成立安全工作领导小组，组长由党支部书记、校长担任，为学校安全第一责任人，全面负责学校安全工作，定期组织召开全校安全工作会议。学校聘任雄安新区检察分院检察长为法治副校长，雄安检察分院还向容和一高派驻了AI智能检察官"小安"。

学校与各处室、年级主任签订安全工作责任状，做到安全有人抓，遇事有人管，人人都是安全员的校园环境。

3.2.2 制度、措施及效果（自评分14分）

学校安全责任分工明确，制度预案完善，安全教育良好开展，师生安全意

45

识强，未发生过重大安全事故。

学校应建立安全例会制度，定期召开安全专题会议，及时传达上级安全工作文件精神，谋划布置学校阶段性安全工作。学校制定了完善的学校安全教育、安全督导检查、学校周边环境安全治理、门卫安保、学校设施设备与建筑安全管理、危险品安全管理、消防设施器材管理、实验室、食堂、消防等安全制度。学校还拟定了学校预防突发事故预案，包括疏散、消防、自然灾害、紧急事故、食品卫生、体育运动、传染病、疫情等安全方面的工作预案和工作流程图，严格实行校园安全隐患定期排查工作，做到及早发现，及时处置。学校组织成立护校队，加强课间巡查，做好巡查记录，定期召开安全会议。

有了制度，落实是关键。学校的各项安全工作能否落到实处，关键在于学校的督查能否及时发现问题，及时整改。学校的主要做法是：本校建立每日督察组制度，每天由一名校长或中层带领两位教师进行督导，落实安全工作日通报制度。为切实加强安全管理，确保各项工作落到实处，安全办工作人员负责每天的安全检查、监督工作，并做到检查有记录、有通报、有反馈。学校还将安全保障工作列入各有关处室的目标考核内容，并进行严格考核，严格执行责任追究制度，对造成重大安全事故的，要严肃追究有关领导及直接责任人的责任。

学校应坚持做到每日一巡查，一月一小查，一季一大查，半年一小结的安全制度。对学校的建筑、教学设备、电器线路、活动场所、体育设施等进行全面的检查，对于检查中发现的安全问题，马上聘请专业人员进行检查维修，确保室、场及各种设备设施的安全，排除安全隐患，做到警钟长鸣。

在安全领导小组的领导下，不断完善各种安全工作制度和应急预案，积极开展各种安全教育活动，建立家校、警校合作联动机制，积极开展学校以及周边治安综合治理工作，共同维护师生校内、校外安全。本校建校以来未发生任何安全事故，为全校师生创建了安全良好的教育教学秩序。

3.3 教研科研（自评分 25 分）

3.3.1 机构人员（自评分 5 分）

学校教研、科研机构健全，人员配置合理。教学处具体负责各学科的教学研究活动，每学期之初制订详细的教研计划，学期末进行相关总结，每周每学科固定教研时间、地点和主题，每次集体活动确定主讲教师和点评教师，保证做到全员参与、内容充实、组织有序，并有详细的活动记录。学校设有独立的教科研处，负责全面策划、指导学校的教科研工作。主要工作包括：制定学校教科研规划和各项工作方案；组织、协调开展教科研培训和读书分享系列活动；

负责各级各类课题的申报、组织管理和督促工作；负责筹备、组织和开展教科研大赛；负责组织编写教科研杂志等。各教研组教师负责落实各项教科研工作。

3.3.2 内容、方法、成果及应用（自评分20分）

针对学校是新建校且年轻教师占比较大的实际情况，教科研工作主要包括学科教学、教师培养、学生发展等方面的研究，具体内容和方法主要集中于以下几个方面。

组织名师论坛，加强培训，提升教师科研能力。充分利用校内外优质资源，邀请具有教育科研经验的教师开展课题培训系列讲座，举办名师论坛，观摩优秀教科研案例，使老师们通过学习，明晰教科研的意义，掌握基本的科研流程，了解基本的研究方法，提高教学科学研究能力，做到"人人想做科研，人人会做科研，人人爱做教学科学研究"。

推进各级各类课题的申报、管理工作，积极鼓励教师教科研论文的撰写。学校教师承担立项课题共计13项，其中，北京市"十三五"规划课题1项，河北省课题1项（《高中政治教学中学生分析解决问题的能力培养方法途径》），雄安新区"十四五"规划课题1项（《提高高中历史试题讲评课有效性的研究》），容和教育总校"十四五"规划课题2项（《新课标下高中数学教学方法与模式探讨》《践行英语学习活动观，培养英语学科核心素养——以高中英语阅读课为例》），雄安容和第一高级中学校本课题8项（《澄明课堂模式下语文情境创设研究》《通过数学历史文化的情境创设探究高中数学高效课堂的实践活动》《利用雄安红色资源提升高中生政治认同学科素养的行动研究》《"双减"政策背景下高中化学"大单元"教学实践问题的研究》《大单元教学背景下高中生物高效课堂的策略研究》《地理校本课程开发的实践研究》《雄安新建学校智慧课堂的核心技术与应用模式分析》《"双减"背景下教师专业发展模式探究——以骨干教师和初任教师专业发展为例》）。教科研处通过建立组织、召集会议、制定方案、邀请专家，采取"一个主会场+六个分会场"同时进行的方式，顺利完成首批校级课题的开题论证工作。在研究过程中，教师们通过查阅资料、阅读书籍、论证交流，教科研能力大大提升，学校形成了浓厚的教科研氛围。

编辑印制第一期《八十教研（雄安容东版）》杂志，搭建交流分享平台。教科研处组织收集教师们在各级各类杂志刊物所发表或待发表的优秀文章和论文，成立评审组择优筛选，设"师德师风""教育探索""大单元教学""澄明课堂""高效课堂""教师成长""教学案例""智慧课堂"8个板块，经编辑整理后，印制《八十教研（雄安容东版）》杂志，并分发给教师阅读，以实现成果共享。

开展读书分享交流系列活动，促专业成长。该活动以自愿、邀请和择优结合的方式确定主讲人，召开全体教师参加的读书分享交流展示活动，目前该活动已举办两期。第一期活动于2022年3月22日下午在300人报告厅举行，由语文学科骨干教师赵晓娟老师做主题为"欲求教好书 先做读书人"的分享交流，她从"读书之作用""读书之推荐""读书之方法""读书之感悟"4方面进行了分享。2022年5月31日下午在300人报告厅由骨干教师金美华老师为全体教师做了"静心读书 潜心育人"的分享展示，金老师结合自身的教育实践分享了李镇西的《做最好的老师》等教育类书籍，引导教师们读书，感悟、借鉴书中的教育管理经验并加以应用，提升自身的教育教学能力。此外，教科研处还组织开展"我阅读、我分享"的活动，教师们用一句话推荐好书，视频录制后在教师大会上播放展示，大大激发了教师们读书学习的热情。读书分享系列活动对学校教师的教育教学管理、专业素养的提升起到了积极的指导作用，对营造充满书香的学习型校园也有重要的意义。

开展教科研大赛，以赛促研，逐步规范学校的教育科研评比和管理制度。教科研基本功大赛每学年举办一次，全体教师参加，针对本学年教师的研究能力展开评比和奖励，具体内容包括：课题研究、论文获奖情况、论文发表、著作编写、读书心得及分享和学科教学资源创设、校内学术展示七个方面。具体过程为：通过召开学校领导会议、教师代表会议等讨论形成《教科研基本功大赛实施方案》，由教科研主任在全校大会对大赛方案内容逐条进行宣讲。学年末，由教科研处统计教师们的科研成果，由评审组进行评审核算并公示，评出一等奖5人、二等奖8人、三等奖18人。2022年9月16日，召开学校首届教科研基本功大赛表彰活动，为获奖教师颁奖，并邀请一等奖获得者王维雪老师进行经验分享。大赛大大激发了全体教师参与教科研工作的积极性，同时学校的教科研评比和管理水平也在不断提升。

3.4 学校体育（自评分20分）

3.4.1 机构人员（自评分5分）

认真贯彻《学校体育工作条例》和《关于加强学校体育工作的意见》，有具体规划和措施，专职体育教师8人。

王永贵：教研组长 大学本科 中小学高级教师

张建新：硕士研究生 研究专项 武术

郭娜：硕士研究生 研究专项 健美操

范增峰：总务主任 大学本科 中小学高级教师

宗亮：硕士研究生 研究专项 田径

刘振：硕士研究生 研究专项 足球

李欣：硕士研究生 研究方向 跆拳道

王铁栓：硕士研究生 研究方向 羽毛球

3.4.2 内容、形式、成果（自评分 15 分）

学校认真落实《国家体育锻炼标准》《中学生体育合格标准的试行办法》《关于全面加强和改进新时代学校体育工作的意见》，每周三节体育课、早操跑操、课间操保证学生每天锻炼一小时，每年进行体质达标测试，学生体育合格标准、体育锻炼标准达标率分别达到 95%、85%以上。

学校有风雨操场 1200 平方米，有标准室内篮球场一块，可以满足 2 个班同时上室内体育课。标准羽毛球场地有 6 块可举办 200 人左右的羽毛球比赛。在雄安新区容东片区本校是唯一拥有 400 米标准跑道的高中，可举办大型运动会及趣味活动。

学校成立艺体中心，定期开展各类艺体特色活动，我们有篮球社团、足球社团、羽毛球社团，每年召开秋季田径运动会、开展篮球联赛、广播操比赛、啦啦操、体育舞蹈、合唱节、艺术作品展、器乐团展演等艺术体育活动，凸显本校文化艺术氛围。特色活动"舞龙"继承优秀传统文化，曾在中央电视台大型纪录片《雄安 雄安》中精彩展现。

学生跑操图片

3.5 卫生健康（自评分 20 分）

3.5.1 机构人员（自评分 5 分）

学校成立卫生健康领导小组，聘请有医师资格证书的专业医师 2 人在校医务室全天值守，基本能满足日常学校卫生健康工作需求。

3.5.2 内容、形式、成果（自评分15分）

学校设有医务室1个，每年定期由县级以上医院对学生进行入学体检，对有特殊体质的学生密切关注。学校设有心理辅导室1个，专职心理教师两名。学校注重学生体质健康教育，定期上报学生体质健康相关数据。学校与县疾控中心保持良好的沟通，积极做好疾病预防工作，由负责校园安全和疫情防控工作的总务处制定了校园突发事件（疫情）应急预案。

3.6 学校艺术（自评分20分）

3.6.1 机构人员（自评分5分）

学校认真贯彻教育部及省教育厅的规定，实行主管校长负责制，具体工作落实到人。

本校美术教研组组织机构健全、人员结构合理，共配有硕士研究生学历教师3人（美术教师2人，书法教师1人），分工明确，专业化水平高。

董千册，毕业于华中师范大学，艺术学硕士。董千册是学校美术组教师，负责教授高二年级美术鉴赏课以及美术专业课，从教以来，荣获新区教学能手大赛教学能手、雄安新区艺体卫先进个人等称号，荣获校教学基本功二等奖、校优秀师德奖等荣誉。董千册擅长教学素描、速写、水粉等美术考前科目，所带部分学生考入太原理工、湖北大学、湖北美院、湖北工业大学等。

段练，硕士研究生学历，毕业于中国艺术研究院，油画专业。他是学校美术组教师，教授高一年级美术鉴赏课和高一年级特长生训练专业课程，擅长教学艺术史论、素描、色彩、平面设计等课程。

严紫祥，北京师范大学艺术与传媒学院书法学专业硕士研究生，北京书法家协会会员，美国西肯塔基孔子学院特聘艺术家，中国白居易书画艺术研究院湖南分院副院长。他教授高一和高二年级硬笔书法课程、书法特长生训练课程、教师书法课程以及学校书法社团课程等。

学校的音乐教师共有2人，全部为硕士研究生学历。

王佳奇，硕士研究生学历。他是学校音乐组教师，教授高二年级音乐鉴赏课和特长生训练课程。从教以来，王佳奇荣获新区教学能手大赛教学能手称号、校教学基本功二等奖、教育基本功三等奖、校年度优秀教师、优秀班主任等荣誉。

刘双雪，音乐与舞蹈学专业硕士研究生。他是学校音乐组教师，教授高一年级音乐鉴赏课和特长生训练课程。他带领的二胡社团被评为优秀社团称号。

3.6.2 内容、形式、成果（自评分15分）

学校开设了美术鉴赏课、美术专业课、书法鉴赏课、书法社团课，对学生艺术素养的提升起到了重要的作用。

美术鉴赏课的课程所用教材均为教育部指定教材，严格落实《关于全面加强和改进新时代学校美育工作的意见》的相关政策法规，保质保量完成相应的美术鉴赏课教学任务，同时不断完善课程体系建设，并在开设多样化艺术课程方面取得了可喜的成果，其中，"伦勃朗光摄影""美丽校园写生""可塑泥雕塑"等特色课程正在如火如荼地进行着。

美术专业课程方面，美术教研组设计了《美术教室和器材室管理工作制度》《美术器材租借制度》，为美术专业课程的正常运行提供了制度保障。在教学上，美术教研组始终秉承因材施教、以身示范、专业与文化并举的教学方法，深入学生群体，根据不同学生的问题进行分析、讲解、示范，保证每个学生的问题都能得到针对性的解答。在硬件设施上，本校为美术组配备了2个专业的美术教室和1个专业的书法教室，同时美术资料室配备石膏头像、石膏几何体、静物、美术学具、画板、画架、投影灯等专业美术器材，为美术专业课程的开展提供了坚实的物质保障。

同时，本校积极开展多样化的美术活动，例如，"美术专业作品展""中国传统书画文化展""你画我猜趣味绘画比赛"等活动，为学生的美术作品展示、审美水平的提高、创新能力的提升提供了良好的平台。同时，本校师生积极参与各类社会艺术展览或比赛，2021年本校两名学生入选雄安新区艺术节美术作品展。

学校根据《普通高中音乐课程标准》进行音乐鉴赏课、创编课等课程的讲授，鼓励学生通过音乐课程了解多元化的音乐内容，感受丰富的音乐文化，音乐鉴赏课程不仅丰富了学生的高中学习生活，而且通过对不同音乐文化的了解，开拓了学生们的视野，更多的学生喜欢上了音乐。

组建校合唱团——风翎合唱团，风翎——即风铃。同音双义，"翎"字取自白洋淀"雁翎队"，"翎"是鸟身上坚硬的羽毛，风翎第一层意思就是风中飘落的鸟的羽毛，同时与"风铃"同音，比喻合唱团的声音就如风铃一般动听。合唱团成团时间虽短，但在合唱指挥教师的带领下，先后参与了CCTV-2《雄安 雄安》纪录片录制、雄安新区网信局《365百姓故事汇》节目、校家长开放日、元旦晚会、新春诗会、开学典礼、学科月展示活动等。在校合唱团的感召下，学生们对于合唱的热情也变得高涨，合唱社团的开展也使得越来越多的学生感受到了合唱的魅力。

为完善教学体系，学校开设了音乐特长生训练课程，每周不少于10课时，保证特长生们接受专业化和系统化的学习，视唱、练耳、乐理三门理论课以及专业主项一共4门课程的开设使特长生的专业技能得到充实，为艺术招生考试做准备。

3.7 劳动技术（自评分20分）

学校重视学生劳动意识和劳动技能的培养，通过劳动技术课程、卫生扫除、社区志愿活动等形式，构建家、校、社共育的教育体系，树立"劳动最光荣"的价值观念，培养德、智、体、美、劳全面发展的社会主义建设者和接班人。

3.7.1 机构人员（自评分5分）

根据国家及河北省劳动技术课程标准，学校专门建立技术类课程领导机构，组长由胡友永校长担任，副组长为李晨曦主任，成员为各技术类课程教师。

3.7.2 内容、形式、成果（自评分15分）

学校重视通用技术等技术类课程，专门建立了通用技术教室，开足、开全技术类课程。通用技术教室包括木器加工区、金属加工区、创新设计区，分区合理，利用充分。

成果：学业水平测试方面，高中每届学生会在高二的11月左右参加通用技术学业水平测试；创新作品方面，利用通用技术教室内的机器人莱博士器械，组织学生以小组为单位，进行组装拼接；实践操作方面，根据学生自身兴趣，结合学校现有的实际工具，制作有创意性的设计产品，专业教师进行打分评价。

3.8 综合实践活动（自评分20分）

3.8.1 活动时间（自评分5分）

学校定期组织学生进行各项社会实践活动，已经将社会实践活动课程化。

3.8.2 活动内容（自评分5分）

学校在每学期组织学生进行丰富的社会实践活动。如：以年级、班级小组为单位组织学生进行研究性课题研究活动，在疫情防控期间学生参与社区志愿服务活动，每学期以年级为单位组织学生观看"天宫课堂""开学第一课"等在线视频，参与首都师范大学研究生教师的暑期夏令营活动等。

3.8.3 活动形式（自评分5分）

形式多样化，既有学生个体活动，也有集体活动。

3.8.4 活动成果（自评分5分）

每次实践活动后，学校将组织学生进行总结、书写心得体会、调查报告等。研究性学习课程填写学生研学档案，学校定期组织研究性学习课题答辩，评选出优秀课题。

3.9 学生综合素质评价工作（自评分35分）

3.9.1 机构人员（自评分5分）

学校根据本校实际情况制定《北京市第八十中学雄安容东分校（雄安容和第一高级中学）学生综合评价方案及章程（试行）》，由校长牵头，主管副校长、教育处、团委、教学处、教师发展中心组织联合机构对学生进行公正的评价。

3.9.2 工作机制（自评分5分）

学生综合素质评价各处室分工明确，相互协作，角色到位，工作稳定有序。在关键的时间点，学生综合素质评价工作从部署到落实环环相扣，井然有序。

3.9.3 评价程序（自评分15分）

写实记录—遴选整理—公示审核—形成档案—材料使用

3.9.4 结果运用（自评分10分）

将学生的综合素质评价纳入学校日常管理，对学生的发展和进步起到有效的激励和促进作用。

3.10 学生社团活动（自评分20分）

3.10.1 社团数量（自评分5分）

学校社团被纳入学校课程管理，每科占2学分。本校社团制定了社团管理规章制度、考核制度等，此外社团教师须制订年度教学计划。本校先后成立舞龙社团、合唱团、民乐团、啦啦操社团、话剧社团、书法社团等18个社团。

3.10.2 活动时间（自评分5分）

学校规定每周一次社团课，时间定为每周三下午第十节课，每学期保证不少于18课时。由专职教师带领学生在专门的功能教室或选修教室进行活动。

3.10.3 活动形式（自评分5分）

本校社团分为竞赛类社团和精品类社团。竞赛类社团主要以艺体为主，例如合唱团、啦啦操社团等团体类活动；精品类社团主要以陶冶学生情操为目的，培养学生美育，例如，剪纸社团、插花社团、书法社团、话剧社团等；广播站是校园传播咨询的重要载体，每天准时为学生播放名人故事、诗词歌赋、点播音乐、宣传校园好人好事等。

3.10.4 活动成果（自评分5分）

学生社团是学校课堂教学的延伸性活动，是进一步深化教育教学改革，全面实施、推进素质教育的一个重要体现。本校每学年会开展一次社团年度展演，每个社团展示一年来的成果。此外，在校元旦晚会、家长开放日等活动中，均能看到合唱团、啦啦操社团的身影；广播站培养出一批专业素养高、业务能力强的主持人，在本校各类大型活动中得以施展。

舞龙舞狮方阵

4. 办学保障（自评分 200 分）

4.1 校园（自评分 20 分）

4.1.1 校园面积（自评分 10 分）

学校位于容东片区东北角，东邻渥城北路，南邻乐安北三街，西邻容德西路，北邻乐民街，学生步行 15 分钟就能入校，道路宽阔、交通便利。学校占地面积 42 029 平方米，周边没有工厂、企业等污染源，适宜办学。

4.1.2 校园布局（自评分 10 分）

学校功能区划分：学校东侧是"E"字形的教学楼和行政楼，最南侧负一层是 900 人礼堂（1200 平方米）和食堂（学生 1135 平方米、教师 290 平方米），一楼是图书馆（1000 平方米），二楼是功能教室、心理咨询室和风雨操场，三楼是美术教室和功能教室，四楼是行政楼；依次向北是高一至高三共 36 个教学班。一楼是实验室和阶梯教室（100、300、500 人阶梯教室），教学楼西侧是标准 400 米运动场，足、篮、排、羽毛球、乒乓球场，动静分开，布局合理。

4.2 校舍（自评分 50 分）

4.2.1 校舍面积（自评分 20 分）

学校建筑面积 37 993 平方米，食堂面积 3500 平方米，可提供 1440 个学位，均达到相关标准。雄安新区打造的是 15 分钟生活圈，高中生分片就学步行 15 分钟即可到校，学校没有宿舍。

4.2.2 校舍质量（自评分 30 分）

学校普通教室、专业教室、功能教室等均为校准教室，符合相关要求，满足教育教学需要，于 2021 年竣工，校园安全工程质量检测均符合质量安全标准，无危房。

4.3 教学装备（自评分60分）

4.3.1 常规教学仪器（自评分15分）

实验室所有实验仪器设备都设有实验仪器明细账。严格账目管理制度，做到账目清楚、完整，账账相符，账物相符。新购进的教学仪器，及时清点、验收、入账、上橱。

4.3.2 教育技术装备及电教器材（自评分15分）

学校设施设备齐全，智能化水平高，符合国家和省有关配置指标，满足教学需要。

4.3.2.1 校园网：配备500M光纤，学校全范围覆盖无线网络，教室、办公室和功能教室均有无线接口，可随时随地连接校园网。

4.3.2.2 录播教室：学校配有18个录播教室和2个精品录播教室，其中共配有52个收音设备和46个智能高清摄像头，对校级、总校级和省级各类教学教育比赛，完成了70余次的信息化录制编辑工作。

4.3.2.3 多媒体教室：学校配有可容纳100、300、500人的阶梯教室和900人的大礼堂，其中均配有音响、话筒、灯光和电子大屏等信息化设备，承办了学校各级各类常规例会、学科月活动、元旦联欢晚会和教师继续教育讲座等重大活动。

4.3.2.4 计算机教室：学校配有3个计算机教室，每间教室配备1台教师机和40台学生机，安装了凌极云系统，教师可远程控制学生机，完成收发作业、现场监视、实时评价、小组互动和屏幕共享等多种上课场景，满足本校小班教学的实际需要。

4.3.3 体育、卫生器材（自评分10分）

4.3.3.1 按省《中学生体育器材设施配备目录》一类标准配齐了体育器材。

4.3.3.2 设医务室1个，按河北省《中、小学卫生室器械与设备配备目录》中的一档配齐了卫生器械、设备，并备有常备药品。

4.3.4 音乐、美术器材（自评分10分）

音乐器材室共有1间，配备音乐器材100余件，包括民族管弦乐团、西洋管乐团、中学鼓号队所需要的乐器。学校设有美术资料室1个，美术教室2个。资料室配备各类型美术学具以满足日常的课程需求，包括画板、画架、美术学具、静物、石膏头像、美术专业资料书籍等专业课程必需品。体育设备主要涉及体育馆及场馆内的设施的保管，由体育组专人负责管理。

4.3.5 图书馆藏书及设备（自评分5分）

馆藏图书66 523册，生均95册，采用天卷图书管理系统，电子图书52 000册，图书可实现电子化借阅。本图书馆实行开架借阅和微机管理，图书分类科学，排架有序、合理，便于学生检索、查询，馆内工作人员定期进行排架整理及书刊修补、剔除工作。

4.3.6 阅览室报纸杂志及设备（自评分5分）

图书馆购有报纸杂志150种，设有电子书借阅机2台，电子阅览设备符合20∶1的电子阅览设备的要求，电子书借阅采用全民阅读系统，系统藏书52 000册，包含5大部分，包括马克思主义、列宁主义、伟人思想，哲学，社会科学，自然科学，综合性图书。22大类，包括马克思主义、列宁主义、伟人思想、伟人理论，哲学、宗教，社会科学总论，政治、法律，军事，经济，文化、科学、教育、体育，语言、文字，文学，艺术，历史、地理，自然科学总论，数理科学和化学，天文学、地球科学，生物科学，医药、卫生，农业科学，工业技术，交通运输，航空、航天，环境科学、安全科学，综合性图书，充分满足了师生各层次借阅需求。

4.4 教育经费和教师待遇（自评分30分）

4.4.1 教育经费（自评分15分）

学校人员经费由雄安新区财政拨付予以保障。除此之外，雄安新区财政按每学年每生1600元拨付生均公用经费。

4.4.2 教师待遇（自评分15分）

学校教师工资标准按不低于公务员标准确定，由容和教育总校每月25日前足额发放。教师各类保险按时缴纳，各类休假按国家规定执行。

4.5 学校规模和人员配备（自评分40分）

4.5.1 学校规模（自评分10分）

学校为完全中学，现有在校生658人，高一10轨，395人，高二8轨，263人，目前无高三。

4.5.2 学生班额（自评分10分）

4.5.2.1 学校现有：高一10轨，高二8轨（目前无高三），共18个教学班。

4.5.2.2 轨制较整齐，且比较稳定。

4.5.2.3 班容量在40人以内，高中学生共658人。

4.5.3 教职工编制（自评分10分）

学校现有教职工91人，班师比1∶4.8，师生比7.6∶1。

4.5.4 干部配备（自评分5分）

校长胡友永毕业于新加坡南洋理工大学国立教育学院，教育管理硕士，理学学士。北京市特级教师，北京市高级校长，全国模范教师，全国中小学德育先进工作者，雄安新区优秀教育工作者，雄安新区首届名校长。曾担任廊坊市第一中学副校长、北京市第八十中学副校长、北京市第八十中学睿德分校校长兼党支部书记等职务。受北京市教委委派，支援雄安教育，担任北京市第八十中学雄安容东分校校长。先后主持完成3个省、市级课题，在省级以上报刊发表和获奖论文50多篇。各位副校长均有岗前培训和任命文件，在职期间定期参加省、市校长培训。

4.5.5 专任教师（自评分5分）

4.5.5.1 专任教师87人，18个教学班，教职工配备没有超编。

4.5.5.2 本科学历达标率100%，研究生学历占比78%。

5. 自评结论

经过认真客观的自评，本校认为，虽然本校是新建校，在学校管理、课堂教学、学生发展、校园文化等各方面的工作还需要进一步细化与完善。但是乘借雄安新区高标准建设的东风，依托北京市八十中优质教育资源的支持，目前本校的整体办学水平已基本符合省级示范性普通高中的标准，特此提出申报，希望通过批准。

第三章

教师成长与发展

校本教研篇

（一）
北京市第八十中学雄安容东分校初中部校本教研的内涵意蕴与现实路径

冷洪敏

> 如果你想让教师的劳动能够给教师带来乐趣，使天天上课不至于变成一种单调乏味的义务，那么你就应当引导每一位教师走上从事研究这条幸福的道路上来。
>
> ——苏霍姆林斯基

随着社会的发展，社会对学校教育和教师的要求越来越高。北京市第八十中学雄安容东分校是新建校，80%的教师刚从学校毕业。在现实教学中，有人会发出这样的疑问：大部分教师在学校里已经系统学习了教育学和心理学，考取了教师资格证，但是真的会教学吗？事实上，有的老师也会怀疑自己是否真的能胜任教学。学校意识到，作为教师专业发展的主阵地，以校为本的教研活动能切实有效地提高教师的实践智慧，促进教师有效地解决教育实践中的问题，促进教师快速成长。也就是说，校本教研是保障与提升教师专业化水平、促进教师专业发展、解决课堂教学实际问题、提高课堂教学质量的重要途径。于是，北京市第八十中学雄安容东分校，从建校之初，就成立了以学科组为单位的教研组，建立校本教研制度，规范学校的校本教研。

一、北京市第八十中学雄安容东分校校本教研的特点

校本教研是指在学校中以教师为主体，组织发起并以改进教育教学实践、促进教师专业发展为指向的教学研究活动。北京市第八十中学雄安容东分校强调学校的教研活动要与教学实践活动紧密结合，并将其植根于教学实践。从根本目的来说，学校的校本教研实践是为了促进教师发展，促进新手教师展业成长，进而提高学校教育教学质量、教育教学实践。在学校教研中，教师们共同解决的是在日常教学中遇到的、迫切需要解决的真实问题，而不是宏观层面的抽象问题，教师们在基本教育理论的基础上，联系本校学生实际，紧密结合理论研究与实践探索，共同解决具体问题，寻找具体对策。校本教研与教师的教育实践联系紧密，教师通过教研获得的实践效果也指学校教学质量的提高。

就本校实际而言，学校教师大多是研究生、本科生毕业，他们拥有一定的研究能力。从这个意义上讲，他们不再是单纯的教学"搬运工"。教师们具备研究能力，需要一定的研究机会。校本教研为教师参与研究提供了平台。学校教师们带着理论来，在实践中使用、验证理论，深化发展理论，不再是教研活动的局外人或旁听者，也不再是教育理论的单纯接受者，而是发现问题、解决问题的实践者，是尝试构建理论的研究者，因此校本教研在北京市第八十中学雄安容东分校展示出越来越强的生命力。

二、校长在学校教研活动中的角色

北京市第八十中学雄安容东分校尤其重视教研。对本校来说，年轻的教师较多，教师一时间无从下手来提升自己的教学水平。校长在学校教研中扮演着重要角色。在本校，校长是学校教研的激活者，校长激发和引导教师积极参与到校本教研中，为教师设定一个够得着的发展目标，引导教师走向自我发展的道路。校长也是学校教研的评价者，校长参与到教研中来，评价、总结、监督。同时，校长也是学校教师的学术榜样，利用自己对教学、对课程的专业知识即以自己的学科权威影响教师的行为和思想。除了以自己的专业影响老师，校长也为教师提供

其他方面的支持,如请外部专家参与到学校的教研中来,为教师的发展赋能。

三、校本教研的主题

校本教研的研究主题,解决的是"研什么"的问题。在教研主题与内容的选择上,学校精选校本教研内容。学校强调教研主题切实关注学校、学生实际发展要求,解决现实的教育教学问题,既要反映多学科教师的共性要求,又要关注教师的个体发展,让教师在教研过程中真正有所收获。在本校,校本教研主题切入点小,每个主题基本能在一个阶段内完成。同时,相应主题也能够进行分解,形成序列问题,拓展深度。

(一)研"课标",增进学科理解

新课程标准的实施是提升学校教育教学质量、提高学生学业水平的直接依据和根本遵循。学校教育质量的提高在于教师。教师只有对本学科的课程性质、课程理念、课程目标、素养要求、课程实施等有深刻认识才能真达到有效教学。学科教学能力的提升是建立在教师个人对学科整体理解的基础上的。为增进学校教师的学科理解能力,学校教研的一项重要主题就是"研究新课标",每个教研组会拿出固定时间研读新课标,通过研读新课标,教师从整体理解学科的内容、特点和方法出发,透过学科本体知识理解课程内容,理解课程与教材内容选取和组织的思路,理解核心学习活动的设计意图,优化其教学设计,提高学生学习活动有效性,最终达到保证教师教学能力提高的目的。

(二)研"课程",提高教学能力

"研课"是学校教研组日常教研最重要的一项内容,经过一段时间的摸索,学科备课组形成了关于"课"的教研,个人粗备—集体备课—个人细备的完整流程。备课是校本教研最基础最关键的一步,备课组提前进行集中单元备课讨论,确定整体学习课程标准单元要求、内容要求、学业要求和质量要求。研究确定本单元教学目标、教学重难点,研究本单元教材内容,整合教学内容,确定本学科的教学计划。根据教学计划,每个老师认领一节课的备课任务。该教师作为主备人对本节课内容进行粗备,同年级组其他教师作为从备人进行调整改进,分工合作,作为一个研究共同体共同研究课程标准、教材、重点难点、教学方法、学情,设计教学方案,命制导学案和课件,并提前发给学科组其他教师审阅。之后教师将备好的在教研会上进行整个学科组的集体备课,包括说—议—改三个环节,先由

本节课的主备人进行说课，然后所有老师围绕本节课内容进行讨论，着力解决实际教学中的"重、难、疑、惑"点。在集体研讨的基础上，对小组备课中的"无效点、低效点"进行修改。集体备课结束后，将研讨修改后的教学设计拿到课堂上进行展示，在教学内容没问题的情况下，通过课堂检验教师的教学能力、课堂掌控能力。在教师授课时，学科组全体教师进班听课，填写听课记录，进行意见交换，课例研讨，检验集体备课成果，及时发现存在的问题和不足，以便矫正下一步校本教研的方向和内容。听课结束后全学科组教师进行评课，最后由教研组长进行总结，最终修改定稿形成本节课的母本。同学科组教师以此为母本，结合自己所教班级学生的实际情况和教师的教学风格等方面，用"圈、点、添、改、删"等方式进行个性化修改，形成自己的备课。在北京市第八十中学雄安容东分校的教研活动中，结合教师的个人备课与授课，教师参与校本教研的积极性极大提高。由于学校年轻教师较多，在备课、上课方面经验较少，因此本校形成了教研组长首先示范，再由骨干教师再次示范，全学科教师进行观摩学习，以及个人粗备—集体备课—个人细备的教学四件套，作为本组的教学资源。

（二）
雄安容和第一高级中学深度校本教研有效开展的实践与思考

袁美英

以研促教，以教促学。教研组是学校教学活动的重要组织和基本单位，教研组的教研质量直接关系到学科建设和教学质量。在具有考试和升学双重压力的高中教育中，要搞好教育教学，教研组活动起着至关重要的作用。本校师资力量雄厚，以中青年教师为主体，85%以上对口专业研究生学历，有条件、有能力形成靓丽的办学品牌。纵观本校，两届生源条件相对较差，零教龄的青年教师比重较大，为此，本校立足学情分析，在教师教研管理规范化、教研内容精准化和教研形式多样化方面进行深层次的研究，已取得明显效果。

一、教研管理规范化

（一）依托"青蓝结对"工程，骨干示范，青年过关

学校各教研组设一名骨干教师担任学科教研组长，并担任"青蓝结对"工程中师傅一职，培养学科组内青年教师专业成长。学校应对校内中青年教师不同的专业成长需求进行分层培养，对骨干教师、青年教师分别制定考核条例，让每一位教师都有明确的发展目标。骨干教师的培养注重对其工作能力和水平的培养，让他们成为学科引领者与有效教研组织者，以点带面，发挥好辐射、引领、组织、协调、示范作用；青年教师的培养结合教学实践整合理论知识，观察并领悟教研组长优秀的教学经验，总结、思考、并增进自身教学知识和技能，力争成为优秀的教师。

（二）出台"教研常规"制度，明确职责，完善监控

学科组集体备课、教研是学校教学常规的重要组成部分。根据学科组集体教研的实际状况，本校制定并逐步完善教研常规制度，规范集体备课行为，明确教研组各成员教师的职责。例如，1. 严格执行教师集体备课规定，充分发挥集体智慧，为提升教学水平提供组织保障，教学处安排至少一位教师跟组旁听。2. 认真实施新教师培训案，对新进教师进行岗前培训，使新教师适应教学工作，力争一

年内站稳讲台，三年成为教学能手，五年成为青年优秀教师。3.通过教师教学自评和学生对教师评价的形式，及时调控教学工作，整改存在问题，完善教学监控机制。集体教研是研磨新观点、改革新观念的契机，同时在学校、同伴及学生多角度的评价下，更有效地推进教研常规制度落实。

（三）秉持"三效"原则，协同互助，落实常规

学科教研秉持"三效"原则：提高效率，追求事半功倍；显现效果，突显教研前后变化值；产出效益，促使教师自愿全身心投入教研活动。依据"三效"原则，本校在教学实践中秉持原则，落实常规。

根据本校教师信息数据统计，校内85%的教师都是研究生及以上学历，并且都出自该学科专业，没有跨学科教学的情况，且年龄结构合理，一定程度上能减少教师们在教研组活动开展过程中产生的分歧，能够达成共识、互相帮助、互相学习，并有利于解决教育教学中的问题，实现教研活动的目标。另外，本校高中教研组内既有新进教师也有中青年骨干教师，而且在这些教师中还有一定量中学二级、中学一级和中学高级职称的教师，有利于经验的传递，为教研活动顺利开展打下了稳定的基础。

从教学常规管理角度，以查看集体备课计划为例。本校要求集体备课计划应大致包括：教学目标，教学原则，教学基本措施，教学应注意的问题，教学安排（内容、进度、集体备课分工、完成时间、责任人、考试时间、次数、命题人、审题人等）。通过调研，学校的集体备课工作逐渐走向规范，集体备课的质量有了基本的保证。

二、教研内容精准化

（一）立足课标，精研教材，革新教法

本校教研活动以课程改革的理念为指导，认真把握课程标准的精神，探索新课标的实质，努力促进学生全面健康发展，体现学生学习的主体地位。在"一核四层四翼"的高考评价指标下，学科教研活动以探究教材内容为主题，以学科教师不断提高专业水平为目的，认真翻阅查找资料，集思广益，分析探讨，从而最终得出结论。学案内容程序化，教研活动围绕课堂教学设计与教法进行研讨，并结合学案编制提高课堂效率。

（二）展示课例，公开听评，实时评价

学科组定期组织教师观赏学科精品课，进行专业评课、研磨。除此之外，学校会定期组织教师进行新授课、复习课、讲评课等展示，面向全校教师实时展示。学科教研组组织教师进行公开听、评课，按照教学评价量规表进行实时评价。

教师还要经常分享自己的教学经验和优秀的教案等，使教研组内的知识分享者能够提高知识输出的能力，而知识接受者能够认真学习和掌握他人分享的知识。自2021年建校以来，学校每学年上学期都会组织教师进行教学基本功公开课、骨干教师示范课、中青年教师研究课及过关课等多种课型展示，定时、定点、定内容，为全校教师搭建了展示自我的平台。

（三）分析学情，技能展拼，复习备考

为适应普及高中教育的发展新要求，本校的办学规模在不断扩大。本校科学决策、合理规划、重点调控教学质量、合理安排教研内容。其教研思路是：1. 坚持"一人一天地、一木一自然——让生命因教育而精彩"的理念，因材施教，充分挖掘每位学生的潜能，能有所用。2. 热情关爱每位学生成长，认真分析学情，加强"双基"训练，有针对性地实施分层教学，切实提高学生文化素质，培养出阳光快乐成长的学子。3. 教师牢固树立"决不让一个学生掉队"的思想，切实增强"人人有才，人无全才，人人成才"的责任感，积极帮扶落后学生。让学生变压力为动力，化消极因素为积极因素，勇敢挑战自我、发展自我、成就自我，实现人生追求的美好夙愿。

以2022—2023年上学期为例，整个学期开展了15次校级集体教研活动，内容包含高三一轮复习备考、高三培养研讨、新区高三培优工作交流、新入职教师见面会、新学期工作安排及初高中教学基本功大赛方案实施研讨等。其中，关于复习备考和经验取经的内容有：衡水中学经验分享、各年级月考（联考及学考）成绩分析会等内容。在关系到学生前途命运的各类备考活动中，本校科学备考，积极发挥优质人才的资源作用，精心研究实施方案，扎扎实实地做好复习工作，力求向新区人民交上满意的答卷。

（四）发现问题，攻关课题，教学反思

课题来源于实际问题，又在教师的思考和实践中不断改进，与教师的工作融为一体。学科教研组时常通过课堂教学展示、活动设计交流、主题发言、专题研讨、理论交流等方面切入，针对小微课题进行研究。小微课题研究切口小，研究

周期短，研究过程简便，研究方法、研究时间相对灵活，受到学科教师的欢迎。

不反思的教研是没有深度的，它的有效度也必然是低的。某一主题的教学研究告一段落之后，首先引导教师抓住说课、上课、评议的环节，让教师在自我比较、同行评价、集体反思中找到研究的生长点，在一段时间里对研究专题进行深入实践、解剖，积累教与学的原始资料。教师自身通过不断学习，努力掌握最新教育理论，树立成果意识，平时多参与课题研究以及教学探讨，教师学会寻求他人的帮助来解决教研工作上遇到的问题，利用教研活动提升教师发展水平；教师主动记录工作会议以及听评课，经常收集与教研组有关的资料，认真整理出册，以便其他教师参考和借鉴，保证这些珍贵的资源能为其他人提供帮助，使其在教学工作中注重效果以提高教学质量。

三、教研形式多样化

（一）校级集体研讨，学科集中备课

学校每周一下午第九、十节是固定校级集体教研时间，每学科每周一节跨年级大教研时间，每学科各年级的备课组每周最少有两次的集中备课时间。为纠正教师在认识和行动上的偏差，提高集体备课的有效性，各个教研组统筹各年级学科集体备课的方式，以学期为单位拟定切实可行的集体备课计划，统筹安排时间、地点、内容和主讲人，要求每位教师轮流担当主讲人，提前明确主讲内容，让每位教师心中有数。另外，教研组长要求每位教师以单元或课时为单位提前备好课，写出教学预案，并提出自己有疑问的地方，以便集体会诊解决。同时，积极开展以学校为基地，以本校教师为主体的同伴互助校本教研，通过教师之间在课程实施等教学活动上的专业切磋、协调和合作，分享经验，互相学习，彼此支持、成长，实现本校教师专业成长的教研方式。

（二）校际联动频繁，专家引领成长

2022—2023年期间，本校连续举办两届全国"同课异构"活动，并取得圆满成功，产生了校际交流合作的良好效果，受到省内外、京津冀教育同行的一致好评。依托北京市第八十中学本部优质教学资源，2023年6月，本校积极邀请第八十中学本部教师前往容东分校支教并指导教学。2021—2023年期间，多次邀请京津冀高校、高中的名校长和名师，为本校师生开展专题讲座。名师们结合自身专业发展的经历，引用教学生涯的典型实例，展示精心设计的优秀课例和学案，客观地总结培养优秀学子的宝贵经验，畅谈在张扬学生鲜明个性、培养创新精神、形成教学风格方面的奋斗过程，为本校教师自身专业发展提供了强心剂。

通过大型对外开放日活动，本校加大校际交流合作力度，加强了校际教学资源的共享，主动地做好和新区同学段兄弟学校的沟通交流工作。实现资源共享将有效促进学校的均衡发展，进一步提升新区教育的整体水平。

（三）优选网络资源，自我提升研修

信息技术为跨界教研提供了技术支持。在网络空间寻找和建立可以资源共享的网络研究平台，与校内外、京津冀的教育同行切磋交流会变得便捷。因此，高中学校教研活动开展能够突破现有形式，借助信息网络走出校园，走向全国甚至跨越国门，寻找更加广泛的教研资源，扩大教研视野，改进教研方式，提高教研实效。

强大的网络平台是实现教育资源共享的有效途径，是教师专业发展的重要支撑。学校积极建立网络平台，鼓励教师走进网络，构建自己的话语舞台和获取教育教学资源的信息通道。网上学习不受时间和空间的限制，很好地实现了向专家学习、请教，同专家交流、对话的可能。在网络时代，每位教师的成长与网络发展息息相关，教师掌握基本的网络操作能力，积极利用网络教育教学资源和网络交流工具，充分地进行网络交流和学习活动，促进了自身专业更快发展。

1. 师徒结对共成长，青蓝携手铸辉煌——青蓝工程的实施情况

"一个人可以走得很快，一群人可以走得很远。"教师的专业成长想要走远离不了结伴成长的"一群人"及"一群人"所在的港湾和远方。

青年教师是教师队伍中的重要组成部分，活力强、朝气足、理念新，与新时代教育观念相吻合，是推动教学工作创新发展的主力军之一。但青年教师入职时间较短，缺少经验与锻炼，专业能力及专业素养等需要快速提升。"青蓝工程"无疑是促进青年教师健康成长的重要项目，青年教师与骨干教师师徒结对，以老带新，促进青年教师成长。

为适应雄安教育高质量发展要求，建设一支德才兼备、素质优良、锐意进取、充满活力的创新型教师队伍，使青年教师快速成长和脱颖而出，能更好地服务学生，不断完善教师专业成长体系，促进教师专业成长的可持续发展，针对本校硕士学历青年教师占比85%以上的实际，建校以来，本校坚持实施"青蓝工程"。

"青蓝工程"活动中，本校通过师徒协同学习，教学互助发展，充分发挥了骨干教师的教育教学优势和示范引领作用，通过传、帮、带，促进青年教师快速成长，做"师德高尚、境界高远、能力高强、学识高深、言行高雅"的"四有"教师，促进教师队伍素质提升，建立一支思想稳定、结构合理、业务过硬的教师队伍。

通过培养教育、严格管理和教育教学实践，青年教师们实现了师德、教学艺术和教育管理能力的同步提高，在师德修养和业务能力上都达到了教书育人、为人师表的教师岗位要求，为争取成为好教师、名教师创造条件，达到"一年适应，两年胜任，3—5年内成长为优秀教师"的基本目标。与此同时，骨干教师教学水平二次提高，师徒合作，教学相长，"青"出于"蓝"，"蓝"得益于"青"，"青""蓝"携手共进，共同发展。

通过三大基本功大赛、读书分享、优秀评比等活动"搭台子、压担子、促尖子"，增强教师之间互相学习的热情和工作凝聚力，走共赢之路，获取结对子效率的最大化，实现青年教师"一年站稳讲台，两年胜任教学，三年力创佳绩"的培养目标。

近两年来，全校共举办了2次隆重的结对活动，教学、教育共结95对，教学处和各学科组组织过关课、提高课、示范课，累计523节，德育处公开班会课84节，学校组织青年教师三大基本功大赛2次，全面提升教育教学能力，选派教师参加省市各类比赛，成绩显著，以赛促课，积极打造领军杯全国同课异构活动平台，选派36个教师参赛，其中22人获得一等奖。

在活动中，重点做到"四个引领"。

（1）规划引领，精准导航。建立成长档案，包括青年教师成长规划书、读书感悟、学习笔记、课后反思记录表、导师观课议课表、工作回顾、获得的奖励与同伴欣赏等，激励互相学习和共同进步。

（2）导师引领，精准把脉。导师全程跟踪思想和业务成长，不仅关注青年教师业务能力的提升，更注重师德素养的培育。全面开放导师的常态课，力求让年轻教师对课堂教学看得清、摸得着、学得像、走得稳，在导师的示范下，增强课堂改革意识和创新意识。

（3）教改引领，锤炼技能。青年教师成长的核心载体是课堂，要讲三课："过关课""提升课""示范课"，以澄明课堂模式为依据，开展课堂教学交流学习，组织各类课堂教学技能比武。重点把好三关，即教学设计关、课堂教学关、教后反思关。赛课前做到"三磨"，即磨教学理念，磨教学策略，磨教学细节，帮助青年教师寻求先进的教学理念，选择最佳的教学策略，追求完美的教学细节，互助相长中推动课堂从改革走向创新。开展经典共读，在阅读中积淀素养，在分享中放飞思想。

（4）团队引领，齐头并进。结合考评考核，每学年举办优秀新入职教师表彰活动，树立典型榜样，营造"比、学、赶、帮、超"的氛围。

2. 具体要求

（1）分类要求，明确培养目标

新入职教师，要在较短时间内了解教育教学基本情况，熟悉澄明课堂教学模式，钻研教材，精心备案，课堂教学过程合理、科学，恰当运用信息技术，注意学生能力的培养，作业适中，批改及时。

入职两年以上的青年教师，在教育教学等各方面已基本成型，能熟练掌握澄明课堂教学模式，尝试大单元教学等，能运用多媒体等现代教育技术手段辅助教学，新授课、复习课、讲评课、实验课全部达标，不但能备好教材，还能备好学生，能在课堂教学中注重培养学生的能力，教学目标明确、知识准确、步骤合理、效果良好。

（2）师德为本，把握专业重心

德为师之本。以"历练师品、提高师艺、提升师德"为主导，引导青年教师关注自身的专业发展和学校的发展。通过品味"互助时的美好"，醉心式携手发展，唤醒广大教师的"伙伴精神""协作意识"和"奉献精神"，自然地融入到校园每一个育人环节中。

加强教育理论和业务知识学习。在教研、沙龙、经典共读、反思、理论及实践的结合中，多方式、多途径提高教育教学能力（包括组织教学，确定和解决教学重难点，实现教学目标），选择和运用恰当的教学方法与教学形式，使用现代化的教学手段，注重语言表达和板书设计，参加课外活动和社会实践，对学生进行竞赛辅导、培优补弱等，与校内外各种教育力量密切配合，形成教育合力等。通过过关课、推进课、汇报课、研讨课、公开课或示范课赛课等多层次的教学活动，为青年教师展现自己的风采搭建平台。

学习教育经验基础上有所创新。学会扬弃，在继承老教师丰富教学经验的基础上，根据自身条件创造性地实施教育教学，逐步形成自己的教学思路、教学特色和教学风格，努力追求自身教学的高品质，提升师德、师艺、师品。

(3) 落实责任，完善激励机制

指导老师要做到"三带"：带师魂——敬业爱岗，无私奉献；带师能——掌握教育教学基础知识与技能；带育人——育人之道，为人师表。青年教师要做到"三学"：学思想——教育教学理念；学本领——教育教学基本功；学做人——为人处事，为善、求真。

指导老师落实"三给"：给要求、给担子、给目标，不仅向青年教师介绍教学经验，提供教学信息，使其开阔视野，不断充实，而且要精心帮扶青年教师备课、作业批改、个案辅导，青年教师要尽快使自己的各项工作规范化、精细化。

完善"青蓝工程"考核激励机制。把"青蓝工程"活动情况作为各类评比考核内容之一，考核结果记入本人业务成长档案。每学期师徒双方根据处室要求按时上交结对资料，一课一评、一周一议、一学期一小结、一学年一总结。

总之，师资队伍建设是长期的系统工程，需要常抓不懈。"青蓝工程"深入开展，青年教师得以快速成长，并在各个方面崭露头角，骨干教师专业上得到新的发展，一支充满活力的高质量教师队伍正在茁壮成长，开创本校教育教学的新局面。

青蓝工程——师徒结对的成长故事

一个教师的成长可以有多种途径，譬如说自己的课堂实践和教学历练，教学论著和教学期刊的阅读，同僚互助和自我反思。但我想，有一个年长的有一定教学经验的师傅引领更能缩短新教师成为相对成熟教师的时间。本校的青蓝工程——师徒结对计划就是一种被实践证明了的行之有效的方法。

数学教师李海荣，2021年硕士毕业于辽宁科技大学数学专业，2021年9月她"拜师"北京市八十中教师，雄安容东分校数学教研组组长张启华。2021年9月至今，师徒二人经常互相听课，对同一节课进行对比。师傅张启华对授课内容进行系统化整理，将数学课细分为新授课、复习课、习题课和试卷讲评课，不同课程采用不同的教学方式。张启华老师还在每页PPT上标注了规范化的语言，帮助徒弟更好地规范课堂模式，把握上课节奏。两年来，张启华老师指导徒弟李海荣获得"雄安新区教学能手"荣誉称号，获得容和总校举办的信息技术与学科融合优质课比赛二等奖、教学基本功大赛三等奖。

在数学组里，这样的师徒故事经常发生，2021年硕士毕业于河海大学数学专业的齐梓萱老师，"拜师"于北京市八十中雄安容东分校备课组长，骨干教师高波。高波老师经常指导徒弟如何设计一堂新颖、创新、有深度的课堂，对于同一堂课，师徒交换设计思路，然后再根据本班学情优化设计教案、学案、PPT，课后进行研究讨论，总结优点，改正缺点。2021年高波老师指导徒弟齐梓萱获得"雄安新区教学能手"荣誉称号。同样作为2021年应届毕业的研究生张钟月老师，"拜师"于北京市八十中雄安容东分校骨干教师钟景娟。钟景娟老师经常通过各种资源找到获得过国家级荣誉的课堂实录供数学组的教师们学习，经常和她的徒弟观摩课堂实录并从课堂的语言、教师的教姿教态、表情动作、课堂设计、知识的深度各方面进行学习。两年里张钟月老师的教学能力有了明显的提高。钟景娟老师指导徒弟张钟月获得"雄安新区教学能手"荣誉称号和教学基本功大赛二等奖。

时间过得很快，一转眼，我们2021年的应届毕业生已经工作两年了。两年里，我们通过不断学习，在备课、说课、磨课、研课、上课、评课中收获了很多，从刚开始的新手教师慢慢成长为教学能手。我们很荣幸成为这些骨干教师的徒弟，他们在职业道德、教学方法、管理学生方面都毫不保留地给了我们许多指导和帮助，真正发挥了"传、帮、带"的作用，使我们在各方面都有了较大的提高。回顾两年，可谓酸甜苦辣一应俱全。在老教师的带领下，我们逐渐适应了教学工作，熟悉了学生和课堂。在教学中一路走来，在成长中变得成熟、坚毅。在接下来的工作中，我们青年教师决不辜负师傅们的殷殷教导和期望，不辜负学校的培养和期望，在雄安这篇热土上，一步一个脚印，留下属于我们共同成长的足迹。

凡学百艺，莫不有师。北京市第八十中学雄安容东分校深入开展"师徒结对"活动，各年级部与学校相关部门紧密配合，结合青年教师实际，通过确立师徒关系、签订师徒协议、制定培养目标，重点为学校青年教师搭建学习平台，激励青年教师努力提升业务水平、夯实教学基本功，同时注重青年教师素质和教学能力的培养，帮助青年教师们快速成长，逐步强化本校教师队伍建设。在"师徒结对"活动中，始终坚持导师传、帮、带，徒弟学、思、进的理念，帮助他们构筑正确的人生观、世界观、价值观，引领他们在未来的教育、教学工作中努力实现自己的理想目标，为本校培养更多的栋梁之材。

我和师傅的故事

初来乍到，我对教师这个职业的未知抱有敬畏之心。即便对于知识，对于授课方式在几年的培训下已有所知晓的我也还是会不知所措：该如何面对学生，该如何面对教育，该如何面对"政治"这个承载着立德树人重要使命的学科，这个沉甸甸的学科。关于在漫漫长路上如何为人师表，有王维雪老师做指引，在学术方面给了我许多可贵的指导，在如何使教学变得更有思辨性以及可学性上，我也收获颇丰。感谢我的师傅——王维雪老师。

在教学上，她教会我认真严谨。师傅的专业功底深厚，对教学拥有自己的一整套思路。在每次集体备课上，师傅听完我们对教材的想法，也会分享自己对于教材的理解和教法实践上的做法。比如同一个题目，针对不同层次的学生，我们在讲解的时候要注意哪些学生易犯错的地方，同时结合相应的练习，系统地把语言点讲透。

在刚刚踏入教室，面对着一群青春又好奇的面孔时，老实说我的内心是忐忑的。下了课回到办公室，王老师很关心地问我第一堂课感觉如何，我说有些小紧张，但也顺利上下来了。王老师顿时很高兴，眼睛一眯，嘴角一咧，拍拍我的肩膀："这是个好的开始，你会越来越好的，等你两节课后我就要开始去听你的课了，这两节课留给你调整自己的状态。"渐渐地，在王老师的鼓励和指导下，我开始自我调整。王老师开始听课后，每天的午饭后我们都会去张村的那个不大但却充满回忆的小操场上一起聊一聊课堂上发生的趣事或碰到的状况，王老师总会一针见血地帮我指出不足并且会提出一些非常有用的建议和想法。王老师说："政治课我们要做到知识传递的严谨性，更重要的是做到立德树人，而不是直接灌输。"

记得在准备雄安领军杯同课异构的全国性公开课时，我没有思路，师傅就给我分享了很多她见过的优秀的成功的公开课课例，开拓了我的思路。在准备这节课的过程中，我反复打磨课，师傅每次都会到场听课，并提出修改建议。在师傅一遍又一遍的讲解中，我不断修改题目，完善课件。最终在师傅的耐心指引下，我取得了好成绩。

在工作上，她教会我细心负责，王老师作为教研组的组长，事事为组员们着想，大到工作任务，小到生活琐事。她做事总是一丝不苟，只要是工作上的事情她都非常严谨、认真——例如做每一个总结材料，都要力求格式规范，文字照片要排列整齐，整体感觉要整洁、舒服、美观，等等。她能将剪不断的各项烦琐工作理得井井有条，文字材料、党建工作、宣传工作、考核工作、人事工作、会务工作、活动组织、档案管理等都能统筹协调好。经过一年多的相处，我发现王老师确实"严"，但不"厉"，脱离工作状态的她反而很可爱。校内外的比赛与活动，王老师都鼓励我们青年教师积极参加。除了教学，王老师还承担着学校行政方面的事务，每天的工作都很烦琐，再加上每周的大量课程，我们很心疼她，但每次考后的晚修，也总是能看到她找学生面批谈心的身影，每个课间她也会帮助基础欠缺的学生解决疑难问题。她说："学生的需要，是我们工作的最大动力，是有成就感的。"对工作的一丝不苟，对学生的无私奉献，不正是作为一名教师的"初心"吗？每每看到这样认真负责的师傅，作为青年教师的我也丝毫不敢懈怠，努力向师傅看齐。

在生活中，她给予我温暖与照顾，我与师傅如同朋友一般，她身上满满的正能量总能鼓舞我奋勇向前，不惧怕困难。同时，师傅也教会我在用心工作的同时也要好好享受生活。作为外地老师，放假时不能经常回家，师傅总会和我说，放假要好好放松一下，多出去看看。端午时节亲手包的粽子，时不时出现在办公桌上的酸奶、小面包，都是她对徒弟的爱。

作为师傅，她总是倾囊相授，最令我感受深刻的就是她豁达的人生态度以及一颗包容的心，不管遇到什么困难，师傅从不焦躁，很多时候都是以一句幽默风趣的言语来化解心中的烦恼，然后冷静地去处理问题。师傅用她精湛的技艺和人格魅力深深地感染了我,也让我对自己的教学工作充满了信心。我一直坚信,经过不懈的努力,终有一天我也能成为像师傅那样优秀的人民教师。

大单元教学实践中的共同成长

许钦贤

大单元教学，作为一种新的教学理念，在具体的教学实践中，无论是对刚成立的新学校，还是对来自天南海北的教师新团队或化学组，都是一个新课题。

如何将来自八十中学的大单元教学经验，融到雄安日常化学教学实践中，且带好两位刚参加工作的青年教师，成为我作为一名新区骨干教师面临的新任务。这不仅意味着在新环境、新要求下的教学转型，更意味着从化学组开始，高起点推动教学改革。

大单元教学，对我来说基本上是零起步，面对新挑战，只有在学中做、做中学，充分发挥团队力量。

万事开头难。无论对我，还是青年教师，大家更熟悉曾经接受、习惯的传统课堂教学，面对全新的大单元教学，我们感觉茫然，无从下手。

对于传统课堂，在信息技术和网络资源的加持下，教学设计从网上下载，稍做修改，就可以上课。但对于核心素养培养背景下的大单元教学，课堂上所改变的，不仅仅是化学内容的重组、知识点顺序等，更是一种突破三维目标要求，超越以知识为中心、以教为中心，突出知识结构化、突出问题导向、突出思维训练及分析、培养解决问题能力的新的教学方法。

"找不到参考，创新不了""许老师，我们真弄不了""真是没办法，我们就只能找到这些"青年教师无奈地诉苦。说实话，如何创新，我也在不断思考中。其实对我来讲，只是教学经验、知识结构方面占优势，在创新教改中，所经历的比年轻人更困难，因为这种大单元教学，需要摒弃传统教学方法的惯性思维，查阅大量文献资料等，再结合当今社会生产、生活、学术前沿、传统文化等进行创新设计。

面对雄安教育的高标准、高要求，弄不了也得想办法弄。

两位徒弟要同一天参加新区赛课，教学进度恰好进行到《氮与社会可持续发展》，进行大单元教学实践无疑成为首选、必须。

首先，两位青年教师和我一起，通过上网和去图书馆查文献、资料，找参考，找灵感。围绕氮元素的相关内容，从哈伯、侯德榜等素材中提炼出化肥主题，结合化肥工业的前沿发展等，最后凝练为《向空气要"面包"》。

其次，搞头脑风暴，比较思路设计。一位老师计划搞科学议题，按主题设计，另一位老师搞了一个合成氨工厂厂址的选择，于是在集体确定大单元主题的基础上，进行个性化改编。

再次，定情境、分课时，分工合作。两位徒弟优先选好备、好讲、喜欢的内容，我讲剩下的不好出彩的部分。据所分课时任务，结合单元大情境，设置系列任务，让学生在单元情境下，分课时、分阶段，在解决一个个问题的过程中，不知不觉习得相关知识点并能应用，拓宽知识视野，了解时代前沿，提高分析、解决问题的关键能力，促进学生学科素养的提升。

从此，经过几番改进设计，几番共同研讨，逐渐完善了相应设计。进入实践操作阶段，为做好演示实验，面对崭新的、尚未清点过的实验室，我们加班加点，四处找药品、找仪器、找试剂、配溶液，找亲朋好友帮忙，从初装打孔器打孔、弯玻璃管等开始，一点点、一步步准备好仪器和药品等实验用品。遇到实验室没有的，就想办法借、买、凑，经过N次改进完善，N次模拟操作。在紧张中，不知不觉迎来了新区教学能手大赛，两位青年教师成绩均名列前茅，受到评委们的一致好评，均荣获新区教学能手，其中，赵雨晴老师取得新区第一名的好成绩。

最后，通过这次大单元教学实践，在校领导的引领下，在结对师徒的互助协作下，我熟悉、理解和熟练了大单元教学，推动了大单元教学改革，且在不断地坚持和推动下，两位青年教师都得到了快速的成长。其中，王冰清老师在2023年全国同课异构活动中获得一等奖，我们合著的课例《是否建设一座硫酸工厂》，收录于《核心素养导向大单元教学典例解读》（河北大学出版社）。

一、北京跟岗实践工程

北京市援建雄安基础教育背景下教育高质量发展的探索与实践——跟岗实践

习近平总书记在中国共产党第二十次全国代表大会中强调"坚持以人民为中心发展教育，加快建设高质量教育体系"。基础教育的高质量发展作为教育强国的重要篇章，支撑着中国式现代化的实现，在助推科教兴国、实现人才强国、为创新驱动发展战略培养人才方面发挥着重要作用。千年大计，教育先行。雄安新区作为未来之城，在成立之初，就采取一系列举措，力求抢占基础教育发展的高地，推动基础教育高质量、高水平、高速度发展。

早在2017年,京雄双方就以多种方式,推进教育领域全方位协同合作,力图在北京市优秀教育资源的带动下整体提升雄安教育水平,为雄安新区引凤筑巢。其中,学校对口帮扶是北京援建雄安基础教育领域的重要举措。北京市八十中积极响应国家号召,率先派遣一批优秀的教师资源和教育管理团队入驻雄安,并积极吸纳雄安新聘教师入京,学习先进的办学理念、管理文化、课程资源等,为雄安基础教育高质量发展奠定了坚实的基础。

自成立以来,北京市第八十中学雄安容东校区先后派遣了几批教师赴八十中各校区跟岗实习。实习期间,每一位教师都在校园文化、教学模式、课堂交往等方面收获颇丰,为今后的教育教学工作打下了坚实的基础。

二、校园文化

校园文化是学校的灵魂,北京师范大学顾明远教授将校园文化定义为:经过长期发展历史积淀而形成的全校师生的教育实践活动方式及其所创造的成果的总和。这里面同样包含了物质层面、制度层面、精神层面和行为层面,而其核心是精神层面中的价值观念、办学思想、教育理念、群体的心理意识等。[1] 北京市第八十中学坚持"一人一天地,一木一自然——让生命因教育而精彩"的办学理念,秉承"勤奋、求实、创造、奉献"的校训,实施"人文管理,温馨德育,和谐课堂,阳光服务"的办学方略,形成了独特的校园文化氛围。

(一)随处可见的走廊海报

每个班级外都有定期更换的走廊海报及文化墙,上面张贴着各式各样的学生作品,包括数学、语文、英语、历史、化学、物理、生物等各个学科,在学生各式各样的图画、剪影、心得中,我们看到了其自身的独特想法,更感受到了学生在创作过程中对学科知识的深入理解与学科视野的拓展。这种走廊海报的形式,不仅促使学生充分地展现了自身的独特性,更使教师充分地了解了学生,促进了师生之间的良性互动,增强了教师与学生对校园的归属感与认同感。

(二)丰富多彩的社团活动

根据不同年级学生的特点和兴趣创设了丰富的社团活动。北京市第八十中学金帆管乐团以"给你激情、给你力量、助你快乐、助你成功"为办团宗旨。2007

---

[1] 顾明远. 论学校文化建设 [J]. 西南大学学报(人文社会科学版), 2006 (5): 67-70.

年、2010年、2013年、2016年连续四届在教育部组织的全国中小学生艺术展演活动中荣获器乐组一等奖。金帆舞蹈团开创了适应八十中课程体系的舞蹈课程，先进的理念，合理的课程设置，让更多热爱舞蹈的八十中学子有更多的舞台实践机会。

（三）启迪智慧的学科月活动

学科月活动对促进学科建设、教师发展和学生成长都具有十分重要的积极作用。八十中按学科定期组织学生的学科月活动，让学生在实践活动中感受不同学科的独特魅力。在一次次的学科月活动中，学生逐步找到自身的兴趣与特长，学习的兴趣得以充分激发。

（四）躬身力行的农作科技活动

为了鼓励学生积极参加劳动，八十中各分校还专门将校园里的一片空地开辟成可供学生参与劳作的生态小农田，让学生亲手种下种子，呵护幼芽成长。通过对植物栽种、发芽、成长、开花和结果过程的体验，每一位学生都对盘中之餐"粒粒皆辛苦"有了更为深刻的感受，同时也对大自然充满了好奇心，期望向着神秘的大自然"进军"，勇攀科技高峰。

八十中璀璨夺目的校园文化让每一位实习教师印象深刻，在他们一个个的教育故事中可见一斑。

以身立教，用爱育人

李芊芊

2021年9月，我怀着对教师事业的憧憬与向往，来到北京市第八十中学嘉源分校跟岗学习，在这里我第一次走上三尺讲台，豁然发现，教育是一个浩瀚温馨的世界，也是在这里我深深地感受到教育植根于爱，爱是教师的智慧和源泉，而播撒爱的种子之人，是一名班主任老师——谢锦。她虽然刚刚毕业，但是班主任工作做得井井有条，如班干部选举、设置值日班长、每日小组评比、主题班会展示……在她的身上我学到了很多班主任的管理经验。通过一次校园文化节活动更让我认识到，作为一名优秀的班主任，经验固然重要，但更重要的是言传身教，交换真心，以身立教，用爱育人，也是在这次活动中，我在她身上总结了几点经验。

一、信任学生，民主管理

新建班级总是会有或多或少的问题，孩子们每天都会有小摩擦和小冲突，很难形成一个真正的集体，而谢锦老师抓住校园文化节的契机，用一面旗子拉近了孩子们的距离，汇聚了独属七（四）班的第一束光。她把那面空白的、象征着七四班的旗子完全信任的交付给所有学生，而这种信任、民主的态度也让所有同学体会到了集体的爱与团结，用他们的画笔画出了对七（四）班的期待与向往。

二、真诚相待，伴生成长

虽然孩子们之间的摩擦减少了，但是在校园文化节的准备过程中他们又遇见了新的难题，在表演俄罗斯套娃的舞蹈时大家不能保持同一拍，这使得刚维系好的同学之情似乎要再度破裂。这时谢锦老师站在队伍中间，拉起了两位同学的手，说："大家不要急，认真听老师数拍子。"她不仅帮孩子们数拍子，还会纠正他们的动作,和他们一起跳舞。为了呈现更好的效果,她自行购买了一套表演服装,和孩子们一起表演,在她的带领下,孩子们不仅舞蹈有了进步,更对班主任多了一丝钦佩,有学生对我说谢锦老师简直无所不能。

三、以身作则,"爱"字当头

爱是一个永恒的话题,老师对学生的爱更是一种把全部心灵和才智献给孩子的真诚。作为班主任老师,谢锦老师始终把学生看作自己的孩子,思想上关心学生,感情上亲近学生,生活上关怀学生。学生在充满爱的环境中受到了感染,他们都热情友善,互帮互助,形成了良好的班风,营造了温馨友爱的班级氛围。

在嘉源的日子,我看到了她作为一名班主任对教育事业的痴心、对学生的爱心、对工作的热心、对未来的信心,我也希望自己能够做一个爱的传播者,"丹心化作春雨洒,换来桃李满园香",播撒爱的种子,收获爱满天下。

浸润心灵的校园文化

韩雪梅

校园文化是以学生为主体,以课外文化活动为主要内容,校园文化建设是以学生为主体,校园为主要空间,涵盖学校领导、教职工在内,以校园精神为主要特征的一种群体文化。

嘉源的校园文化凝聚着师生积极向上的向心力和创造力,展示了学校活泼快乐的美好形象,提高了学校的文明程度,拓宽了师生的视野,提升了学生的人文道德修养。

置身在嘉源校园中能感受到一种力量和精神的存在,有意无意地受其影响,学校将家国情怀与文化建设相结合,与师生日常生活相结合,这就是校园文化的渗透性。校园文化像和煦的春风一样,飘散在校园的各个角落,渗透在教师、学生、员工的观念和言行举止中,渗透在他们的教学、科研、读书、做事的态度和情感中。

一系列丰富多彩的活动,激发出师生的参与热情,满足学生的求知欲,充分体现了学校特色,承载了孩子们的快乐时光,在快乐中学习,在学习中成长。就物理学科而言,"理综活动月"整个活动从设计、构思、宣传到最后活动的开展,老师和学生共同设计,共同参与,合作完成。

语文老师将课堂与教师节融合,开展了别开生面的主题诗朗诵。课堂上学生们将自己作的诗朗诵出来,甚至自己配乐,他们自己策划、积极组织,让我看到了学生们的另一面,不禁感叹,这才是真正的全面发展,这才是教师应该为学生搭建的平台。

通过开展丰富多彩的艺术活动,充分发挥学生的主动性和创新精神,发展学生的艺术特长,发现人才,培养人才。通过喜闻乐见的形式举办活动,激发学生对生活、对学校、对社会的热爱。

学生们置身于这种环境之中,受这种精神的熏陶,耳濡目染,潜移默化,久而久之,就会成为一个有知识、有教养、有进取精神、有良好气质、天天向上的人。

校园文化活动是自发的，也是自觉的，是受社会生活影响也受自我心灵主宰的，是无处不在的，是充满现代意识的，是心灵的自然流露，也是充满创造力的。

岁月安暖，静待花开

范思临

携一缕夏日的阳光，凝一份教育的热忱，共赴一场学习之旅。为进一步全面提升本校教育教学质量，促进教师专业化发展，在学校与北京市第八十中学嘉源分校多次协调沟通后，2021年9月1日，我们北京市八十中学雄安容东分校30余人跟随刘永刚老师来到北京市第八十中学嘉源分校，开始了为期两个月的跟岗学习。

我作为一个刚刚毕业，还未上岗的生物教师，嘉源分校十分周到的帮我安排了初中生物组组长贾继阳老师作为我的师傅，指导我如何备课、上课，如何把握中考重难点，如何设计实验课，如何精讲试卷，如何管理学生等。贾老师对待工作一丝不苟的态度和对待学生的爱心和耐心深深影响着我，也激励我今后面对工作要更加积极和进取。

一、衷心献给事业

2019年，贾老师踏上了农村小学教育的三尺讲台。从那时起，他就把人生的坐标定在了为教育献身的轨迹上。他热爱教育事业、热爱教师职业、热爱每一个学生，把自己的事业看得神圣无比。为了做好教师这项神圣的工作，他始终坚持不断地学习，坚持阅读有关教育学、心理学方面的书籍和教育教学刊物；虚心学习老教师的教育教学经验，向年轻教师学习怎样制作课件，怎样熟练操作电脑等现代教学手段，努力做一名高品位的合格的人民教师。他深知没有坚实、厚重的业务功底，没有准确的知识结构，没有先进的教育思想，就无法胜任太阳底下最光辉的教师这一职业。他在教学中力争做到有清晰透彻的思路、耐人寻味的启发、深入浅出的讲解，做到每一节课都让学生获得最大的收益。

二、爱心捧给学生

作为教师，不仅要授业解惑，还要懂得用爱去感染学生。贾继阳老师对待每一个学生就像对待自己的孩子，班里有个叫赵登的学生总是衣衫不整，沉默少语，和同学之间的交往很少，成绩很差，就连基本的计算都难以完成，作业经常不交。赵登因为家庭条件不好，狠心的母亲丢下父子俩跑了，因此赵登在同学面前觉得很自卑，学习成绩更是糟糕。贾老师经常适时地找他聊天，嘘寒问暖，动员班上开朗活泼的同学主动找他参与班级活动，组成学习小组帮助他学习，只要他有一点的进步，贾老师就在全班表扬他鼓励他。渐渐地，在老师和同学的关心和帮助下，赵登感受到了班集体的温暖。老师的无私的爱，让他开朗起来，重新找回了自信，学习成绩也大幅度提高。

三、安心留给家长

我印象最深的是有一天放晚学，贾老师和往常一样组织学生列队出校门，还念念不忘给学生叮嘱交通安全，且送孩子们推着自行车上路了才返回办公室。贾老师下班后刚骑电动车上公路，就看见前面围着一大堆的人，因为是放学时间，会不会……贾老师的心突然往下一沉，不敢往下想，加快速度就冲了过去。贾老师刚挤进人群，就见班上学生站在那里，脸色苍白，泪水在眼眶里打转。贾老师过去一边帮他拍打身上的尘土一边询问事情的原因，原来他刚才骑车和同行的同学打闹摔倒了，恰好有一辆大卡车疾驰而来，从他的书包一角轧了过去！听了旁人的解释，老师身上也出了一身冷汗。多危险啊！庆幸的是孩子只是受了惊吓，没有造成严重后果，贾老师心中不免平静了许多。看到面前仍在惊恐不安中的学生，贾老师用电动车把他送回了家。可是他父母不在，于是贾老师一边辅导他做作业一边等他的父母。7点左右，他父母打工回来了，看到到访的贾老师惊喜交加。为了不让家长担心也为了不让孩子受到打骂，贾老师向他们介绍了孩子的学习情况，了解了他在家的表现，最后才简单地把今天发生的事情告诉了他们，并一再嘱咐不要责骂孩子，临走天色已黑，孩子父母感激地对贾老师说："把孩子交给您这样的老师，我们放心！"

陶行知曾经说过："德高为师，身正为范。"著名教育家苏霍姆林斯基说过："人的各个方面特征的和谐都是由某种主导首先性的东西决定的，这个主导首先性的东西是道德,道德是照亮一切方面的光源。"在八十中嘉源分校学习的两个月里,我懂得了具备高尚的师德,一切教育教学行为就有了指导,这也激励着我今后工作要更加踏实肯干,更加勤奋努力!

帮他绽放心中的那朵花

左佳琪

这件事情发生在我去北京市八十中枣营分校跟岗时，当时我在枣营的小学做语文老师，兼班主任。因为接触孩子们的时间很短，所以我经常向同事们了解孩子们的情况。

其中4班有一位叫做李闻的小男孩，我发现他不是很爱和教师们沟通，并且脾气有点急。于是我问起了教过他的同事，从同事的口中得知，李闻的父母离异了，他和爸爸在一起，可爸爸经常出差，所以他总是和大伯一起住。家庭原因导致了李闻不爱说话，很容易和班里的学生发生矛盾。

说实话，第一次做班主任的我并不知道该怎么处理，我只是没来由地心疼这个孩子，他本来应该是一个阳光开朗的小男孩，可现在却沉默寡言，性格孤僻。思考再三，我选择让他做语文课代表，想以此来帮助孩子打开自己的心，培养自信。一开始，他并不是很配合，语文作业总是忘记收，把作业抱过来的时候也不爱和我沟通。看到自己的方法并没有见效，我有点沮丧，作业总是收不齐，我工作的效率也有所下降，我开始焦虑和自我否定。

"打开孩子的心是需要时间和耐心的，小左，你再坚持一下。"经验丰富的黄老师点醒了我。是啊，这才几天，为什么我总是这么快就想看到结果呢？一颗种子从萌芽到破土是需要时间的。有了黄老师的话，我坚定了信念，开始主动教李闻在什么时间收语文作业，怎么收语文作业，在他抱作业过来的时候我总是多和他聊两句，平常听写时也多关注他的情况。

事情慢慢出现了转机，李闻的语文听写正确率越来越高，开心的笑容也开始频繁地出现在这个小男孩的脸上，话也多了起来，甚至有时候说起话来他都停不下来，我打心底里替他高兴。

看到孩子在一点点变得开朗、自信，我心中有自豪，同时也有点担忧，我担心家庭再次给他负面的影响，于是我和孩子的家长进行了沟通，家校共育对孩子的成长起着十分重要的作用。在家长的配合下，终于，我看到了这个小男孩心中的那朵花：

多美、多么芬芳的一朵花啊！

在这件事情上，我非常感谢黄老师，如果说我和孩子的家人帮助李闻绽放了心中的那朵花，那黄老师就是帮助我绽放了心中那朵教育的花，是他在我刚踏上教育之路时引导了我，在我自我否定时支持了我，教育之路，薪火相传。我愿以我微弱的光去点亮一束束心光，我愿以我微弱的土壤让一朵朵花儿绽放！

一、教学模式

教学模式是指在一定的教育思想、教学理论和学习理论指导下的，在某种环境中展开的教学活动进程的稳定结构形式。目前，我国大部分地区的教育教学活动仍遵循传统的凯洛夫模式，即一种以教学活动为中心的线性结构，包括组织教学、复习旧课、讲授新课、巩固新课、布置作业等环节，强调以教师为中心，强调知识传授，把学生当作知识灌输对象的教学模式。在北京市八十中学跟岗实习期间，每一位实习教师都有幸接触到了北京先进的教育理念，在改变固有教学模式的基础上，对以让·皮亚杰、科尔伯格为代表的建构主义教学模式有了深入的了解，并系统地学习了澄明课程育人体系。

建构主义学习理论强调以学生为中心，不仅要求学生由外部刺激的被动接受者和知识的灌输对象转变为信息加工的主体、知识意义的主动建构者，而且要求教师要由知识的传授者、灌输者转变为学生主动建构意义的帮助者、促进者。这就意味着教师应当在教学过程中采用全新的教学模式、全新的教学方法和全新的教学设计思想。澄明课程育人体系将知识结构化，将学科思想方法系统化，将学习过程与能力发展融合化，将学科价值与学生终生发展一体化，注重课程视角、学习立场、素养目标、真实问题与学生的高阶思维。在两种教学理论的指导下，开发出几种比较成熟的教学模式。

（一）支架式教学

根据欧共体"远距离教育与训练项目"（DGX Ⅲ）的有关文件，支架式教学被定义为："支架式教学应当为学习者建构对知识的理解提供一种概念框架（conceptual frame work）。这种框架中的概念是为发展学习者对问题的进一步理解所需要的，为此，事先要把复杂的学习任务加以分解，以便于把学习者的理解逐步引向深入。"

支架式教学由以下几个环节组成。

1. 搭脚手架——围绕当前学习主题，按"最邻近发展区"的要求建立概念框架。

2. 进入情境——将学生引入一定的问题情境（概念框架中的某个节点）。

3. 独立探索——让学生独立探索。探索内容包括：确定与给定概念有关的各种属性，并将各种属性按其重要性大小顺序排列。探索开始时要先由教师启发引导，然后让学生自己去分析；探索过程中教师要适时提示，帮助学生沿概念框架逐步攀升。起初的引导帮助可以多一些，以后逐渐减少——愈来愈多地放手让学生自己探索；最后要争取做到无需教师引导，学生自己能在概念框架中继续攀升。

4. 协作学习——进行小组协商、讨论。讨论的结果有可能使原来确定的、与当前所学概念有关的属性增加或减少，各种属性的排列次序也可能有所调整，并使原来多种意见相互矛盾且态度纷呈的复杂局面逐渐变得明朗、一致起来。在共享集体思维成果的基础上达到对当前所学概念比较全面、正确的理解，即最终完成对所学知识的意义建构。

5. 效果评价——对学习效果的评价包括学生个人的自我评价和学习小组对个人的学习评价，评价内容包括：（1）自主学习能力；（2）对小组协作学习所做出的贡献；（3）是否完成对所学知识的意义建构。

（二）抛锚式教学

抛锚式教学要求建立在有感染力的真实事件或真实问题的基础上。确定这类真实事件或问题被形象地比喻为"抛锚"，因为一旦这类事件或问题被确定了，整个教学内容和教学进程也就被确定了（就像轮船被锚固定一样）。建构主义认为，学习者要想完成对所学知识的意义建构，即达到对该知识所反映事物的性质、规律以及该事物与其他事物之间联系的深刻理解，最好的办法是让学习者到现实世界的真实环境中去感受、去体验，而不是仅仅聆听别人关于这种经验的介绍和讲解。

抛锚式教学由这样几个环节组成。

1. 创设情境——使学习能在和现实情况基本一致或相类似的情境中发生。

2. 确定问题——在上述情境下，选择出与当前学习主题密切相关的真实性事件或问题作为学习的中心内容。选出的事件或问题就是"锚"，这一环节的作用就是"抛锚"。

3. 自主学习——不是由教师直接告诉学生应当如何去解决面临的问题，而是由教师向学生提供解决该问题的有关线索，并要特别注意发展学生的自主学习能力。自主学习能力包括：（1）确定知识点清单的能力；（2）获取有关信息与资料的能力；（3）利用、评价有关信息与资料的能力。

4. 协作学习——讨论、交流，通过不同观点的交锋，补充、修正、加深每个学生对当前问题的理解。

5. 效果评价——由于抛锚式教学要求学生解决面临的现实问题，学习过程就是解决问题的过程，即由该过程可以直接反映出学生的学习效果。因此对这种教学效果的评价往往不需要进行独立于教学过程的专门测验，只需在学习过程中随时观察并记录学生的表现即可。

（三）随机进入式教学

随机进入式教学的基本思想源自建构主义学习理论的一个新分支——"弹性认知理论"。这种理论的宗旨是要提高学习者的理解能力和知识迁移能力。不难看出，随机进入教学对同一教学内容，在不同时间和不同情境下，为不同的目的、用不同方式加以呈现的要求，正是针对发展和促进学习者的理解能力和知识迁移能力而提出的，也就是根据弹性认知理论的要求而提出的。

随机进入教学主要包括以下几个环节。

1. 呈现基本情境——向学生呈现与当前学习主题的基本内容相关的情境。

2. 随机进入学习——取决于学生"随机进入"学习所选择的内容而呈现与当前学习主题的不同侧面特性相关联的情境。在此过程中教师应注意发展学生的自主学习能力，使学生逐步学会自己学习。

3. 思维发展训练——由于随机进入学习的内容通常比较复杂，所研究的问题往往涉及许多方面，因此在这类学习中，教师还应特别注意发展学生的思维能力。其方法是：（1）教师与学生之间的交互应在"元认知级"进行；（2）要注意建立学生的思维模型，即要了解学生思维的特点；（3）注意培养学生的发散性思维。

4. 小组协作学习——围绕呈现不同侧面的情境所获得的认识展开小组讨论。在讨论中，每个学生的观点在和其他学生以及教师一起建立的社会协商环境中受到考察、评论，同时每个学生也对别人的观点、看法进行思考并做出反应。

5. 学习效果评价——包括自我评价与小组评价，评价内容与支架式教学中相同。

由以上介绍可见，建构主义与澄明课程育人体系指导下的教学方法尽管有多种不同的形式，但是又有其共性，即它们的教学环节中都有情境创设、协作学习，并在此基础上由学习者自身最终完成对所学知识的意义建构。

在建构主义与澄明课程育人体系的理论指导下，在北京市八十中学各校区的实践中，每一位跟岗实习的老师都对教育教学方式有了全新的认识，并将其融到自身的教育心得中。

"教学重在学生，重在细节"

王宁珺

2021年8月—10月，在领导的精心组织安排下，我有幸赴北京市八十中学嘉源中学跟岗学习两个月。期间我印象深刻的是七年级地理教师张雪梅老师的教学日常，从每个教学细节中践行八十中学的办学理念"一人一天地，一木一自然——让生命因教育而精彩"，以学生为主体，创造最适合学生的学习环境，把学习的主动权交给学生，让学生主动参与，自主选择，自我建构，自我发展，从而达到善学、乐学、会学的目的，帮助每一个孩子更好地成长。

一、培养良好的习惯，让学生"善学"

课前，张老师会提前5分钟进班，向学生强调准备好学具，并安排课前测试。张老师的课前行为就像是给学生的提示灯，可以促进学生进入课堂，提高注意力。课堂上，张老师对学生的要求细致全面，例如：让学生将所有的地理学具用地理图册夹在一起；课堂练习结束后让学生快速收取，并强调其他学生要合理利用收作业的碎片时间进行学习。

教育家陶行知指出："教育是什么，往简单方面说，只须一句话，就是要培养良好的习惯。"张老师的这些行为能让学生养成很好的学习习惯、学习方法。良好的习惯是成功之桥，一旦形成，会对学生主动学习产生巨大的推力，学生越学越爱学。

二、营造愉快的氛围，让学生"乐学"

张老师课堂的每一个环节都贯穿"学习对生活有用的地理"。比如，讲到经纬网定位，张老师通过她去电影院看《中国医生》的一张电影票导入；讲到地球公转，张老师通过天安门升国旗的时间导入；讲到中国的行政区划，张老师通过让学生写下自己的网购地址导入……

这些导入情境贴近学生生活，激发学生兴趣，其他环节都是以这些情境为线索展开。让学生发现地理不是枯燥的，是贴近生活的，是需要他们学习的。

三、教给学习方法，让学生"会学"

张老师非常注重以学生为主体，让学生主动学，授人以渔而不是授人以鱼。比如《中国的民族》这一节，张老师并未一言堂地介绍各民族习俗，而是设置了教学活动：学生4人为一小组，小组阅读学习资料（某一民族习俗介绍），总结归纳各民族习俗与当地自然环境的关系。让学生在活动中了解各民族的习俗，并潜移默化地培养学生的人地协调观。

讲习题课时，张老师会将学生的典型错误展示出来，让学生纠错，在错误中学习；还会让学生小组讨论，小组讲题，让学生参与到学习中自主学习。

张老师课堂中，教学活动是教师提供活动主题，学生单独或小组思考、讨论、探索，是更主动、更活跃、更开放的教学活动。学生能深度参与、体验学习过程、享受学习乐趣、掌握学习方法。而且我发现学生对张老师的教学方法认可度很高、学习兴趣很高、学习劲头很足。学生自己愿意学地理，喜欢学地理，这不正是每个地理老师最希望的吗？

从学生的实际情况出发，把握细节，"用心"教学，让每一个孩子都有自己的精彩，让生命因教育而精彩。

讲台亦是舞台

——观摩嘉源分校第三届教学基本功大赛心得

郑硕

在嘉源分校顶岗期间，我有幸观摩和参与了北京市第八十中学嘉源分校第三届教学基本功大赛。从初赛到决赛，不同学科教师在此次活动中所展现出的风采给了我很大触动，让我收获满满。

华东师范大学教授崔允漷指出："指向核心素养的大单元教学设计是学科教育落实立德树人、发展素质教育、深化课程改革的必然要求，也是学科核心素养落地的关键路径。"嘉源分校第三届教学基本功大赛以"落实'双减'政策，开展大单元教学"为主题，引导教师们钻研课标、学习课程改革内容，并希望通过此次活动达成优化课堂教学、落实核心素养的目标。教师们在该主题的引导下，分学科组进行了多次研讨。各学科组的研讨以各自学科课程标准为依据，从实际的教学内容出发，真正地营造出了百家争鸣的效果。

在初赛环节，各学科组教师以说课的形式进行完整的单元教学设计展示。通过自身参与和观摩其他教师的教学设计，让我对单元整体教学设计有了新的认识。在单元设计的过程中，首先要关注的是学科课程标准，课程标准的要求必须理解透彻，不能脱离课程标准进行教学设计。其次，要更加深刻地理解学科核心素养。不同学科所强调的核心素养内容不同，在进行教学设计时应注意体现出独属于本学科的内容特色。此外，在教学活动的设计上，要体现教学内容的逻辑性。情境的创设要符合教学逻辑，为教学内容服务，不可以为了教学活动的出奇而丢失教学内容的本质。最后，在教学评价方面，要丰富评价方式，准确运用过程性评价和创新型评价等多种方式。创新作业设计是落实"双减"政策的必然要求，必须引起我们的重视。

在决赛环节，不同学科教师呈现出了12节优质的单元重构教学设计展示课，课堂丰富多彩，各具特色。

语文学科教师程老师在女娲造人授课过程中，从单元整体回顾开始，讲述文言文与教科书白话文叙述的不同，引导学生总结两种文体在描写方式上的不同特点。从女娲造人的故事引申至女娲补天的故事，让学生自己制作海报进行张贴，并讲述自己的设计思路，最后由学生完成故事的描写、改编并进行分享。从核心素养能力的培养出发组织各项活动，充分展现了学生们的想象力、思考力和创造力。整堂课程从教师讲授，再到学生的参与和展示，结构合理、设计精巧、前后呼应，一切以培养学生的核心素养能力为出发点，使课堂教学达到了最佳效果。

音乐学科教师张老师以非洲鼓乐的内容进行展示。课程活动中，教师分组安排学习任务，学生上台触摸和感受非洲鼓，并鼓励学生自由敲击，跟随节奏舞动身体。学生积极参与并且乐在其中，真正感受到了非洲鼓乐的独特魅力，提升了音乐鉴赏能力。张老师营造了一个轻松活泼的音乐课堂，并在课堂中完美地落实了美育的各项要求。此外，这次课堂教学与课后的互动更赋予了本次活动更大的意义。本堂课后，班级所有成员参与并集体创作出了专属于该班级的校园版《Waka Waka》音乐舞蹈。学生们在后续的升旗展示活动中，面向学校全体师生进行了独特而精彩的表演，学生们用拍手的声音、敲击课桌的声音配合非洲鼓乐的节奏进行舞动，展示了绝妙的音乐魅力和无限的青春活力。

总的来看，本次活动的主题明确、重点突出，活动流程简洁明了，不流于形式，是一次真实且真诚的教学活动。从初赛到决赛，再到最后的表彰大会，全体师生积极参与，过程中还不断地接收师生的感受和意见，及时进行改进和完善，这也不断地赋予本次活动新的意义。

尊重教师，尊重学生，讲台亦是舞台。

北京市八十中的教育故事

王世琦

时光匆匆，在北京市第八十中学总校跟岗实践转眼已经近一年了。回望过去的日子，满满都是充实忙碌的身影和沉甸甸的收获，我得到了很大的成长与锻炼。

我所执教的班级学生英语程度较好，学生不满足于传统课本的基础知识，因此在日常教学中，我通常会选择更能激起学生兴趣的话题，鼓励学生针对话题展开各项活动，注重培养学生的高阶思维，坚持"学生本位"的教学模式，充分发挥学生的主体作用，激发他们的学习兴趣，调动学生学习的积极性。

我最开始进行教学时，只是依照传统的教学模式：教师教，学生学，学生的参与感较低。但经过各位老师的指导，以及对学生了解的加深，我意识到学生期望接受具有挑战性的任务，具有一定难度的学习任务更能激发起他们的学习欲望。对学生来说，学习的过程是个体对知识进行探索和建构的过程，只有个体自行穿过知识的迷雾，个体才能对相关知识形成深刻的理解，自然完成知识建构。因此，在 *The Wind in the Willows* 一课中，我尝试唤起学生的兴趣，将教师引导和学生探索融合在一起，使学生充分发挥主观能动性。我借鉴了"项目式学习"模式，和学生一同完成了以"文学作品赏析"为主题的大单元教学活动。

教学过程由以下几个环节构成：教师讲解—翻转课堂（学生课下自主学习、课上深度讨论）—学生反思总结—课上深度讨论—项目式课程（编写剧本并演出），深化学生本位的教学模式。

教学活动的第一步即学生阅读文章，我通过设置问题链，用大家耳熟能详的小红帽的故事举例，让学生理解 plot mountain，并能够据此绘制本课 plot mountain。第二步是学生利用课下时间自主学习 *The Wind in the Willows* 原著第六章并绘制 plot mountain，在课上与大家共同讨论。这一过程是对翻转课堂的简单实践，极大地激发了学生的学习兴趣，坚持了学生本位的教学方式，使学生利用课堂内的珍贵时间更有效地开展积极主动的学习，协力研究难题，通过讨论加深了学生对 plot mountain 中关键定义的理解。第三步即引导学生描述故事中角色的性格特点，并找出判断依据，从而归纳出在文学作品中刻画角色时可使用的多种方式。第四步即学生总结童话的主题，体会角色形象是如何为主题服务的。由于学生的生活经历、个人背景不尽相同，因此对于主题的理解具有多样性。翻转课堂的形式给学生的课下思考、课上讨论提供了非常充足的时间，让学生有机会与他人进行思想上的碰撞与心灵上的交流，不仅有助于学生理解与表达能力的提升，更是对学生价值观的传递和塑造。第五步是学生深度体验过程，也是产出过程。学生自由结组，对该童话进行改写或续写，并改编成英文剧本。创作剧本时，需要有明确逻辑的 plot、主题积极鲜明、人物形象刻画生动并能够服务于主题，语言需要运用修辞手法（在之前的课程中已经进行过学习）。剧本完成后我进行了初步的审阅，提出了修改意见。第六步为课本剧演出。在以学习者为中心的课程教学实践中，项目式学习需要学生主动进入项目，并对自己的学习负责任，比如自己决定怎么做计划，如何去探究，时间如何分配，如何解决各种问题，成果如何展示和分享。学生进行合理分工，制订排练计划并执行。正式演出后，根据评分标准进行生生互评，评出最佳剧作品。

以上课堂教学活动受到了学生的喜爱，学生们也对此表现出了浓厚的兴趣。其中他们最感兴趣的部分为关于作品主题的探讨以及剧本创作和演出，因此我再次意识到让学生在学习中占据主体地位的重要性，这对教学效果也起到了事半功倍的效果。学生的全身心投入来自兴趣与课堂参与感，为达到这一目的，教师应进行多种课堂模式的实践，比如翻转课堂、项目式学习等具有挑战性的学习活动，为学生提供充足的发挥空间、讨论空间，鼓励学生表达自我，与不同的观点相互碰撞。在这样的教学活动中，学生的批判性思维、英语表达能力、高阶思维等都得到了锻炼。

教育是培养创造力和创新精神的重要途径，中学生正处于想象力丰富的阶段，拥有很多天马行空的想法，因此我认为教师应该为学生提供足够的自由和空间，让他们能够尝试和探索自己的想法，鼓励他们思考和创新，提升学生的思维水平。这样，他们才能具备解决问题和创造新事物的能力，为未来的发展做出贡献。

教学设计中的意识在教学中的应用

韩淑慧

随着新课改的深入，英语教师积极地对现行的教学模式进行优化与创新，并将促进英语学科核心素养的发展作为根本目标。英语学科核心素养主要提倡培养学生的学习能力、语言能力、思维品质和文化意识四个方面，这就要求教师不断探索新的教学设计，符合素质教育和英语学科核心素养的理念，来提升学生的学习效率。在新的教学设计的探索中，依旧需要符合教学设计中的四种意识，即主题意识、语篇意识、语境意识及问题意识。利用好这四种意识可以激活课堂学习氛围，改变以往教学中存在的问题，进而提升学生的学习效率。我将以主题意识和语境意识为例进行阐述。

主题意识即对文本的剖析。阅读文本是什么，什么类型，关于什么内容，作者的意图等。主题意义对我们的价值极高，这对于大单元备课有重要价值。在我的实践教学中，由于学情及学习目标较为特殊，同时学材未固定于传统课本，这给我们选材增加了很大的难度。专家提出在主题意识方面须注意，如果额外拓展的内容对主题意义贡献性不大，可以选择性省略。但是在实际课堂中的处理，我们选择了两篇文章的泛读以及由学生主讲其中一篇，对主题偏离较远，因此在未来的教学过程中应该针对主题做补充内容的取舍，最大价值地利用好所学材料，引导学生深化对主题意义的认知。例如：本次单元主题为"拍照"。我们选材 Drone Photography 作为第一篇阅读课文，并且补充外刊 Are Smartphones Killing Cameras 及 Delivering by Drones 开拓思路。本篇文章是一篇说明文，主要讲述了随着科技的进步，人们对于不同拍照工具的需求，由此引入无人机拍照，介绍了无人机拍照的特点与优势，以及拍照后照片的处理。其他两篇外刊则来源于 BBC 收集数据及采访后形成的文章，借以发散学生思维，对拍照工具以及对无人机的用途有更进一步的认识与思考。第二篇文章为听力文章 How To "Be Real" on Social Media，紧接着无人机航拍最后照片的处理以及在网上的传播引发的思考——网上的或者博主的照片是否可以完全相信，是否有很大程度上的"照骗"。我们整个单元的主题围绕着照片的产生与照片的处理进行教学，同时两篇外刊文章对于主题意义有一定的贡献性，因此选择作为泛读文章。通过精读文章和听力文章的学习加深对主题的认识。

语境意识。文本中的语境即听读，交际中的语境即说写。教学过程中，语境帮助学生迅速沉入学习过程，利用语境有利于学生对知识的理解以及运用。专家根据主题和语境为我们提出建议：善于利用学生熟悉的事物进行导入，使学生能够在熟悉的语境中理解文章。在听力课 How To "Be Real" on Social Media 中，我们提前收集学生自己的作品，通过学生对自己照的照片到后期照片的处理以及发朋友圈和其他社交媒体等过程进行描述，让学生沉浸在照片与社交媒体的语境下，进而引导学生发现社交媒体上的"照骗"以及提出避免这种现象的可行性方法。通过听力话题词的挖空，学生了解到该文提供的新型社交媒体以及其功能用途。听力内容结束后，对文章给出的解决方法进行评价与改进，由此针对该现象自己设计一款产品，同时探讨该社会现象背后的意义，以此紧扣主题，对学生的日常生活有所启示。

随着教学实践次数增多，教师对课堂教学中出现的问题进行反思，在相同类型的课程中能更好地利用问题实现有效引导。在大单元教学背景下，以主题意识、语篇意识、语境意识及问题意识为指导，从而更好地实现教学目标，将教学内容的实际价值最大化。

在此期间，有幸多次受到北京市第八十中学林斌老师、吕寅梅老师两位特级教师的指导，两位专家的指导使我收获成长颇多。吕老师多次听课，一语道破我们教学中存在的问题，每次吕老师的评课对于我来说都是无限的宝藏，感谢吕老师的栽培。平时备课出现问题时，我们会时常向林老师请教，林老师就像教学百宝箱一般，每次提点都能让人豁然开朗，感谢林老师的提点与照顾。同时在这一年，身为副班主任，与班主任晁凌云老师沟通甚多，从晁老师身上学到了非常先进的教育理念，同样也从各位学科教师身上学到了优秀的品质。

从零开始，稳步前行

张天慧

我非常荣幸作为雄安新区的新教师，能够在从教第一年来到北京市八十中学枣营分校初中部进行学习和教学实践，同时也非常感谢枣营分校领导的信任，将七年级1班和2班的英语教学任务交给我。

两个班的教学任务加上初次接触外研社版英语教材，使我倍感压力。想象中孩子们的英语水平应该都不错，但是在实际了解第一节课之后，我开始陷入了两难。孩子们的英语基础参差不齐，两极分化有些严重。其中2班有一位叫杨海军的小男孩，连英文字母表都不能顺利读下来。在和班主任的沟通中我了解到，孩子小学基础确实不太好，但是数学很不错，存在很严重的偏科现象。在了解情况后，我就和海军聊了聊，孩子也非常想学好英语，于是我和孩子就一起制订了每天十个单词的学习计划，并和孩子商定利用半小时的午休时间来专项补弱。因为英语的学科特点，要求背诵记忆的内容很多，又因为中午时间有限，所以每次基本达到会读即可，背诵任务就布置成作业，让孩子课下完成，第二天再检查。

前两天的任务，海军都很好地完成了，但是到了第三天，明显感觉听写质量及学习速度都慢了下来。第四天第五天依旧如此，这让我有些着急。当时负责德育的黄主任看到了这个情况，笑着安慰我说："没事，就让孩子天天到你这里读单词课文，其他不用过多要求，一直读一直读，不断重复，成绩自然而然会慢慢提上去的。"黄主任还和我分享了她之前教学的一个很类似杨海军的案例，给了我很大的启发。英语作为一种语言，有着语言都具有的习得性，不能把它单纯的看作一门学科，进而被各种框架限制住。按照黄主任的方法，初期通过不断地朗读，海军的成绩比入学时有所进步，已接近及格线。

很开心能见证海军及所教班级每一个孩子的进步和成长，也很感谢教学主任王主任、德育主任黄主任及师傅齐老师、英语教研组长魏老师的帮助和指导。在枣营一年的教学实践中，让我成长了很多。从最初的紧张到现在的从容，从最初的面面俱到到轻重有序。感谢所有帮助我的前辈们，感谢他们给予的指导和建议。

　　作为新教师，我深知仍有许多地方有待提高，仍需在不断实践中认真学习、总结。我也会时刻充实自己，多参加培训，不断开拓教学思路，与时俱进。除此之外，我也加强自己基本功的训练，促使自己在实践中不断感悟，在感悟中再次不断提升。

扎实教育教学之识　践行立德树人之路

于钊

非常荣幸作为雄安新区的新教师，我能够来到北京市八十中学枣营初中校区进行学习和教学实践，同时也非常感谢枣营校区领导的信任，将八年级 2 班和 3 班的语文教学任务交给我。在枣营的这个学期，我竭尽全力不断扎实提高自己的教育教学能力，努力践行培育有"德"之人的理想目标，争取用自己的力量为孩子们带去积极正向的影响。

一、立德树人先"齐身"

枣营坚持"成长教育"的理念，就是要让孩子们在学校的学习生活中成长为一位"能做人、能做事的健全的公民"。而教师只有为人师表，才能以身示范，为学生们的未来发展提供正向的指引。因此，在思想上，我始终严格要求自己，不断用知识武装自己的头脑，时刻谨记教师职业道德规范，为人师表，热爱学生，尊重学生，争取让每个学生都能享受到最好的教育，都能有不同程度的发展，努力做到政治坚定、业务精干、作风踏实、为人诚实。在师德上严格要求自己，争做一个合格的人民教师。

二、认真备好、上好每节课

在"双减"政策的推动下，为了高效上好每节课，我更加宏观且细致地掌握语文课本，想要提高孩子们的知识水平和能力。备课时，我将单元和主题整合起来，对本学期新版教材的知识点进行梳理，形成知识点的系统化。同时，在安排教学进度方面，不仅安排了讲授课，还安排了注重学生能力的讲评课，以及让学生学以致用的习题课和巩固学生基础知识的复习课。为了检验自己大单元备课的效果，我积极参加语文组的公开课，还主动邀请学校领导来听课，帮助我提高大单元备课能力。

与此同时，对于校本课程的备课，我结合语文素养和学校"七个素养"的培养目标，在课本主题和活动的基础上，拓宽范围，进行了名著阅读与分享：学生阅读了《红星照耀中国》《昆虫记》，并通过手抄报、展示PPT等方式向同学们分享自己的读书心得。

最后，在备课的基础上，我还积极去听其他优秀老师的课程。因为语文涵盖的范围非常广，为了能真正、全面培养学生的语文素养，我不仅需要听语文课堂，还需要向其他学科老师取经，例如，历史科目、政治科目、英语科目等。这样，我不仅可以获取相关知识背景和素材，也能学习其他老师对课堂的把握，以及课堂活动的设置、课堂氛围的营造。

枣营的教学理念中强调要培养学生的学习能力，以及文明、合作、创新、劳动、生活、体育和艺术的素养。这就要求教师不仅仅是教授知识，更重要的是帮助孩子学会学习，并且从学习的过程中锻炼出可以融入社会、实现自我人生价值的"七大素养"。因此，结合语文教学，我要求自己做好以下四条。

（一）明确每节课的教学目标，整合适当的课堂内容，突出重难点。

（二）借助教参、教育部网络学习平台、名家讲解等资料，深刻挖掘教学材料的内涵，合理组织教学材料，做到既丰富又有指导性。

（三）对于重难点的突破，要钻研有效的教学手段。语文的教学过程只有联系学生生活实际，走进孩子们的内心，才能让他们对语文有正确和深刻的认识，从而引起他们学习语文的浓厚兴趣。因此我每节课都尽力创设和生活相关的情境，同时指导学生讨论、交流、分享，尽力让孩子们在语文的课堂上做到听、说、读、写。

（四）为了让孩子们更加愿意在语文课堂中表达自己的观点，思考问题，我要为他们创造一个安全、和谐的课堂氛围，尤其对害怕回答"错误或不好"的学生进行鼓励和指导，让他们认识到课堂就是真实表达的地方，没有对错好坏，从而敢于回答问题。

三、认真批改作业和辅导

结合学校的分层作业模式，我努力提高作业设计质量。针对语文基础方面的生字词，从前的抄写并不能引起学生的重视，同时也没有增强学生的能力。9月3日在听了王老师对上学期试卷的讲评和分析后，我模仿试卷的出题方式，将语文课本里的重点词语放在语境中让孩子们掌握读音和用法。

另外，当批改作业时，我注意对每位学生的批改要有针对性和指导性，同时，将课上集中讲解与个别辅导相结合，全面引导学生。并且关注到了有学习困难的学生，用鼓励和合作的方式，让其体会到学习语文的成就感。

四、课堂交往

从词源角度看，在我国古代文献中，"交"是一个象形字，"小篆字形，像人两腿交叉形。本义：交叉"。而"往"则是一个会意字，"甲骨文字形，从止，从土。意为从这个地方走向目的地。本义：去，到……去"。东汉许慎在《说文解字》中将"交""往"解释为："交，交胫也，往，之也。"把"交""往"两字合为"交往"一词时，其含义是："互相走动、拜访、来往"。从词源意义上讲，"交往"是一种人与人之间的相互来往、相互交流的活动。因此，课堂交往是师生之间积极的互动活动，是师生之间实现知识的传递、精神的交流、情感上的理解和心灵的沟通的。同时，有效的课堂交往可以促进学生主体性、社会性的生成，促进学生合理自我认识和自我评价机制的形成。

巴特尔说"爱是一种伟大而神奇的力量，教师承载着爱的目光，哪怕仅仅是投向学生的一瞥，孩子们幼小的心灵都会感光显影，映出美丽的图像……"八十中尊重、呵护每一位学生，在建立良好的师生关系的基础上，形成了有效的教学关系。教师们关心学生的态度、情感、学习的进展情况；在整个课程过程中密切注意学生的反应，并根据学生的不同反应对教学计划进行相应的调整。形成了独特的课堂交往模式，大致可分为启动、集中传输和相互作用三个阶段。

（一）有效课堂交往模式的启动阶段

有效课堂交往模式的启动阶段的主要任务是激发学生的学习动机。教师应充分发挥有效课堂交往的引导——定向功能，使用能最大限度引起学生注意力的有效课堂交往信息，激活学生的思维。D. P. 奥苏贝尔（David Pawl Ausubel）提出了"先行组织者"的概念，意思是说教师在引入新课前，呈现"一个引导性材料"，运用这一相关的、有意义的知识材料，与学生的认知结构建立起本质的、非人为的联系，即让学生"获得一个可以同化新知识的认知框架"。这样，学生在引导性、启迪性的有效课堂交往信息作用下，就能在较短的时间内调整自己的认知结构、情绪状态和心理水平，产生学习动机和兴趣，将注意力集中到课堂教学活动上。此时，有效课堂交往模式的认知机制开始运转，传输机制的课堂交往信道开始畅通，为下一阶段有效课堂交往信息的传输阶段，准备了条件。

（二）有效课堂交往模式的集中传输阶段

有效课堂交往模式的集中传输阶段是有效课堂交往信息传输的关键性阶段。教师应以简明扼要和精确的语言符号，并辅以相应的课堂教学媒体，就课堂交往的基本内容或核心信息进行集体性传输，同时密切注意学生的面部表情、坐姿、动作等非言语的反应，对学生是否理解和掌握了有效课堂交往信息做出相应的判断，以便及时适当地调整自己的课堂交往行为。这个阶段中，有效课堂交往诸方的矛盾运动和思维活动将会进一步加强，使有效课堂交往模式的运行达到最佳状态。

（三）有效课堂交往模式的相互作用阶段

有效课堂交往模式的相互作用阶段主要是为学生之间的相互交往提供机会，为学生认知活动的积极表现创造条件。教师输入有效课堂交往信息后，就课题中的某些重点、难点信息提出问题，让学生分组讨论，或与同桌，或与前后的同伴讨论。教师对学生的争议、问题、言论和建议，不要急于下结论，应在认真听取、全面思考以后再进行总结。这一阶段就是检验、评价、反馈课堂交往效果的阶段，它标志着有效课堂交往模式的一个运行周期的基本结束。

以上三个阶段，它们彼此是相互交叉，相互重叠和渗透的。有效课堂交往所追求的理想境界——教师能够根据课堂教学不同阶段上的不同要求，有针对性地选择与之相适应的不同课堂交往模式，达成有机组合，从而实现课堂教学过程中的有效交往。

渗透在北京市八十中课堂中的这种有效交往，也让每一位实习教师感触颇深，不禁感叹"原来课还可以这样教！"其中纷繁复杂的感受，或许我们可以在以下的心得中看到一二。

抓基础，培思维，建结构

聂兵霞

道德与法治学科看似是一门靠记忆就能得高分的学科，实际上学好并不容易，想取得好成绩更是难上加难。学生基础知识的掌握程度、思维的系统性、知识的结构性都是影响学习效果的重要因素。再加上新课改的推进和学校教育教学改革的需要，如何在日常教学中注重学生基础知识、培养系统思维、关注知识结构性是道德与法治老师需要关注的现实问题。

在北京市第八十中学由跟岗转为顶岗的这段时间里，自己很幸运能师从夏宁老师。夏宁老师是一位长期扎根在初三一线，教学经验非常丰富的资深老师。夏老师经常提到要注重核心观点的落实，从备课到上课，从布置作业到作业辅导都要注重核心观点的落实。夏老师自己也是这么做的。

在课堂上，夏老师会带学生先回顾之前的学习内容。因为九年级的很多知识与八上、八下联系都非常紧密，都是在八上、八下的基础上学习的。通过回顾，学生找到了学习的支架，也知道了过去经验与当下课堂的连接点，对新学的内容不再陌生，学生想学、能学、会学。同时，老师也了解了学情，更清晰了本堂课教学的薄弱点在哪里，课堂上更有针对性。

在课堂外，夏老师注重学生基础知识的巩固。对于低层次的学生，帮助学生理解并指导其默写单元复习导图。对于中等层次的学生，辅导学生梳理单元重要核心观点。对于高等层次的学生，帮助其运用变式思维思考实际问题。同时，夏老师对于学生的掌握情况有一个反馈记录表，对于没有按时掌握的学生，夏老师会利用午休的时间深入到班级及时跟进。夏老师真正做到了培优、促中、补弱。

在作业设计上，夏老师进行分层作业设计。第一层是基础性作业。分为以框为单位的基础性作业和以课为单位的基础性作业，学生根据自己的实际情况进行选做。第二层是巩固性作业。A层是填写单元思维导图，B层是自主梳理单元思维导图，C层是读报纸看新闻，同时对新闻进行进一步分析。或者从出题人角度找到对应的核心观点并分析，或者从阅卷人角度出题、做出答案并赋分。夏老师也会根据教学需要和实际情况，给学生提供展示的机会，或个人展示或小组展示。对于展示情况，夏老师会及时给予反馈。

这样的作业设计和展示，量少质却精，目的在于培养学生核心素养。通过分层作业，第一，学生能明确自己的知识盲区，还能进一步巩固课堂所学，促进基础知识的掌握。第二，通过思维导图的形式，学生的思维由点到线到面，对核心观点有了更加系统的认识，学生的系统思维和知识的结构性得到了培养和锻炼。第三，学生通过对时事的关注、分析、分享，培养了学生对时事的敏感性，锻炼了学生分析问题、小组合作探究、语言表达的能力。

无论是在课堂上还是课堂外，无论是在教学还是作业设计上，教师都起着主导作用，学生都发挥着主体作用，核心素养贯彻始终，真正把核心观点落到实处。学生理解和掌握了基础知识，知识的结构性逐渐建立起来，系统思维也得到了培养。

在不知不觉中，在北京市第八十中学白家庄校区的顶岗很快结束了。从握手相逢到挥手告别，仅短短的半学期。半学期虽短，教师们的成长却永恒。从构建高效课堂到提升新入职教师专业化水平，从日常教学到实验教学，从注重基础到注重思维，无不在落实立德树人的根本任务，无不在落实核心素养。带着"一花一世界，一木一自然"的理念，我们继续奔赴新的征程……

构高效课堂，以提质增效

陈雪

自"双减"政策提出以来，为了减轻学生的课业负担，更好地实现义务教育阶段的培养目标，提升学生的核心素养，"双减"政策对教师提出了新的要求，注重教学设计，更新传统教学理念，创新地理教学模式已成为必然的趋势。然而，如何将课堂以更科学的方式开展，既能减轻学生的学业压力，又能保证学生高效且有质量地学习知识，既减少学生的作业时间，又不降低学生的学习质量，如何构建"双减"政策下的高效课堂仍然是初中地理教学中存在的较为显著的问题。

在去北京市八十中顶岗的那段时间里，我有幸跟随地理组的教研组组长刘老师学习，刘老师深刻贯彻了"双减"政策的核心思想，在她的带领下，学校初中地理教学始终坚持作业课上完成的教学理念，因此地理科目从来不留课后作业。为了提质增效，生成高效地理课堂，刘老师专门设计了适合学生学习的学案，每一节课堂学案由三部分组成，第一部分是学习目标，以告诉学生本节课需达到哪些目标；第二部分是学习过程，即学生能跟随课堂时讲时练的知识框架；第三部分是精选习题，即学生听完课后即时演练习题。结合精心准备的学案，刘老师一改传统教学模式，整个课堂以学生为主体，紧扣教学目标，围绕地理学科核心素养展开教学，学生在老师的引导下和完成学案的过程中能全身心投入其中。刘老师在教学过程中也能时刻关注班里每一位学生的学习状态，一旦哪位学生注意力不集中，她总能迅速锁定并及时提醒，如果个别学生课上学习状态极其不好，刘老师课下便会及时与其沟通，与其家长沟通，以及时调整学生的状态。在刘老师严谨治学态度的影响下，所有学生不仅对地理学习产生了极大的学习兴趣，同时也十分高效地学习到了地理知识，最后也取得了十分优异的地理成绩。

作业是提高学生学习成绩的手段之一，但过多的作业不仅加重学生的课业负担，还可能影响学生的身心健康。基于"双减"政策背景下的高效课堂构建，一定要改变传统教学模式，达到提质、减负、增效的目标，同时在实际课堂构建中，教师必须遵循学生成长需求，强调课堂教学的全方位转变，以课堂教学为聚焦点，促进学生全面、个性化发展，有效落实减负、增效的教学工作要求。

关于提升新入职教师专业化水平的思考

李亚兰

《义务教育阶段英语课程标准（2022版）》指出："教师是确保英语课程有效实施的关键要素。教师的专业化水平是有效实施英语课程的关键。"因此，为了提高新入职教师的专业化水平，学校于2021年9月为新入职教师提供了前往北京市第八十中学跟岗或顶岗的机会。经过一学期的顶岗学习，我不仅接触到了全国领先的教学方法和教育理念，而且获得了来自两位师傅和其他优秀教师的直接指导，为日后成长为一名有理想信念、有道德情操、有扎实学识、有仁爱之心的好教师打下了坚实的基础。

跨区域和跨校的教师学习，能够帮助教师增进学术交流，拓宽专业视野，提高教学水平。为了帮助新入职教师快速成长，学校通过"青蓝工程"为新教师配备了师德高尚、教学优异的教学师傅。我的教学师傅赵雪梅老师一有时间就会坐在教室后面，认真地记录我的课堂表现。课后，她总是会先肯定我做得不错的地方，然后再给我提出需要优化和改进的地方，她的言语总是那么温和，却又一语中的，让我能够很快领悟到如何优化教学流程，如何改进教学语言，如何提高教学效率。她以身作则，明明已经是一位经验非常丰富的"老教师"了，却常常加班写教案、做课件、查资料，不允许任何一节课在没有准备好的情况下开展。

课堂教学是贯彻落实课程理念的关键环节。教师在真实的课堂教学中，会遇到各种影响学习发生和学习效果的现象。为了研究课堂教学，解决自己在课堂中遇到的学生注意力不集中、学习耐心不足等问题，我常常去赵老师的课堂上听课学习。听赵老师的课真是一种享受啊！在她充满感染力的语言表达和环环相扣的课堂环节的配合下，一节40分钟的课倏忽而已。在她的课堂上，即使是最没耐心的学生都竖起了耳朵，最调皮的学生都举起了手。我很佩服她的课堂掌控能力，也佩服她有效的教学设计，让每个孩子都沉浸在了课堂中。然而，她却还不满意。她会担心课堂虽然热闹，但学生是否掌握得扎实，于是在下节课，她会设计相应的环节来加强基础。也是在她的课堂上，我学习到了学习单词的五个步骤、练习转述的三个环节、听力练习法等有效的教学方法，每一次课堂对我来说都是一个生动的教学案例，值得我不断分析、反复思考。

  教师的专业化水平是成功实施课程的关键保障。教师专业发展所需的知识、方法、信念和态度，除了通过外部培训和培养而成，还需要通过自主探索、试错和反思形成。胡校长曾说："教学反思是促进教师发展最好的方法之一。"师傅引进门，修行在个人。作为一名青年教师，要想提高自身的教学水平，就要坚持教学反思，善于从实践中发现意义与价值，吸取教训，实现改进，在持续的反思性实践中实现自身专业的可持续发展。

实验探真知，科学助成长

王雨

目前初中生物实验教学中，很多学校和教师对实验教学不够重视，或许是由于实验教室设施不完备，实验器材、场地等资源短缺的问题，给实验教学带来了一定的限制。但生物新课程突出科学的探究活动，倡导探究性学习。实验能让学生通过动手操作来增加感性认识，加深对所学知识的理解，培养学生的动手操作能力。

来到八十中后，我担任初一年级5个班的生物教师。在生物学科上，明显感觉到了学校对于实验教学的重视，学校有专门的实验员教师，负责整理实验室，给任课教师准备实验的材料和仪器，在课堂上帮助任课教师巡视和指导学生实验。每学期开始，实验员教师会把这一学期要做的实验按顺序列好，将计划单发到每位任课教师手上。每次提前一周，实验员教师就会安排好下周的实验，包括每个班的上课的时间、地点、材料用具等。除此之外，为了着重培养学生的创新精神和实践能力，除了教材上所列出的实验外，根据以往的经验或学生的兴趣，常常还安排一些拓展实验。

学校的教师也十分重视实验教学，我的教学师傅林朝云老师，是一个十分严谨认真的人，在我来到学校参加的第一次教研活动中，林老师就提出了关于制作番茄细胞临时装片的选材问题，并一一列举了选择大番茄和小番茄的各种利弊。后来我了解到，每一次上实验课之前林老师都会提前几天去实验室自己先把实验按照程序完整地做一遍，在这个过程中，她会记录一些学生可能遇到的问题，或者在实验过程中她发现的一些不恰当的步骤以及不合适的材料，并且会在实验前做及时调整，林老师这种严谨治教的精神深深影响着我。

学校从各个方面都体现着对实验教学的重视，也正是因为这样，我也开始注重通过听课、学习去提高自己的实验教学能力。不仅如此，久而久之我发现学生在不断地实践操作、情境体验、探索求知、亲身感悟中，他们的观察能力、动手实践能力、创造性思维能力和团队合作能力也都在不断得到提升。

实验教学能帮助学生掌握科学研究的基本过程。教师结合每一个具体实验，帮助学生由了解到理解，最后初步掌握科学研究的基本思路，把这种发现问题、思考问题、解决问题的基本程序内化为学生的思维习惯。同时，在这一过程中，学生会有多种不同的学习方式。不同的学习方式又会导致不同的学习结果。陶行知先生说过："处处是创造之地，天天是创造之时，人人是创造之人。"实验教学就是要使每一个学生的潜能都得以发挥，让每个学生都获得科学探究的体验。

北京市第八十中学的教育故事

杨青青

2021年9月，学校安排我们去北京市八十中学嘉源分校跟岗实习。实习采取师傅带徒弟的模式，一个多月以来师傅上的每一节课，我们都要认真听，课下还会进行评课和互相交流。10月初，学校要求我们跟岗教师根据教学进度，选择课题，认真备课，准备上台讲课。我选择的课题是第三单元"物质构成的奥秘"的课题2"原子的结构"，内容是原子结构和相对原子质量。

10月12日，我站上讲台，讲了第一节课。对于讲课来说，我并不紧张，因为之前有过一点点教学经验，所以整节课讲下来挺顺利，师傅也挺满意，但课下师傅问了我两个问题。第一个问题："相对原子质量用什么测量？"凭着我对大学知识的记忆，我说："应该是质谱仪吧。"接着师傅又问了我第二个问题："如果学生问你，原子种类那么多，而相对原子质量为什么以一个碳十二原子质量的十二分之一作为基准，你怎么回答？"我说："因为常温下碳的稳定性强？但这个知识从来没考过，也不作为教学内容，所以不太清楚。"师傅说："学生平时可能接触过一些科学知识，他们是有很强的好奇心的，他们问的不仅仅是课本知识或者考试知识，甚至可能问一些我们在大学或者研究生学习阶段学到或研究的问题，作为老师，我们不仅仅要有教初中知识的能力，更要有足够深、广的知识来充实和提升自己，防止学生问倒我们。"课后师傅发给我问题的答案——1959年国际纯粹与应用化学联合会（IUPAC）提出以碳的同位素12C质量的1/12作为基准，并获得国际纯粹与应用物理学联合会（IUPAP）的同意，于1961年8月正式决定采用碳的同位素12C＝12作为相对原子质量的新标准，同年发布了新的国际原子量表。之所以采用12C作为相对原子质量的标准的原因是：（1）碳形成很多高质量的分子、离子和氢化物，利于测定质谱；（2）用质谱仪测定相对原子质量是现代最准确的方法，而12C很容易在质谱仪中测定，质量测定比较精确；（3）采用12C作为标准后，所有元素的相对原子质量都变动不大，仅比过去减少0.0043%；（4）这种碳原子在自然界的丰度比较稳定，受地点影响不大；（5）碳在自然界分布较广，它的化合物特别是有机化合物繁多；（6）采用12C作为标准，密度最小的氢的相对原子质量仍不小于1。后来我从知网上查阅了相关文献，师傅给出的答案是非常准确的。

  以前我一直认为，教师能讲好课就行了，通过此次事件，我才深刻意识到教师的专业素养应远远超过教学所需的基本能力，我们教师不仅要具备能给学生讲课本知识的能力，还要具备丰富的学科甚至跨学科知识能力。教师是一个需要终身学习的职业，《礼记·学记》中说："学然后知不足，教然后知困……然后能自强也。"教师肩负着教书育人的重任，作为老师，我们必须要树立终身学习的理念，拓宽知识视野，更新知识结构，想要给学生一杯水，那么教师不仅要有一桶水，更应该有一条奔腾不息的河流。

实施"名师工程",引领教育高质量发展

北京市第八十中学雄安容东分校 教学处 教育处

教师是落实各项教育教学任务的主要力量,也是学校教育发力,保持高质量发展的基础。为此本校围绕教师专业发展工作,以"名师工程"建设为契机,增强制度引领与保障,创新发展途径,优化教研方式,开展系列活动,组织名师指导教学实践,共享优质教学资源,充分发挥名师辐射引领作用,有力地推动了教师专业化发展,有效地提高了新区教学质量。

一、建名师团队,引源头活水

本校依托12位骨干教师,建立起第一批义务教育阶段名师工作室,为促进教师专业成长找到最佳途径。名师工作室由教研组长担任主持人,同学科名师、骨干教师为成员,集教学、科研、培养教师等职能于一体,构成优质教师合作共同体。并且名师工作室逐步成为以名师为引领、以学科为纽带、以先进的教育思想为指导的教师自我提升和自我成长的发展平台。名师工作室充分发挥"名师引领,资源共享,辐射带动"的作用,以点带面,更新教育观念指导工作实践,有效提高了全校教师队伍业务水平,为青年教师队伍建设注入新的源头活水和不竭动力,为高质量发展储备了优质人才。

二、创系列活动,促赋能蓄力

随着名师工作室建设深入推进,本校多措并举,围绕"落实双减政策,提质增效,建设高效课堂"这一主题,创新开展"名师工程"建设系列活动,进行"双减"背景下的高效教学研究,挖掘优质教学经验,推广优秀教学成果,提高教学效益,努力实现全校教师专业发展和学校教学质量双提升。

(一) 名师论坛

要成为名副其实的名师，就要做到理念新于人，研究精于人，教学胜于人，经验足于人，以名师之"名"促专业成长之实，以名师之"名"赴共同发展之约。基于这样的集体认知，本校每学年举办教学基本功大赛、学科名师论坛等活动，名师团队分别通过举办学科教学专题讲座和课堂教学观摩，展示分享本学科教学研究成果，传播教学经验。

"千帆竞发，万木争春"，名师论坛定于春季，以讲座、汇报形式开展。"秋实硕果，风正扬帆"，名师精品展示课定于秋季，授课名师以现场课的形式将其优质、高效、精品教学课例进行示范和交流。年度学科高效课堂建设成果得以推广，抓住了课堂主阵地，提高了学科教学质量。

(二) 名师晒徒

从2021年建校开始，本校每年开展"师徒结对"活动，有效带动了学校"青蓝工程"的建设，全校教师师徒结对，青蓝互帮，以点带面，互学互促，共同进步。每年的"名师晒徒"展示观摩活动，以师傅上示范课、徒弟上汇报课，师傅谈带徒经验、徒弟谈成长感悟等形式逐级搭台展示带徒成果。活动中名师团队成员与青年教师青蓝结对，名师甘于奉献，做好"传、帮、带"，积极培养、助推青年教师快速成长。名师带徒的同时积极开展教育教学研究，不仅有效提升了自身专业素养，锤炼了教育智慧，还切实提高了执教能力。

三、转教研形态，提教学实效

2022年是"双减"政策深入落地之年，本校借力纵深推进"名师工程"，转形态、抓落实、提效能，努力创新"互联网+教研"，实现了线上资源共享，良好的教研文化、教研实效、教研生态正在形成，本校加强名师团队高效作业资源库建设，旨在探索"双减"下作业效能和教学质量提升的有效途径，实现减负、提质、增效。

目前，名师团队已成为促进本校教育发展的宝贵资源，"名师工程"建设集全校学科名师的教学经验和智慧，发挥了"四两拨千斤"的撬动与引领效应，带动了整个教师队伍稳步走向专业化，形成主动作为、竞相发展的良好态势，为持续引领本校中小学教育教学质量提升发挥了应有的作用。

四、举办名师高级研修

我们紧紧抓住北京市第八十中学托管办学的历史机遇，利用八十中优秀的教育资源先后进行了骨干教师跟岗和顶岗学习，名师自身专业建设得到大大增强。

五、高端教研活动

2022年8月份请来了心理学专家张渝鸿老师进行了后疫情时代新任教师的心理建设与职业幸福的讲座。北京师范大学教育管理学硕士，副教授汪克良先

生进行课题《新教师的专业智慧与非专业魅力修炼》的分享，汪教授通过实例为我们提供了一些教师成长的途径：三沙市永兴学校冉兆春校长在海南扎根，与海南结下不解之缘，冉兆春校长用朴实的语言讲述他和由七位教师、三十个学生组成的琼台师范支教队的感人故事。

名师是教育强校建设的重要支撑，我们将不断强化"名师工程"建设，以名师为引领，构建品牌教育，打造新区乃至河北省教师工作高地。

（一）名师大讲堂

北京市第八十中学容东分校（雄安容和第一高级中学）自2021年8月建校以来，只有11位骨干教师，其余都是高学历的青年教师，在当今的教育数字化转型背景下，如何让骨干教师们基于数据探索教学规律、指导教学过程和优化教学反馈，如何借助数据改进教学评价，实现"教—学—评"一体化等问题是新建校课程改革的核心议题。为深入探讨"核心素养下的高效课堂"这一主题，2021年11月，在三台镇狭窄的一个教室里，容和第一高级中学名师大讲堂正式举行。

第一期名师讲堂是由五位骨干教师分享自己的育人故事："故事诉说育人情怀，爱心赓续初心使命。"

为进一步强化教育管理，提高教学水平，增强广大教师教书育人的荣誉感和使命感，11月9日，北京市八十中雄安高级中学举行"故事诉说育人情怀，爱心赓续初心使命"骨干教师教育教学故事分享会。五位骨干教师结合各自的教育教学工作和成长经历，饱含深情地讲述了自己对教育事业的追求，展现各自有热爱、有热情、有热度的教育情怀，引燃教师们的情感共鸣。

陶行知先生说过:"谁不爱学生,谁就不能教育好学生。"爱心是老师走进学生群体的法宝,樊慧琴老师为我们分享了一段感人的"爱的教育"。其实当教师用爱心去征服学生的时候,自己往往也被爱心所感化,这就是所谓的教学相长。

清代诗人袁枚说过:"白日不到处,青春恰自来。苔花如米小,也学牡丹开。"这首诗启迪我们:教育的目光不能总是盯着花园里耀眼的牡丹花,而要更多投向墙角处不起眼的苔花。每一个学生都是可塑之才,关键在于如何通过教育发现每一个学生的闪光点和特长。钟景娟老师有关"学生的闪光点"的分享让我们明白了每个学生身上都有自己的闪光点,如果教师能把握好,闪光点就会成为学生进步的起点。

樊慧琴老师分享

钟景娟老师分享

"经师易求，人师难得。"在学生成长的"拔节孕穗期"，教师的一言一行，都关系到学生的健康成长。教师要做好学生的领路人，给学生心灵埋下真善美的种子。王永贵老师通过十几年的班主任经历告诉每位教师对待学生要有爱心、热心和细心，成为"有理想信念、有道德情操、有扎实知识、有仁爱之心"的"四有"教师，充当好学生成长路上领路人的角色。

王永贵老师分享

高波老师为大家讲述了"以人为镜"的故事，用教学实践案例告诉各位老师在学生成长的过程中，老师要做学生的一面镜子，对学生的行为进行及时的鼓励和纠正。

高波老师分享

随着信息时代的发展，信息技术教育的重要性不言而喻，教师需要在新的教育理念的支撑下，才能构建适合学生发展和符合新课改要求的课堂教学方式。许钦贤老师以一份二十多年前的"旧教案"吸引了大家的注意力，为大家分享了"如何理解教育变迁，打造信息时代新课堂"。作为新时代的教师，我们要积极主动地转变教学观念，贯彻现代化教学理念，才能打造富有信息化气息的"新课堂"，让课堂焕发出蓬勃朝气。

许钦贤老师分享

在分享会的最后，胡校长也为各位教师分享了一段经典感人的教育故事，即"汤普逊老师和泰迪的故事"，深情款款，引发了在座各位教师的深思。"如何成为学生成长路上遇到的最好的老师"是我们每个教师都需要思考并努力达成的目标。越是对星辰大海充满向往，越需要脚踏实地付诸实际行动。在新课程新高考的形式下，每位老师都要注重自身核心素养的提升，同时青年教师和骨干教师要做到相互学习，青年教师要勤于"取经"，学习骨干教师丰富的教学经验，骨干教师也要善于"尝鲜"，不断更新自身的教育教学理念。只有重新审视课堂教学，与时俱进，才能不断探索高中新课标、新高考视野下的"新教学"。

胡校长分享

名师大讲堂是容和第一高级中学倾力打造的一个高端培训项目，坚持"基于需求、引领需求，问题中心、实践取向，聚焦主题、精准施培"的策划理念，全年共八期，本次是第五期。

长沙教育学院党委书记、院长孙智明在致辞中说："以大数据为基础，用数据驱动整个教与学的过程走向精确化、个性化、智能化，一定会是将来教育改革和教育信息化的重要方向和领域。本期大讲堂，旨在让教师们认识到未来教育系统性变革的方向，实现数据驱动下的精准教学与评价。"

(二) 教育基本功大赛

"问渠那得清如许？为有源头活水来。"实践出真知，教师的成长，归根到底还是要靠实践，在不断地教育教学实践中，总结经验，吸取教训，夯实教学基本功，提升教育教学技能。三功大赛为教师成长提供源头活水和真正的舞台。

本校于 2021 年 9 月建校，首届学生中考的录取分数线仅有 300 多分，生源质量确实堪忧，如何教育这些学生，如何规范这些学生就成为我们首要的工作目标。我们的师资队伍虽然由 85% 的研究生和一部分骨干教师组成，学历高、年轻化是优势，但育人部分的工作仍需提高，如何来解决？现在摆在我们面前两个问题：一是生源质量差，二是教师缺少实战经验。那么如何将这两个问题合二为一、统筹解决？在胡校长的领导下，我们每年下学期开展教育基本功大赛，全员参加，同时深入学习贯彻习近平新时代中国特色社会主义思想和党的二十大精神，进一步落实《中小学德育工作指南》，坚持立德树人根本任务，推进校内全员、全过程、全方位育人，提升全体教师教育管理水平，以赛促教、以评促管。经过两年的坚持，全校教师德育管理水平明显提高，学生参加的各类活动比赛的考试成绩在新区同类学校中名列前茅，教育基本功也被称为本校的三驾马车之一。

本校每年在下学期 4 月份会定期组织全校教师参加教育基本功大赛，为期个月时间。其实在寒、暑假我们就已经布置了本学期的德育工作任务，要求教师学习阅读理论知识，比如《中小学德育工作指南》《人生为一大事来》等。本校通过教育基本功大赛来检验教师的学习成果，通过这种形式进一步提高教师自我学习的能力，快速转变角色，把教育当成自己崇高的事业。

北京市第八十中学雄安容东分校
第二届教育基本功大赛活动方案

一、活动目的

为深入学习贯彻习近平新时代中国特色社会主义思想和党的二十大精神，进一步落实《中小学德育工作指南》，坚持立德树人根本任务，推进校内全员、全过程、全方位育人，提升全体教师教育管理水平，以赛促教、以评促管。根据《北京市第八十中学雄安容东分校教育教学工作计划》，决定举办第二届教育基本功大赛活动。

二、领导小组

组　　长：胡友永

副组长：王志国

负责人：孙永辉

成　　员：张银宝、李娜、张建新、刘双雪、刘振、菅若琳

三、活动流程

（1）启动仪式

1. 时间：2023年3月13日
2. 地点：博雅讲堂
3. 参会人员：领导及全体教师

（二）笔试

1. 时间：2023年3月17日
2. 地点：博雅讲堂
3. 参赛人员：45岁以下全体教师
4. 考试内容

①理论题（60分）

内容为教育学、心理学和中小学德育工作指南选题

②撰写"我的教育故事"，500字左右。（25分）

③案例分析（15分）

（三）公开班会课

1. 时间：2023年3月20日—4月11日
2. 地点：班级
3. 参赛人员：全体正副班主任
4. 参赛内容：召开主题班会，统一命题，录像并由评委打分

（四）育人故事

以班级为单位进行参赛，分数正副班主任共享。

1. 内容要求

以爱岗敬业、价值观教育、班级管理、师生沟通、家校共育等为切入点，讲述自身工作中的育人故事，结合容东片区回迁学生的实际情况，彰显班主任的人格魅力，体现班主任的专业素养和教育情怀。

2. 材料要求

育人故事文本应以第一人称撰写，主题明确、情节完整、结构合理，能够激励人心、引发共鸣。字数控制在2000字左右，A4纸打印。

3. 演讲要求

应与文本主题一致，以讲故事形式呈现，仪态端庄、声音洪亮圆润、富有感染力，以第一人称流畅叙述，时长7分钟。

（五）比赛表彰

1. 时　　间：2023年4月21日
2. 地　　点：光华礼堂
3. 参会人员：领导及全体教师
4. 颁发奖项

①笔试

一等奖：5名　　二等奖：8名　　三等奖：10名

②公开班会课

一等奖：2名　　二等奖：6名　　三等奖：10名

四、比赛细则

（一）"我的教育故事"参评要求

1. 将自己在班级德育工作（如班级小组管理、班级文化建设等）中的事例，写成一个500字左右的故事，采用叙事的写作方式，有从开始到结束的完整的情节，案例后面加上200字左右的反思。

2. 内容应突出教师在班级德育管理中的创新以及教育思想的与时俱进。能从一个侧面反映出教师在实施德育时遇到的新情况、新问题，并能体现班级建设中的师生共建、班风班貌及和谐的人际关系等。

3. 要求行文流畅，表述清楚，内容真实，事例典型，具有一定示范性和指导性。

（二）主题班会方案设计

要求主题鲜明，结构合理，内容恰当。（主题班会方案一般应包含：班会背景，班会目的，班会准备，班会流程，班会总结语等结构）

（三）公开班会课听课要求

全体教师听班会课不少于10节。

北京市第八十中学雄安容东分校教育处

2023.3.13

北京市第八十中学雄安容东分校
第二届教育基本功大赛笔试试卷

一、理论题（60分）

1、我校校训：_____

办学理念：_____

2、我校教师发展目标：_____

3、我校学生发展目标：_____

4、国家法律对学校德育是怎样规定的：《中华人民共和国义务教育法》规定，_____

5、未成年人思想道德建设的主要任务是：_____

北京市第八十中学雄安容东分校

6、心理健康教育的目标是：_____

7、班主任班级管理的内容是：_____

8、班级体活动要遵循什么原则：_____

9、中小学家访重要性是什么：_____

10、在《指南》中，中小学德育总体目标被表述为："培养学生爱党爱国爱人民，增强国家意识和社会责任意识，教育学生理解、认同和拥护国家政治制度，了解中华优秀传统文化和革命文化、社会主义先进文化，增强中国特色社会主义_____、_____、_____、_____，引导学生准确理解和把握社会主义核心价值观的深刻内涵和实践要求，养成良好_____、_____和_____，形成积教育基本功大赛分为三个部分：笔试、班会课、育人故事。

一、笔试

全体教师参加，闭卷考试，内容为教育学、心理学和中小学德育工作指南选题。考试内容：

（一）理论题（60分）教育学、心理学和中小学德育工作指南选题。

（二）撰写"我的教育故事"，500字左右。（25分）

（三）案例分析（15分）

理论考试能督促全体教师加强学习理论知识，更好服务教学，关注学生的健康成长。一位年轻教师说："通过学习考试，我原本疑惑的问题可以得到解决，一些在大学中学习的知识被重新认识，在学生管理中，我知道了该如何去做。"通过理论考试，本校整体理论水平明显提高，全体平均分达84.65，优秀率达37%。

序号	姓名	学科	分数	获奖
2	陈丹	语文	98	一等奖
13	齐梓萱	数学	98	一等奖
16	张钟月	数学	98	一等奖
28	高鑫	英语	98	一等奖
56	刘雨楠	生物	98	一等奖
5	李雪	语文	97	二等奖
6	陈归华	语文	97	二等奖
27	倪筱筱	英语	97	二等奖
74	宗亮	体育	97	二等奖
77	王佳奇	音乐	97	二等奖
20	张银宝	英语	96	二等奖
35	孙彩红	物理	96	二等奖
43	王冰清	化学	96	二等奖
49	石宇	化学	96	二等奖
71	张建新	体育	96	二等奖
91	刘双雪	音乐	96	二等奖
7	张尊	语文	95	三等奖
8	李佳凡	语文	95	三等奖
32	田志玲	英语	95	三等奖
23	李巧玉	英语	94	三等奖
45	钟宜平	化学	94	三等奖
73	王铁栓	体育	94	三等奖
76	刘振	体育	94	三等奖
37	邱慧颖	物理	93	三等奖
58	郑倩倩	政治	93	三等奖
36	王佳义	物理	92	三等奖
72	李欣	体育	92	三等奖

<<< 第三章 教师成长与发展

续表

序号	姓名	学科	分数	获奖
83	菅若琳	信息技术	92	三等奖
12	王丛	数学	91	三等奖
34	于丹丹	物理	91	三等奖
84	王亚茹	物理	91	三等奖

二、公开班会课

公开班会课一般是提前一周布置班会主题，让班主任有充分的准备时间，这是班级共同活动的契机，学生设计，学生落实，由班主任进行把关。通过准备活动让班级学生互相深入了解，也让学生发挥自己的才能，增强班级的凝聚力，同时班主任在指导学生活动时，增强了对学生的了解，提高了班主任的协调能力。

通知

根据北京市第八十中学雄安容东分校《第二届教育基本功大赛活动方案》的要求，公开班会课将于3月20日开始，主题班会以班级为单位参赛，主题为"责任与担当"。

请参赛选手于3.16日上午10:00在教育处抽签决定参赛顺序。

时间	序号	班级	班主任
3.22周三第九节	1	高二4	李雪 齐梓堂
3.22周三第十节	2	高一4	张蓉 吴帆帆
3.23周四第九节	3	高一10	王铁栓 王盛楠
3.23周四第十节	4	高二2	钟景娟 王曼丽
3.28周二第十节	5	高二8	王佳奇 刘喆
3.29周三第九节	6	高一1	李娜 孙彩虹
3.29周三第十节	7	高一8	段倩 刘凯强
3.30周四第九节	8	高二3	张银宝 赵雨晴
3.30周四第十节	9	高一2	刘志峰 田舒
4.4周二第十节	10	高二1	高波 王亚茹
4.5周三第九节	11	高一7	陈丹 李海荣
4.5周三第十节	12	高一5	毛金云 邱慧颖
4.6周四第九节	13	高一9	赵兴亮 李欣
4.6周四第十节	14	高二7	王丛 张建新
4.11周二第十节	15	高二5	左树娜 袁一平
4.12周三第九节	16	高一3	张倩 王冰清
4.12周三第十节	17	高一6	倪筱筱 段一明
4.13周四第九节	18	高二6	孙永辉 陈归华

要求：1. 请参赛选手认真准备。
2. 参赛后24小时内请将方案设计和课件上交教育处。

为进一步推动本校德育工作，促进班主任及德育工作者队伍建设，切实提高全校德育队伍专业素养和实践能力，为班主任和德育工作者搭建一个锻炼自己、展示风采的平台，2023年3月13日本校启动了第二届教育基本功大赛，全校老师积极参与、精心准备，下面为大家展示老师们比赛的精彩片段！

高二4班从家国责任到个人责任，引导学生增强理想信念，提高责任意识。班会分为三个部分：回顾来时路，感时代召唤；走好当下路，争当尽责者；眺望未来路，勇做担当者。最后全体学生承诺。

少年时，唤起一轮明月，
照我满怀冰雪，
哪怕畏途巉岩不可攀，
也要会当凌绝顶，
哪怕无人会，登临意，
也要猛志固常在！
星光不问赶路人，时光不负有心人。
愿听从时代召唤，
在担当中历练，在尽责中成长，
以吾辈之青春，护盛世之中华！

高二 6 班以"今朝有我少年郎"为主题召开班会，首先介绍班会主题和目的，向同学们简要解释"责任"和"担当"的概念。其次通过《责任之旅》情景剧引出责任的来源，加深对责任的认识和思考，引导学生知道历代中国人承担的责任。思考我们应该对谁负责，如何负责？最后班主任总结我们的青春只有一次，我们要尽自己所能，做有责任心、正能量的青少年，照亮生活中的角落，让生活变得更加美好。

第三章 教师成长与发展

三、育人故事演讲

班主任是学校落实立德树人的根本力量，在学生成长过程中承担着重要角色，为了夯实班主任基本功，落实立德树人的根本任务，4月下午北京市第八十中学雄安容东分校高中部开展了教育基本功大赛的第三个环节——育人故事。出席本次活动的有六位评委老师、十八位参赛选手和高中部全体教师。

育人故事以班级为单位进行参赛。内容要求：以爱岗敬业、价值观教育、班级管理、师生沟通、家校共育等为切入点讲述自身工作中的育人故事，结合容东片区回迁学生的实际情况，彰显班主任的人格魅力，体现班主任的专业素养和教育情怀。材料要求：育人故事文本应以第一人称撰写，主题明确、情节完整、结构合理，能够激励人心、引发共鸣。字数控制在2000字左右，A4纸打印，演讲要求：应与文本主题一致，以讲故事形式呈现，仪态端庄、声音洪亮圆润、富有感染力，以第一人称流畅叙述，时长7分钟。

班主任教育是一条漫漫长路，需要奋然前行，不断摸索；是一幅美丽画卷，需要尽心描绘，精心撰写。对于一名班主任来说，心中总是充满了幸福的回忆，而这回忆又总是由无数个美好而又感人的故事组成，本次活动中十八位班主任分享了自己在班级工作中遇到的生动鲜活、意味隽永的育人故事。全体教师领略了班主任们的管理智慧与教育情怀，从这一个个鲜活的育人故事中汲取前进的力量。

高二3班　张银宝

高一2班　田舒

高二1班　王亚茹

高一9班　赵兴亮

高二5班　袁一平

高一6班　倪筱筱

高二6班　陈归华

　　法国著名作家雨果（Victor Hugo）曾说过："花的事业是尊贵的，果实的事业是甜美的，让我们做叶的事业吧，因为叶的事业是平凡而谦逊的。"从踏上三尺讲台开始，就意味着踏上了艰巨而漫长的"育人之旅"，教师们坚持做默默奉献的绿叶，用爱耕耘以积蓄能量，带着学生们去感悟生活、发掘自我，与学生共同成长，让他们能站在自己的肩膀上去发现世界，去体验花期开放的喜悦。每一个教育者都是有故事的人，每一个故事都会增加人生书页的厚度，芳华因奋斗而精彩，荣誉因付出而积淀，人生因教育而特别！通过本次比赛，班主任们在讲述中反思，教师们在聆听中成长，让我们共同为教育贡献力量！

站在学生的角度理解他

尊敬的各位评委、老师：

大家好，我是来自北京市八十中学雄安容东分校的刘志峰。

有一个小故事，令我感动而难忘。一个一年级的小学生画了一只小狗，在旁边写上了班主任的名字送给老师。老师认真看过之后，满脸笑容地问小学生："为什么在小狗的旁边写我的名字啊？""因为老师是小狗。小狗是我最好的朋友，我喜欢老师，老师就是小狗。"这就是孩子的逻辑。

很佩服这位教师的智慧，他接到画的时候，没有按照自己的想法看待它，而是虚心地询问孩子的想法，站在学生的角度理解他。试想一下，如果这位教师不问青红皂白把孩子批评一顿，会多伤孩子的心，可能会造成多么严重的后果啊。

回顾我这十五年的班主任时光，从开始时的一厢情愿解决"我"的问题，到能够站在学生角度解决"他"的问题，是我最大的进步。

下面，我想用这学期的一段经历阐述我的理解。

今年10月月考后，学校选科分班，小宇同学从原来的普通班分到了我们班，很快我就发现了他的不适应：经常在楼道见到他与原来的同学说说笑笑，而到了班里之后就愁眉不展。一到下课他都是第一个冲出教室，到上课时却都是压着铃声进入课堂。从分班的第三天开始，他几乎每天都要来找我，软磨硬泡要调到4班。

要想解决小宇的问题，就要先了解他，然后站在他的角度去解决问题，于是我找他的家长和原班主任了解情况，发现小宇一直比较自由散漫，不喜约束，结交了一帮的"好哥们儿"，一到下课就会聚在一起。

他的情感需求，这个班给不了他，这个班能给他的，他却不需要。这样看来，他的不适应实在是再正常不过了。

如何帮他适应这个班级呢？应该让他发现这个班的美，建立他在这个班的情感需求，于是我灵机一动，想出了一个办法。

课间，他又来找我调班，我对他说："如果你从今天开始，每天记录班里一件让你感动的事——必须是真人真事，一个月后带记录本和调班申请来找我，我就帮你协商调班的事情。"听我这么说，小宇喜出望外，痛快地答应了。

一个月后，小宇把他的记录本送到了我的办公室。记录本中，他每天用再简单不过的一句话记录着一件件让他感动的事——

某日，季效正早上一来便给同学讲数学题。

某日，高睿临帮住宿的同学买学习用品。

某日，田老师带病给我们上课，讲得还非常卖力。

某日，徐驿浠带着几个志愿者去打扫厕所卫生。

某日，杨佳怡同学利用课间帮几位同学纠正英语发音。

……

记录本中夹着一封信，我打开后发现不是转班申请，而是这一个月的心路总结，从其中我不仅见识了他优美的文笔，还感动于他一个月以来的心路历程。

在信中他说：刚开始的几天，我总是要绞尽脑汁回忆一天发生的事情，寻找出感动；可现在，一件又一件感动的事不断浮上脑海，多得装不下、写不完。用笔记下这么多让人感动的事时，我感到很快乐，很幸福。2班是个温馨的集体，我在这里，在这浓浓的感动的氛围中学习着、成长着、改变着，我要珍惜这里的学习环境，珍惜这些可亲可爱的同学和老师……

看，一个月来小宇同学的发现、记录，让他舍不得离开我们2班了。而成功的关键就是站在了他的角度，解决了他的心理需求问题。

大家一定还记得《狼来了》的故事吧？那个撒谎的男孩，至今还被我们当成反面教材批判，可是你想过吗，他为什么撒谎呢？十来岁，正是贪玩的年龄，他却要整天与羊为伴，他得多寂寞啊？他一次次地谎称狼来了，不就是找乐吗？设想如果我们让他带上一本童话书，或找一个小伙伴陪他一块儿放羊，我想结果不会是这样的。我们试图纠正他撒谎的行为，只是想解决大人的问题，只有解决他寂寞的问题，才能真正解决孩子的问题。

有人说，教师是一个危险的职业，一句话可能成就孩子的未来，也可能毁了孩子的一生。那让我们想想，成就孩子的那句话，很可能是老师将心比心说到他心坎上的一句话；毁掉孩子的那句话，很可能是因为没能设身处地而误解了他的一句话。

陶行知先生告诫我们，必得会变小孩子，才配做小孩子的先生。用"学生的心灵"去感受，用"学生的大脑"去思考，用"学生的眼光"去看待，用"学生的情感"去体验，这样不仅可以使学生感受到被理解的温暖，更可以给学生面对问题的勇气。但愿，我们都有这种意识，但愿，遇到问题时我们都能站在学生的角度理解他！

四、表彰

初心育人，匠心筑梦
——北京市第八十中学雄安容东分校第二届教育基本功表彰大会

近日，第二届教育基本功大赛落下了帷幕。本次大赛由教育基础知识笔试、"责任与担当"主题班会和育人故事三个部分组成，5月29日下午对教育基本功大赛中表现突出的老师进行表彰，校领导、胡友永名校长工作室成员以及全体教师出席了本次大会。

第一项，升国旗，奏唱国歌。

第二项，举行笔试颁奖仪式，由名校长工作室成员对获得笔试一、二、三等奖的教师进行颁奖。笔试内容选自教育学、心理学、教育法、教育法律法规和教师职业道德题库。主要考察全体教师的理论知识，希望老师们能在教学实践中注重理论的应用。

139

三等奖
刘桐 董欢欢 毛海香 柳璇 郑硕 段星宇
林小丁 孙亚飞 张春青 陈雪 聂寒梅 梁煜
邓琳

二等奖
李雪 陈归华 倪筱筱 宗亮 王佳奇

二等奖
张天慧 孙乃琛 杨佳佳 李芊芊 张振颖
杜换华

第三项，教师代表讲授育人故事。分别由高中部的陈归华老师和初中部的李炳齐老师分享自己与学生的小故事。他们的演讲铿锵有力、激情澎湃，字字句句满怀真情地讲述着自己在教育教学工作中的酸甜苦辣、喜怒哀乐，抒发着自己对教育事业的无限热爱和期待，让我们看到了班主任们的初心和成长。

第四项，高中部学生表演节目《责与择》。高一7班通过情景剧诠释了一位人民警察的责任感以及责任的传承。学生们精彩的表现打动了每一名观众。

第五项，举行班主任基本功评比颁奖仪式。班主任基本功评比以主题班会活动战绩和育人故事活动成效为评选标准，对在上述两项活动中表现突出的班级班主任依次颁发一、二、三等奖。

第六项，由高中部获得一等奖的刘志峰老师和初中部获得一等奖的武翠萍老师分享带班方略。刘志峰老师以"让学生在班级里幸福成长"为主题，为大家讲解了自己的育人理念、发展目标以及实践做法。武翠萍老师以"青春奋进勇争先，培根铸魂创雄安"为主题，分析了班级的基本情况，提出了育人目标，讲述了具体做法以及取得的成效。

第七项，初中部学生表演诗朗诵节目《读中国》。

大会最后一项，胡友永校长做总结发言。胡校长为我们讲解了情商的六项修炼准则、沟通的技巧以及构建良好师生关系的方法。高尔基曾经说过："谁最爱孩子，孩子就最爱他，只有爱孩子的人，他才可以教育孩子。"教师是一份需要同理心的职业，有了爱才能与学生更好地沟通；有了爱才能关心学生的需要、发展和将来；有了爱，教师的工作才能得到进一步升华；有了爱教师才能获得职业幸福感。

随着校歌响起，第二届教育基本功大赛胜利闭幕，但班主任队伍建设一直在路上。风正潮平，自当扬帆破浪；任重道远，更须奋鞭策马。一场比赛，一次成长，相信每一次扎实的活动都能给教师们插上一双有力的翅膀。好风凭借力，本校的教师们必将在教育的广阔天地，如鹰隼试翼，风尘翕张，未来可期。学校会以这次比赛为契机，搭建教师成长的平台，增强教师的职业认同感、荣誉感和责任感，让比赛收获反哺班级日常管理，愿以温柔待花开，愿以慈悲等风来。

第二届教育基本功大赛获奖名次				
班级	班会课得分	育人故事得分	最终得分	名次
高二 6	92.8	99.2	94.08	1
高一 2	91.8	97.2	92.88	2
高二 5	91.6	95.6	92.4	3
高一 5	90.8	95.2	91.68	4
高一 9	91.8	88.6	91.16	5
高二 4	92.2	86	90.96	6
高一 4	91	90.4	90.88	7
高二 3	89	97.6	90.72	8
高一 7	91.8	85.4	90.52	9
高二 8	91.2	86.8	90.32	10
高二 1	91.6	85.2	90.32	10
高一 3	89.2	94	90.16	12
高二 2	87.6	95.4	89.16	13
高二 7	87.6	95.4	89.16	13
高一 6	87	97	89	15
高一 8	86.6	94.4	88.16	16
高一 1	88.6	85	87.88	17
高一 10	86	93.2	87.44	18

教育基本功大赛活动总结

在"双减"的大背景下,为进一步加强学校德育工作,实现学校教育教学的高质量发展,提升教师基本素养,推进校内全员、全过程、全方位育人,提升全体教师教育管理水平,推动教师专业化成长,北京市第八十中学雄安容东分校初中部以一年一度的教育基本功大赛为载体,以赛促教、以评促管,引领本校青年教师挖掘自身潜力,展现青年教师的风采与魅力。

经过前期筹备,2021年,正式启动北京市第八十中学雄安容东分校初中部第一届教育基本功大赛。赛前大赛组委会科学制定了《北京市第八十中学雄安容东分校初中部教育基本功大赛方案》明确指导思想、大赛组织机构、参加对象以及时间安排与活动内容方案,帮助青年教师明确了参赛任务和要求,针对不同阶段的展示内容做统筹规划和练习,最大程度实现专业素养提升。大赛分为笔试和班主任技能比赛两大部分,不仅为参赛的教师提供了一个展示才能的舞台,同时也为所有教师营造了一个相互学习、相互交流、相互促进的良好氛围。

从2021年至今,本校青年教师全员参加、积极答题,每一届教育基本功笔试都取得了喜人成绩。笔试试题主要考查班主任带班育人策略方法、班级应急事件处理等方面内容。目的在于提升教师专业素养,演绎育人智慧。教师们牢牢把握住了教育基本功大赛的契机,抱着"磨砺使得玉成,练功方能致远"的坚定信念,比赛也达到了强"师能"、养"师品"、聚"师力"的目标。班主任技能大赛详细分为主题班会课赛课、育人故事讲述以及带班方略展示三大部分,青年班主任须全员参加。班会课从课堂展示、校内评比等多角度进行,结合爱党爱国、中国特色社会主义和中国梦、国情和形势政策、中华优秀传统文化等方面进行主题教育,引导学生践行社会主义核心价值观,树立正确的理想信念,养成良好的思想品德和行为习惯。行云流水的班会课课堂如百花齐放,各有千秋,异彩纷呈。各位教师从教具使用到环节设计、从知识梳理到德育渗透,通过不同方面呈现了一场场教学盛宴。评委们通过及时快评，对每节课的教育基本功、授课内容、教学环节、教学效果、教学目标达成度等内容进行客观评分和点评。课堂活动的优化方式、小组探究的激励机制、前置性学习的内容设计、分层作业的专业指导，中肯的建议让所有参加教师受益匪浅。感人肺腑、寓意深刻的育人故事生动呈现着教师的教育信念，育人故事主题明确、情节完整、激励人心，引发了在场领导、教师的共鸣，体现了思维逻辑的严密性、语言表达的流畅性；带班育人方略包括育人理念、班情分析、班级发展目标、实践做法、特色和成效等内容。理念遵循育人规律，目标符合学情、明确具体，实践做法体现系统性和针对性、特色突出、可操作性强。教师基本功大赛展示着参赛教师的育人思想，凸显着优秀教师的风采，真正做到了让教育效果落地，在孩子的心中生根发芽。比赛过程中，各位教师精准定位教学目标、灵活处理课堂生成、多样安排班会开展形式、适切应用教学方法、规范展示教育基本功、实践现代信息技术与学科课程整合，积极发挥课堂育人主渠道、主阵地作用，将学生学有所得、学有所成，作为教育工作的出发点和归宿，激发学生在班级教育过程中自我管理的积极性，为进一步全面推进学校课堂管理及德育工作水平的提升，提供了极具参考性的学习范本。

班主任工作是一场教育智慧的碰撞、教育艺术的呈现、教育理念的重构。在教育改革的过程中，作为教师、班主任，需更新教育思想观念，充分认识学生发展的身心特征与个性多样化的特点，体现多层次、个性化的培养特征。北京市第八十中学雄安容东分校初中部一年一度的教育基本功大赛，搭建教师成长的平台，增强教师的职业认同感、荣誉感和责任感，让比赛收获反哺班级日常管理。教育基本功大赛切实有效地推进了新课程标准改革与学校教育教学工作高质量发展，提升了教师教学基本素养，极大地调动了本校教师班主任工作的积极性。每一场比赛都是一次成长，每一次活动都给老师们插上一双有力的翅膀。好风凭借力，本校的教师们必将在教育的广阔天地，如鹰隼试翼，风尘翕张，未来可期。

北京市第八十中学雄安容东分校全体教师也将传承发扬学校的光荣传统，在实践中不断学习、不断探索、不断反思，发挥教育机制，精湛教育技术，培育新区人才。将每一次比赛都当作磨砺的契机，携手共进，奋力击桨，在幸福教育的蓝图上，书写出精彩的奋斗华章，描绘出绚烂的青春底色。不驰于空想，不骛于虚声。北京市八十中学雄安容东分校教师一直以勤勉、笃行的态度，在教育的道路上阔步前行，共同成长。秉承北京市第八十中学"一人一天地，一木一自然——让生命因教育而精彩"的办学思想和生态教育理念，本校教育基本功大赛以主题班会课为载体，以学生全面成长、成人成才为中心，讲述育人故事，展示带班方略，以竞赛的形式提升教师班级管理的本领，让班级管理在育人智慧中实现真正的变革。北京市第八十中学雄安容东分校初中部也将继续努力为教师搭建多元发展的舞台，有效提升师资队伍建设，提升教育管理水平。

育人故事展示

育人故事（一）

"别人问问题：没事没事，你别不好意思，早点解决呗。我问问题：你怎么都不会呀。跟别人说话：笑脸相迎、平易近人。跟我说话：骂骂咧咧，没个正形儿。"看到纸条上写的这几句话，我重新打量起眼前瘦高、尖下巴、脖子向上翘、眼睛中流露出生气的表情的大男孩。

上课的铃声响了，但我们班却有一个座位是空的，他还没有来，于是我在教室外等着他，不一会儿他背着书包晃悠悠地走上了楼梯。

我说："怎么了，才来？"

他说："起床晚了。"

我说："自己要养成好的生活习惯，这是学习的前提和保证，下次一定要准时上学，不能再迟到了。"

他不以为然地走进了教室。

接下来的几天，他又连续迟到了几次，我耐心对他进行了说服教育，看着他迷茫的眼神，以及似懂非懂、似信非信的应诺，我知道我的一些话在他的心中引起了一丝的波澜。在接下来的几天时间里，他都准时走进教室，我感受到了做教师的成就感。

几天后的一个早自习，他和其他几个同学都没有来，我焦急地站在教室的门外等着。很久以后，他和其他几个同学终于出现，我的一颗心落了下来，我简单地询问了迟到的原因后就让其他的同学回到教室了。

然后我对他说："跟我上办公室。"他没有动，也没有吭声。

我诧异地望着他，转而更加严厉并加重语气地对他重说了一句："到我办公室来！"他仍然没有动，呆呆地站在那里。

我终于再也忍不下去了，"到我办公室来！你没有听到？"我吼着。

他大声地说："我就不去！"

我们都僵持在那里。时间一分一秒地过去，我心里非常恼火与气愤，但我知道我面前这个学生是特殊的学生，于是我强压下怒火，心平气和地对他说:"跟我上办公室来。"

出乎我意料的是,他竟然还站在那里没有动。我没有强求他,独自向办公室走去,心中想着为什么会这样,一般的学生不会这样的,回到办公室后,我呆呆地坐在那里,仍想着刚才发生的一切……百思不得其解。

紧接着在晚上的自习课上,教室里一部分学生在安静地学习,一部分找我问问题,当我看到他也过来时突然想到了白天发生的事情,这让我不禁带有一定的情绪,言语上严厉起来,他愣了愣然后不高兴地走掉了。过了一会儿,突然有敲门声,正班主任把两张纸条拿给我,说是从他那儿发现的。纸条上写的内容,是我万万没有想到的,反复读了好几遍,仍不敢相信这是他写的,同时海红还告诉我他把这纸条拿给别人看……我的心好像又被什么东西重重地撞击了一下。

此时,我意识到了问题的严重性,也重新认识了这个孩子——一个行为举止有很多毛病,很有个性,甚至是特性的孩子。面对这样一个有性格的学生,怎样才能让他明白并让他认识到自身的缺点?以及我又该如何跟他沟通交流,这使我深深地陷入思考中。

第二天经过了解后我才明白,他觉得我对他和对其他学生的处理不公平,在难为他,他才会有这样的反应。于是,我把语气放得平稳些,诚恳地承认自己有些太激动,他也平静了下来。然后我讲了这件事对他的危害,以及发火的原因。我说:"老师总是希望你能有更大的进步,老师对你抱有很大的希望,但你却让老师有些失望。"他说:"老师,我也想学,但我好久没有这样认真学习,学了一段时间后,感到有些压力,不知不觉想放松一下,所以才……"

我耐心地说明了严厉批评他的理由以及做人处事的道理。他脸上才渐渐地露出了笑意,我知道他理解了我的一番苦心。

经过这件事情,我在平时的教育引导上对他更加关注,给他更多关心。一天,两天……我发现他的眼神在改变,他的行为在改变。于是我抓住一切机会,放大他的闪光点,表扬他,于是他不仅更爱学习了,而且连走路的姿势也发生了改变。

这件事给了我新的思考:现在的中学生该如何教育,如何更加理解他们,走进他们的心灵呢?答案是真诚地帮助他们,一把钥匙开一把锁,针对不同的个体,用不同的方法,只有这样,我们的教育才会有收获。

这件事之后,我再次找机会和他一起心平气和地坐下来,促膝长谈了一次。我把对他的期望,和看到他的一点点地在改变的喜悦之情告诉他,以及中学生在成长过程中应该如何加强自身修养，应如何从身边的一点一滴小事做起，他心悦诚服地接受了。通过这件事，我也更加理解他，明白他，对他的引导和教育更加得心应手。我们师生这场"误会"，如春天的冰雪在我们相互理解和信任中融化了，我感到了做教师的自豪与喜悦。通过这件事，他真的变了，和其他同学一样健康地成长着，在期中考试中取得了很大的进步。

　　顶撞教师这种情况在班级管理中并不少见，有这类问题的学生常常无缘无故地顶撞教师，出言不逊，遇事不轻易认错，难以沟通。这类学生虽然只是少数，但如果不注意引导，他们对老师的敌视和顶撞会越来越严重，进而影响师生关系和班级正常秩序，给班级管理工作带来阻碍和困难。同时，也会使这类学生在行为规范和人格修养方面出现障碍，影响其健康人格的形成。

　　这类问题学生的共同特点是出言不逊、话语出格。教师做这类学生的教育工作，首先要避免急躁，当学生在自己面前出言不逊，甚至故意顶撞时，教师最重要的是保持一种平和的心态。其次，这类学生的教育工作也不可能一蹴而就。这些行为习惯上存在"问题"的学生，往往不同于其他孩子。正因为不同，所以他们的个性往往很张扬，自尊心也更强。对待这样的孩子，需要给予他们更多的关注和时间，要多亲近他们，多鼓励他们，相反，如果老师总是抱着一种"学生就得听老师的"，或是抱着"恨铁不成钢"的心态去做工作，很可能适得其反。

育人故事（二）

折射的光　折枝的树

　　如果说，教育是一束阳光，那班主任就是那接住光，再折射的镜子，把光折射出七彩的颜色，照亮学生的路，丰富学生的心；如果说知识是一片沃土，那学生就是那参天大树，班主任就是树木的美容师，不断折其旁枝，助其向上生长。

　　热爱学生是师德的灵魂，神圣的灵魂使命引领着我去包容学生，倾注爱的力量，帮助学生规划美好未来。

　　班里有一名叫李响的同学，个子高高的，几乎没有朋友，开学前几天，我经常收到学生们的告状。于是我一直耐心观察这个孩子，也通过查资料来熟悉这个孩子。有一天下课，两个调皮的学生拿着地球仪玩，他也拿着自己的地球仪，想参与进去，恰逢两个学生不想继续玩了，"我看看你这地球仪怎么是金色的？"他边说着边用手拿过地球仪，两个学生有点生气，伸手去抢，一不小心，地球仪摔在地上，摔坏了。两个学生气冲冲找我告状，李响很委屈，却也表示愿意赔偿。

  课上我也时常关注他。数学课和英语课上，他十分积极，举手回答，展示成果，坐得正、听得十分认真。可其他课上，他手中的任何物品都会成为他的玩具。在一节道法课上，道法老师讲到要做一名团结友爱的中学生，李响竟然回答道："我做不到。"道法老师非常诧异，问他原因。他站起来不以为然地说："不为什么！"所有人都投去了不解的眼神，他却着急地说："怎么了？表达真实想法有错吗？"说完抬头看到窗外的我，我带他来到办公室，让他先坐下喝口水，他却控制不住地哭了起来。

  李响的父母两年前离异了，李响之前跟着妈妈，如今跟着爸爸，由于爸爸在这里上班，初中便来到了这里，父亲工作压力大，平时不能照顾到李响的内心变化，导致两人经常吵架。李响面临新的地区、新的学校、新的同伴，总感觉自己格格不入，想妈妈，想小学的同学，想逃离。我从孩子妈妈那里了解到，孩子小学特别聪明，非常爱表现自己，还有绘画天赋和语言功底。了解到这些后，我更想像个母亲一样包容这个孩子，等他平静后，我对他进行了理智分析。李响同学内心想与同学们进行交往，但说话的方式、交友的方式都不对，主要是他内心不自信，认为自己是外来的，对同学不够信任，对这里没有归属感。他内心孤独无助，想让老师关注他，感觉不到老师关注时，就摆烂，显得不可一世，小学生一些随意、张扬的性格就表现出来了。

  为了帮助李响解决心理的无助，我决定与班内学生一起帮助他，让他感受到班集体的温暖，愿意敞开心扉，改变自己，使自己成长。

  我问了李响一个问题："在地平线上，有一棵小草和一棵大树，在遥远的地方，人们会看到哪一个？"李响说："大树。""那你愿意做一棵小草还是一棵大树？"他坚定地说："我肯定要做一棵大树！""那你认为现在的你是小草呢，还是大树呢？"他低下头不说话了。我继续跟他讲："人的生根方式就像小草和大树一样，一棵小草，远处的人看不到你，近处的人容易把你踩在脚下，容易枯萎。一棵树，即使在很远的地方，也会有人看到你，并且欣赏你，是一道风景，是栋梁之材！你说你是一棵大树，可老师看到你像小草一样不羁，身上有很多旁枝，影响了你成长，你愿意让老师帮助你，折去旁枝，向上生长吗？"李响非常赞同我的提议，我为他做了一个折枝成长档案，开始了折枝成长之路。

第一，折射绿色希望之光，为孩子创造一个机会，让他在班里得到同学们的认可。班干部评选的日子马上到了，我鼓励他积极竞选，但是李响说自己人缘太差，没人会选他的。我鼓励他说："褪去你的不自信，你不是画画特别好吗？咱们班需要一个宣传委员，就需要你这样的本领，将你最满意的作品拿出来，以技服人。"他听到自己的特长这样有用，特别开心，绘声绘色地跟我讲述着他的画画历程。竞选会上，他还是显得不那么自信，但当他呈现自己的作品时，同学们惊呆了，最终以32票的高票数胜出。在这个过程中，他折去了自己不自信的枝条，拿出了自己的勇气，收获了班级的认可。

第二，折射橙色光明之光，为孩子种下心灵的种子，让他对未来充满憧憬。"我们班的班名是'凌志'班，请同学们解读凌志，并且设计班徽。"这当然是李响的强项，李响听到任务后，积极准备。展示当天，他说："凌志，凌云壮志，我们的目标是天际，大鹏一日同风起，扶摇直上九万里。我以'鹏'为主角，蓝天为背景，预示我们班级同学都能一飞冲天，一鸣惊人。"果然他的班徽以高票通过。这个过程中，他折去了浮躁的枝条，用心思考，踏实创作，立下壮志。

第三，折射红色温暖之光，为孩子营造良好的班级气氛，让他对班级产生归属感。"为班级过一个有仪式感的生日，我要为同学们准备生日礼物，这个礼物就是将班徽制成金属饰品，每人一个。"我把这个想法跟李响说后，他激动极了，积极配合将手稿制作成电子稿。令我感动的是，他自学绘图软件，利用国庆假期，夜以继日地研究、修改、完善。班级生日那天，我让李响给每位同学发放了制作好的班徽，同学们"哇"声一片，开心、激动、感激，李响也感到了前所未有的归属感和幸福感。这个过程中，他折去了孤独的外表，通过自己的努力收获了班级同学的敬佩，产生了归属感。

接下来，班级文化墙、合唱比赛、朗诵比赛等各种活动，都离不开宣传委员李响同学的积极参与，他折去自己身上的不足，利用自己身上的闪光点，不断坚定自己的理想信念。不止是在活动上，在学习上李响也非常认真、努力，绽放着自己的光彩，为了成为大树，不断向上生长。

"一人一天地，一木一自然——让生命因教育而精彩"，每个孩子都值得我们倾心关注，因材施教，折射七彩之光，发现每个孩子的优点，照亮每个孩子的成长之路！

教育家李镇西说:"爱,是教育的前提,但永远不是教育的全部。由爱升华为责任——对孩子的一生负责,这才是教育的真谛。"我要做这样的教师,我要对我的学生负责,努力把他们培养成有人文底蕴、有科学精神、学会学习、健康生活、有责任担当,能创新实践的全面发展的社会主义接班人。

育人故事(三)

每一朵春天的花,都曾是春天的梦

没有人能够知道春风的颜色,只有当它吹拂过山川和田野;没有人能够知道教育的发生,只有当它让孩子的心灵扬起风帆,我的思绪在那个夏天放慢了脚步。

我和艺涵的故事从 2022 年的夏天开始写起。新生入学教育的第一天,我就发现了他的特别,他叫艺涵,小不点动作总是慢半拍,我微笑着喊他,他却躲闪着不敢看我。结束了一天的训练,收拾东西准备下班时手机响了,是艺涵的妈妈,说想和我交流孩子的情况。艺涵妈妈告诉我,孩子先天患有肌肉无力萎缩的症状,行动不方便。同时,孩子有点自卑,不愿与人交流,也不愿参加活动。军训期间,教官怕发生安全问题不愿带他训练,于是我在一旁开导他,安慰他,帮他训练,我不想让这个孩子感觉到自己不如别人。

教育是生命的对话,我们不能让生命成为遥望的孤岛,一个生命只有在与另一个生命真诚相拥时,才能感受到春天的温暖。这世上没有相同的两片树叶,却有着无数个相同的母亲,怎样让这个掉入人生冬天的孩子一点点被温暖,我愿用一个母亲的心陪他穿越寒冬抵达春天。

一转眼,入学培训到了汇报展示的那天,孩子们列队整齐,一个个斗志昂扬,我习惯性地看向队伍里的艺涵,发现他的眼神有些不安,我赶忙走过去,发现孩子的鞋带松了,这才突然想起,他妈妈跟我说过孩子不方便下蹲,我立刻蹲下身去,熟练地为艺涵打上一个蝴蝶结,一抬头孩子正看着我,那份理解的默契化成眼眸中荡漾的暖意,他感激的是我用这样的方式化解了他的尴尬,也许就是一个细微的动作,我和艺涵的距离拉近了。

红歌比赛是孩子们枯燥生活的调味剂,大家都在为比赛积极准备着,班长却告诉我,比赛那天艺涵想请假,我知道,艺涵这颗敏感的心终究还是难以面对自己,怎么办呢?我组织班委召开秘密会议,"一个都不能少"

成为我们这个大家庭的幸福约定。

比赛当天，看着孩子自信地走上舞台，施展自己的歌喉，我告诉自己：有时，让爱绕个远路，会比直达更美好！真正的教育应该托举孩子，让他拥有幸福生活的能力。红歌比赛后，艺涵和同学们的心更近了。看着艺涵融入集体的幸福笑容，我倍感欣慰。

可是，孩子的成长总是面临着太多挑战，由于肌肉无力、手部力量差导致孩子写作业太慢，每天熬夜到一两点才睡觉，长此以往，艺涵头疼难受，身体憔悴，同时，心理上也出现问题，对未来产生了焦虑的情绪，对人生失去了信心与希望。艺涵妈妈反映的这个问题引起了我的重视。在作业方面，我尽可能地和老师们沟通，给他单独布置作业。但其实最要紧的是他的心理问题。为此，我开了一次主题班会——"生命的意义"，让学生主要围绕"你将如何度过余生"这个议题展开激烈的讨论，其中，艺涵同学向大家分享了渐冻人张定宇的故事，张定宇身患渐冻症，面对生命的倒计时，他追赶时间，用残缺的身体燃烧出微弱的光，疗愈世间的伤痛。艺涵说道："曾经我也是一个身体有疾病的人，我抱怨命运对我的残酷，我害怕生命的突然消失，后来我开始听天由命、自暴自弃，我将自己的痛苦发泄在最爱我的人身上，现在想想自己是多么愚蠢，死亡是人生确定的事，但我们能选择自己活着的方式，这才是了不起的，生命的长度是有限的，但宽度和厚度是无限的。"艺涵发言完毕，班里响起雷鸣般的掌声，我们见证了一个生命由内而外的站立。

每个生命的成长，必然要面对躲不过的坏消息，教育者只有和孩子一起看到它、面对它，甚至愿意谈论它的时候，我们才有可能去对抗它和战胜它。一次特殊的生命教育，唤醒的是学生对生命的尊重和热爱。

每一朵春天的花，都曾是冬天的梦，教育如养花，我们要用爱的阳光暖化孩子心头的冰雪；用智慧的雨露点化孩子的精神世界。一点一点化育孩子的心灵，一点一点催开生命的花果，这样我们将会看到春天的颜色——姹紫嫣红。

育人故事（四）

播种种子，静待花开

自 2021 年入职到现在，我已经是一个一岁半的班主任老师了。我清晰地记得，2021 年，初出茅庐的我面对班主任这个身份信心十足，自信满满，觉得育人嘛，我怀着一颗真心，只要肯付出，总能打动学生。于是，我像一只昂首阔步的雄鹰一样开始了我的班主任工作生涯，毫无疑问，我这个班主任队伍中勇猛的新兵蛋子没多久就体验到了霜打的茄子是什么感受。这一年多的班主任工作，我感受过家长电话里无端的指责，感受过学生逆反的顶撞，感受过在学校楼道里忍着眼泪也要跟家长理智沟通，也感受过班级琐碎工作带来的重压。但班主任的身份在给我这些压力的同时，也给予了我无价的幸福与获得感。也正是这一年多的压力与困难让我稳步成长，越来越懂得了什么是教书育人。

今天我要分享的故事是我与坐在班级角落的小杨同学的故事，小杨同学，身高一米八，身材魁梧，调皮捣蛋，聪明伶俐，常常是班里学生向我告状的主人公，甚至也是顶撞老师的常客。自刚开学军训起，他就开始掀起一波波风浪，比如军训期间对教官安排的站位不满，军训三天打鱼两天晒网，甚至刻意向家长虚假反映在校情况，致使家长对我打电话进行言语攻击，平时欺负班里弱小的女同学等，让我头痛不已，严厉管理会引起学生更逆反的心理，循循善诱他又充耳不闻，经过向班主任前辈们请教，还有自己对于小杨同学深刻地分析及思考，我慢慢思考出我要找到小杨同学最在意的点，找到契机进行教育。恰巧有一天我发现小杨同学发了这样一条朋友圈，文字内容是这样的："班级里总有一个孤独的，没有同桌的人。"是的，因为种种情况，小杨同学是独自坐一桌的。我立刻做出反应，这个孩子是向往集体的。于是，在一次广播操大赛中，有一个举条幅的任务，班里同学都争先恐后想做这个光荣的举旗手，但我选择了让小杨同学扛起这个重任，小杨同学喜出望外，任务完成得十分出色。我抓住契机，在广播操结束后找到了小杨同学，说了这样一段话："孩子，今天你为班级广播操大赛做了突出的贡献，相信你也感受到了班级同学们对你夸赞的眼神，我也感受到了你眼里的光芒，为班级举起班级大旗的那一刻你一定感到很荣耀、很幸福吧，老师希望你能够保护好自己的羽毛，重新树立自己在班级里的形象。"自这件事之后，小杨同学虽然还是会有调皮捣蛋、违纪行为，但我能感受到他眼神里对我的尊敬以及对班级同学的友善。小杨同学也会在课间的时候给我展示他刚学的翻跟头动作，将他身上的可爱之处慢慢表现出来，整个班集体也在越来越好。再后来，小杨同学以一名体育特长生的身份被选入了艺体班，令我惊喜的是，在分班的第二天，这个曾经最不懂事的大男孩在我办公室外面徘徊，当我出去询问他的那一刻，他支支吾吾、故作镇定地塞给了我一封信。这是一封写满了他心声以及对我的不舍与感谢的信，读着读着，我不禁感慨："教育真的是一颗心推动另一颗心，一个灵魂唤醒另一个灵魂。"我也越来越坚信，一棵树，一旦第一朵花绽放了，就会满树春暖花开。

作为一名平凡的班主任老师，我深知，我们不仅要教书育人，更要做孩子心里的那道光，去照亮孩子们的未来，用大爱去感染学生的心灵，用宽容来鼓励学生上进，用执着来让学生佩服，用责任来促进学生发展，做一个被孩子需要，被孩子信任的班主任老师。

育人故事（五）

用爱唤醒孩子的价值感和意义感

爱是教育的源泉，教师有了爱，才会用伯乐的眼光去发现学生的闪光点，才能让学生体会到自己的价值感和意义感，从而激发学生的内生力，让学生积极地投入学习中。

2019年学期初，我中途接了八年级2班，当时有一女孩叫徐舒畅，这孩子学习基础差，上课不爱听课，经常和前后桌同学说话，课下不写作业；长相一般，但特别爱打扮，描眉画眼贴双眼皮；她还和班里其他几个女生构成了一个小团体，吸烟、打架，总之好像黑社会的大姐大，没人敢惹。

刚接这个班时，我就了解到班里有这么一号人物，可能她还没有摸清我的脾气，所以消停了几天，一周后就开始原形毕露了。在一个课间，有同学向我报告说她在厕所吸烟，我马上冲到厕所，抓了她一个现行，随后我把她妈妈请到了学校。我跟她妈妈谈了这件事，她妈妈一边骂一边和我说："这孩子上小学的时候，成绩还行，也挺懂事的。可自从上了初中以后，像变了一个人似的，天天玩手机，作业也不写。"有一次妈妈为她不写作业老玩手机这事教育她，她不但不听，还跟妈妈吵起来了，妈妈气得抢过手机说要没收她的手机，结果她二话没说又抢回去了，在争执过程中妈妈还摔倒了，结果这孩子看了妈妈一眼，也没扶起妈妈，抢过手机就跑了。从此以后，妈妈失望至极，管不了，也不想管了。爸爸常年在外地工作，一年一年的不回家，打个电话，这孩子也是敷衍了事，说得挺好，就是不做。妈妈说完，哭得像泪人似的，作为一个老班主任，也作为一个妈妈，我能体会这位母亲的无奈与无助。这位妈妈的到校，使我了解到徐舒畅问题的严重性，也意识到靠家长恐怕也改变不了什么。以往的处理方式就是回家反省一周，这次我没有让家长带她回家，而是和家长沟通了一些教育问题，就让家长先走了。家长走后，我把她叫到我的办公室，她进来之后东张西望，估计是在想她妈妈怎么没带她一起走呢？我跟她谈父母、谈学习、谈理想、谈未来……我谈了很多，她也应承得很好，但是能看出来并没有往心里去。我很无奈，让她回班继续上课。接下来的日子里，倒是没抽烟，但开始化妆，第一次我警告她，让她把脸洗干净再上课，但第二天依旧如此，我再一次把她叫出来，问她昨天怎么跟我保证的？她像没事人一样，嘟囔一句："我洗了还不行吗。"洗完后无疑又被我教训一顿。第三天倒是没化妆，贴着双眼皮来学校了，气得我一把把她从教室拽出来，看着她揭了，并没收了剩下的双眼皮贴。我气得不行，她却笑嘻嘻地回了教室。接下来的几天，我坐在她旁边，备课，批改作业，虽然还是学不进去，但至少不说话了，其他老师能正常上课了。通过批作业，和这几天对她的观察，我发现她字写得特别漂亮，正赶上学校一月一次的板报评比，我安排她和另外两个学生出本期的板报，另外两人负责画画和版面设置，她只负责写字，我又教了她如何在黑板上写字工整又好看，板报评比结果出来后，我们班得了一等奖。借着这个机会我在班里大张旗鼓地表扬她，并指定以后出黑板报的事，写字这块儿由她负责。可以看出来那天她特别高兴，整个人散发着光彩，听课也明显认真了，课间还问了我一道数学题，借问问题的机会我又鼓励她一番。然后给她妈妈发了微信，把最近她的表现给她妈妈详细描述一番，她妈妈满是感激。

周一开学，第一节课的课间，徐舒畅就找到了我的办公室，很不好意思地笑着和我说："老师，我这周好好表现，您再给我妈发个微信行吗？"我说："没问题呀，能告诉我为什么吗？"她笑着说："妈妈周末请我吃大餐了，妈妈好长时间没有这么高兴了！"于是，我偷拍了几张她认真上课的照片，发给了她妈妈，并表扬几句，然后也会找机会在班里表扬她。这孩子基础差，赶上来不容易，有时候她学半天也学不会，尤其是数学，我给她讲解完，还要鼓励她，帮助她树立学习的信心，好几次她都要放弃了，但我会随时观察她的学习状态与情绪，找到适当的时机给予鼓励，再和她妈妈沟通，教给她妈妈在家如何与孩子沟通以及适时进行鼓励，就这样这孩子慢慢步入正轨。

又一个周一，早晨查违禁品，查到徐舒畅带来了两个苹果，一个黄瓤的小西瓜，被学校查到，送到了我的办公室。一听到她又带来了违禁品，我这气就不打一处来，马上冲到班里把她叫到了我的办公室，并对她一通咆哮，诉说着我对她的失望。第一次，这孩子哭了，眼里含着眼泪，和我说，其实东西是送给我的，苹果是妈妈买的，她给我挑了两个最大的，那个小西瓜是周末她一个北京的亲戚带来的，她觉得特别好吃，所以拿来给我尝尝，没想到到门口就被查出来了！我听了，好久没有说话，这时上课铃响了。我就让她先回了教室。自己反思了一节课，下课后我找她道歉，并表示感谢！孩子笑了，并表示以后不会让老师和家长失望的！

不难看出，一个合格的班主任，既要有爱的情感、爱的能力，又应有爱的行为、爱的艺术，应集社会责任感与对学生真诚的爱于一身，同时要有独到的教育管理理念和不竭的创新意识，并为之不懈地寻找支点和突破口。用爱唤醒孩子的意义感和价值感，让孩子学习有动力！这一切，爱是前提、是基础、是核心，是教育成功的最大秘诀。有了爱，才能"随风潜入夜"；有了爱，才会"润物细无声"。此情无计可消除，怒下眉头，爱上心头！

带班方略展示
带班育人方略（一）

岁月漫长　心怀热爱　携手共赴　星辰大海

一、育人理念

（一）以学生为根本，热爱与保护全体学生

有人说："没有爱就不会有教育。"热爱和保护学生，是班主任的神圣天职，是合格班主任的必备素养，是教育好学生的必要基础。由于学生存在性格、智力等方面的差异，每个学生都是有着独特性格的鲜明个体，所以，作为班主任，要做到了解每一位学生的身心，在保护学生身心健康发展的前提下，面向全体学生，因材施教，激发学生各方面的潜能。

（二）以信任为前提，理解并尊重全体学生

马克思说："只有用爱才能交换爱，只有用信任才能交换信任。"一个班主任想要得到学生的信任、理解和爱戴，必须改变居高临下的态势，真正"蹲下身来"，重视学生感受，倾听学生意见，真诚地与学生交往，做学生思想上、志趣上的朋友。

（三）以平等为基础，宽容并欣赏全体学生

有人曾说："容忍学生的错误，有时比表扬激励更重要。"班主任对待全班学生要一视同仁，不偏不斜，特别是在学生犯错误时，要具备一颗包容心；在对待后进生时，更要学会欣赏。

（四）以习惯为目标，对待学生应刚柔并济

教育家苏霍姆林斯基说："教育者最可贵的品质之一就是人性，对孩子深沉的爱是兼有父母亲昵的温存和睿智的严格要求相结合的那种爱。"学生良好习惯的养成，既要有"严父"般的教导，也要有"慈母"般的引导。

（五）以表率为要素，传教并激励全体学生

古人云："其身正，不令而行；其身不正，虽令不从。"班主任要想管理好学生，管理好班级，必须树立自身良好的形象，做到言传身教，即班主任在与学生打交道的过程中，不仅要用语言说教人，更要身体力行，用自身的表率作用来吸引人、影响人、感染人、熏陶人、激励人。

（六）以家校为纽带，规范并发展全体学生

人们都说："家庭是学生的第一所学校，家长是学生的第一位老师。"学生的全面发展要想不留死角，班主任必须时常保持与学生家长的联系与沟通。

二、班情分析

本班有43名学生，女生20人，男生23人。班内学生团结友爱，互帮互助，形成了良好的班风。学生学习多数比较认真、努力，形成了良好的学风。但部分学生纪律性较差，仍需要加强教育；也有部分学生学习基础整体比较薄弱，在学习上存在较大的困难。

三、班级发展目标

（一）班级管理目标

1. 学生管理自主化
2. 班级管理特色化
3. 学业管理一流化

（二）班级建设目标

1. 让每个学生体验成功
2. 让全班学生提升素质
3. 让全体学生发展个性

四、实践做法

（一）一种精神——班级文化

1. 班名：星辰 10 班
2. 班级目标：在无人问津的地方努力，在万众瞩目的地方发光。
3. 班级口号：岁月漫长 心怀热爱 携手共进 星辰大海
4. 班徽内涵：班徽内涵与本校"一人一天地、一木一自然——让生命因教育而精彩"的教育理念相契合。画面呈现的图案，整体以蓝色为背景，中间突出五角星和 10 班，点明了星辰班的主题，点点繁星照亮夜空。更深刻的寓意是：蓝色象征着孩子的天真烂漫，无数小小的明黄色星星象征了每个独一无二的闪闪发光的孩子，追随光、靠近光、成为光、散发光，这些光芒最终汇聚成一颗大五角星，寓意每个孩子都有光明的前途。也提醒我们：心存希冀，追光而遇，目有繁星，沐光而行。我们既要仰望星空，也要脚踏实地，携手共赴星辰大海！

（二）两个核心——教师和学生

1. 教师

（1）班主任和副班主任：要保持目标一致，处理好彼此之间的关系，需要通力合作、互补相助、共同成长。了解彼此的性格特点、带班风格，做到知己知彼，才能找到合适的相处方式；同时要彼此尊重，班主任对学生提出的要求，班级规定，副班主任要全力配合；做好彼此间的有效沟通，处理事情效率高。

（2）任课教师：班主任与副班主任要加强与任课教师的联系以全面了解本班情况，同时经常鼓励任课教师对班级管理提出看法和建议，让任课教师也融入班集体。任课教师包干6—7名学生（尤其是本学科薄弱的学生），定期对学生的学习和生活情况加以指导，促进学生全面发展。

2. 学生

班主任应以学生为中心，要善于挖掘每个孩子身上的闪光点，并根据其特点，让其担当相应的职责，让学生积极参与班级事务的管理，增强其主人翁意识和责任感。

（三）三种策略

1. "夸"的策略

（1）个体与集体相结合

我们既可以表扬单个学生，也可以夸赞班级、小组等学生集体。这一方式主要利用了个体教育与集体教育相结合的原理。当着集体的面，表扬个体学生，可以树立榜样，让其他学生向这个学生学习；而表扬集体，可以让集体中的每个成员都饱含自豪感，从而引发个体对自我行为的约束，令其持续向好、向善发展。

夸赞个体老师一般都会，夸赞集体则使用得相对较少。如何夸赞学生集体呢？比如，一个班级整体氛围比较活跃的话，我们就可以这样夸——"咱们这个班是我所见过的最有活力的班级"；一个班级如果学生整体比较稳重踏实，我们可以这样夸——"咱们这个班的学风真好"。迅速拉近与学生集体间的距离，不妨改变一下称呼，改"你们"为"咱们"，同时注意表扬应实事求是、真诚。

（2）公开与私下相结合

想要表扬起到很好的效果，还要注意将公开表扬和私下表扬相结合。公开表扬在日常生活中使用得最多，这可以让学生在集体中很有面子，引发学生的自豪感、荣誉感及自我效能感，但教师们也不能忽视私下表扬。私下表扬指小范围表扬，局限在单个或几个学生之间。

（3）家庭与学校相结合

教师发现某个学生的闪光点后，不仅要在学校对其进行表扬，还要向其家长或全班同学的家长表扬这个学生，让这个学生的家长也感受到应有的荣光。

这个学生不仅在其他学生面前很有面子，在家长面前也很有面子，他的荣誉感从学校延伸到家庭，他至少能拥有好几天的幸福时光，这是很值得的。

（4）学生与教师相结合

多种评价主体相结合的评价方式一直被提倡。在表扬学生时，也应发挥多种主体的评价作用。我为了发动全班学生对他人的夸赞，每周的一周之星评选，采用学生推荐、教师推荐和学生自荐的方式。要求将推荐的人所做的好事或值得夸赞的事用故事的形式讲出来。与此同时，我还定制了"夸夸条"，让学生带着发现美的眼睛，随时随地发掘他人身上的闪光点，然后为其郑重地写一张夸夸条，当众朗读后送给要表扬的同学。

2."严"的策略

（1）严而有度

对学生严格要求是应该的，但一定要把握分寸。过分严厉对教育和教学都很不利，严重者还会造成师生对立。

（2）严而有理

严格要求是对的，但严格要求也要讲"理"。我们说的这个"理"字，不仅指道理，还指情理。我们对学生的要求应该入情入理，而且要尽量给学生讲明道理；对学生提出的建议和要求，不要粗暴反对，而要认真对待，对那些合情合理的要求，要积极采纳。

（3）严而有法

从严要求要讲究方法。学生的承受能力和自觉程度各不相同，要精准靶向处理才能收到成效。比如，对不交作业的学生，严厉批评、加倍罚写、停课补写都是负责任的做法，但都不是最好的做法。写作业的目的是检验学生学习的效果，巩固知识。学生不完成作业的原因很多，有的是因为马虎忘了写；有的是因为懒惰不愿意写；有的是因为不会写不出来。教师的严格表现在提醒马虎的学生，督促懒惰的学生，帮助不会的学生，让他们都能够按时完成作业，使他们没有理由、没有机会不完成作业，这才是真正的严格。所以，严格要求表现为对教育目标一丝不苟的追求，表现为想方设法保质保量实现教育的目标。

教师应该有法律观念，做到依法执教。不论我们对学生的爱多么强烈，不论学生的做法多么令人气愤，作为教师，我们也不能侮辱、体罚学生，否则不仅会伤害学生，而且会伤害我们自己。

（4）严而有别

我们提倡对待学生一视同仁，但不能过于绝对，因为学生的性格、经历、家庭背景都不相同，看事物的角度、处理问题的方法也不相同。所以，严格要求要分对象，分层次，不能一刀切。

3. "聊"的策略

与家长交流：

（1）取得家长的信任

新生入学后，家长想知道孩子的班主任是怎样的一位老师，希望孩子能遇到一位负责任的好班主任，因此班主任与家长的第一次交流特别重要。家长如果能对班主任产生足够的信任，那么他们将会积极配合今后的教育活动，而这种信任也会对他们的孩子，也就是我们的学生产生良好的心理作用。

（2）利用好家长群

多表扬慎批评。让家长及时了解孩子，把在家长群的日常沟通作为家校联系的主流，注意以表扬为主。

分享教育活动。经常在家长群里分享反映学生积极向上的正面信息，建立学生成长记录相册，及时发布学生的学习活动情况，吸引家长关注班级的教育教学动态。许多家长曾抱怨无法从孩子那里听到"实话"，不知道孩子在学校到底干了些什么。因此，班主任在家长群中分享班级活动、教学进度和学习任务要求，这无形中延长了班主任的手，使得家长和班主任的合作更加"亲密无间"。

教给家长教育的方法。在家长群里分享一些身边人的教育故事及著名教育者的教育成功案例，传递家教方法，用故事来感染、引导家长，教给家长教育孩子的正确方法，吸引家长主动参与沟通。

（3）善于与不同类型的家长沟通

家长的组成是非常复杂的，其知识结构、修养程度等参差不齐，没有哪一种家庭教育方法是万能的。无论与何种类型的家长沟通，最关键的还是要以诚待人、将心比心、相互理解，以保证学生的健康成长为目的。班主任应对学生家庭进行调查分析，对待不同层次的家长，可采取不同的沟通方式，做到因人制宜、有的放矢。

（4）利用好家访，共商育人良策

在家访时，要多听取家长的意见和建议。家长对班主任或学校工作有意见，教师应抱着有则改之，无则加勉的态度，做到宽容大度，胸襟开阔。"三人行，必有我师"，班主任面对着如此众多的家长，他们来自社会的各个阶层，不乏各种人才，对家长提出的各种好建议，我们要广泛吸收、采纳。家长和学校及班主任的精诚协作，发挥的作用是不可低估的。

与学生交流：

(1) 谈话时多用我们（自己人效应）

班主任在和学生谈话时（无论是个别谈心还是在全班讲话），特别是在说到一些不良现象时，习惯于说"你们怎么会这样……""我要求你们……"，仿佛师生是对立的双方。因此，班主任在与学生说话时，要经常提醒自己：多用"咱们班"或者"我们"这样的称呼，拉近人际距离。俗话说"自己人好办事"，当学生把你当成自己人，那么你说话才能说到他心里去。

(2) 我也是从你这么大过来的（角色置换效应）

在社会心理学中，人们把交往双方的角色在心理上加以置换从而产生的心理效应现象，称为角色置换效应。在师生沟通中，教师不仅要常换位思考，还要把这种思维方式传递给学生，教师有意引导，学生耳濡目染，学生也逐渐学会理解他人，学会宽容和分享，对终身成长和发展产生长远效益。

(3) 数学老师说你很棒（第三人效应）

心理学上把通过第三人无意间转述他人的某种意见，或创造某种条件让对方间接地听到你对他的评价与关注，从而产生意想不到的传播效果或劝说效果的现象，称为"第三人效应"。但第三人效应不是万能的，若把握不当，不仅效果不好，甚至还可能产生负面影响。教师在运用第三人效应时，要注意以下几点：选"第三人"要投其所好；对个性强的孩子可能效果不好；滥用就可能无效了；千万别"穿帮"。

(4) 做耐心的倾听者（格林斯潘效应）

在学生和你说话时，请别忘了看着对方，并不时地做出回应。这对于融洽师生关系、提升师生对话效果十分重要。

(5) 先抑后扬，渐入佳境（阿伦森效应）

在人际交往中，人们往往更喜欢对自己先持批评态度后持肯定态度的人，而不是一直都持肯定态度的人。换句话说，人们最喜欢那些对自己的喜欢、奖励、赞扬不断增加的人，最不喜欢相反的情况。这种现象被称为"阿伦森效应"。和学生谈话时，教师要先"把丑话说在前头"，学生心里必然紧张、焦虑，担心教师对自己的印象不好。随着谈话的进行，褒奖的成分开始增加，学生的心情也随之变得晴朗。

(6) 褒贬适度最和谐（黄金分割效应）

如果是以教师为主导的师生谈话，那么师生说话的比例用黄金分割比例最合适，即6∶4左右。教师不能一言堂，学生说话必须占一定的比例，这样师生才能很好地互动。在一次谈话中，批评和表扬的比例为4∶6最合适。如果你要进行一次以批评教育为目的的谈话，批评的内容也不能超过 60%，另外 40% 应是肯定、鼓励和希望。把六成的批评用四成的鼓励串联起来，学生就不易产生逆反情绪。

（四）四大建设

1. 建设班级管理制度

（1）明确分工，力争做到"人人有事干，事事有人干"，并落到实处。

（2）小组合作，奖惩分明。（以行星命名，设计组徽，与班级文化融合起来。）

2. 建设良好的学习氛围

（1）鼓励孩子利用碎片化时间学习，充分利用容和小本。

（2）提前两分钟候课。

（3）鼓励学生小组合作，优势互补。

（4）鼓励学生多向老师问问题。

3. 建设班级队伍

（1）民主选举班级干部。

（2）值周班长轮流值班，负责记录本班事务，一日一总结、反思。

4. 建设班级凝聚力

（1）善于利用集体活动，例如：合唱比赛、朗诵比赛、广播体操大赛，等等。

（2）融合道法学科教学，将德育工作与教学工作结合起来。

（3）开展多种形式班会。

通过此次集体活动，我们从孩子身上看到了感恩、暖心、善良、为班级无私奉献的品质，因此，班主任一定要充分利用每次集体活动，及时给予指导、鼓励和表扬，激发学生的集体荣誉感，增强班级凝聚力。

五、特色成效

在师生的共同努力下，我们的班风越来越好，学风越来越正。在班级活动的过程中，本班学生越来越开朗，越来越阳光，越来越自信，他们爱心更浓了，责任心更重了，集体荣誉感更强了。通过持续不断的教育，班级的"长度"在不断延伸，班级的"厚度"在不断增加，班级的"高度"在不断攀升。

我深知：班主任工作不是装满一桶水，而是点燃他们的心灵。因此，我希望自己能够在接下来的教育生涯中，不断提高自己的带班能力，把每一届学生都培养成"眼中有希望，心中有梦想，脚下有力量"的新时代好少年，少年的肩上，能担起清风明月与草长莺飞；少女的眼里，能藏下万丈光芒和星辰人海。

带班育人方略（二）

雏鹰养成，振翅飞翔

我相信，班里的每个孩子都是雏鹰，他们每个人都有无限的可能。我以"凌志"立班，遵循生命成长轨迹，带领孩子们经历"筑巢"——"重构"——"振翅"——"翱翔"，用心带班，用爱育人，相信孩子们必将展翅飞翔，搏击长空，一飞冲天。

下面与大家一起揭开我们班级的雏鹰养成记。

"一人一天地，一木一自然——让生命因教育而精彩"的教育理念是我的带班理念。我的班级方向是：让每一个孩子都闪光，发展孩子们的核心素养，培养孩子们适应终身发展和社会发展的必要品格和关键能力。

一、"筑巢"——寻根探脉，构建有序有爱班集体

雄关漫道真如铁，而今迈步从头越。雏鹰离不开巢穴，"筑巢"是班级建立的最关键一步。

立志先立心，开学第一天，学生们就纷纷表达了"凌志"之我见。学生说："浩浩凌云志，巍巍报国心，身为新一代的少年，我们有义务在凌志6班立志，立长志，立大志，好好学习，报效祖国！"他们说"赋有凌云之称，辩有雕龙之声。做一个高尚的人，不断学习，改变自我，做个成功的人。"他们说："少年自有凌云志，哪管旁人碎碎言。且趁年少恣意狂，我命由我不由天！"

我也向学生们展示了班级本学期目标。

1. 德育目标：爱祖国、爱家乡、爱学校，文明礼仪，品行高尚，积极进取，自觉维护班级利益。

2. 学习目标：勤奋努力、刻苦学习，认真听课、高效作业，班级综合成绩争创年级第一。

3. 体劳目标：坚持锻炼，增强体质，热爱劳动，热爱生活。

4. 美育目标：学习中国传统美学知识，用画表达；学习优秀音乐知识，用歌声传递。

最后，我对学生们表达我的期许：希望同学们有凌云壮志，心怀天下，阳光、积极、勇敢、担当，每个学生都能实现远志，翱翔长空。

"凌志"，就像一颗种子，我从开学第一天将它种进孩子们的心里，然后不断对它进行"浇水""施肥"，让它慢慢"生根""发芽"。果然，在接下来为期一周的国防教育课中，我看到琳崧、美妍永远是站得最直、坐得最正的，我看到昊宇、子涵受伤生病也一直坚持，从不喊停，我看到皓东、晶晶汗流浃背却依然那么努力，还有因动作不齐自己悄悄练习50遍的敏浩，皮肤晒伤却悄悄掩盖的淑媛，因胃疼好几天都没吃进饭去的艺萌……我抓住孩子们身上的优点，在班级进行大肆表扬，为班集体注入灵魂，激起孩子们的斗志。

一周下来，孩子们训练刻苦、意志坚强，经历了烈日炎炎、微风习习，还有小雨浇灌，却没有一个同学掉队，从形色各异，变成整齐划一，最后，以最齐、最快、最优异的成绩完成了汇报演出。拿到通过拼搏努力得到的奖状、看到其他班级投来佩服的眼光、听到教官和教师们说出表扬的言语，学生们开心极了，用信仰日记表达了自己的感受，班集体意识初步形成。

一切还只是个开始，可"接下来"，又是那么令人期待。

建班之初，班级里孩子们都来自不同的地方，很多习惯、特质都不一致，不久，班里就出现了各种"水土不服"的症状：几个女生搞小团体，馨伊、奕凝非常自卑，小蔡爱表现却对看不惯的行为爆粗口，小松与几个女生冷战；卫生区被扣分通报；学生感觉生物、地理课难，上课不积极……与此同时，班里的活跃分子也开始找机会发挥自己的"优点"。

我细心观察着、耐心记录着每一个孩子的特点，与孩子们沟通，并与每一位家长进行交流。首先我利用班会课，进行了一次公平公正的班干部竞选；然后又根据其他同学的优势和意愿，专属定制了不同的职位：小组长、窗帘长、节能长、摆桌司令、护花园丁、门神、台长等。最终，43个量身定制的职务出现了。做到了事事有人做、人人有事做。孩子们特别积极地去保护自己的职位，认真做着每一件事。大家对班级有了初步的归属感，有了一定的担当意识。

丰富的个性发展是创造精神与创新能力的源泉，教育就是要尊重学生的个性，鼓励个性发展，允许不同的学生都能得到不同的发展。作为班主任，尽可能地创设和营造个性化的教育环境和氛围，搭筑个性化教育大平台；同时提倡机会平等、宽容精神，鼓励孩子们各显神通。

班级制度的建立，我坚持"以学生为本"的管理原则，把班级管理的主动权交给学生，通过学生团结协作、互相监督等方法促进良好班风的形成，培养学生的自主意识，达到学生自治的目标。经过几次问题讨论会、班级辩论会、座谈会等，最终在全员参与下，本班逐步出台了《凌志班级公约》《凌志处罚条款》《凌志成长手册》。通过学生团结协作、互相监督，促进形成了良好的班风，培养了学生的自主意识，达到了学生自治的目标。

在班级制度实施过程中，学生每遇到新的问题或是遇到不恰当的地方，都会找我申诉，经全班学生通过后进行修改，但是，遇到具体问题时还是要具体分析。

结实的巢穴可以御寒保暖，休养生息，只有在爱的氛围下成长，才能获得归属感，才能身心健康；只有在有序的环境中吸取营养，才能积蓄力量，才能有力拼搏。

至此，班里有目标、有制度，每个孩子有职务，孩子们每天认真学习，并积极、努力地完成自己的职务工作，我看到了孩子们眼里有光，心中有志向，我的筑巢行动顺利完成。

二、"重构"——通力合作，优化班级文化生态链

雏鹰想要飞得更远，必须不断磨炼、突破，千淘万漉虽辛苦，吹尽狂沙始到金。

新的班集体真正的建立，必须通过一系列活动和经历，提高集体荣誉感。我通过对我们班级学生情况的了解，找到了班集体建立的捷径。我们班的学生来源比较分散，有一多半是回迁子女，他们的特点是中间经历过几次转学，班集体意识很差，有一部分学生是从私立小学升过来的，相比同龄人缺少父母的疼爱，所以班里学生大部分没有自信，心理缺乏安全感。而这就是我的班级工作的关键点，我要给他们营造班级气氛，举办班级活动，给他们表现的机会，让他们产生安全感和较强的班级归属感，从而培养他们的责任心。

对策一：班级文化墙

此项工作由两个组织委员负责。组织委员宣讲了有目的、有计划的方案，并昭告班级。方案一出，引来了很多同学的积极响应，有人出绘画技术，有人出设计理念，有人出手工剪纸，有人负责采购，还有人设计彩印。很快，班级文化墙、班级照片墙、班级宣传栏、小组评价栏等纷纷展现在教室的墙上，每一面墙都体现着孩子们的努力成果，班级归属感逐渐深入。

对策二：小组管理机制

组内异质、组间同质。为了让更优秀的学生充分发挥自己的优秀品质，带动全班同学的发展，我选出7名综合素质比较高的学生作为组长，其他同学根

据性别和性格进行分配成为组员。让组长为每个组员分配学科任务,在不同学科课程上,每个学生都能当主角,发挥自己的学科特长,增强学习信心。组长群紧紧围绕在班长和学习委员的管理机制下,实行小组加分制,每周一公布优秀小组,每月一评选争先小组和争先个人,并发放学习用品。在完善的小组机制下,每个学生都十分拥戴自己的组长,并以自己所在的组而自豪,班级存在感不断增强,同学们学习热情高涨。

对策三:集体荣誉

班集体的建立离不开参加各式各类的活动,无活动不教育。重视每一次学校组织的大型活动:如开学典礼、建团日、朗诵比赛、合唱比赛。这里重点叙述一下合唱比赛。"喜迎二十大,高歌向未来"是学校组织的第一次全体学生登台表演的机会,需要进行两次选拔,是一次培养学习爱国主义教育、集体意识、团队精神的绝佳时机,所以我高度重视,也不断向同学们传输这样的信号。

大赛初选,同学们并没有引起足够的重视,甚至内心是抗拒的,在上台之后,出现了几处错误,好在最终险胜,再加上高年级的创新表现,同学们一下来了斗志。第二天,各种各样的点子出现:红歌前面加上朗诵,增加创新分数;朗诵时候加上舞蹈,突出朗诵主题;跳舞时候乐器伴奏,烘托气氛;统一服装;注意表情;等等。短短三天的复赛准备,学生却能抓住每一个可以练习的机会,牺牲午休时间、压缩值日时间,大家一遍遍地练习,唱到脸部僵硬、嗓子发干、双脚麻木。

过程中,我看到了同学们为了班级荣誉着急的样子、坚持的状态、必胜的决心。这是班集体建立中一次里程碑式的跨越。

对策四:班级特别定制

为了给同学们打造更别致的班级归属感,我心中想过无数的方案,最终决定以班级生日的方式进行。班级生日所选的日子,就是班级文化、班级制度完善的日子,但是必须有仪式感,要给他们创造惊喜,终生难忘。

生日那天,我要为学生准备生日礼物,而这个礼物必须足够有意义,那就是班徽。班徽,围绕着班名和班训展开全班征稿,一稿就收到三十多个作品,每个都承载着孩子们对班级美好的憧憬,十分漂亮。经过层层筛选、投票、竞选,最终宣传委员的班徽,以精湛的画技,独有的创意,脱颖而出。

班徽设计理念:

1. 班徽外环是蓝色的,蓝色代表沉稳、平静,搭配金黄色,表示6班踏实上进,争创辉煌。

2. 班徽中心是一只鹏,古语有云:"大鹏一日同风起,扶摇直上九万里。"

预示6班一飞冲天,一鸣惊人。

3. 在鹏的下方,有一本摊开的书,表示6班勤奋好学,欣欣向荣,腹有诗书气自华,从书本中获得知识,不断向上。

4. 鹏的后方是蜿蜒起伏的山川,这个元素取自杜甫的诗句——会当凌绝顶,一览众山小。表达了6班不怕困难,敢攀顶峰,俯瞰一切的雄心和气概。

小小年纪,有如此雄心志气,我也被深深地折服了。

为了能让班徽制作成金属成品,我和宣传委员开始了秘密行动。制作厂家要求是电子稿,不能是手绘稿,宣传委员就自学绘图软件,把自己的手绘一点一点地绘制,为了成品的美观,中间修改了5—6稿,历时两个星期,我特别感动。

其他班委也没闲着,悄悄为生日做准备:班级布置、许愿瓶、PPT制作、视频编辑。一名班干部家长了解到情况,偷偷为班级定制了一个蛋糕,上面插上了所有同学的姓名签。10月10日,在这样吉祥的日子里,班级过了一场令人感动、兴奋的生日会。学生们纷纷表示,这不就是别人眼里的"别人的班"嘛,这个真的相当可以。

自然生长需要良好的自然生态环境,人才的健康成长同样也需要宽松和谐的环境。教育活动需要老师、学生、实践、方法诸因素的融洽与和谐统一,需要育人环境和文化氛围协同互助,形成良好的生态链,使人才的成长所需要的营养、阳光、水分、空气等各因素和谐共振,达到生态和谐育人。

三、"振翅"——赓续前行,激发成长内驱力

雏鹰振翅飞,必经历苦难,谁无暴风劲雨时,守得云开见月明。

疫情的严峻使学生居家学习,使好不容易建立起来的班集体面临新的困难。但这也是学生培养和班级成长的好时机,只有从荆棘与困难中总结经验,做"先行者"和"探路人",才能不断积累经验。

线上管理,首先对班主任提出了更高的要求,时空相隔,怎样做好隔空不隔爱呢?为了方便与学生沟通,我利用钉钉分别建立了3个学生群,并起了酷一点的群名。"正义代表群":各科课代表集合群,课代表发挥学科代表优势,课上管理记录同学们开摄像头的情况和上课状态,课下及时与教师沟通学科作业问题,并每天做好记录。"优秀组长群":7个组长集合群,管理自己的小组成员,收集每节课课堂笔记,提醒提交作业,安排小组任务,并根据小组成员的表现,评价打分。"帮扶群":将班里学困生进行集合,教师们随时关注学生

不会的问题，利用最快的时间帮助他们解决不会的问题，督促学生学习。我和副班主任利用在线表格每天收集学生信息，进行量化管理，督促他们合理、高效地进行网课学习。每周评选两个优秀小组，10个先进个人和其他奖项，均发放电子奖状。利用打卡软件，督促学生每天进行体育锻炼，周末布置德育作业，晒一晒自己的生活和有意义的事。以"非学无以广才""囊萤映雪"的千古佳话，激励着孩子们勤奋学习，学会自律，学会学习。

线上学习期间，我与家长建立了家校共育机制，设置学生一日评价表，凝聚共育合力。每一个孩子都受到了学校、教师、家长、组长、自我的多维关注，构筑家校共同体，助力孩子成长。

四、"翱翔"——扶摇直上，创造蓬勃生命力

积跬步以致千里，蓄小流以成江海。为了激励学生们勇于表现自己、激发学习斗志，我将"德智体美劳"五育并举的育人理念，融入班级特色活动，设置了"凌志班时代好少年"评价表，对学生道德品质、公民素质、学习合作、运动健康、审美创新做出综合评价，制定了多维评比标准，激发了学生的内驱力。

功夫不负有心人，本班学生在学校举办的各项活动中频频获奖：班级卫生标兵、纪律标兵等，学生气氛浓厚，各科老师在本班的教育基本功大赛公开课均取得优异成绩。

线上学习、云端学习使学生更自律了，我们的心更紧了。

凌志6班的孩子们正如苦练本领的"雏鹰"，必然经历从"嗷嗷待哺"到"蹒跚学步"，从"搏击长空"再到"一飞冲天"，需要艰苦卓绝的努力。

初一：雏鹰养成计划顺利进行。学生能树立集体意识，找到归属感，增强自信心，勇于表达，逐步发光；增强责任心，乐于助人，不断发热。

在此基础上，我对班级未来两年设置了育人规划。

初二：树立自信自强意识，培养合作意识、竞争意识，珍惜青春、绽放美丽。

初三：树立崇高理想，坚强意志，克服困难，树立自立自强品格；有远大抱负，责任担当，心怀天下，激发拼搏精神。

打造一个"凌云壮志"的特色集体，形成一股斗志昂扬的向上气氛，锻炼一份勇于担当、敢于拼搏的意志品质。逐步培养同学们胸怀天下，有志气、有骨气、有底气，面对各种挑战，不怕困难，不负韶华，不断丰富、提升自己，

将来成为社会栋梁之材，报效祖国。

班主任工作虽然辛苦，但真的很幸福，会时时刻刻被班级里的小心灵温暖着，看到学生细小的成长会欣喜，只看着孩子们的面孔也会感到开心，感觉班里的每个孩子都充满希望。班主任是一个班级的核心力量，只有用心和用爱去关心、教育学生，才能让学生团结在班主任周围，班级才能够在各方面体现凝聚力和创造力。

带班育人方略（三）

心向阳光，青春做伴

著名教育家苏格拉底主张首先要培养人的美德，教人学会做人，成为有德行的人，其次才要教人学习广博而实用的知识。教师将先进的思想装进学生的心脑血管，学生有了我的中国心就会实现我的中国梦。德育教育是班主任工作的重点。我认为教育不是把一只水桶装满，而是点燃一堆火焰，让每一颗火种都发光发热。我的带班策略从宏观上概括就是：管理学生要严中有爱；教导学生要心中有数。

一、班级概况

七年级 12 班是由 44 位少先队员组成的班集体，其中男生 24 名，女生 20 名，是一个团结友爱、充满朝气、敢于挑战、充满创造力的集体。青春、阳光是我们班的外在形象；自强不息、勇于拼搏是我们班前进的动力。班级内大部分学生都有非常强的学习劲头和自立能力；有个别学生学习习惯比较差，丢三落四，上课不认真听讲，影响班级纪律。过去的一年里我曾与家长多次沟通，教育开导，个别孩子的表现时好时坏，成为班级里重点帮扶对象，这也是班主任工作的重中之重。

二、班级文化建设理念

为了把班级打造成一个青春阳光、敢于挑战、充满创造力的集体。在学生积极出谋划策，班级民主投票的方法下，我们班级的文化建设如下。

班训：团结、奋进、乐学、向上

班级宣言：信心无畏，青春无悔

班级口号：青春12，奋起腾飞，所向披靡，无坚不摧。

班级发展目标：七年级时培养良好的行为习惯，构建一个团结、向上、文明的班集体。八年级时学会做人，学会做事。九年级时明确考学目标，一举夺魁。

我的班级管理理念：尊重、激励、互助

三、班级制度建设

（一）树立良好的形象，言传身教

班主任是班级的标杆，是学生学习的直接参照，因此我认为班主任良好形象的树立是非常关键的。在与学生打交道的过程中，不仅要用言语说教人，更要身体力行，靠自身的表率作用吸引人、影响人，做到言传身教。例如：我要求学生早上六点五十之前到班级，那么我就要六点四十到班级；我要求学生吃饭要做到安静，爱惜粮食，那么我自己在他们面前就要做到吃饭不聊天，不浪费。

苏霍姆林斯基曾经说过："真正的教育是学生的自我教育。"在班级管理中，班主任应做好引导、点拨、调控工作，给学生更多的自主权，充分唤起学生的主体意识以及对班级的责任感、荣誉感，尽情表达他们的意愿，充分挖掘他们的潜能，使之真正成为班级管理的主人。为此，我进行了大胆地尝试。

（二）培养优秀班干部，民主管理

优秀的班干部是班主任的得力助手，对班主任做好班级管理工作起着非常重要的作用，因此班干部的选拔须慎重，切不可草率。在上课、课间，生活中，学习上，我给班里所有学生表现的机会，在这个过程中，我会细心观察每个学生的表现，为选拔干部做准备。我会分析学生的性格、特长、能力等情况，选择有组织协调能力、吃苦耐劳、集体荣誉感强的学生作为班干部，遵守校纪校规，为班级、为同学服务，起到积极的带头作用。我们班的班干部是"一职二位"制。首先，我会通过学生的表现和自我介绍确定某个职位的一个人选，另外一个由民主选举产生。这样选出来的两位班委既能服众，也能高效完成教师布置的任务。

班干部选出来，如何利用起来呢？首先，我通过班干部定期会议，加强对其工作的指导，更为重要的是通过会议去了解他们，鼓励他们，为他们开展班级管理工作壮胆，让他们放开手脚去干。并且还要这些班干部明确，当班干部是为同学服务的，不可以滥用职权。班干部定期会议在刚开始的时候是两周开一次，每次我自己也会参加。后来，就由班长负责召开，是否需要班主任参加由班长自己拿主意。其次，为了尽可能地发挥每一位班干部的能动性，我安排我们班的主要班干部值日。每天两位班干负责当日学生考勤、检查教室内外卫生、检查两操、维持自习纪律。班干还负责处理班上偶发事件，遇到棘手问题，及时向教师汇报。班干填写值日班干记录表，表扬好人好事，揭露歪风邪气。

（三）人人平等，一视同仁，让学生做班级真正的主人

初一学生自我意识逐渐发展，他们有了一定的评价能力，一些行为与做法希望得到老师和学生的理解，但由于他们的思维独立性和批判性还处于萌芽阶段，容易受外界影响。遇到挫折时容易盲目自卑，垂头丧气，而且他们彼此之间情绪感染性极强，做好事和做坏事都有从众心理，甚至有拉帮结派等现象。这就需要老师关注与关爱。班主任不仅要在学习上，而且要在生活上、思想上关心他们，理解他们，帮助他们。更要一视同仁，不能偏爱。

让学生做班级真正的主人。要想一个班级走得更快更远，还要靠班级全体学生的力量。为此，本班实行了"人人有岗位，人人要负责"的班级制度。关门窗、关电灯、检查桌椅摆放、放学路队组织，都有学生负责。没有参与到这些活动的学生也有帮助同桌、互相督促的责任。每个学生都能成为班级的小主人，班级日常工作很容易就走上了正轨。这样可以调动全班学生的积极性，激活他们的主动性，提高他们的自觉性，为班级做实事，人人心中有同学、有集体，增强了班集体的凝聚力。

（四）成立奖励小组、培养竞争机制

在这项工作中，我试着成立奖励小组，根据学生的特点，我成立了组内异质、组间同质的7个小组。每组有正副两个组长，由组长对组员进行分工，形成组内互相监督，组外值班班长监督机制。在学生的行为规范、学习、纪律、卫生等各方面明确要求，实行加分和减分。每周一更新，每两周公开总结。分别对总分第一名和进步第一名的小组进行奖励。

关于竞争机制：班上有"竞争树"，学生和自己的竞争对手组成一片树叶，共同构成12班大树的枝繁叶茂；学习进步的同学，也榜上有名。另外成立"学习互帮组"，每个学科中学习优秀的学生耐心帮助学习有欠缺的学生，仔细辅导，百问不厌。自入学以来，在每次考试中，本班成绩都是呈直线上升的态势。

（五）作业管理制度

1. 预习作业

课前熟悉教材内容，标出教材中重点及疑难问题。

2. 课堂作业

（1）专心听讲，积极思考，举手发言，力求当堂消化，为完成课堂作业提供条件。

（2）课堂练习应做在指定的练习本（或练习卷）上，并按教师要求和作业格式，迅速认真地完成。

（3）课堂笔记应记在指定的笔记本上，有些内容也可以按教师要求记在书上。

3. 课外及家庭作业

（1）每次作业应写明日期、习题所在课本的页码及题号，如系补充题，也应注明。

（2）书写规范、认真，字迹端正、清楚，文面整洁，尽量避免错别字。

（3）原题一般要抄，根据不同目的要求，应写明"答""解""证明"等；答题中应根据不同学科要求，做必要的文字说明，写出合理的过程和明确的结论，应用题要写"答"，做完一题空一行。

（4）作业中作图题部分要求图面整洁，作图要用铅笔、直尺、圆规等工具完成，不得随手勾画。

（5）做错作业，不要乱涂改，只需在错误处画一斜线，删去即可。

（6）遇到老师批有"×"号的各题，应在做下一次作业前主动订正，并在订正题前写明"订正"两字，题号照抄，题目可不再重抄。

（7）态度认真，刻苦钻研，独立完成，按时上交，及时订正；字迹端正、书写工整、说理清楚、计算准确、格式规范。

（8）对待作业题要认真思考、理清线索；找出解题思路，切忌乱套公式，硬凑答案。

（9）完成作业后要进行总结，总结解题思路、方法和心得体会。

（六）关注后进生的转化

众所周知，每个班都有一定量的成绩较差的学生。他们不但不爱学习，而且上课总是扰乱课堂秩序，下课打打闹闹，我们班也是一样的。如何对待这些差生呢？是让他们自暴自弃，整天无所事事，搞坏班级的学风，进而影响班级一些学习较好的学生呢？还是鼓励他们，让他们看到希望？我想，每一个班主任都会选择后者的。可怎样转化他们呢？后进生形成的原因多种多样，作为教师，应当全面了解、细致分析形成后进生的各种原因，并善于利用多种渠道、多种途径、多种方法来促进后进生的转化，包括加强与后进生的谈心、与其他教师在转变后进生工作中的协作、与后进生家长的相互联系，等等。

在我看来后进生的压力并不亚于优秀生，他们在学校因为成绩不好经常会受到教师的指责，同学的讥笑，在家则受到家长的训斥，心里有一种压抑感，有厌学情绪，自信心不强。我们应主动采取适当的方法去栽培他们，及时表扬成绩有进步的后进生，让他们也体会成功的欢乐及喜悦。同时，后进生也有非常大的进步空间，是班级平均成绩非常重要的保障。

我们班有一位男生，他上学期的成绩在年级排名总是在200名之后，他不爱说话，不与老师交流，学习劲头不足。在疫情结束后，学校安排了家访活动，我和任课教师第一个就去到他的家里。通过了解发现，他就是这个性格，在家里也是对所有事情都高高挂起的态度。来到他家我对他说的第一句话就是："老师非常喜欢你，觉得你非常有潜力，所以第一个就来到你家里，你不用紧张，只要你能感受到老师对你的重视就行。"这次家访之后，我发现这个孩子在学习上的劲头一天比一天足，我就乘胜追击给了他一个组长的职位，他家长也主动给我打电话说明显感受到孩子在家里的进步。这次期中考试他在年级进步了48名。从他的身上我看到了关心和鼓励的神奇。

他们毕竟是孩子，需要关心和重视，需要引领，教师的一个宽容的微笑，一句体贴的话语，一个会意的眼神，都可能会使学生产生巨大的学习动力。

（七）加强与家长的联系，共同管理

家庭教育和学校教育是息息相关的。学校教育的好坏很大一部分来自家庭教育。为此我充分利用微信群，不定期地把一些好的、正能量的家庭教育的方法发到家长群，让家长们进行学习充电；此外我还会对班级里表现正常的学生进行不定期的电话家访；对于平时有问题的学生与家长勤交流、多沟通，把孩子在学校近期的进步情况、犯纪律情况告知家长，同时从家长那里获取一些有效信息，便于对孩子进行及时、准确的教育。本学期我还开展了家访活动，上周进行了家长会活动，与家长共同研究引导学生健康快乐成长的办法。通过家校的沟通，家长们对学校、对教师也表现出了极大的信任，促使我们班级的各项工作得以顺利开展。

四、班级特色成效

一年来，我们的班集体中学生整体思想素质有很大提高，班级里的同学亲如手足，互相谦让。例如，有学生没有带饭卡，大家都争先恐后地帮他刷卡；有学生生病没来上学，同学们主动帮她收拾书包并送回家；有腿部受伤的学生，同学们帮她打水、打饭。

各种集体活动也取得了非常优异的成绩。合唱比赛取得一等奖，语文学科月朗诵比赛获得一等奖，英语学科月话剧表演第一名，2023年春季德育作业评比一等奖，广播操大赛一等奖。在这些活动中，同学们磨炼了意志，塑造了青春、自信、拼搏的形象。

此外，班级同学在学习成绩上也是一路突飞猛进，考试成绩一次比一次有进步。

春风化雨勤润物，桃李芬芳香满园。这一年来，七年级12班走过了一段段不平凡的历程，留下了一行行清晰的脚印，它将秉承八十中的深厚底蕴，用心智去谱写绚丽的华章，用辛勤去创造新的辉煌！

带班育人方略（四）

每个孩子都值得期待

班主任是一个班的组织者、领导者和教育者，也是一个班级中全体任课教师教学、教育工作的协调者，更是沟通学校与家长、社区的桥梁，同时，班主任也是学生在学校的第一责任人，是学生在学校里的家长，是陪伴学生除了家长以外时间最长的人。

在我看来班主任更是一份神圣而有意义的职责，我认为不当班主任的教师生涯是缺憾和不完美的，因此，感谢学校对我的信任，让我能体验这一份责任和美好。在本学期开始之际，我接手了八年级3班，开始了我职业生涯里的班主任之旅。班主任工作要求事无巨细，如何在忙碌的教育教学之中做到有的放矢、游刃有余地管理班级并实现学生自主健康成长，让学生过一种幸福完整的教育生活是我不断追求的目标。我深知，育人要有方法，正确的教育管理方法不仅可以达到事半功倍的效果，还可以锻炼学生的自我管理能力。当然更重要的是育人要有爱，方法中要浸润着爱心，管理中要流淌着智慧。经过两个月的探索和学习，我总结出了如下带班策略。

一、育人理念

（一）民主自制

时代巨变，学校所采用的教育方式也应该随之改变，现在的孩子自主意识较强，与互联网接触较为密切，可以随时随地掌握到社会热点新闻，因此在我的班级里，我一直都坚持民主自治。

1. 建立班委会，充分发挥班级委员的作用

如果把一个班集体比作一列火车，那么班干部就是引导这列火车前进的"火车头"。俗话说："火车跑得快，全靠车头带。"要把一个班集体建设成为一个坚强向上、团结友爱的班集体，只靠班主任一个人的力量是办不到的，必须有一个坚强的领导核心，这个核心就是一批团结在班主任周围的得力班干部。为加强班级建设，发挥班委会及班干部的核心领导作用，各负其责，各尽所能，调动班干部工作的积极性，使班级工作有条不紊地进行，特制定此工作职责。在班主任不在班里的时候，学生可以自己实现班级管理，提高自觉性。同时，建立班委制度可以让孩子更有胆量。有的孩子胆子较小，不敢出头露面，当班委或班长，首先可以培养孩子的胆量，让孩子变得更勇敢、更坚强、更有力量、胆子更大。其次，可以提高孩子的社交能力，因为当班委，尤其是当班长，就要多和别人打交道，包括其他学生和教师，久而久之，孩子的社交能力就会越来越强，他（她）的综合素质也会得到提升，管理能力也会得到加强。

2. 全员参与班级管理，加强学生主人翁意识

班级管理面向全体学生，使每一个学生都有参与管理的机会，鼓励每一个学生积极参与班级的管理，提高他们自我管理的能力，同时减轻常务班干的工作量。为了改变学生惰性，促进学生参与班级管理的主人翁意识，我在班级评优、评先中进行公开民主投票的形式，让学生们自己匿名投票，最终确定人选。这样一来，会让班里的每个学生感受到他们都是班级一员，在班级中有他们发展的空间，他们也是这个班级的主人，也有决定权，在后期班级管理中，他们对自己所做的决定也就会充分接受。

3. 树立生生平等观念，不搞特殊化

在教育过程中，我对全体学生一视同仁，不管是学习成绩好还是不好的学生，我都能做到"对必奖，错必育"，尊重学生的人格，用自身对学生的无私爱意，感染影响学生，让他们学会尊重、理解和宽容，使整个班集体洋溢着和谐进取的氛围，保持着昂扬向上的活力，同时我也深信自己的一言一行会对学生产生影响，因此我要求学生的，自己都会做到。

(二) 以人为本，发展学生特长

世界上没有两片相同的树叶，每个孩子都是独一无二的，每个孩子都有自己的闪光点，正如我们北京市八十中的育人理念：一人一天地，一木一自然。因此，学生是发展中的人，要用发展的观点认识学生。

1. 学生的身心发展是有规律的

学生的身心发展具有顺序性、阶段性、不平衡性、互补性、个别差异性等规律，这是经过现代科学和教育实践证实的。这要求教师依据这些规律开展教育活动。

2. 学生具有巨大的发展潜能

学生具有巨大的发展潜能，智力水平经锻炼可以明显提高，这已被科学研究所证实。中学生具有极强的可塑性，正处于人生上升期的关键阶段，这就要求我们要持一种乐观的学生观，充分信任学生。

3. 学生是处于发展过程中的人

作为发展中的人，也就意味着学生还是一个不成熟的人，是一个正在成长的人。把学生作为一个发展中的人来对待，就要理解学生身上存在的不足，就要允许学生犯错误，宽容对待学生。当然，更重要的是要帮助学生解决问题，改正错误，从而不断促进学生的进步和发展。

3. 学生的发展是全面的发展

现代学生观强调，当今社会，单纯的智育或者智育占绝对主导地位的教育，已经无法满足社会的需要。教师在教学实践中，不仅要重视"知识与技能"的传授，更要看到"过程与方法""情感态度与价值观"的重要性，把学生培养成全面发展的人。

(三) 赏识教育

"数子十过，不如奖子一长"，每个孩子都希望得到教师的爱护、关心，渴望在充满爱和愉快的环境中成长。罗丹说："美是到处都有的，对于我们的眼睛不是缺少美，而是缺少发现。"班主任在平时的工作中更应该做到睁大眼睛看学生，"拿着放大镜"找孩子的优点。对他们的恰当行为多加赞扬予以强化，对他们的特长大加赏识并鼓励发扬。作业清楚的奖个"小笑脸"，全部正确的奖个"智慧星"，劳动能力强的奖个"小手帕"，认真负责的奖个"值日班长"当一当,竖起大拇指夸一句"你真行",紧紧拥抱下再说声"我为你而骄傲"……这样,不断地给他们展现的机会,不断地及时表扬和鼓励。

二、班情分析

我现任八年级3班的班主任,本班现有学生37人,其中女生18人,男生19人。通过两个月的相处,从了解情况来看,整体班级学生较为懂事,不存在不正之风。

从思想方面来看,孩子们都有着一颗善良、天真无邪的心,他们有集体荣誉感,也会在关键时候为班级做出自己的贡献,尽自己的一份力。女孩子们普遍比较听话懂事,男生有的活泼好动但在课堂上可以保证不扰乱上课秩序。但整体缺乏自信,课堂氛围较闷,做事拖沓缓慢,缺乏自主性,懒散。

从学习方面来说,班里大部分学生可以跟着老师的脚步走,但也存在1/3的学生基础薄弱,上课难以跟住老师,中等学生的学习方法有待进一步探索,大部分学生能跟着老师的思路走。班里也有可以继续拔高的尖子生,如田兆涵、肖景文、马芯蕊等人,也有部分学生学习基础整体比较薄弱,在学习上有较大困难,如田牧冉、谢雨庆、赵子渝等,这些学生往往缺乏学习的兴趣和目的,需要班主任老师和各任课教师紧密配合,多鼓励,督促学生自主学习。还有杜雨晴,刘超等,虽然小学阶段成绩不是很理想但学习态度认真、积极,且在上一学期进步较大,是班级的中坚力量。

三、班级目标

1. 总目标:班级里每个学生都能健康成长,成为自信、阳光、积极、向上的学子。让学生养成讲文明、讲礼貌、讲诚信的好少年。

2. 学习目标:培养每位学生上课勤记笔记的习惯,每天按时完成作业,下课能利用课后时间进行学习,养成自主学习的良好习惯,养成读书的好习惯。

四、实施措施

（一）独木难成林，育人需同心

作为班主任，得到同事的协作、赢得家长信任、获取社会支持进而取得教育事半功倍的效果，这是另一项基本功。

首先，加强同事协作。班主任要经常与本班的各位任课教师沟通，了解班内学生在其他课堂上的表现，及时捕捉教育契机，找出问题的解决方法，做到各科一条线、育人多平台。

其次，要加强家校合作。班主任必须清楚地认识到家庭教育在整个育人过程中的重要作用，经常通过电话、便条、短信、微信、班级群等各种方式加强与家长的沟通。特别是对于一些自身习惯不佳、对孩子重视不够的家长，更要想方设法沟通，推荐阅读书目甚至开办家长学校，使其明确教育意义、习得育子方法、达成教育共识。

最后，利用社会资源。班主任可利用节假日布置一些实践性作业，引领学生到图书馆、博物馆、社区服务中心等进行实践活动，提升学生的综合素质。

（二）重视细节，强调落实

班主任的工作多而杂，面对的对象又十分多样，这就要求班主任注重细节，工作细心。举个例子，就拿教学生摆放桌椅板凳和卫生工具来说，从刚入学就要开始强调，离开座位以后就要把凳子推到桌子下面，放学后凳子要放到桌子上，并且短边相对两两沿着桌子间的缝隙对齐，卫生工具要按照从小到大（大的靠着墙壁）的顺序摆放。又比如，告诉孩子学习用品和资料不能胡乱摆在桌面上，桌面上只能摆放文具盒和本节课所需要的课本、作业本或练习本。文具盒统一摆放在桌面左上角，课本和练习本放在桌子的右上角，既给彼此留出了空间，不显得拥挤，又便于拿取。再比如平时小四门下发的背诵讲义盒的惊喜，无形中对学生产生了很大的影响，让他们对每周五的积分结算有着不一样的期待，也让他们更加注意自己日常的言行是否合乎规范。带着这样的心态迎接每一周、每一个月，班级整体的氛围都是积极向上、朝气蓬勃的。

两个月以来，我这个新手班主任一路打怪升级，探索和实践了一系列班级管理方法和策略，比如抽时间检查他们各科需要背的内容；让后进生也担任班委成员；每周五心理课上让每个学生积极锻炼自己，上台进行朗诵或者才艺展示，培养他们的自信，锻炼他们的表达能力。在我和学生的不懈努力下，我们的班集体班风越来越正，学风越来越浓，学生整体思想素质越来越高，求知欲也越来越强，学习勤奋，课堂纪律好，学习成绩也有进步。作为一名班主任，每天能做到让学生们快乐地学习、健康地成长，就是我最大的幸福。在接下来的日子里，我将尽自己最大的能力在班级管理工作中做得更好，继续带着我的学生扬帆远航，驶向理想的未来！

（三）取得的成效

两个月以来，班级的凝聚力增强了，学生的内驱力激发每一个学生认识到自己是一颗独一无二的星星，自由地彰显自己的个性，绽放点点光芒。我将继续踔厉奋发、勇毅前行，带领学生成为耀眼的星。

本班全校成绩排名前100中由1个增加到3个，我们的班集体班风越来越正，学风越来越浓，学生整体思想素质越来越高，求知欲也越来越强，学习勤奋，课堂纪律好。

我一直认为，每个孩子都值得期待，每个孩子都有未来，再渺小的星也能发光发热，再微弱的光也能汇聚璀璨星河。从教路上，我会一直努力成为学生追光路上的点灯人，以熹微灯火，点燃滚烫星河。心中有梦想，脚下方能有力量。我会鼓励他们"要做一颗星星，有棱有角，努力发光发热，可能未必光芒万丈，但要始终温暖有光"。

乾坤未定，你我皆是黑马！我会带着我的这份教育热情和理念继续在教育这片沃土上默默耕耘，做好孩子们的引路人和点灯人，期待桃李芬芳的那天……

带班育人方略（五）

微光引路　星火燎原

一、育人方略

（一）以学生为根本，热爱与保护全体学生

没有爱就没有教育。热爱和保护学生是班主任的神圣天职，是合格班主任的必备素养，是教育好学生的必要基础。由于学生存在性格、智力等方面的差异，每个学生都是有着独特性格的鲜明个体，所以，作为班主任要做到了解每个学生的身心,在保护学生身心健康发展的前提下,面向全体学生,因材施教,去激发学生各方面的潜能。

(二)以信任为前提,理解并尊重全体学生

马克思说:"只有用爱才能交换爱,只有用信任才能交换信任。"一个班主任要得到学生的信任、理解和爱戴,必须改变居高临下的态势,真正"蹲下身来"重视学生感受,倾听学生意见,真诚地与学生交往,做学生思想上、志趣上的朋友。

(三)以平等为基础,宽容并欣赏全体学生

有人曾说:"容忍学生的错误,有时比表扬激励更重要。"班主任对待全班学生要一视同仁,不偏不倚,特别是在学生犯错误时,要具备一颗包容心;而在对待后进生时更要学会欣赏。

(四)以习惯为目标,用刚严与柔慈教育全体学生

教育家苏霍姆林斯基说:"教育者最可贵的品质之一就是人性,对孩子深沉的爱是兼有父母亲昵的温存和睿智的严格要求相结合的那种爱。"学生良好习惯的养成,既要"严父"般的教导,也要"慈母"般的引导。

(五)以表率为要素,传教并激励全体学生

古人云:"其身正,不令而行;其身不正,虽令不从。"班主任要想管理好学生,管理好班级,必须树立自身良好的形象,做到言传身教。班主任在与学生打交道的过程中,不仅要用语言说教人,更要身体力行,用自身的表率作用来吸引人,影响人,感染人,熏陶人,激励人。

(六)以家校为纽带,规范并发展全体学生

人们都说:"家庭是学生的第一所学校,家长是学生的第一位老师。"学生的全面发展要想不留死角,班主任必须时常保持与学生家长的联系与沟通。

二、班情分析

（一）基本情况

八年级 7 班现有学生 43 人，男孩居多，有 24 名男生，19 名女生。从心理学上分析，大多数孩子性格是多血质气质类型，班级整体氛围活泼。班内问题学生有 15 个，单亲家庭的孩子有 6 个，跟着爷爷奶奶生活的有 3 个，重组家庭有 2 个。亲情的缺失，造成了诸多根深蒂固的问题——他们吸烟、喝酒、烫染头发、化妆、携带违禁品、彻夜玩手机导致上课睡觉。

（二）八年级学生特点

由于八年级是学生"身心聚变期"、学习生活的分化期，所以八年级也就成为最难管理的危险期，是学生成长发展的转折点和提升教育的关键期。在我们班，大多数学生是勤奋学习、要求上进的，但部分学生开始产生青春期的烦恼，个别学生出现早恋。在学习上有些学生面临挑战产生畏难情绪，甚至有学生失去学习兴趣，出现两极分化。一些学生感觉生活单调、枯燥，开始迷恋外面的世界，会沉溺游戏或混迹街头。情绪上，易暴躁易发怒、逆反心理加重，少数学生爱凭感情行事，自主自立意识剧增，出现紧张、焦虑、自卑心理或逃避、说谎、对抗的行为。

三、班级建设

班名：逐梦 7 班

班训：眼中有希望，心中有梦想，脚下有力量

班级宣言：以梦为马，壮我中华

班级口号：信笃志坚，奋勇争先，团结勇敢，唯我 7 班！

班规：上课和下课都在读书，早读和晚辅都能投入。

班风：温暖 团结 明理 正能量

班级发展规划：八年级加强学生心理健康教育，加强理想信念教育；九年级加强学法指导，培养独立学习潜力和抗挫能力。

四、实践做法

（一）科学管理策略

1. 虚实结合

"务实"就是班主任工作要从学生实际和班级的实际出发，从当前做起，从具体的小事做起。要心怀学生，心系班级，让学生处处感受到班主任的情与爱，体验到班主任对学生学习、生活、工作的指导，使班主任既是学生的兄长、朋友，又是学生的导师、助手。

"务虚"就是班主任工作需要理论指导，需要不断地总结经验，吸取教训，提高自己的管理水平。

2. 收放有度

要讲究一点"管"与"放"的艺术。"管"是手段，"不管"是目的，但"不管"绝不意味着班主任对班级发展听之任之。魏书生曾经说过："管是为了达到不管。"班主任的"不管"是以培养全体学生的"共管"为前提的，是以追求班级管理的"大治"和学生能力的全面提升为目的的。

具体做法：第一，定期召开班委会；第二，制定值日班长周总结制度。开学初，根据孩子们的性格特点我创建了更加完善的班级管理体制，让更多学生得到锻炼的机会。本班定期召开班干部会，总结工作中的得失，促进班级工作的开展，努力提高学生自我管理班级的能力。我会经常找能力较弱的学生谈心，帮助他们改进工作方法，在适当的范围内放权，调动他们的积极性和主动性，做到事事有总结。

3. 冷热交替

所谓"冷"，就是"冷处理"；所谓"热"，就是"热加工"。

在班级管理中，有些事情的发生，需要趁热打铁，如表扬学生，激励学生，肯定班级的成绩，遏止不良苗头的出现等，需要"热加工"，这样有利于激发学生前进的动力。

学生偶尔违反纪律或因能力所限管理不到位，理解不全面或有偏颇导致失误等问题的产生，则要延缓时间，冷却降温，予以"冷处理"，再不失时机地予以帮助教育，这样做效果会更理想一些。

4. 严宽有据

八年级 7 班的现状，要求班主任从严管理班级，包括以下几个方面。

(1) 指导思想要有严格的要求。
(2) 学生行为上要有严明的纪律，有明确的违规惩罚制度。
(3) 违纪面前要有严肃的态度。
(4) 处理班级事务时要有具体而详细的管理步骤。
(5) 疏堵相伴。

班主任在实际工作中，应该：

多一些民主，少一些专制；

多一些鼓励，少一些批评；

多一些引导，少一些说教；

多一些情感，少一些烦躁。

这样才能把"堵"与"疏"结合起来，变"堵"为"疏"，或者以"疏"为主，以"堵"为辅，从而让学生增强明辨是非与自我教育的能力。

（二）蹲下身子爱学生

班主任做得越久，"教师本位"心理就越来越严重。而克服它的最好方法就是"心理置换"，站在孩子的角度来看待问题。因此，一名班主任，首先要有民主精神，尊重和信任学生，与学生平等相待。譬如，我与学生一起制定了《班级公约》，让学生感到自己是班级的主人，这一举动也体现了教师对学生的尊重。班主任应建立学生档案，对每个学生的家庭生活、学习情况做到全面深入地了解，多关心家庭有特殊情况的学困生，详细记录上课状态、成绩变化、作业完成等，发现问题并利用当天晚自习时间与学生沟通解决。

（三）赏识教育助成长

顺应学生心理的成熟过程，尊重学生个性，激励学生在宽松的教育环境中成长，是一种最具有活力的教育方法。在教育教学中，无论是对所谓的好学生，还是对犯错误的学生都要用赏识的眼光去看待他们，让他们在老师的赏识中改正错误。成功的欢乐是一种巨大的精神力量，它可以促进学生实现好好学习的愿望。因此，在日常教学中，作为班主任我经常举办形式多样的小组竞赛活动，让后进生也能有展现各种能力的机会与舞台，让他们也能在集体活动中体验成功的欢乐，比如，我让学生进行小组竞赛，一星期评比一次，表现突出的小组，可以获得抽奖机会。

（四）人格魅力表认同

虽是一种"无声的教育"，却能达到"此时无声胜有声"的效果，"身正"，对班主任来说尤为重要。班主任要为人师表，班主任的言行举止、品德性格和为人处世的态度，对学生起着潜移默化的作用，所以我时刻严格要求自己，自己带头去做，凡要求学生不要做的，我自己决不做。

比如：我要求学生上学不能迟到，所以我每天都提前来学校，并到教室与学生同在；要求学生保持卫生，不乱扔垃圾，我会亲手捡起学生不小心丢在地上的一片纸片；要求学生之间和谐相处，班级建立学习互助小组，我会与学困生聊家常，鼓励他好好完成作业；要求学生文明礼貌，我在什么地方都会和学生主动问好……我相信教师的良好个性品质一旦得到学生的认同，就会激起学生的学习需求，从而由认同到模仿乃至内化。

（五）营造舆论建班风

在班集体中只有形成了正确的舆论与良好的班风和学风，才能使集体具有巨大的教育力量，成为教育的主体。

五、班级成效

在师生的共同努力下，我们的班风越来越好，学风越来越正。在班级活动的过程中，本班学生越来越开朗，越来越阳光，越来越自信；他们爱心更浓了，责任心更重了，集体荣誉感更强了。通过持续不断地教育，班级的"长度"在不断延伸，班级的"厚度"在不断增加，班级的"高度"在不断攀升。

我深知：班主任工作不是装满一桶水，而是点燃一堆火。因此，我希望自己能够在接下来的一个又一个三年中，不断提高自己的带班能力，把每一届学生都培养成"眼中有希望，心中有梦想，脚下有力量"的新时代好少年！

一、教学基本功大赛

教师，被称为专业技术人才，一个优秀的教师，总是在教学过程中不断探索适宜的教学方法，在更好地教育学生的同时，也让自己不断地进步。许多优秀的教师总是非常谦逊地说："其实，不是教师教会了学生，而是学生教会了老师。"教育是教师和学生的共赢，也是学校和家庭的共赢。任何教师，都不可能一开始就成为优秀教师，这需要经历一个过程，短则三年，长则数十年，教师逐步把握教学规律之后，自己的教学技能就会得到提升。如何将这漫长的成长过程进行科学的缩减，教学基本功大赛无疑是最好的选择。北京市第八十中学容东分校的教师正需要这样的契机，建校之初，学校51位教师中，30多位是新毕业的研究生，如何让这些教师快速地成长并站稳三尺讲台，是一个严峻的问题。胡校长统筹指路，教学副校长李继良带领教学处主任李晨曦和科室几位教师，在最短的时间内研究出适合学校教师的教学大赛方案，第一届教学基本功大赛就在安新县三台镇一个不足100平方米的教室内开始了。

教学处的三位干事分别是信息技术和教育专业，虽然年轻，做事却十分周到。举办活动主持人是必不可少的，要先确定主持人。教学处李晨曦看了看3个满脸朝气的教师，谁主持都能胜任，那就按高低个子确定——于是个子最高的张梦雅老师端庄大方地站在了简陋的"舞台"中央。学校处处是舞台，教师时时可成长，在学校搭建的平台下，学校举办的各类活动中时时有教学处的袁美英、崔晓雪、张梦雅老师的身影。

做一名优秀的教师，必须有一些基本功需要掌握。

一、书写基本功

书写作为教师的一项基本功，对教师有着明确的要求。教师的板书是很讲究的，要求不写错别字、不写草书、书写规范、大小适宜、字迹美观、章法合理。各个科目的教师都要掌握书写基本功，这不仅是自我发展的需要，也是教学的需要。

二、语言基本功

每一科的教师，传道、授业、解惑的基本工具，就是语言，因此，一个优秀的教师应该注意修炼自己的语言基本功。上课时，教师的语言谈吐应当做到声音洪亮、吐字清晰、语言流畅、抑扬顿挫，准确使用科学的语言，并努力表现得亲切自然、情感丰富、具有感染力和启发性。

三、利用现代教育技术的基本功

做一名合格的教师，一定要与时俱进。现在的教育，不是"黑加白"就可以解决所有问题的。时代在进步，社会在发展，教师也要跟上时代的步伐，掌握现代教育技术。在课堂上，教师要学会让多媒体工具与课堂教学有机结合起来，改变教学内容的呈现方式，增强教学的直观性和趣味性，激发学生的求知欲和主动性，提高课堂教学效率。

四、组织教学基本功

组织课堂教学是贯穿整个课堂的教学行为。从创设课堂教学情境到教学过程调控，再到最后的课堂结束，都隐含着组织教学的因素。因为课堂教学行为是正在发生的事件，所以组织好课堂教学需要教师具有敏锐的观察力、睿智的应变能力和高超的调控能力。教师既要创建轻松和谐的学习环境，又要让学生集中精力去学习，这是很不容易的事情，这种基本功是教师在长期的探索中逐渐加深的。

五、教学设计基本功

课堂教学设计是教学基本功训练的一个重点。课堂教学中的教学目标不明确，时间分配不合理，教学程序不流畅，甚至出现一言堂等现象，都是教学设计不过关造成的。在充分了解学生，熟练掌握教学内容的基础上，教师应根据教学内容和学生实际，准确选择教学模式和方法，合理安排教学程序和时间。其中主要凸显师生双方活动的安排，设计好预设程序并充分思考生成问题及解决方案。

新竹高于旧竹枝，全凭老干为扶持

骨干教师是一个学校的中流砥柱，也是青年教师成长的垫脚石。建校之初，学校教师队伍是由北京市第八十中学本部的优秀骨干教师、雄安新区面向全国招聘骨干教师和具有研究生以上学历的青年教师组成。2018年，北京市开展"建三援四"计划，数学教师张启华和英语教师左卫军是首批北京市八十中派往雄安的优秀骨干教师。张老师为人敦厚谦和，学科站位高、教研能力强，高一开学时经常听到的一句话是："我要讲新的知识点了，你们随时可以来听课啊！"就这么一句简单平常的话，让新登讲台的教师们倍感亲切。

2018年9月，我带着新的希望，来到北京市第八十中学雄安分校。条件比想象的更艰苦，工作难度、强度远超出我们的想象，我们是从头做起的。开学一周内建立起包含全校初、高中数学教师的数学教研组，组建全校初一到高三六个年级各年级的数学备课组，任命备课组长，一个月内全校实行各年级数学教学统一学案授课，统一教学进度，统一集体备课，统一周测练习的"四统一"年级团队合作教学方式，这样一干就是五年。

2021年8月我来到北京市第八十中学雄安容东分校。学校在胡友永校长的带领下，秉承北京市第八十中学"一人一天地，一木一自然——让生命因教育而精彩"的办学理念，施行创新性育人模式，实施分层小班化教学，正副班主任协同管理。即使在五育小学临时校址那样艰苦的条件下，我们仍举行了建校第一次教师教学基本功大赛。那次活动全校教师全员参赛，各具特色、各有所长，体现了以教师为主导、以学生为本的新课程理念。在教学中，教师的教学手段能结合当时的艰苦实际，将学科与信息技术有效整合。课件、幻灯片等多媒体教学手段大大增加了课堂教学的容量，增强了课堂教学的直观性、趣味性，激发了学生的学习兴趣，较好地突出了教学重点，突破了教学难点。

2022年我们迁到了现在的新校址，这里的教学设施等硬件条件很好，有新的环境和新的教师结构。数学组作为三大主学科之一更是汇聚了全国各地的英才，走在教学创新改革的前列，把担当教学责任、创造教学业绩作为工作的第一要件。学校数学教研组的老师们勇于探索、积极学习教育新理念，加强课堂教学实践，提高学生数学专业素养；多次举办数学学科月活动，组织学生参加北京市数学竞赛并取得优异成绩，组织强基培训；全面推行"澄明课程"育人体系，加强课堂教学研究，全面促进学生核心素养发展。为保证教学质量的整体提升，学校还将推出走向深度学科理解的"以生为本、问题引领、情境再造、探究展示、精讲释疑、诊断检测"的教学调控方式，意在使知识结构化、学科思想方法系统化、学习过程与能力发展融合化，保证学科价值与学生终身融合发展。把研究教学特别是"信息技术赋能的指向学科理解的有效教学"，聚焦教育高质量发展的实践和探索，"新"人工智能领域下的新课标实践路径，教师如何从学科育人立场出发，理解学科知识习得过程对发展学生素养的价值，如何基于课程标准，上好不同课型，如何通过信息技术赋能进行有效教学等主题深入交流，旨在聚焦教育改革热点，探讨解决问题方案，高效率发展学生核心素养。具体的尝试如下。

援建雄安我们始终秉承着坚持不懈、吃苦耐劳的精神理念，一步一个脚印，对教学工作精益求精，对备课工作做到智慧科学，对教师团队的知识储量做到及时更新，对资源配置做到线上线下共享，对学生的知识把握做到及时检查与督促。只有这样我们才能将更多的知识传授给学生，才能把与时俱进的方法分享给教师，才能做到问心无愧。虽然学校的硬件达不到最新，但我们有信心将软件做到最好。凡事第一步总是难的，但敢于迈出第一步并坚持下去才是最后成功的必然，我们现如今就在做这样一件事，做一件增强幸福感的事。

初到之时秋风萧瑟之美尽收眼底，五年有余春意盎然之真藏于心中，我们坚信自己在做一件美好的事情，在为雄安新区的教育事业添砖加瓦的一件美好的事情。我们愿意捧着一颗心来，愿意将自己的汗水洒在雄安的教育事业上。正所谓有一种生活，没有经历过就不知道其中的艰辛；有一种艰辛，没有体会过就不知道其中的快乐；有一种快乐，没有拥有过就不知道其中的纯粹。让我们在新区播下希望，收获喜悦；让我们甘为人梯，使新区的孩子踩着我们的肩膀奔向未来！

捧着一颗心来，我们愿播下智慧的种子。回顾自己五年多援建雄安的工作表现，有辛苦地付出，也有幸福地收获，我感受着支教赋予我生命的精彩。

最后，雄安校区数学教学是责任、智慧、汗水和泪水的结晶，工作虽不能俱尽教学所有，也不能遇见教学的所有未知，但是它能给人以力量与思考。我坚信办法总比困难多，要做好艰苦工作、吃苦奉献的一切准备。在此我要感谢胡友永校长、田树林校长、任炜东校长及雄安新区领导对数学组的关心指导，信任和帮助，感谢上级领导的关怀，支持和给予我援建雄安的机会。

左卫军老师曾经是北京市高考英语状元的英语教师兼班主任，去过多个西方国家学习交流，对英语教学有自己独到的方法和见解。

紧张而激烈的教师基本功大赛已经结束了，现在回想起来宛若昨天，依旧历历在目，指导思想深入人心。落实立德树人，秉承"一人一天地，一木一自然——让生命因教育而精彩"的教育理念，坚持教书和育人相统一的思想，进一步推进"澄明课程"育人体系，落实大单元背景下的任务驱动教学。以赛促教，教学相长，全面提高教师课程实施水平，提升本校教学质量。感谢学校为我们搭建了一个展示自我的平台，给我们提供了一个相互观摩、学习、切磋的好机会，更调动了我们不断学习、共同提高自身业务水平的积极性，切实促进了教师的专业化成长。

作为一名基本功大赛辅导教师，对于新入职教师总体感受是他们缺乏经验，各方面还有很多的地方需要改进，教学方法需要提升，综合素质水平须提升，新课标引领下的备、教、学、评一体化的教学格局需要逐渐搭建与形成。

具体问题如下。

1. 课堂内容过多，安排前松后紧

前面的导入、新授时间长，常常导致后面的巩固训练、反馈小结等环节草草过堂。尽管教师讲完、讲全了，但其实学生没学进去。

2. 教材挖掘不够，重点把握不准

经常出现重点知识一笔带过、难点知识未能消化的情况，主要原因是新教师对学科知识的内化不足，自己做的题量不够，有的新教师上高一的英语课，对高二、高三的内容却不关注，高考题也不去做，就不清楚各个知识点在整个教材体系和高考中的地位和作用，对学生易发生错误的地方缺乏经验，表现出来的就是缺乏教学的针对性。

3. 课件内容庞杂，文字过于具体

课件的实质是一个教学提纲，而非教学内容全部。课件内容过于详细具体，就有画蛇添足的嫌疑，反而导致重点不够突出，学生思维不足。

4. 板书设计粗糙，速度过慢

内容没有条理化，影响了课堂教学效率。

5. 教育理论欠缺，方法运用不够

直观性、启发性、循序渐进、巩固性、可接受性、教育性、理论联系实际、因材施教等教育原则，理论都学过，也懂得原理，但在课堂实际运用时却并不熟练，需要在工作实践中慢慢磨炼。

6. 基本功达标课的教学设计缺少精彩之处，没有亮点，不能吸引学生的注意力。

改进措施如下。

1. 加强集体备课，发扬众多老师的智慧

要备好课，就必须依靠集体的智慧，优势互补，资源共享，以老带新，团结协作，切实提高集体备课的效率。重视复习课的调研，及时发现问题，寻找对策。尤其是在知识高度发展的今天，靠个人单打独斗，难以取胜，这已是被实践反复证明了的经验。俗话说："一个篱笆三个桩，一个好汉三个帮。"

2. 课堂教学是教师传授知识、学生接受知识最主要的途径

教师能否正确把握课堂教学的方法，运用课堂教学的手段和规律，最大限度地发挥课堂教学的作用，是提高课堂教学效率的关键。一方面通过示范课、研讨课让青年教师明白什么是好的教学设计，另一方面积极主动加强教师相互听课、评课、交流，尤其要求新教师多听有经验老师的课，而且听完课都进行总结。

3. 加强理论学习，改变教学观念

以落实双基、拓展思维、激活课堂，用以指导教学实践。努力转变教学观念，发扬澄明课堂的精神，变教堂为学堂，还学生学习英语的主动权，在师生的双边活动中，注重培养学生"自主·探究·合作"的精神，尽量使学生在"积累·整合""感受·鉴赏""思考·领悟""应用·拓展""发现·创新"五个方面获得发展。

4. 多磨课，多教研，多利用网络资源

多多利用一课一优师、B站、学科网、知网等资源，吸收其精华，把握教材，精进教案，多磨课，多教研，努力做到极致。

通过给予做课教师细致的建议、行为的规范、批语的形式、教学过程中知识的把握等，从而达到比较令人满意的教学效果。他们能够在基本功大赛中取得优异的成绩，对于今后的课堂教学也会发挥意想不到的作用。

昨日因成今日果，前人栽树后人乘凉

教学处李晨曦主任是高中部整个教学基本功大赛的亲历者、执行者和见证者，经历了学校创始以来的两届教学基本功大赛，作为新区招聘的第一批骨干教师，她全身心投入学校的教学工作中，帮助青年教师向骨干教师成长以及骨干教师向卓越教师迈进。在安新县三台镇的简陋校园里，她和教研组长们共同组织青年教师们进行教学基本功笔试，考查教师们对高考评价体系和课标的掌握，对教师们的板书粉笔字进行评比，每一个初出象牙塔的教师都有着一张稚嫩的脸庞，但是眼神却执着坚定。李晨曦主任对新区的未来充满希望。

雄安新区千年大计，教育先行。2021年8月，在新区建设如火如荼地进行的同时，我和我的新同事们从全国各地来到这里，胸怀梦想又志忑迷茫，骄阳下的初逢，交汇成了2021年最波澜壮阔的相遇。我们从熟悉的城市来到了学校的临时校区，一个简陋的庭院孤单地坐落在路边的一个小村子里，校舍周围的地里种满了高粱，绿油油的一片，放眼望去，像极了堵塞视线的障碍物。盛夏的校园里，我和51位同事一起，住在集体宿舍里，在食堂就餐，基础环境的恶劣让我有种日夜漫长的错觉。但很快，这种感觉就消失得无影无踪。在北京来的校领导的带领下，我开始"成长"，每天的教学和教研充实着我的生活，从"澄明课堂"到大单元教学，从线下教研到线上听专家讲座，我在雄安的每一分钟都伴随着学术的气息。田间的高粱也在默默地拔穗生长。从教学到研究，从理论到应用，我在容和的每一天都在智者的光环下欣喜地成长。窗外的高粱红

彤彤的迎风摇曳，犹如火红的云霞，微风吹过，空气里散发着阵阵清香。校领导带来的先进教育理念深深吸引了我，在"师傅"们的帮助下，教研方面我从力不从心逐渐走上正轨，每每想到这些，我的内心充满了内疚和感激。胡友永校长是我未行"拜师礼"的师傅，他的"宝物"是自2021年来5本厚厚的听课本，每一本上都密密麻麻地记录着一位专家型教师的独到见解，受胡校长的影响我开始专心研究教学，读理论书籍，窗外的高粱在风中摇曳的同时，也在吸收风雨阳光的给养，努力向上。村口的高粱被秋风染成了红色的火焰，粒粒饱满，不张扬地低着头，却烧红了半边天。

由从前单纯的讲授知识向专业的教学转型，我和教师们一起研究"大单元教学"，研究"驱动性任务"，研究"教学评一体化下的深度教学"。李继良副校长是我的学术榜样，他的课堂是幽默诙谐的，每次听他的课，我都在感叹化学的神奇；他的学术是澄澈明朗的，从理论到实践，都透露着学术的专业感，教师们开玩笑说："李校有一颗水晶般澄澈的心，此心生智慧。"

12位骨干教师分别担任学校的中层和教研组长、备课组长，在教学基本功大赛过程中，骨干教师们经常为了青年教师们如何处理教学中的细节争得面红耳赤。

体育组王永贵老师：

"正身育德、宽容大爱、恒学善研、严谨执教"是本校培育教师的目标，为向这一目标前进，本校每年组织一次教学基本功大赛，我们组成员积极响应学校号召，发挥各自专长，积极备课、认真教研，师徒结对，以"老"带"新"，力求每一堂课都能熠熠生辉。

经过坚持不懈的努力，我组教师各项素质得到很大提高，具有良好的政治、业务素质，总结如下。

1. 提高认识，明确基本功训练的意义

我要求落实"勤"和"恒"，通过岗位训练培养教师的勤奋精神、吃苦耐劳的意志品质和一丝不苟的认真态度，使年轻教师懂得体育教学基本功的重要意义。

2. 制定方案，落实基本功训练的各个环节

提倡教师自觉练习钢笔字、毛笔字、粉笔字，达到业务水平，胜任本职工作。每学期有工作计划、教学计划、工作总结等材料，内容具体，切实可行。认真备课，教案完整、细致，有新意，提前备一周的课。

3. 立足岗位，教中练、练中教

在平时训练中常抓不懈，刻苦练功。每位教师都能成为教学的有心人，只

要有利于教学的东西就要学、就要练。

4. 根据需要增添硬件

有效提高信息技术在体育课中的运用，提高课堂效率，开阔学生视野。

5. 教师基本功训练与教育科研相结合

我们在一次次研究、备课、讲课中提高了教学综合技能，课堂上展示了基本功训练的成果。通过教育科研提高了教师的认识水平、理论水平，摸索新的教育教学方法。

通过竞赛，我们练习基本功的兴趣更浓了，积极性更高了，互相取长补短，而且都有了新的训练目标和奋斗方向。总之，本学期的教学工作即将结束，基本功训练的启发是永久的，我有信心、有能力，在今后的体育教学中，百尺竿头，更进一步，向着更高、更强、更快的目标不断努力前进。

生物组武晓平老师：

教学谁都能教，难就难在"会教"。只要知识达到一定水平就能教学，而会教则需要熟练运用教育心理、教学艺术、教学策略等，让学生学会知识的同时，提升能力和素质。在向会教的转变过程中，教学反思是一种有效的手段，它可以让教师不断思考自己的教学行为，不断改进和完善教学方式、方法，使自己的教学水平不断提升。

汇总这两届教学基本功大赛的体会，教学反思如下。

1. 剧透让课堂价值归零

学生还没有思考，或者还没有完成思考，不能直接公布答案。"学而不思则罔"，思考是学习的本源和核心。没有思考的学习是失败的学习。

在进行知识讲授时，要设置好问题，引导学生思考，给学生提供讨论和交流的机会，然后再进行分析点评，回归课本正确的知识和观点。

引导学生思考，就像点燃思维的火焰，比让学生知道一个答案重要太多。"剧透"式教学让学生失去思考的机会，把教学慢慢变成填鸭式。学生只学了一肚子知识，而不知道是什么、为什么，教学也就变得毫无意义和价值。

2. 絮絮叨叨还不如另想他法

有些知识比较难，学生总是不理解或者容易忘记。教师一旦发现学生出现问题，就会不厌其烦地再讲一遍，有时候，忽然发现自己已经讲了五六遍，都快成了絮絮叨叨的大妈了，但是学生仍然出现问题。出现这种情况，这说明教学是有问题的。要么总是以自己的思维讲解知识，学生无法理解；要么没有讲透彻，学生印象不深刻。

面对这种情况，再絮叨一遍效果也不会好，可以换一种思路去教学。对于学生不理解的知识，回去重新查阅资料，借鉴他人讲解方式，重新备课。重新讲需要把以前的讲解备课扔掉，换一种新的。对于学生容易忘记的内容，加强学生默写，连续多次默写，不断加深学生印象。对于易错易混的题目，要多找几个类型题，隔三岔五就练习一下，让学生纠正过来。出现这类问题，埋怨学生是无能的表现，也不能絮絮叨叨重复一千遍，需要换一种方式去解决问题。

3. 当喜剧演员课堂效果最好

教师上课面无表情，一节课下来，学生不应声，自己只管讲自己的课，这样的课是乏味的。教师应该时刻关注课堂气氛，如果学生走神或者气氛沉闷，这时候就需要充当一下喜剧演员，把课堂气氛调动起来。当然，调动课堂气氛不是变成相声会或者联欢会，要注意适可而止。课堂气氛活跃后，要及时转移到教学上来。学生喜欢有幽默感的教师，闲着没事多看看小笑话，培养一下自己的喜剧感和幽默感。

4. 不知学情就备课，无疑缘木求鱼

教师备课前一定要进行学情分析，了解学生基础情况、认知水平、知识缺陷等。高水平的教师能够分析出学生思维缺陷、需要学习的地方。然后根据学生学情进行备课，不能关起门来，拿出课本和教学资料就进行备课，完全不顾学生实际情况，应因材施教，做不到不如不教！不清楚客人的口味，就贸然做了一桌子川菜上去，虽然说药不死人，但是吃不多、吃坏肚子的情况还是会有的。不进行学情分析不备课，否则，无异于缘木求鱼，教学效果不会很理想。

教学是技术也是艺术，教师需要不断精益求精、不断反思、不断改进、挑战自我、超越自我，为学生打开更广阔的空间。教师不能停下追求的脚步，需要一直不断学习下去，这样才能无愧于学生喊你一声"老师"！

昨日因，今日果。学校组织的教学比赛是因，促进教师的专业成长是果。

苔花如米小，也学牡丹开

世界上并非仅有天才和英雄的存在，无论生命多么"平凡"，都可以骄傲地活着，焕发青春的光彩！在容东分校的校园里，每一位教师都是灵动的存在，即使没有在教学基本功大赛中获奖，也没有显得那么"突出"，但是他们如同米粒般的苔花，默默地奉献着自己的青春。英语组的李巧玉老师就是这样一位默默无闻又踏实肯干的人，几乎所有人对她的评价都是：个子不高，话不多，人很老实。就是这样一位默默无闻的教师，教着高二年级最"难管"的体育班，班里的体育生们英语基础差，学习劲头不足，上课睡觉是学生的家常饭，巧玉老师从不抱怨，想方设法地让学生学习英语，办公室里常常见到一群高个子的学生围着巧玉老师背书听写单词，正是一个个"巧玉"老师们不计较光环，坚定又执着的教学精神，照亮了容东校园。

东风何时至，已绿湖上山。不知不觉已经听到了六月婉转的蝉声，岁月流转，回想起两年前的那个夏天，我满怀着对未来的憧憬从大学毕业，走出我的青春，走进了孩子们的童年。那时的我懵懂无知，只能不断学习，而现在已由最初的心怀忐忑到渐趋从容。如果时光有味道，我想那便是过程虽有苦涩，但成长却有回甘。记得第一次参加教学基本功大赛的时候，除却紧张与不安，更多的是不知如何下手的茫然。这时同组骨干教师的示范课给了我极大的启发，我第一次知道了一节优秀的公开课是什么样子的，在师傅的建议下我又在不同渠道观摩了名师优质课。选好课程后，一遍遍地研读教材与教参，终于形成了我自己的思路，一节新手公开课初具雏形。做好课件和教案后，同组的骨干教师和年轻小伙伴们又给了我许多建设性意见。实践见真章，一次次的磨课，每一次我都能发现不足并加以改进。就这样，这节课越来越好，我也讲得越来越得心应手。"旅途的终点没有风景"，人生的乐趣在于追求的过程而不是结果。享受这个不断进步的过程比专注结果更令人收获满满。

纸上得来终觉浅，绝知此事要躬行

教学基本功大赛期间，学生亲身经历了教师的孜孜不倦和力争完美的工匠精神，一遍遍的磨课，修改教案、学案，每一堂优质课的完美呈现，背后都是教师们伏案工作的汗水浇筑而成的。言传身教，这种精神深深地鼓舞着学生。刘星宇是2022级新生，卷卷的、稍带黄色的头发曾经一度让教师们觉得这个学生是不是染发、烫发了？刘星宇的班主任还曾经因此受到教育主任的"约谈"，所有见过他的人都说：果然是原始自然的最美丽。对于学校的教学基本功大赛，文科生刘星宇最有感慨。

论学习，抑或生活，教师们的教育总是润物无声的，那谆谆教诲，无不让人受益匪浅。

从教学方式来说，在教育的过程中加入相关的实事，一来帮助了学生理解，二来活跃了课堂的气氛，此一举两得、事半功倍的做法在教师们的教学过程中是极明显的。互动的教学、同学们的积极提问、老师的耐心解答在一定程度上提升了知识的宽度和深度，也对课堂教学的提高起了一定作用。

哲学上说，事物的发展过程是曲折的，而其前途是光明的。虽然本校在学校、教师、学生方面已经很完善，但一高仍然做到了认识不足，谦虚提升。于学校、于社会、于国家，这一点是弥足珍贵的。学生反映的问题，教师耐心交流，校方及时解决，这是一高莫大的优势。在此氛围下，学生不断提高，学校呈一派欣欣向荣之势，并非只在园中几株金银花与栏杆外数棵杏树，而更在学校之前途。

  教师与学生的交往是无隔膜的，亦师亦友在一高是得到实践的，深刻理解我们的心声成了每一位教师的基本功，也成了我们学习进步的加速器。在亦师亦友的氛围下，教学相长也得到了印证，一起提升，一起成长，使我们与教师们的努力汇成一股潮流、一股热风。

立足雄安建设高标准　创新助力教育新发展
——"雄安·领军杯"教育改革创新发展研讨会暨全国"同课异构"活动情况

教师发展与课程建设中心　许钦贤

为落实党的二十大精神和习近平总书记关于教育现代化高质量发展的要求，适应"双减"政策和基础教育评价改革，结合雄安教育要求，围绕立德树人，五育并举，全面发展，贯彻核心素养，培养新理念，深入探索课堂教改创新，全面提升教育教学质量，办好人民满意的教育。由新区公共服务局主办，容和教育总校和本校共同承办，北京华师教育、超星协办，面向新区、面向京津冀、面向全国，组织了三届"雄安·领军杯"教育改革创新发展研讨会——暨全国"同课异构"活动。

研讨会由顾明远教授亲笔题字，以教育教学实践的年度热点为主题，通过持续搭建全国性的区域间、学校间和教师间交流展示的平台，汇聚当代教育教学名家及优秀教师先进教育教学理念、资源，以教学展示、专家点评、主题研讨等形式，聚焦改革核心，探讨问题方案。

通过举办研讨会，一方面深入推动课堂教学创新，全面提升教学水平。立足深化核心素养培养，聚焦课堂、研究教学，以本校澄明课堂教学模式为基础，大力推动课改创新，打造具有雄安特色的高效课堂。另一方面为教师搭建全国性展示平台，促进教师专业成长。通过体验不同教师对教材的研究、理解、挖掘、激活，对课堂的时空把握、学生调动、教法选择、内容处理等，展示出个性化、差异化的教学过程，在"异构"中感悟自我、取长补短、交流互动，解决教学实际问题，同时拓宽视野，在各地教育思想的交流与碰撞中，在不断反思和实践优化中，提升教师专业发展水平，提高雄安教师队伍的业务能力。

其中，2022年围绕高阶思维发展和学生学习品质评价探索，推进学科理解和学习评价研究。如何让学科概念不仅仅是知识，而更具有学科教育功能？如何让评价直指学生学习品质问题，进而在师生互动中优化改善？在这样的背景下，如何理性地迎接挑战和把握机遇，用行动去助推教育变革？2023年以"信息技术赋能的指向学科理解的有效教学"为主题，聚焦教育高质量发展的实践和探索，"新"人工智能视域下的新课标实践路径，教师如何从学科育人立场出发，理解学科知识习得过程对发展学生素养的价值？如何基于课程标准和不同版本教材，上好不同课型？着力学科教学与信息技术融合，通过信息技术赋能有效教学。

"同课异构"活动由教师发展与课程建设中心牵头，初、高中教学处和九大教研组参与，信息中心负责网络技术支持，相关各部门协调配合，汇聚来自北京、天津、河北、内蒙古、浙江、山东、广东、安徽、青海、宁夏等全国省市优秀教师以及雄安新区教育同仁，每届展示初、高中合计72节课，包括语文、数学、英语、物理、化学、生物、历史、地理、思政（道法）9门课程，各由4所学校教师执教，在同课中思维碰撞，在异构里呈现精彩。针对同学科同一内容，结合所教学生实际和教师个人教学风格，采用不同的构思、切入点、侧重点进行教学设计，呈现百花齐放、异彩纷呈的高效课堂。按照防疫要求，主要采取线上活动为主，特别邀请北京市优秀专家团队在线点评，各地教师线上交流。

通过课程展示，可看到不同风格、不同设计、不同学校的教师深入探索新课程理念下的课堂教学改革，从不同角度对教学内容进行了巧妙的设计，力求让每一位学生都能在课堂上充分思考、积极参与、主动发展，可谓同中有异、异中有同、异出精彩、同样收获。专家点评切中肯綮，促进了反思和实践的优化。参与教师获得多元体验，加快了专业发展，所创造出的教学智慧、思考成果转化为教学实践新动力，推动了教学质量的进一步提升。

通过赛前精心到位的准备，赛课中进一步提升，参赛青年教师在适度压力下快速成长。两年来，初、高中有 36 位青年教师参赛，都成长为优秀青年教师，其中 2022 年、2023 年分别有 13 位、11 位教师获得一等奖，由新区公共服务局下文通报。

常言说，台上一分钟，台下十年功。

以 2023 年 4 月 22 日研讨活动为例，成功举办的背后是这样一组数字。

5 个主要单位和众多参与机构，包括新区公服局、容和总校、三县教育局、华师教师、超星教育，雄安三县、容东所有中学、部分小学，还有《河北日报》、雄安发布等媒体。

2 位全国知名教授、6 位校长、18 位评课专家团，900 多人现场参会，700 余份资料，午餐 500 多人，全校 213 名教师和后勤人员参与，在线参会累计约 21 600 人次。

初、高中各 9 科 9 课题，涉及 8 省 47 所学校，72 位教师 72 节课，100 位以上辅导教师，其中本校、新区其他学校各 18 位。此过程中校内录制 18 节课，集中演练 2 次，直播 80 小时，制作并发放各类证书 200 多份。

制定 2 份方案、4 类邀请函、6 份各类 PPT，起草 2 份文件、3 篇讲话稿、4 份主持稿，组织 4 次专题会议，发布 5 篇公众号文章，其中校公众号活动新闻稿，被"雄安发布"发布，四家全国新闻单位网络转载。

活动组织过程中，各部门紧密配合，参与教师、领导各尽其职。从事前、事中到事后三个环节，协调处理大小事情 20 余项，解决 10 余个问题，确保各项工作顺利推进。事前，从活动安排、文件拟定、初高选题、推进会（统一备课要求，督查各教研组备课情况）、推流软件培训与演练、协调录课，到公司赞助，拟发言稿、主持稿、邀请函，确定专家介绍，活动宣传册、海报、推进会、主会场等 PPT，两次公众号文章，与参赛教师对接、接收赛课资料、活动流程卡、网络技术保障测试等。事中，从报到、午餐券发放、专家接待，到现场直播、摄像，做会议记录，拟写新闻稿，午餐接待等。事后，发布公众号活动新闻（内容、图片等），同课异构（初、高），相关媒体联系转发，名次评定与并列问题处理，到安排赛后收获汇集成册，证书制作与发放，拟定表彰文件等。

前后一个多月，我没有星期天，经常加班到十二点以后，有时甚至到午夜两点，第二天还继续正常上课。虽很累，但很充实。

这是一次难得的业务学习。无论是专家专题讲座，还是京津冀三地校长分享和各地教师"同课异构"，都让我们大开眼界、大有所获，借机了解了全国各地基础教育课堂教学情况，熟悉雄安周边各地教育和学校发展状态。

这是一次艰苦付出后的巨大收获。无论是活动协调，还是赛课组织，不仅受到上级领导和同事们的肯定，而且通过组内集体协作，渗透课改要求，统一教改做法，围绕核心素养，推动大单元教学与澄明课堂的融合，初、高中各有6科拿下一等奖，实现在实战中推动教师专业发展，促进青年教师的快速成长，展示出学校成立以来的发展风貌。

这更是一次前所未有的考验和锻炼。举办这样大型、专业的教育教学交流活动，还要代表雄安，在经验、资源不足等情况下，每个环节、每个细节、每个事项，都努力做到三思而后行，精心安排、细心协调，不懂就问、不会就学，及时向领导、向网络、向同事、向朋友等，或请教或咨询或求助，将集体的智慧和力量集中到活动举办当中。

本次研讨活动有五大特点。

1. 各级领导重视。从公服局到总校、学校，上下都非常重视。高局长亲自到场致辞，宫局长主持，胡校长汇报。管委会马副主任原先计划到会，因临时有变未能到场。

2. 参赛教师认真。参加比赛的教师不只有优秀青年教师，还有许多高级教师，甚至有副校长、某地某科首席等。许多科目出现并列排名，评课专家非常慎重。

3. 活动组织有力。强调集体备课，学科组长为第一负责人，骨干教师担任指导教师，发挥出集体的力量。专题推进会通过交流方式，督促备课进度和质量，统一了教学特色要求，将大单元教学与澄明课堂融合，突出信息技术的适当使用。录课、播课和直播等的培训、演练、设备、人员等到位，高质量完成相关工作。

4. 统筹协调到位。事前准备充分，从文件、文稿到课题选择，教师选拔、人员分工，都做到及时、高效、科学，责任明确、配合顺利。事中各部门各司其职、各尽其职，从教育处、德育处到科研处、后勤处等，及时到位。尤其是信技中心，从保障直播、转播到公众号编排发布等，克服了工作量大、人手少、时间紧等困难，加班加点，保质保量。事后注重宣传和学习推广。立足党的二十大精神落实与雄安建设，提高宣传站位，精心选图，细心撰稿，严把文字，精准定位。

5. 社会关注度高、影响大。活动直播访问量突破2万多人次，校公众号新闻访问量超1600余次，多家全国性媒体转发。雄安发布正式报道，这是学校成立以来第一次。胡校长的报告被北京某出版机构关注，计划收录刊出。

总之，突出"中国特色 世界一流"的雄安要求，以"高标准、高水平、高质量"为目标，品牌化"领军杯"研讨会，立足雄安建设高标准，创新助力教育新发展，不仅构建起一个高水平教师专业发展平台，推动了新区、学校的课堂教学改革，推动着教师队伍专业成长，而且将北京市八十中学的教育理念、教学思想、优良作风等通过实践活动，扎根在雄安、在容和一高，促进了办学水平的提升。

本校将在"正身育德、宽容大爱、恒学善研、严谨治教"的教师发展理念的指引下，借研讨会活动之东风，协力前行，不断提升办学质量。

一人一天地，一木一自然，让每一个生命因教育更加精彩！

一年一主题，一届一创新，让每一届雄安杯结出丰硕成果！

新课程标准下的《将进酒》教学探索

雄安容和第一高级中学语文组　陈丹

【摘要】 本文针对部编版语文教材选修上《将进酒》一课，设计了为《诗酒李白》诗集封面配图并从《将进酒》中选择合适的卷首语的语文学习情境，让学生在真实自由的情境中进行深度思考联想与个性化解读，并且能够从不同角度全面地了解李白，进而把握诗歌情感内容、体悟诗歌风格，发展学生学科素养。

【关键词】《将进酒》；真实情境；个性化解读；诗歌情感风格

【理论依据】

课程改革倡导素养为本的教学，应该"引导学生在真实的语言运用情境中，通过自主的语言实践活动，把握语言文字的特点，同时发展思辨能力"。要求学生在鉴赏活动中能从不同角度、层面鉴赏文学作品，具体清晰地阐释自己对作品的情感、形象、主题和思想内涵、作品风格的理解。在诗歌传统日常教学中，教师往往以讲代读、以讲代悟，教师占据着绝对的主导地位，忽视学生的课堂主体作用，学生更像一个存储知识的"容器"，等待着教师来传递知识，自己却很少主动去探索、去分析诗歌背后所蕴含的细腻情感与丰富内涵。这样一来，学生很容易感到诗歌教学的枯燥乏味，进而失去学习的兴趣与积极性，而且自主学习诗歌的能力也无法得到有效的锻炼、提升与发展。而在诗歌课堂教学中合理借助多媒体设备辅助教学，创设一个与所教诗歌内容相符的直观化、形象化、生动化的情境。在这一情境的带领与引导下，学生更加容易感知诗歌中诗人所描写的内容，进而更好地感知诗人想要借助诗歌传递的思想感情。

【教材分析】

《将进酒》在体裁上是一首古体诗，属于诵读单元，"因声求气"。通过诵读让学生领悟诗歌的情感是一个重要的方法。所以本节课力求让学生通过分析关键词句，并结合知人论世来把握诗歌情感，然后通过不断变化的朗读触摸诗人李白的多元品质。

【创新点】

本课设计具有以下创新点。

1. 本课教学为学生创设真实情境，增强语文与生活实际的联系，让学生了解语文与社会之间的紧密联系，让学生活动从"做题"转化到"做事"，在解决问题的过程中发展核心素养，从而触摸李白的多元品质。

2. 改变传统讲解诗歌逐句赏析的方式，让学生自主选择赏析。学生在解决问题的过程中自主选择适合做卷首语的诗句，并依据自己的理解，在教师的提示下，从多角度解读李白的诗歌。

【学情分析】

1. 学生已有知识与能力

本学段的学生已经积累了一些诗歌学习的方法，在初中学过李白的《将进酒》，必修 2 上册中已经学习过李白的《梦游天姥吟留别》，对于诗人李白以及古体诗这种诗歌题材有了一定的了解，对于儒家思想的初步了解以及对于中国古代文人人生思想的大致印象也有助于学生学习这首诗歌。

2. 学生学习障碍点

学生虽已了解了李白其人，可是往往只留意到他的狂放浪漫，对于他一生不坠济苍生的理想并没有足够深入的认识，所以学习本首诗歌，体会李白丰富又复杂多变的情感变化，领会他背后对理想的执着是学习的难点。

3. 学生学习发展点

本专题的核心内容为探究李白的情感变化，领会李白的人生精神，并通过完成为《诗酒李白》诗集选择卷首语的任务，让学生将诗歌学习与实际情境结合解决问题，发展学生的思维能力，从而实现语言建构、审美鉴赏。

【学习目标】

1. 通过揣摩关键词句，理解体会李白复杂的情感变化。

2. 通过品味语言和诵读，领会鉴赏李白的诗歌风格。

3. 通过赏读诗歌感受李白的人生精神。

【教学重难点】

1. 理解体会李白复杂的情感变化。

2. 领会鉴赏李白积极进取的人生精神。

【教学过程】

1. 引入课题

过渡语：我们首先来欣赏一小段视频。（播放冬奥会开幕式黄河之水的视频。)

导入语:"黄河之水天上来",千年前古人浪漫的想象在科技手段下变为了现实,恢宏壮观,这是诗仙李白独特的浪漫。今天,我们就一起走进这首诗歌。(板书标题作者,让学生们齐读学习目标。)

设计意图:通过视频的观看引领学生进入情境,并且激发学生兴趣。

2. 情境设置

过渡语:我们知道,李白是诗仙,也是酒仙。

班级同学打算编辑一本《诗酒李白》的诗集,请为这本诗集封面配一幅图,从《将进酒》中选择两句诗作为诗集的卷首语。

3. 讲授新课

课堂任务一:给诗集配图

请你从如下图中选择一幅作为诗集封面的配图,并说明你的理由。

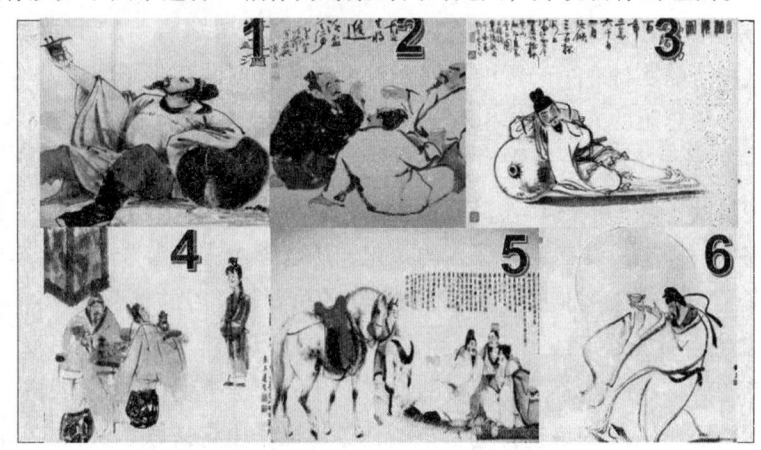

设计意图:引导学生整体把握李白及其诗歌的风格特点,并学会关注画面细节,为进一步揣摩诗歌情感进行铺垫,并增加课堂的趣味性。(图片有李白醉态,有独酌,有共饮,学生在选择过程中会关注画面内容、画面细节、诗人特点及诗集名称等,这样就为下一步任务营造了氛围。)

【学生反馈】大写的李白——自由不羁,友情的世界,豪放的饮酒醉态

过渡语:我们已经选完了封面图片,为了丰富封面的内容,请大家再为它选择两句适合的卷首语。

课堂任务二:选择卷首语

你会选择哪两句话放在诗集的卷首?请找出《将进酒》中你认为最适合做卷首语的两句,并结合全诗解释理由。

过渡语:那么我们首先需要明确,什么是卷首语?什么样的诗句适合?

【学生反馈】诗集主题，诗人气质精神，诗歌主旨情感。

过渡语：接下来大家小组讨论交流预习学案，整理出讨论结果，完善答案，然后派两位代表分别将所选句子写在黑板上并发言，其他小组可补充发言。

设计意图：学生通过选择卷首语，自主并合作探究诗歌语句，通过关键语句感悟诗歌情感；学生需明确什么样的句子适合做卷首语，然后再分析诗歌语句。引导学生从内容、情感、艺术手法、炼字炼句等方面赏析诗歌语句，提高诗歌鉴赏能力。

任务展示环节：

1. 各小组派代表板书卷首语，并解读选择理由。

第一组：天生我材必有用，千金散尽还复来。

学生：我们小组选择这句作为卷首语，因为我们认为这句特别经典特别大众化，会有更多读者认同。不计较一时的得意和财富，坚信自己的才情，对自我有坚定的信念，"我辈岂是蓬蒿人""扶摇直上九万里"，相信总有一天能实现自己的人生理想。他鼓励我们不能在遭遇打击的时候丧失生活的信心而一蹶不振。这两句激励很多追梦人砥砺前行，其实我们每一个人，也都渴望实现自己的人生价值。

教师板书——狂

教师评价：

分析有理有据，解读恰到好处。

过渡语：自信的呼喊，不屈的灵魂。你们小组赏析得很好，这两句话看似狂放，实则积极；看似及时行乐，实则百折不挠。这是蕴藏在骨子里的豪情，是舍我其谁的自信。你来依据你对诗歌的理解诵读一下这两句诗歌好吗？

学生读——（我们找个同学来评价一下。）

诵读指导：

应读出充分的自信和底气，读出狂放洒脱、掷地有声。"我""必"要重读。

设计意图：

教师在引导之后，顺势给出朗读示范，或者指定学生来朗读，分析哪些地方重读，哪些地方慢读，读出情感变化，让学生可以更好地感受诗歌情感、精神。

第二组：人生得意须尽欢，莫使金樽空对月。

学生：这两句作为卷首语的话，感觉更能照应《诗酒李白》这个诗集的名字，比较切题。其实李白这个时候并不得意，他没有官职了，应该是人生的失意阶段，处于晚年，已蹉跎半生，可他却说要尽情地欢乐。在他眼中，友人相聚要珍惜，要学会寻找快乐、展现美好，学会释放自己的情绪。语气非常强烈，并且没有直接写酒，语言特别生动形象。李白失望却并不消沉，感觉李白总是能够把失意过得像得意一样。他可以在孤独的时候"举杯邀明月"，他可以在沮丧的时候说"明朝散发弄扁舟"。所以我们小组选择这两句话，想要在卷首的位置，告诉更多的人，学会在困难的时候释放自己的情绪。"人生不如意事十之八九"，我们要不思八九，常想一二。

教师板书——欢

教师评价：

能抓住诗中关键字词分析，非常扎实。

过渡语：珍惜当下，释放欢愉。你来依据你对诗歌的理解诵读一下这两句诗歌好吗？

学生读——（我们找个同学来评价一下。）

诵读指导：

哪几个字需要重读？"尽欢""空"，读的节奏需要快一点，要读出欢乐与痛苦交织的感情。

第三组：钟鼓馔玉不足贵，但愿长醉不复醒。

学生：我们小组选择这两句，这两句话表现了李白的一种不满、一种愤激。这里面运用了借代的修辞手法，用"钟鼓馔玉"借代富贵豪华的生活，他的意思是，权贵并不是李白看重追求的，他只愿意永远活在醉意中。

教师：诗人为什么要永远在醉里呢？

学生：因为他在醉里可以忘掉所有的烦恼，忘掉一切的不如意，忘掉功名利禄，醒来面对的是失意落寞。

教师板书——愤

教师评价：

关注了词语的使用，关注了具体的修辞手法，赏析很丰富。

过渡语：这两句饱含了对世事的不满、愤激、蔑视，还有不愿与世俗同流合污的傲岸不屈。醒与醉之间，是李白一生的徘徊。你来依据你对诗歌的理解诵读一下这两句诗歌好吗？

学生读——（我们找个同学来评价一下。）

诵读指导：

"不足贵"要读的铿锵有力，读出对权贵的蔑视，后一句重读前四个字，"长醉"要拉长读，有愤激也有痛苦。

2. 教师赏析、师生互动。

过渡语：其实这首诗歌中还有两句也体现了这种愤激情感。你们能立刻找到吗？这两句诗歌也提到了饮酒，还提到了古人。

学生：古来圣贤皆寂寞，惟有饮者留其名。

教师：何为寂寞？

明确：李白不被理解，不被赏识，不被重用，理想不能实现。何为圣贤？圣人加贤人，品德和才智都超凡的人。我们常说"人非圣贤，孰能无过？"为何寂寞？远离了市井百姓，缺少了人间烟火，心系苍生的情怀无多少人理解。

教师：寂寞的只是古人吗？还有自己，其实这里诗人是在借古人酒杯浇自己块垒。圣贤在李白的笔下成了寂寞无名之辈，以戏谑的方式强调圣贤的无意义，只有饮者才有历史意义。这里充满了怀才不遇的愤激，有才之人并未实现富贵，并未被赏识重用。诗歌在愤激的同时，也洋溢着自由的精神。

诗人成了参透功名、睥睨王侯、傲然于世的诗仙、酒仙。这两句诗充满了超脱人生羁绊的诗酒精神，超越名利的价值观。士人功名、圣贤事业，给人带来一生无尽的忧思与烦恼，这是深入骨髓的儒家思想。

教师：大家的赏析很深入透彻，有思考。大家有注意到吗？李白不仅给自己喝酒找了个理由，还举了个例子。老师想问，那么多的饮者，诗人为何偏偏举曹植的例子？

学生：他们有很多的共同点，都才高八斗、下笔千言、倚马可待，都有相同的遭遇——不得志，曹植在曹丕、曹叡两朝备受猜忌、有志难伸，且都酷爱饮酒。其实写曹植既是向世俗挑战，又是向没有历史功名、只有诗酒名声的曹植致敬。

李白为后人在劳作的困苦与无奈中增添了一份诗意的慰藉。这是活在当下的现实感，也是乐观的人生态度。

诵读指导：

读出醉态和愤激。

3. 其他重点诗句赏析。补全情感，把握情感的复杂变化。

过渡语：各组已经确定了诗集的卷首语，深入解读了诗歌情感。我们能不能再找一找，这首诗歌中其他直接出现情感的字眼。

教师板书——悲（高堂明镜悲白发，悲时光流逝年华易老，对镜抚鬓却又无可奈何的情态跃然纸上。）板书——愁（万古愁）

学案补充资料：知人论世，补充李白不同阶段的诗歌，你读出了怎样的李白：

209

仰天大笑出门去，我辈岂是蓬蒿人。　　　　　　　《南陵别儿童入京》
生不用封万户侯，但愿一识韩荆州。　　　　　　　《与韩荆州书》
大鹏一日同风起，扶摇直上九万里。假令风歇时下来，犹能簸却沧溟水。
　　　　　　　　　　　　　　　　　　　　　　　《上李邕》
天为容，道为貌，不屈已，不干人。　《代寿山答孟少府移文书》
东山高卧时起来，欲济苍生未应晚。　　　　　　　《梁园吟》
大道如青天，我独不得出。　　　　　　　　　　《行路难·其二》
大鹏飞兮振八裔，中天摧兮力不济。　　　　　　　《临路歌》
申管、晏之谈，谋帝王之术。奋其智能，愿为辅弼，使寰区大定，海县清一。
　　　　　　　　　　　　　　　　　　　　《代寿山答孟少府移文书》

明确：李白胸怀大志、自诩才高，他渴望被赏识和重用，一生不坠济苍生却又一生未能实现理想，失望、苦闷、愤激，却又傲岸不屈。唐代知识分子里，几乎没有人比李白更渴望做官，入世安邦的理想从未断过。作此诗时，李白已被赐金放还8年，愤激的情绪依然如此强烈。理想与现实形成了巨大落差，没有这么大的热爱，就没有这么大的失望。比如庄子，眼极冷，心肠极热。比如鲁迅，我以我血荐轩辕，却针砭时弊、冷嘲热讽。

每个人心里都住着几个不同的自己。李白的情感是失望与自信、悲愤与抗争的交织，思想上是儒与道的交织。

情感升华——探究"万古愁"

过渡语：诗歌结尾说"与尔同销万古愁"，愁真的销了吗？何为万古愁？

学生：古往今来共同的愁。

教师：已非囿于个人小天地的愁绪，中国古代知识分子理想未竟的愁情。是建功立业的渴望，也是家国情怀。所以这一句道尽了有热血、有理想之人现实的无奈，已经超越了一个时代。古今所有心怀渴望的人共同的愁，因为心中的火焰从未熄灭，所以才忧虑深广，并且密布在时间的长河里。

诵读指导：

这一句读出顿挫，慢读，读出酒劲和醉意，触摸一个痛苦挣扎的灵魂。

教师板书——万古愁

课堂任务三：感悟诗风

过渡语：把握了诗歌情感，大家能不能迅速用一个词来概括一下诗歌风格。

学生：豪放飘逸。

教师：能说说这首诗歌哪些地方体现了这种豪放诗风吗？

明确：手法上，想象、夸张。有数量上的夸张，"三百杯""十千""烹羊宰牛"；有空间的夸张，"天上来"；有感觉的夸张，"朝如青丝暮成雪"，压缩一生的光阴于一天当中。

诵读指导：

所以这一部分应该怎样读？（生：有气势。）我们来读一下。有气势并不一定是大喊大叫，李白诗歌的品质并非靠大嗓门来传递，放开声音去读。

1. 题材选择上，这首诗是乐府诗，比较自由，七言为主，三五破之，参差错落，大开大合。七言歌行的豪放不拘，特别符合诗仙自由浪漫的气质。

2. 题材内容上，这是一首劝酒诗，饮酒地点是元丹丘的山居，主人是岑勋、元丹丘，李白却反客为主，"将进酒，杯莫停"，且颐指气使，让人不知谁是主人，"五花马，千金裘，呼儿将出换美酒"，这里固然和他们三人是不拘形迹的知交好友有关，却也体现出李白的豪放不羁。所以，他"歌一曲"，酒酣高歌。

诵读指导：

劝人饮酒该怎样读，注意语气，应是呼唤对方名字的语气，聊天的语气。

小结：读李白我们读出了浪漫，读出了豪放和飘逸。

教师结束语：

读诗，仿佛让我们穿越了时空。在这里，我们看到了他带着一身的诗意和酒气向我们走来。这位年过半百的诗人，用年轻的诗，拥抱我们每一个人，让我们在音乐中重读李白，致敬自由的精神与不屈的灵魂，也读给现实中每一个在理想与现实中不断徘徊却始终执着追寻的我们。走近李白，也是走近我们自己。让我们放开嗓子，敞开心扉，读出李白的豪放飘逸，读出可爱醉态，也读出爽气。

配乐诵读：可以推举代表出来有感情地诵读，也可以有感情地背诵自己喜欢的诗句。

设计意图：各小组自由朗读，以情促读，以读激情。朗读与理解相互融合，相互促进，帮助学生更加深刻地理解文章，同时还可以提高自己的朗读水平。

【作业设置】

根据本堂课对诗歌的解读，为《将进酒》写一篇入选《诗酒李白》的推荐语。

设计意图：深度解读了这首诗歌的情感之后，让学生们完成推荐语的写作，既是对课堂内容的巩固，也是对课堂内容的延伸。同时这个作业也是在考查学生语言表达能力、写作水平，让学生在作业的完成过程中琢磨如何更精准地写作推荐语，怎样更简洁全面地概括李白《将进酒》的内容及精神内核。

【板书设计】

《将进酒》李白

【教学反思】

课堂的氛围很热烈，学生也都非常积极和配合，"以'读'贯穿课堂始终，调动学生的情感体验，引发学生的深入思考，进而给予学生丰富的生命体验。"这也证明了针对中学生身心发展的特点和诗歌教学的特点，朗读教学法是行之有效的。这堂课能够按照既定目标完成，得益于导学案的合理设计，学生们的充分预习，这也启示我们，教学工作不能只停留在课堂的40分钟，应该通过合理、科学的设计延伸到课后、课外。

参考文献

[1] 中华人民共和国教育部. 普通高中语文课程标准（2017年版2020年修订版）[M]. 北京：人民教育出版社，2020.

[2] 陈望道. 修辞学发凡 [M]. 上海：复旦大学出版社，1997.

[3] 陈秀芳. 创设情景以激趣 诵读探究促提升：高中语文诗歌课堂教学有效性研究 [J]. 求知导刊，2020（40）.

[4] 齐韵涵. 浅谈语文课堂中的生命体验：以程翔《将进酒》课堂实录为例 [J]. 潍坊学院学报，2014，14（3）.

[5] 叶雪竹.《将进酒》教学研究综述 [J]. 中学语文教学参考：高中版，2020（28）.

初中英语"教—学—评"一体化育人理念的实践探索
——以初中英语冀教版八年级下册 Lesson 29：How to Push a Product 为例
北京市第八十中学雄安容东分校初中部英语组　李亚兰

【摘要】《义务教育阶段英语课程标准（2022版）》[以下简称《课程标准（2022版）》]是初中英语"教—学—评"一体化教学模式的依据，倡导"以评促学、以评促教"，强调评价在英语教学中的重要作用。本文以初中英语冀教版八年级下册课文 Lesson 29：How to Push a Product 为例，探索了初中英语"教—学—评"一体化育人理念实践的有效模式，通过分析各教学要素之间的关系，设计并实施了统一的教学目标、教学活动和教学评价，明确了教什么、为什么教、怎么教以及怎么评，为之后的教学实践提供了一个可供参考的教学案例。

【关键词】"教—学—评"一体化；教学目标；教学评价；育人观念

作者简介：李亚兰，北京市第八十中学雄安分校初中部教师（兴贤中学教师）

一、当前研究背景

在当前我国的初中英语教学中，普遍存在着教学和成果之间不具备关联性的问题，教学评价孤立于"教师的教"和"学生的学"之外，三者达不到互相制约的效果。从教学评价中看不到学生学习了哪些知识，掌握了哪些技能，哪些方面得到了提升，教师得到的教学反馈也不能起到帮助完善教学模式、教学内容和教学方法的作用，反而用评价的成绩和分数给学生形成了一种刻板的印象，对于促进学生的个性化发展十分不利。

为了解决这些问题，《课程标准（2022版）》提出"教师要准确把握教、学、评在育人过程中的不同功能,树立'教—学—评'的整体育人观念"。明确要求教师在实施教学的过程中,不仅要解决为何而教,以及如何教的问题,还要引入评价体系,加强评价教育,将评价作为教学的一部分,提出了"教—学—评"一体化的育人理念。

自这一理念提出以来,诸多一线教师和学者认真研究、积极探索,获得了许多有建设性的成果。李杰等人在《以表现性学习提高课堂教学效益》一文中指出,教师要根据学生已有素养的评估,设计出符合最近发展区的任务,开展表现性学习。洪清娟等人在《指向"教—学—评"一体化的逆向教学设计》中,提炼出"教—学—评"一体化的逆向教学设计框架:先确定教学目标,再选择恰当的评价依据,最后设计学习活动,确保了"教—学—评"的一致性和可行性。陈圣白在《聚焦核心素养的小学英语"教—学—评"一体化构建》一文中强调:核心素养的实现主要体现在教学多元目标的设置,多样化教学任务体系的构建,以及以核心素养为重心的科学性教学评价体系的构建。

初中英语可以通过构建"教—学—评"一体化的教学模式,来有效改善目前在教学中存在的"教评分离""学评分离""考评分离"等问题。让教学评价同样成为初中英语教学中的重要部分,用教学评价结果为学生的学习指明前进的方向,明确显示出学生的学习成果距离自己的学习目标还有多少差距,给予学生不断努力的动力。除此之外,"教—学—评"一体化的教学模式还能够考察教师的课堂教学完成度,激励教师提升教学专业水平和教学效率,尽快达成课堂教学目标。

二、"教—学—评"一体化教学模式案例分析

以下内容将以英语冀教版八年级下册 Lesson 29:How to Push a Product 一课的教学为例,通过阐释本课教学目标的确立依据,学习活动的实施过程和效果,以及教学评价的设计及效果,体现"教—学—评"一体化育人理念。

(一)教学目标的确立

教师需要基于核心素养目标、单元分析、语篇分析和学情分析,设计符合"教—学—评"一体化育人理念的教学目标。

1. 教学目标的确立依据

(1)核心素养

英语课程要培养的学生核心素养包括语言能力、文化意识、思维品质和学

习能力等方面。学生通过本课程的学习，应该满足以下四个方面的目标：发展语言能力、培养文化意识、提升思维品质、提高学习能力。

（2）大单元分析

本课所在单元主题属于"人与社会"范畴，涉及"产品的销售和购买"。本课属于本单元的第三个子主题"How to Push a Product"，旨在帮助学生学习如何销售产品。具体分析如下：

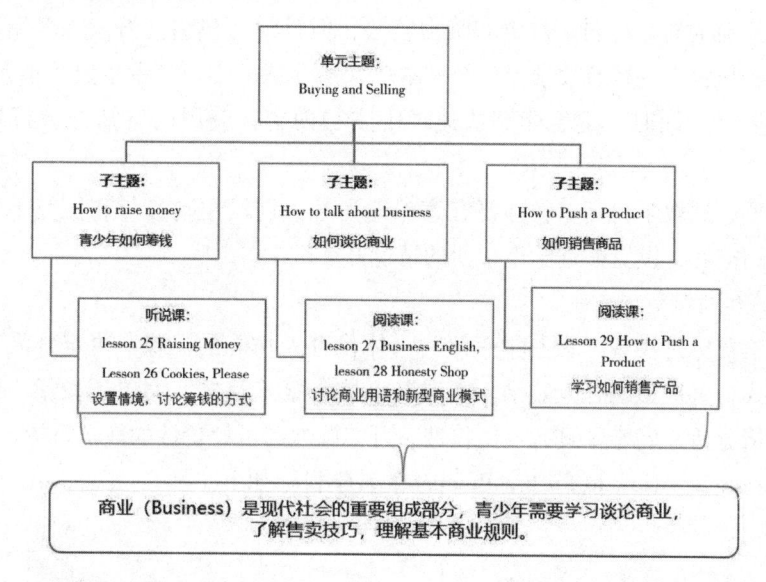

```
                    单元主题：
                  Buying and Selling

    子主题：              子主题：              子主题：
  How to raise money   How to talk about business   How to Push a Product
   青少年如何筹钱         如何谈论商业              如何销售商品

    听说课：              阅读课：              阅读课：
 lesson 25 Raising Money   lesson 27 Business English,   Lesson 29 How to Push a
 Lesson 26 Cookies, Please   lesson 28 Honesty Shop        Product
  设置情境，讨论筹钱的方式    讨论商业用语和新型商业模式     学习如何销售产品

    商业（Business）是现代社会的重要组成部分，青少年需要学习谈论商业，
            了解售卖技巧，理解基本商业规则。
```

（3）语篇研读

本文从文本内容、文本意图和文本结构三个角度对教材语篇进行了深度研读，为教学目标的制定提供了有效的依据。

①【What】文本内容

本文围绕如何推销产品（how to push a product）展开，重点讲授如何售卖，提出三点建议：创造广告，参加展销会，以及通过样品来推销产品。文章最后强调了产品质量的重要性，帮助学生形成正确的价值观：只有拥有好的产品质量和优秀的广告，商业才能取得成功。

②【Why】文本意图

本文通过设置真实情境，让学生思考如何才能够卖出产品，从而完成 selling and buying 的课程目标，理解在商品社会中产品推销的重要性。通过提取售卖策略，模拟售卖过程，让学生学习一些常见的产品推销方式，学习和体验基本的商业活动。

③【How】文体结构

该文本为建议类文本，采用"总—分—总"结构，有利于学生快速提取关键信息，并用于指导实践；文章主体部分（3—5 段）以祈使句开头，例如 "Create an ad" "Go to trade shows and present your product"，表明段落主旨，体现了祈使句的建议功能。

（4）学情分析

所教学生基础薄弱，口语和听力较差，但是学习热情高涨，态度端正，能够跟随教师引导进行有效学习。经过本单元前几课的学习，学生熟悉单元主题，因此在学习本课时，学生能够快速理解主题内容，应用已有知识进行理解和交流。

为了达到教学目标，教师要有意识地为学生创设主动参与和探究主题意义的情境和空间，设置贴近学生生活的情境开展教学。

2. 教学目标

教学目标是实现"教—学—评"一体化育人功能的灵魂，决定育人方向和基本方式，直接影响育人效果。本课基于核心素养目标、大单元教学、语篇研读和学情分析，确定了具有可操作性、可实施性和可评价性的教学目标。

Lesson 29：How to Push a Product 的教学目标如下。

表一：教学目标

通过本课的学习，学生能够：
获取、梳理文本中的关键信息，提取推销产品的三个方法，学习核心词汇和短语；分析文章结构，完成 mind-map，并且利用所学分析案例。（学习理解）
在教师的启发下，发现产品质量的重要性，得出本文主旨：只有拥有好的产品质量和优秀的广告，商业才能取得成功。（应用实践）
小组合作完成广告策略量表，为自己的产品制定广告策略；小组合作完成一次模拟直播售卖，并由其他组员评价（根据评价量表），选出最佳售卖产品。（迁移创新）

（二）教学过程

学生是英语学习的主体。教师要引导学生积极参与到学习理解、应用实践和迁移创新等各种语言实践活动中，有效促教"教—学—评"一体化育人功能的实现。经过教学要素相互关系的分析，教师设计并实施了统一的教学目标、学习活动和效果评价，三者相互依存、相互影响、相互促进，发挥协同育人功能。

本课教学过程如下：

表二："教一学一评"一体化教学过程

教学目标	学习活动	效果评价
一、学习理解 目标： 　　获取、梳理文本中的关键信息，提取推销产品的三个方法，学习核心词汇和短语；分析文章结构，完成 mind-map，并且利用所学分析案例。	读前： 　　学生观看雄安主题的相关视频，引出任务情境：雄安要举办展销会，学生们通过帮助售卖雄安特产来支持雄安发展。 　　学生以小组为单位对提前准备好的雄安产品进行简要说明。学生根据现有经验回答问题"how to push your product?"，预测文章内容，引出文本主题。 读中： 　　学生快速阅读文章，锻炼抓取文章关键信息的能力，学习关键词汇。 　　学生细读课文，根据课文回答问题；学习重点词汇和短语。 读后： 　　学生根据所学，分析案例，及时对重点词汇和重要概念进行练习。 　　学生分析文章结构，完成 mind-map；程度较好的学生能够借助 mind-map 转述 3 个建议。	读前： 　　教师利用视频创设情境，时刻观察学生能否参与互动和交流，并根据学生表现及时调整提问方式，进行追问或给予鼓励。 读中： 　　教师设置问题，引导学生锻炼速读和细读能力；时刻观察学生是否理解文章内容，是否掌握重点词汇的读法和含义，并给予及时的纠正和说明。 读后： 　　给程度一般的学生提供支架，帮助学生完成 mind-map；给程度较好的学生展示的机会，并给予及时的评价和指导。
设计意图： 　　本阶段学习活动旨在帮助学生在语境中理解文章内容，学习关于推销产品的 3 个建议，以及相应的词汇和核心语言。情境设置贴近学生生活，驱动学生对"how to push a product?"产生浓厚兴趣。对于学生理解困难的地方，教师通过示例加以说明，解决文章理解难点。学生通过制作 mind-map 将关键信息结构化，并进行转述。		

续表

教学目标	学习活动	效果评价
二、应用实践 目标： 　　在教师的启发下，发现产品质量的重要性，得出本文主旨：只有拥有好的产品质量和优秀的广告，商业才能取得成功。	学生欣赏趣多多饼干的广告，感知广告的趣味性。 　　学生亲自品尝饼干，回答感受。在教师的启发下，理解本文主旨。	教师利用视频引起学生兴趣，品尝饼干体会产品，帮助学生以直观的方式得出本文主旨，给予学生正确的价值引导。
设计意图： 　　本阶段的学习活动旨在引导学生在归纳和整理核心语言的基础上，通过直观体验的方式，对于所学内容进行更深刻的理解，并做出正确的价值判断，提升了学生的思维品质。		
三、迁移创新 目标： 　　小组合作完成广告策略量表，为自己的产品制定广告策略。 　　小组合作完成一次模拟直播售卖，并由其他组员评价（根据评价量表），选出最佳售卖产品。	小组活动一： 　　学生以小组合作的方式，讨论适合自己产品的推销方式，并填写"广告策略表"。 　　学生根据填好的"广告策略表"，对自己产品的广告策略进行说明。 　　小组活动二： 　　学生观看示范直播视频，体会英文直播售卖产品的方式，并学习相应的直播用语。 　　学生根据任务要求，在小组内分配任务，根据文本样例完成直播用语撰写，并在班级中完成一次模拟直播售卖展示。 　　学生填写"小组展示评价量表"，对小组表现进行评价，并进行简要点评。	活动一： 　　教师设计"广告策略表"，指导学生制定产品广告策略。 　　为了检验学生是否真正理解本课内容，教师要求学生根据表格说明产品广告策略；当学生遇到表达困难时，教师以提问或追问的方式提示学生。 　　活动二： 　　教师提供示范视频以及文本样例，为学生提供情境样本和语言支架，并及时提供现场指导。 　　小组展示之后，教师充分发挥教学机制，针对内容给予及时的口头评价，引导学生关注语言内容。 　　教师设计"小组展示评价量表"，指导学生根据量表打分，并做简要评价。
设计意图： 　　本阶段的学习活动旨在帮助学生在迁移的语境中，创造性地运用所学策略，在合作探究中完成小组活动。学生从课本转向生活，体验直播这一新型的售卖情境，积极参与到直播准备、直播展示、同学互评的活动中，对于本课主题有深刻的体验。		

（三）教学评价

《课程标准（2022版）》指出，教学评价应该贯穿英语课程教与学的全过程。教师要基于教学目标选择评价内容和方式，实现"以评促学，以评促教"，确保"教—学—评"一体化育人目标的实现。

在实施教学和评价的过程中，教师通过观察、提问、追问等方式，及时了解学生的学习过程、学习进步和学习困难，采取针对性的措施，实现"以评促学，以评促教"，确保课堂教学目标的实现（详见表二"效果评价"一栏）。

现选取部分"课堂评价"案例进行详细说明。

案例一：及时反馈

在教学实施的过程中，教师根据学生的表现，给予学生及时的评价和反馈。比如，当学生表现优秀时，教师采用"Excellent!""Good job!""Great!""You have a great pronunciation!"等语言给予学生及时的反馈，肯定学生的表现，给予学生正向激励；当学生表现没有达到预期，比如发音不准确、表达中有语法错误时，教师及时给予纠正和指导。

案例二：提问检查

为了帮助学生了解英语直播用语，教师播放了一则相关短视频，为学生提供语言支架。为了检验学生的观看效果，教师以提问的方式进行检查。学生回答出了"It's going to be perfect.""Look at it."等直播用语，说明学生从视频中获取了相应的直播用语。

案例三：辅助小组展示

第一个小组活动要求学生在完成"广告策略表"之后，对其进行有效说明。在教学实施的过程中，产品为"Donkey burger"的小组分享了本组的广告策略。当教师观察到学生遇到表达困难时，通过提问、追问等方式，引导学生进行有效表达，并带领全体学生复习了本课关键内容，强化了学习理解目标的实现。

教学过程具体如下。

Teacher：Is there any volunteer to share the advertising strategies of your product?

Student：My group. The group of Donkey Burger.

Teacher：Great! Come here and share with us.

Student：Our product is Donkey Burger. The price of it is 10 yuan. All people will enjoy it, both men and women. People will like it because it's very delicious, and it's so cheap. Ummm…

（学生出现迟疑、卡顿，教师观察到之后，及时进行提问。）

Teacher: Ok, great. So will you post the ads of Donkey Burger on TV?

Student: No. Not really.

Teacher: How about on the Internet.

Student: No. We will post it on the wall of a big mall.

Teacher: Good choice. Will you go to a trade show?

Student: No, we won't.

Teacher: Then will you offer a sample to the customers?

Student: Yes, we will.

Student: Excellent! So everyone, you can get one Donkey Burger free before you actually buy it.

案例四：评价量表

为了达成迁移创新目标，教师设计了"小组展示评价量表"，要求学生根据量表对小组表现进行评价。"小组展示评价量表"（见表三）由"内容（content，共4分）""语言表达（language，共4分）"和"表达（presentation，共2分）"三个部分组成，对小组表现进行综合评价。其中"内容"部分包括"是否问候（greetings，1分）""是否说明产品优势（advantages，2分）"和"产品价格（Price，1分）"；"语言"部分包括"是否表达清晰（Express clearly，2分）"和"语法是否正确（use grammar correctly，2分）"；"表现"部分要求"是否有创造性（Show the creativity，2分）。"

对于评价指标的了解，帮助学生明确展示要求，了解评价目的，积极发挥主观能动性，成为评价活动的参与者和合作者。

表三：小组展示评价表

Evaluation (in total: 10 scores)						
		Group 1	Group 2	Group 3	Group 4
Name of the product						
Content	Greetings (1)				
	Advantages (2)				
	Price (1)				

续表

	Evaluation（in total：10 scores）				
Language	Express clearly（2）				
	Use grammar correctly（2）				
Presentation	Show the creativity（2）				
	In total				

三、教学案例反思

本案例通过分析各教学要素的相互关系，设计并实施了教学目标、教学活动和教学评价相统一的教学。教师基于核心素养目标、教材文本分析，以及学情分析，设计了具有可操作性、可实施性和可评价性的教学目标。在实施教学的过程中，教、学、评三者相互依存、互相影响、相互促进，发挥了协同育人功能。

本案例特别注重教学评价的实施，通过观察、及时反馈、提问检查、评价量表等方式，让教学评价贯穿英语课堂教与学的全过程。积极的教育评价能够帮助学生体验英语学习的进步和成功，保持并提高了学生的学习兴趣和自信心。教师通过教学评价获取了有效的反馈信息，将评价结果应用到了进一步改进教学和提高学生的学习成效上，落实了"教—学—评"一体化。

本案例对于"教—学—评"一体化育人理念的实践还存在不足。教师设计小组展示评价量表以引导学生成为评价的参与者和合作者，但是在实际的教学实践中，由于时间有限，评价量表没有得到充分使用。评分体系只作为了参考，没有进一步落实到提高学生的学习成效上，存在形式大于内容的问题。在以后的教学实践中，要注重挖掘评价量表的数据意义，将评分体系切实地用于提升学生的学习效果。

参考文献

[1] 中华人民共和国教育部. 义务教育英语课程标准（2022年版）[M]. 北京：北京师范大学出版集团，2022.

[2] 中华人民共和国教育部. 普通高中英语课程标准（2017年版）[M]. 北京：北京师范大学出版集团，2017.

[3] 拉尔夫·泰勒. 课程与教学的基本原理[M]. 罗康，张阅，译. 北京：中国轻工业出版社，2014.

[4] 林红慧，虞伟庚著. 基于美国华盛顿特区公立学校课堂教学框架的初中英语"教—学—评"一体化教学模式实验研究[J]. 比较教育学报，2022（4）.

[5] 李杰，任兴来. 以表现性学习提高课堂教学效益：以"教学评一体化"实践探索及思考[J]. 中学政治教学参考，2022（5）.

[6] 洪清娟，张贤金. 指向"教、学、评"一体化的逆向教学设计：以"化学反应与能量变化"为例[J]. 化学教学，2022（6）.

[7] 陈圣白. 聚焦核心素养的小学英语"教—学—评一体化"建构[J]. 教学与管理，2022（12）.

[8] 王磊青. 教学评一体化在小学英语课堂的构建研究[J]. 华夏教师，2023（8）.

[9] 饶黎. 教学评一体化：实现有效教学的途径[J]. 林区教学，2022（9）.

[10] 但武刚，肖明. 核心素养视域下"教—学—评"一体化体系的构建[J]. 基础教育课程，2023（9）.

基于北京市第八十中学雄安容东分校"澄明课堂"模式下的高中历史教学思考
——以"人民解放战争"为例

北京市第八十中学雄安容东分校高中部历史组　兰宁

【摘要】本文以《中外历史纲要（上）》的第八单元第25课"人民解放战争"为例，基于北京市第八十中学雄安容东分校"澄明课堂"模式对教学过程进行教学设计，意在提升学生自主学习、探究讨论、信息提取和问题解决能力的同时，将知识结构化，将学科思想方法系统化，将学习过程与能力发展融合化，促进学生历史思维成长。同时，课后进行教学反思来自我审视并促进自我成长。

【关键词】情境创设；驱动型问题；人民解放战争

教育部制定的《普通高中历史课程标准（2017年版2020年修订）》明确提出"要实现基于历史学科核心素养的教学，教师须确立新的认知观、教学观和评价观，从知识本位转变为素养本位，努力将学生对知识的学习过程转化为发展核心素养的过程"。所以我们一线教师要从原先的知识技能传授式教育，转变为以发展学生素养、坚持立德树人根本任务为宗旨的教育。我们要及时更新自己的教学教育理念，为了便于进一步培养学生历史学科的核心素养，我们可以打破、优化、重整原有的知识体系框架，在教学设计中对教学内容进行一些结构化整合的尝试。结构化整合是指以历史发展的客观规律为依据，以统编历史教材的编排为基本遵循，充分把握学生学习的规律，突出核心和重点，对教学过程进行有目的、有逻辑地编排，突出历史学科核心素养的培育，达到教学效果的最优化。

对于《中外历史纲要（上）》的第八单元第25课"人民解放战争"来说，其上承抗日战争，下承中华人民共和国的成立和社会主义建设，是中国革命的重要组成部分。初中学生经过对人民解放战争部分知识的学习，已经具备了一定的知识储备，能够用自己的语言表述重庆谈判、全面内战、三大战役等内容，初步具备了基本的史料阅读能力和分析能力。但是，对于国共胜败的原因未能做到深入透彻地理解和分析，而这恰恰是本课的难点。曾经日常教学多以史料进行知识分析，但是内容过于枯燥无味，且问题设置前后各自独立，知识分散，不利于学生建构知识体系。

北京市第八十中学雄安容东分校"澄明课堂"模式以生为本，教师创设情境，生成探究问题，用问题推动课堂互动。通过情境的分析、思考、构建，让学生能够运用已有的基础知识、生活经验，分析问题和解决问题（必要时进行小组探究）。"澄明"意在将知识结构化、将学科思想方法系统化、学习过程与能力发展融合化、将学科价值与学生终身发展一体化。该模式有利于促进学生思维成长，贯彻学科核心素养，培养学生的独立思考问题、解决问题的能力，构建学生结构化知识体系。

本课的重点是重庆谈判、解放战争的主要进程和中国共产党领导人民取得中国革命胜利的意义，难点是国民党政权在大陆覆灭的原因和中国共产党领导人民取得中国革命胜利的原因。因此，在把握好本课课标的前提下，为增加课堂的趣味性和高效性，本人对"双新"背景下历史教学设计中进行了一些尝试和思考：

第一，避免情境创设过于形式化。可将情境创设与学生主观能动性合二为一，通过构建逻辑性问题，拓宽学生思维张力。

【情景导入】

74师士兵补充到我军后，虽然表面上服从，心里是不服气的。……陈毅讲了一个例子，"有的一说就是蒋介石卖国内战罪恶，美国如何侵略中国等一套，有位俘虏听了起来说：'蒋介石怎么压迫人呢？我是贵州人，从贵州坐飞机到浙江，又从浙江坐飞机到南京，从南京到徐州，不是蒋介石我哪里能坐到飞机？'……一研究，他是一个兵痞，长期受到统治者情感的蒙蔽，一时不容易认识与觉悟起来。但是他有一个好处，就是认为自己被共产党抓住没杀了，共产党就是他的恩人。要报恩决定不开小差（逃跑或消极战斗），坚决为共产党打仗……有时顺便把他带到会场听人诉苦……一次他听到一个战士诉说他父亲死了，他母亲卖淫养活他长大，又被蒋军抓兵抓走，母亲饿饭等悲惨情景，全场战士听到都哭了，他也哭了，问他为什么哭，他答：'这和我的历史一样。'"

……我军干部吃、穿、住都和战士一样，使新战士最吃惊。他们说："我们那边一个排长就有一副挑子（私人财产），连长有两副。你们排长和小兵一样，真是平等。"班长宿营时帮新战士烧洗脚水，铺稻草，行军时帮战士背东西。大家感动地说："国民党的班长什么都要小兵伺候，这里的班长反而照顾我们。"……新战士被我军的优良作风感化，纷纷表示："死也不离开这里。""要凭良心，饿肚子也要干下去。"

——刘统《解放战争系列丛书》

问题：

1. 请同学们小组合作，将上述史料改编成一段对话，选出表演成员，课上进行展示。

2. 结合教材和所学，小组合作，分析造成解放战士悲惨命运的原因。

本课开头以刘统《解放战争系列丛书》中记载的有关"解放战士"的小故事作为情境导入，提前让学生小组合作对史料进行对话改编并在课上进行表演，不仅锻炼学生信息提取和归纳能力，同时也可以提高学生学习兴趣，发挥学生主观能动性，培养学生历史思维能力和艺术创作能力。然后，创设学术探究情境，结合预习和初中所学，小组合作分析造成解放战士悲惨命运的原因，拓宽学生思维张力。以下是学生改编成果展示。

1. 对话改编

（国民党主力之一的74师在孟良崮战役被解放军打败后，一部分士兵补充到共产党军队，变成了"解放战士"，虽表面服从，但很多人心里不服。这时，战士们在闲聊天。）

小张：蒋介石这压迫人的狗政府！

小李：蒋介石怎么压迫人呢？我是河北人，从河北坐飞机到湖南，又从浙江坐飞机到南京，不是蒋介石我哪里能坐到飞机？

小张：照你这么说的话，国民党这么好，那你为啥还要为共产党打仗？

小李：那是因为他们抓我但没杀我，这是我的恩人，我要报恩懂不懂！

（到了吃完午饭的时候，士兵小王哭了，大家赶紧上前问他怎么了。）

小王：我爹死了，家里没了进账，我娘为了养我和这个家，不惜糟蹋自己，好不容易自己长大了可以照顾她，可后来乡里下了通知要征兵打仗，保长就把我和其他家里穷的男丁一起抓了送过去，我娘年纪大了，家里每个月那点钱都不够买两个鸡蛋的，她肯定要经常饿肚子。

（全场战士呜呜呜，小李呜呜呜。）

小张（问小李）：你为啥哭？

小李（哽咽着说）：这和我的经历一样。

2. 悲惨命运原因分析

（1）国民党不顾人民和平建国的意愿，撕毁《双十协定》，坚持独裁和内战；

（2）国民党政府政治腐败；

(3) 地主阶级对人民剥削和压迫,解放军战士多为被压迫广大群众;

(4) 国统区物价飞涨,人民生活艰难困苦等。

第二,教师评价要具有客观性和适时性,且注重多元评价,建立教学弹性,以学定教。

小组展示成果结束后,教师要对学生的回答给予肯定和客观、适时的评价,在循序渐进的指导中给学生台阶,有助于建立学生的自信心和激发其课堂积极性。同时,教师对学生在语言规范化表述方面和逻辑思维构建方面有不妥的地方要及时进行指导,提高课堂时效性。除此之外,评价也可以采取学生互评的方式,即其他同学课上也可以对进行了展示的小组的成果分别进行点评分析并提出改善建议。在这个过程中,由于学生可能会从不同的角度出发,提出不同的见解和观点,教师在学生困惑处应及时评解,这在互动中间接培养了学生信息提取、发现问题和解决问题的能力。这种多元评价方式可以使教学过程保持弹性,以学定教,培养学生分析问题能力的同时,教师也可以关注学生表达能力和思维走向,引导学生梳理系统知识,建立知识体系。

具体到本节课来说,学生在分析解放军战士的悲惨命运之后,可以在教师的引导下明白重庆谈判中国民党假和平、真内战的实质,不顾民意擅自发动内战,于是政治上陷入孤立地位,1946年国民党在南京召开国民大会就是铁证。除此之外,国统区物价之所以飞涨,学生通过预习和初中所学可以了解到国民党为了维持战争开支,滥发纸币,造成通货膨胀,人民生活水平下降,国民党信誉一落千丈,在经济上也存在统治危机。经济和政治上的危机导致国统区出现反饥饿、反内战和反迫害大游行,这逐步成为配合人民解放军作战的第二条战线,加速国民党政权的溃败。这样,学生对课本上第一个子目"争取和平民主的斗争"和第三个子目"国民党政权的统治危机"的知识点就清晰明了了。同时学生也可以初步感知国民党所作所为体现它的阶级压迫属性,是代表地主和资产阶级利益,剥削农民和工人等普通大众。

第三,教师提供史料,设置驱动型问题进行深度学习,助力学生历史核心素养发展。

【课堂探究】

材料一

王克勤,安徽人,祖辈佃农,5岁时父亲被地主逼死,母亲带着他和弟弟讨饭度日;17岁被保长抓了壮丁,逃过三次都被抓回打成半死。被(人民解放军)俘……亲眼看到解放区的农民都得到了土地,过着自由和丰衣足食的生活。他认识到人民军队的好处,下定决心要为人民的解放而奋斗到底,使他家乡的穷人也过上好日子。

——朱汉国《1949：历史选择了共产党》

材料二

中共本身就是一个穷人的党，有着很强的社会革命的诉求，它很善于做下层群众的工作，因此干群关系、军民关系、官兵关系远比国民党好得多。

——杨奎松《谈往阅今：中共党史访谈录》

材料三

务必使同志们继续保持谦虚、谨慎、不骄、不躁的作风，务必使同志们继续地保持艰苦奋斗的作风。

——1949年3月毛泽东在中共七届二中全会上的讲话

材料四

淮海战役期间，桂系一再对蒋介石集团的军事部署进行掣肘，在作战关键时刻，桂系再度发难，拖延黄维兵团的调动，从而贻误战机，且隔岸观火，故意造成蒋军失利，以便同蒋争夺天下。结果我军集中兵力对黄百韬、黄维兵团及杜聿明直接率领的李、邱、孙三兵团分割包围，各个击破，从而获得以60万兵力挫败蒋军80万人，歼灭55.5万人的巨大成果。

——张桥《蒋冯阎桂中原大血战》

材料五

毛泽东能在不知名的小村庄里，靠几部电台指挥全国数百万大军，这一强大的指挥体系是苏区时期以极其严厉的手段打造出来的。而蒋介石在解放战争最后的大决战中，忽而乘飞机到沈阳，忽而在葫芦岛登上军舰，到处召开军事会议，顿足捶胸、诅咒骂街。

——张永《近现代中国的政治发展逻辑》

材料六

1946年8月6日，毛泽东在与美国记者斯特朗谈话中，提出了"一切反动派都是纸老虎"的著名论断。并具体指出："看起来，反动派的样子是可怕的，但实际上并没有什么了不起的力量。从长远的观点看问题，真正强大的力量不是属于反动派，而是属于人民。"

——《毛泽东选集》

问题：结合材料和所学，分析解放军战士愿意加入中国人民解放军的原因，指出人民解放军和国民党军队有何不同？造成这种差异的原因何在？总结国共胜败的根本原因和中国共产党胜利的意义。小组进行讨论，稍后选出代表回答。

学生回答。

1. 原因：1947年中国共产党颁布《中国土地法大纲》，实行"耕者有其田"，农民在政治上和经济上获得解放，而解放军战士很多也是农民出身，可以调动其革命热情。

2. 不同：人民解放军团结一致，作风优良；国民党军队贪污腐败，内部派系林立，争权夺利，力量分散。

3. 差异原因：国民党没有科学理论的指导，组织不严密，南京国民党政府代表大地主大资产阶级的利益，只会考虑少数人的利益；中国共产党在土地革命时期总结经验，在科学理论的指导下（马克思主义和毛泽东思想），军事制度建设较国民党完备，且人民解放军是一支穷人的军队，革命目标一致，革命信念坚定等。

4. 根本原因：国民党因其不能解决中国社会的根本矛盾，不能应对中国社会的发展要求，不能代表广大人民群众的切身利益，从而失去了民众的支持，丧失了在中国大陆的统治权；中国共产党能够顺应时代发展潮流，代表了中国最广大人民的根本利益，得到了人民的支持，故能够胜利。

5. 意义：革命的胜利是马克思主义普遍原理与中国革命具体实践相结合的胜利，是毛泽东思想的胜利，从根本上改变了中国社会的发展方向，是20世纪人类历史上最具影响力的伟大事件之一。

在学生原有的认知结构上，教师提供史料，设计驱动型问题，小组合作探究，将教师提供的线索与已有知识之间建立联系，通过比较区分国共两党在军队质量上的不同之处，判断差异背后的原因，探究国共胜败的根本原因和中国共产党领导的革命胜利的意义。在这个过程中，学生对于国共胜败的根本原因有了相对清晰透彻的理解，本课的难点顺利完成。与此同时，学生一步步探究分析，不仅培养自己理解和分析史料的能力，也锻炼其归纳和论证能力，贯彻历史核心素养，增强其对唯物史观的理解和历史解释的能力。

本课的难点教学已经结束，重庆谈判作为本课的重点在梳理知识体系的过程中讲解完毕，但是另一个重点"解放战争过程"还没有讲解。由于高一年级的学生在初中阶段的历史课程中对解放战争过程已经有了一定的了解，故在课前将"梳理解放战争的过程"作为作业，以下面表格的形式布置下去，并选定另一组学生结合教材上的地图为大家介绍战争过程，教师在其间进行补充和评价，培养学生时空观念。学生在认识到国共胜败的原因之后，回过头来再看战争过程，也就理解了毛泽东在战争初期国民党占据优势的情况下得出"一切反动派都是纸老虎""真正强大的力量属于人民"的结论，认识到唯物史观所说"人民才是历史的主体，是历史的创造者"这句话，从而使学生能够科学地构建历史教学模式，帮助学生正确看待人类社会历程，形成科学的、理性的思维，并在实践中发展成为他们终身受用的核心素养。

材料七　解放战争过程形势图

地图摘自于《历史地图册必修中外历史纲要（上）》第 84 页

地图摘自于人教版《中国历史》八年级上册第 116 页

课前阅读教材有关解放战争的内容，完善下列表格。

阶段	重点	时间	内容（或结果）
战略防御 (1946.7—1947.7)	粉碎全面进攻	＿＿＿＿	采取了＿＿＿＿的方针
	粉碎对＿＿＿＿的重点进攻		中央撤出延安；＿＿＿＿等战役
	粉碎对山东解放区的重点进攻		
战略反攻 (1947.6—1948.9)	刘邓大军千里挺进＿＿＿		
战略决战 (1948.9—1949.1)	辽沈战役		解放＿＿＿，＿＿＿＿占优势
	＿＿＿＿战役		
	＿＿＿＿战役		基本解放华北全境
最终胜利 (1949.4—1949.9)			占领＿＿＿，＿＿＿＿结束

总而言之，本课通过解放军战士有关小故事作为情境进行导入，发挥小组合作效能，以教材为核心，以学生为主力、教师为辅力，共同分析探究重庆谈判、解放战争过程、国共胜败的原因和革命胜利的意义。为优化教学过程，基于"澄明课堂"模式，教师要重视情境创设，通过多种形式，发挥学生在教学过程中的主观能动性，激发学生学习兴趣，并借助情境设置驱动型问题，渗透学科研究方法和应用价值观，透析学科知识逻辑本质，培养学科思维严谨性。同时，教师采取多元化评价方式关注学生思维定向和表达能力，教学过程要落实课标要求，贯彻历史核心素养，激发学生内在潜能，提高学生历史思维能力。

但是，本课的教学设计还缺一项至关重要的核心素养：家国情怀。历史学的任务不仅在于揭示人类社会发展规律，也在于吸纳和认同人类千百年积累下来的精神成果。学生通过学习历史，培养健全的判断能力和价值取向，促进良好的修养和同情心的形成和发展，对个人、家庭、国家、天下具有一种责任感，对人类的命运要有一种担待。因此，历史教学中正确的思想导向和价值判断应从历史发展进程规律的总结中思考并提取。

由此，本课在此基础上进行了完善和修改，如下。

教师：同学们，战争结束后，刘伯承将军在接受采访时说过这样一段话，革命不易，我们牺牲一位战士，他的全家都要悲伤啊！这会给那个家庭带来多大的损失啊！同样，一个国民党士兵死了，也会殃及整个家庭。他们都是农民的子弟，一场战争要损伤多少家庭啊。透过这段话，带给你怎样的思考？请举手回答。

大部分学生通过本节课的学习和这段话，会深刻感受到"内战无赢家"这个道理，结合目前台海的紧张局势，学生们可以思考解决之法，为国家建设建言献策，从而落实和平统一这一家国情怀核心素养。

参考文献

[1] 刘统，袁德金，金立斯．解放战争系列丛书［M］．上海：上海人民出版社，2017．

[2] 杨奎松．谈往阅今：中共党史访谈录［M］．北京：九州出版社，2012．

[3] 中共山东省委党史研究室．中共山东编年史［M］．济南：山东人民出版社，2015．

[4] 张永．近现代中国的政治发展逻辑［J］．同舟共进，2016（11）．

[5] 韩丽群．新课标下的高中历史教学探索与实践［J］．网络财富，2009（11）．

[6] 刘倩．新课程改革下高中历史教师角色的重新定位［D］．大连：辽宁师范大学．2009．

[7] 张桥：《蒋冯阎桂中原大血战》［M］．北京：团结出版社，1995．

[8] 朱汉国主编：《1949：历史选择了共产党》［M］．山西；山西人民出版社，2009（9）．

[9] 杨瑞森，苗长发主编．新版《毛泽东选集》导读［M］．北京：中国人事出版社，1991．

直线与平面垂直的教学案例

北京市第八十中学雄安容东分校高中部数学组　张倩

【摘要】 "直线与平面垂直"是人教版必修2教材第8章第6.2节的课题，属于空间与图形领域的知识。在此之前，学生们已经学习了直线与平面的位置关系，直线与直线垂直的定义与判定，这为过渡到本课题的学习起到了铺垫的作用。其中，直线与平面垂直是直线与平面相交中的一种特殊情况，它既是线线垂直的拓展，也是学习面面垂直的基础，同时它也为研究线面角、二面角、点到平面的距离、直线到平面的距离、两个平行平面间的距离等内容进行了必要的知识准备。因此它不仅是连接线线垂直和面面垂直的纽带，也是空间中点、线、面位置关系的核心内容。线面垂直是空间垂直关系间转化的重心，它在整个教材中起着承上启下的作用。

【关键词】 直线；平面；垂直；线面角

学生已有的认知基础是熟悉的日常生活中的具体直线与平面垂直的直观形象。同时，学生已经学习了空间点、直线、平面之间的位置关系，直线与直线垂直的定义，直线与平面平行的判定定理等数学知识，这为学习者学习直线与平面垂直定义和判定定理等新知识奠定基础。并且，在前面学习了立体几何的基本内容后，学生已经有了"通过观察、操作等数学活动抽象概括出数学结论"的体会，参与意识、自主探究能力有所提高，对空间概念建立打下一定基础。通过讲授直线与平面垂直的概念及判定定理、点到平面的距离及直线与平面所成的角等概念，让学生不仅直观地感受到立体几何图形的美妙，还锻炼了学生的逻辑推理能力。

一、教学目标

（一）学生通过实例直观感知、抽象、归纳出直线与平面垂直的定义，并理解点到直线的距离、直线与平面所成角的概念。

（二）学生通过活动探究发现并了解直线与平面垂直的判定定理，会应用判定定理证明直线与平面垂直的简单问题，并能求简单的直线与平面所成的角。

（三）在探索直线与平面垂直判定定理的过程中发展合情推理能力、感悟和体验"空间问题转化为平面问题""线面垂直转化为线线垂直"，进一步感悟数学中"以简驭繁"的转化思想。

二、教学过程

（一）情境导入

师：播放白洋淀视频，画面定格在白洋淀码头上，那里有个巨大的风帆，风帆相对于地面不是倾斜的，把地面看成一个平面，风帆看成一条直线，这条直线与平面是垂直的。同学们，现实生活中还有没有这样的例子？

生：思考后回答。

设计意图：通过家乡风景视频的导入引起学生对数学课堂的关注，激起学生的兴趣和自豪感，让学生直观感知到不倾斜就是直线与平面垂直，并且感受到生活中线面垂直关系是普遍存在的。

（二）定义探究

1. 观看视频

师：晷针与晷面是垂直的，随着时间的移动，晷针在晷面上的影子是不断变化的，观察晷针与在晷面上的影子的位置关系。

生：回答问题。

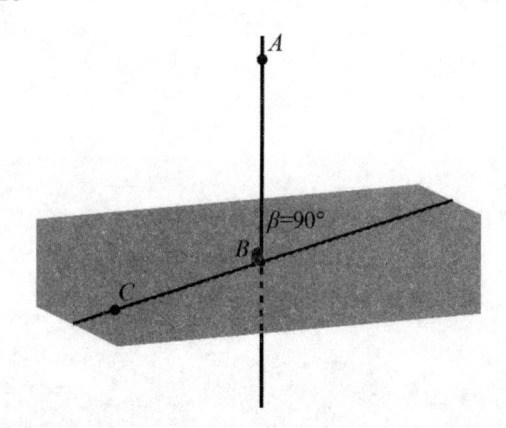

2. 动态几何画板演示

师：我们也可以用 Geo Gebra（简称 GGB）更形象展示一下，记晷针为直线 AB，影子为直线 BC，AB 与 BC 一直垂直，也就是说，直线 AB 与平面内过 B 点的所有直线都垂直，那平面内不过 B 点的直线呢？AB 与它们有什么样的位置关系？

生：回答问题。

3. 构建定义

如果直线 l 与平面 α 内的任意一条直线都垂直，我们就说直线 l 与平面 α 互相垂直，记作 $l \perp \alpha$。

设计意图：为了用明确的数学语言下定义，借助视频观看和用 GGB 展示，一方面使学生有充分的认知体验，为后续学习做好铺垫。另一方面，通过充分的直观感知，让学生在组成要素的运动变化中观察、分析、发现不变性，为接下来抽象概括进行铺垫。通过观察与思考把模糊的感性认识抽象化、确切化，顺势引导学生归纳概括出直线与平面垂直的定义。

（三）探索发现

师：在同一平面内，过一点有且只有一条直线与已知直线垂直，将这一结论推广到空间，过一点垂直与已知平面的直线有几条？为什么？

生：一条，用反证法进行证明。

师：给出垂线段概念，指出点到平面的距离，棱锥的高就是点到平面的距离。

设计意图：加深概念理解，掌握定义本质，利用图形，先证明过平面外一点有一条直线与平面垂直。类比过平面内一点也是只有一条直线与平面垂直。进而给出垂线段、点到平面的距离的概念，顺势介绍棱锥的高的概念，从而实现了感性认识到理性认识的转变，弥补了结构特征单元中的概念不足。

师：过空间中一点作直线与平面相交，垂直只是它的特殊情形，还有不垂直的情况，这些不垂直的直线就是斜线，给出斜线、射影、线面角概念。用GGB演示斜线与平面所成的角是斜线与平面内所有的直线所成角的最小角。

设计意图：过平面外一点作直线与平面相交，不仅有垂线，还有斜线，斜线与平面相交位置关系不同，就在于倾斜程度不同，进而给出直线与平面所成的角的概念，并用它来刻画斜线和平面的位置关系。利用GGB直接度量直线与平面所成的角，更能让学生直观生成知识。

师：我们根据线面定义判断直线与平面垂直，但无法验证一条直线与一个平面内所有的直线都垂直。那么，有没有可行的办法？我们可以做个实践探究。

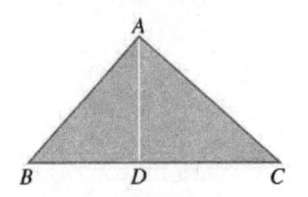

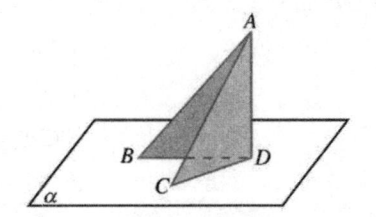

（四）实践探究

过△ABC的顶点A翻折纸片，得到折痕AD，将翻折后的纸片竖起放置在桌面上（使BD、DC与桌面都接触）。

1. 折痕AD与桌面垂直吗？
2. 如何翻折才能使折痕AD与桌面所在的平面垂直？为什么？

师追问：你还能从哪些角度解释为什么一条直线和一个平面内的两条相交直线都垂直时，这条直线就和这个平面垂直？

生：动手操作，先是直观发现，然后在实践中生成知识，跟着教师的思辨进行验证，最终得到直线与平面垂直的判定定理。

设计意图：引导学生有条理地进行探究，通过实践操作提出较为简便的直线和平面垂直的判定定理的猜想；结合判定定理的发现过程，可以使学生进一步体会直线与平面垂直向直线与直线垂直的转化，感受直观感知、操作确认、归纳猜想的研究立体几何的一般过程，发展直观想象核心素养。

（五）构建判定定理

师：找几位同学进行叙述，叙述的过程中，引导学生将语言组织的简洁、规范，得出判定定理的文字语言，图形语言、符号语言。

文字语言：如果一条直线与平面内的两条相交直线垂直，那么该直线与此平面垂直。

图形语言：

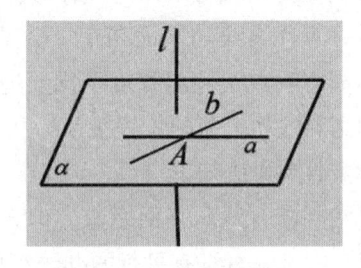

符号语言：

$$\left.\begin{array}{l}l \perp a \\ l \perp b \\ a \subset \alpha \\ b \subset \alpha \\ a \cap b = A\end{array}\right\} \Rightarrow l \perp \alpha$$

（六）实际应用

师：大家请看咱们的教室门，门轴与地面垂直，那么与门轴平行的另一边与地面垂直吗？

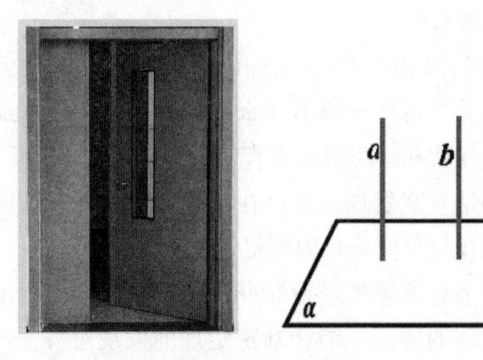

师：用数学文字语言来描述这个问题。

生：求证，如果两条平行直线中的一条直线垂直于一个平面，那么另一条直线也垂直于这个平面。

师：根据图像，用符号语言写出已知和求证，并给出证明。

设计意图：教师板书示范，再次强调 3 种语言的转换；同时通过例题巩固判定定理并结合例题让学生把握两条相交直线这一关键条件；通过引导学生从定义出发进行证明，进而提高思维的灵活性，促使学生认识到证明线面垂直一般有两种方法——借助定义直接证明和利用判定定理证明。

师：如图，正方体 $ABCD-A_1B_1C_1D_1$ 中，求：A_1B 与面 A_1B_1CD 所成的角。

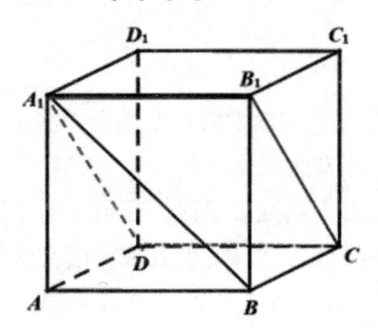

生：独立完成，展台展示。

设计意图：巩固练习，学生独立完成，体会判定定理。

三、教学反思

要想上好一节课，需要提前准备一节好的教学设计。教学设计一定要基于核心素养进行设计，要符合新课标的教材分析，符合学生的认知情况，情景设计要时刻关注学生的表现随机生成，并且注意信息技术的运用，保证实效性！教师要注意新教材的改革，注意直观感知、操作确认、感性与理性，将动手与动脑有机地结合起来。另外教师还要注意定理和定义的依赖性和连续性，鼓励学生多参与，在探究、讨论中理解应用知识，借着活动理解知识、运用知识。

让红色基因根植现实
——以《荷花淀》教学为例
北京市第八十中学雄安容东分校高中部语文组　张尊

【摘要】"立德树人"是语文教学的重要理念，需要教师引导学生在革命信念、民族自信、责任担当等方面树立正确的人生目标。中国革命传统作品研习在语文课堂上充分发挥着育人功能。然而，在语文的实际教学过程中，革命传统教育内容的教学效果不尽如人意，突出表现在语文学科特征不明显，说教性太强，少了一点语文味儿，上成了思想政治课或者语文课堂教学脱离学生的语文学习情境。语文教师只有选好切入点，巧设情境，聚焦关键点，真正的立足现实，革命文学作品的教学才能既姓"语"又能"育"，一举两得。

【关键词】主题引领；红色基因；立足文本；观照现实

《荷花淀》出自人教版高中语文选择性必修中册第二单元，对应"中国革命传统作品研习"学习任务群，人文主题是"苦难与新生"。"红色基因"是中国革命文学永葆本色的遗传因子和生命密码，充分体现了中国革命文学的身份自信和使命担当。我们是"红色基因"最切实的承载者和传递者。而现在白洋淀的生态又是蓝绿交织，碧波万顷。历史上"红色基因"的延续，现实中蓝绿空间的延展，所以，我在课堂伊始播放了白洋淀美丽的生态环境并设计了以下导入语：如果说蓝色和绿色是雄安的生态底色，那么红色就是雄安最厚重的精神底色。在这片热土上，有过很多可歌可泣的英雄人物，上演过很多荡气回肠的动人故事，让我们一起走进白洋淀的红色往事。

一、主题引领，创设情境

我翻阅课标的"中国革命传统作品研习"任务群，发现此任务群旨在阅读和研讨语言典范、论辩深刻、时代精神突出的革命传统作品，深入体会革命志士以及广大人民群众为民族解放事业英勇奋斗、百折不挠的革命精神和革命人格；学习在中国特色社会主义建设过程中涌现的英雄事迹，感受其无私无畏的爱国精神；进一步发展语言运用能力、思维能力和审美鉴赏能力；陶冶性情，坚定志向，形成正确的人生观、价值观和世界观。

这篇经典红色小说对于培养学生的家国情怀非常合适，可以使学生传承红色基因、赓续精神血脉、牢记初心使命。所以，我由此确定了本节课的教学目标是通过品读对话，体会小说个性化语言，进而领会和传承小说体现的夫妻之情、家国之爱，最终以读促写，完成对白洋淀抗日英雄们的礼赞的微写作，提升语言表达能力。

情境创设为以下内容：为纪念抗战胜利 78 周年，歌颂白洋淀军民的斗争精神，雄安新区党群工作部将策划一期"战争文学中的女性形象"专题活动，如果让你推荐孙犁《荷花淀》中的女性，你如何推荐？这一情境任务贯穿整个课堂，带着这个任务，学生需要感知文本中的女性形象，探究文本中的女性形象，形象明晰之后，自己进行写作。目标清晰而明确，探究人物形象并完成对人物的评价。

二、立足课文，聚焦成长

《荷花淀》这篇小说展现了女性的觉醒与成长，是一曲女性的赞歌、时代的赞歌。所以，对文本的探究，我把关键点聚焦在女性的成长上，不蔓不枝，让学生们更好地把握人物形象。

我所教班级的选科情况为物化生组合，平时上课气氛比较积极热烈，但学生普遍对文字感悟力不是很强。受人生阅历及学习能力所限，加上所学文本年代比较久远，学生对文本进行深度解读还是存在一定的困难。

所以在探究人物形象这个环节，我设置了几次不同的朗读形式，以带入小说的情境中，提高他们的阅读兴趣。

第一次为分角色朗读课文中"夫妻话别"的场景，"女人抬头笑着说……女人含着眼泪答应了他"。其中分饰水生嫂的女学生读得非常投入，中间几度哽咽，分饰水生的男学生也一边读着，根据自己的思考加入了动作。读完之后，我设计的问题是：思考水生嫂有怎样的性格特点？这是理解人物的关键，引导着学生去揣摩水生嫂的心理。面对有可能的生离死别，这对夫妻并没有山盟海誓，但几句简单质朴的话，把一个温柔又坚强，既细腻敏感又任劳任怨，深明大义的女性形象的美好品质表现得淋漓尽致，夫妻感情醇厚绵长。

因为这是发生在水边的故事，是学生家乡的故事，所以我又设计了"用乡音重读乡文"这一环节，去再次体会发生在淀边的小庭院中的这段对话。学生读得亲切又自然，用乡音给我们呈现了原汁原味的场景，用家乡话读别有一番风味，很有地方特色。我接着又问："文中有很多具有地域特色的词语，找一找。"学生很快答出，第二部分的一开头就一个词，很有荷花淀风味，"藕断丝连"。我接着学生的话说："意思是放心不下丈夫，于是他们商量探夫。"自然过渡到"探夫"环节。

在体会五个妇女探夫时展现的鲜明个性时，我设计了一个给电影片段配音的环节，来激发学生的兴趣。先看一段老电影的原版，然后请同学试着给这5个妇女配音，进而通过个性化的语言去感知人物形象。

"听说他们在这里还没走，我不拖尾巴，可是忘下了一件衣裳。"
"我有句要紧的话得和他说说。"
"听他说鬼子要在同口安据点……"
"哪里就碰得这么巧？我们快去快回来。"
"我本来不想去，可是俺婆婆非叫我再去看看他——有什么看头啊！"

学生跃跃欲试，配音非常精彩，语调和情感的拿捏都很到位，并就此很快地分析出了5位妇女的不同个性。

探夫未遇，无意间目睹了丈夫杀敌，水生叫他们落后分子，于是又有了下面"助夫杀敌"的一段对话。

坐在船头脸朝后的一个撅着嘴说："你看他们那个横样子，见了我们爱搭理不搭理的！"
"啊，好像我们给他们丢了什么人似的。"
……
"水生嫂，回去我们也成立队伍，不然以后还能出门吗！"
"刚当上兵……谁比谁落后多少呢！"

针对上面文本，我设置了小组讨论环节，讨论并回答"这段对话写出了这些妇女什么样的精神品质？这群妇女的身份有什么变化？这篇小说的主人公又是谁呢？"

他们已经由一开始的普通劳动妇女成长为了革命战士。这一段话充斥着一种英雄主义气概和一种巾帼不让须眉的阳刚之美。谁说妇女们只能编席守家，当敌人闯进芦苇荡，她们也会拿起枪。而小说主人公是以水生嫂为代表的军民群像。小说中唯一有名字的一个人叫"水生"，可以理解为一种抽象的泛指，由水而生、靠水而生的人们。她们平日里对家庭有多温情，对家乡有多热爱，战斗时就有多勇敢。

我的主板书设计就是以水生嫂为代表的这群妇女的成长变化。主板书如下。

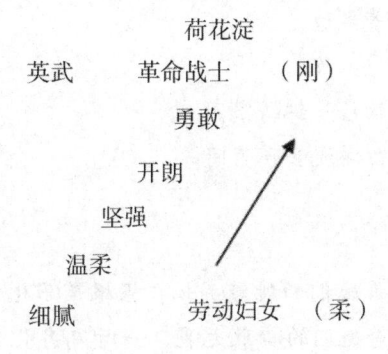

```
                    荷花淀
       英武    革命战士      （刚）
              勇敢
              开朗
              坚强
              温柔
       细腻    劳动妇女      （柔）
```

三、传承精神，观照现实

我们走进文本，追随先烈足迹，重温了峥嵘岁月，但还要走出文本，回到最初的情境任务，完成推荐语的微写作。最后我将学生的作品装订成册，形成本班的作品集。

以下是几个学生的作品展示。

学生1：
纤纤玉手，
织得出山河锦绣，
也端得起长枪火炮；
软玉香肩，
背得起殷殷期盼，
也扛得起家国重担。
白洋淀中，
一杆红旗飘扬，
巾帼英雄，

亦能护国无恙。

学生2：
当时明月在，照不尽殷殷关切；
乌云万里天，比不上壮志豪情。
木兰桅杆，扬巾帼不让之帆；
荷香锦囊，寄须眉依恋之情。
江天万里，你们撑着半边；
抗战多年，你们英勇不改。
眼前是洋枪洋炮，背后是锦绣家园。
试问英雄出何处？白洋淀头芦苇间。

学生3：
淀水河畔间，回荡着她们的殷殷关切，根根苇草化作4年，诉说着爱与期待；荷叶田田中，激荡着她们的勇敢无畏，一叶扁舟化作战场，彰显聪敏与灵活。她们一路披荆斩棘，不负众望，以叶为障，以花为箭，以荷叶般宽广的胸怀承担家国重任，又如亭亭荷花，挺起民族脊梁。

学生4：
芦花飘飞苇叶黄，荷间一舟念家郎。
情深难断须寄往，但见家国硝烟扬。
六月天，荷花间，划舟引敌无意功。男子战场拼热血，女子家中做脊梁，心怀家国战沙场，柔发披肩也锋芒。英雄意在心中志，何须顾其实女郎？

学生利用多媒体展台展示，教师点评，生生互评。并总结优秀作品的优点以及可以"为我所用"的方法。所以，我的副板书设计就是对学生优秀作品的方法总结。

副板书设计如下。

修辞

句式

意象选择

最后的作业设置是以下内容：走过峥嵘岁月，70多年后，雄安大地沧桑巨变，未来之城，拔地而起。历史和未来在这里交汇，时代的接力棒交到你们手里，你如何传承红色精神，续写辉煌，赓续华章？课下请完成属于你的青春宣言。

走过峥嵘岁月，70多年后的雄安大地沧桑巨变，未来之城，拔地而起。历史和未来在这里交汇，时代的接力棒交到了我辈青年手中，我们该如何传承红色精神，续写辉煌。这是我们每一个雄安人必须思考的问题。

作业设置是考虑到最后要立足到红色精神的当下价值上，文学作品取材于本土，就要利用乡土人本教育，去培养学生最朴素的爱国和爱家乡的情愫，培养学生的责任担当意识。把红色基因融入课堂，延伸到课外，让爱国意识根植于心。

四、教学反思

课堂的氛围热烈，学生也都非常配合，这也证明了针对中学生身心发展的特点和小说教学的特点，进行朗读教学法是行之有效的。因为这是学生们家乡的故事，所以他们也很愿意用家乡话去演绎。这堂课能够按照既定目标完成，学生们能够感受到革命先辈的红色精神，最后都能形成自己的推荐语作品，并各具特色。

当然，每一堂课都会有一些不足和遗憾，课后我反思我的课堂形式可以更加丰富一些，既然是家乡的故事，我们拥有得天独厚的本土资源，可通过实地考察、人物访谈等课外活动，获取真实资料，撰写读书笔记，整理采访记录，撰写学习体会和感想，以加深对革命活动背景和英雄人物思想境界的深刻理解。也可与历史课、地理课结合，组织跨学科的学习活动，在提高思想水平的同时，提高学生口头交流、现场记录、文稿整理、理论论证的能力和水平。

信息技术在初中地理教学中的运用探究
以"祖国的神圣领土——台湾地区省"为例
北京市第八十中学雄安容东分校初中部地理组　李晴

【摘要】信息技术在 21 世纪的今天变得日益重要，教育教学中合理运用信息技术能够培养学生兴趣、变革学习方式、提高学生的思维能力。本文作者在"祖国的神圣领土——台湾地区省"一节中充分利用信息技术资源，运用导航软件、图片和视频、三维地图发现 app 等信息技术让地理课变得生动有趣，用问题导向式学习的方式培养了学生的爱国主义情感，提升了学生的地理核心素养，锻炼了学生的思维能力，是一次不错的尝试。

【关键词】信息技术融合；地理核心素养；VR；问题导向式学习

广义而言，信息技术是指能充分利用与扩展人类信息器官功能的各种方法、工具与技能的总和。该定义强调的是从哲学上阐述信息技术与人的本质关系。人们对信息技术的定义，因其使用的目的、范围、层次不同而有不同的表述。教育信息技术主要包含现代教育理念、信息素养和教育技术三部分内容。其中，信息素养处于核心地位，其主要形式有幻灯、投影、音视频、广播、电视等。教育信息技术的应用，不仅丰富了课堂教学内容，也扩展了课堂教育教学的范围，提升了课堂教学的有效性。

当今教育发展日趋国际化、现代化、社会化和信息化，21 世纪新型人才也必须具备运用和开发信息技术的能力。现代信息的应用为教育教学提供了广阔的视野背景、有效的运作载体、丰富的教学资源、先进的实施手段，促进了教学观念更新，拓展了教学模式，使过去传统的、静态的、封闭的课堂变成了现代的、动态的、开放的教学模式，使教育教学由一支粉笔、一块黑板、一本书的枯燥无味的课堂教学走向生动活泼的"屏幕教学"。

信息技术的适当融合能为学习赋能，有多方面优势。

1. 利用信息技能激发学生的学习兴趣

传统的教学中，教师只是讲解课本上的知识，讲课的过程难免枯燥，很难激起学生学习的兴趣。因此，教师可以利用信息技术进行教学，将地理知识用图片、视频和文字表现出来，使其展现得更加形象、直观，充分刺激学生的感官，激发学生学习地理知识的兴趣，营造良好的课堂教学氛围，更好地创设情境，从而提高课堂教学的效果。

2. 利用信息技术可以变革学生的学习方式

地理知识具有鲜明的综合性和区域性，一直是学生学习的难点。信息技术为当代学生开拓了更为广阔的平台，他们获取信息资料的方式日趋多元化，速度倍速提升，信息技术对学生的学习也提出了新的要求。

3. 利用信息技术可以提高学生的思维能力

在传统的地理教学中，教师只是单纯地讲解课本上的知识，这便在很大程度上固化了学生的思维方式。但是，教师利用信息技术可以拓宽学生的视野，使其思考相关问题，从而锻炼他们的思维能力。同时，学生在各信息技术平台上的练习题和作业也都能得到最快、最准确的反馈，大数据赋能让教师对学生学习成果的分析更精准有效。

本文将以"祖国的神圣领土——台湾地区省"一课为例，初探信息技术在初中地理教学中的运用。

一、教学目标

1. 认识台湾地区省自古以来一直是祖国不可分割的神圣领土；在地图上指出台湾地区省的位置和范围，分析其自然地理环境和经济发展特色；

2. 运用有关资料分析说明外向型经济对某区域发展的影响。

二、学情分析

八年级学生经过一年多的地理学习已具备一定的读图能力、逻辑思维能力和表达能力了，应该创设环境尝试让学生自己读图、分析、归纳和表达。

学生从七年级下册开始学习区域地理知识，经过一年的沉淀，学生已经基本掌握区域地理的一般学习方法和思路。在此基础之上，可以创设学生的自学探究活动，充分发挥学生的自主性和合作学习的优势，让学生自主分析台湾地区省的自然环境特征和农业部分。台湾地区省的经济发展特色部分由于之前涉及较少,且学生缺少实践认知,是学生学习可能存在困难的地方,可以多补充材料辅助学生分析理解。

三、教学过程

【情境构建】同学们,作为一名热爱美食的地理老师,我最近搜高德地图时发现了一家评分不错的山西刀削面店。不过令我迷惑的是,这里是哪里呢?请同学们帮我看一下。(播放录屏视频)有的学生说是南京,有的学生说是西安,现在我将比例尺缩小,你们看看这里究竟是哪里?

答案:台湾地区

【设置意图】设疑导入,利用高德导航提前把台湾地区省台北市南京西路雅璇刀削面店附近地点录屏,让同学们猜测地点,设置悬疑,答案与学生常识的冲撞能引起学生的好奇心。台湾地区用内地城市的名字命名,凸显海峡两岸"路同名、心相印"。

【情境构建】播放《舌尖上的中国》台湾地区眷村牛肉面片段。

【设置意图】引出台湾地区人民喜食面食的特点,突出台湾地区人民浓浓的乡愁,并引出本节主导问题。

【主导问题】台湾地区的小麦从何而来?

【设置意图】本节课采用问题导向式教学,围绕台湾地区的小麦从何而来这一问题展开讨论,主线清晰明确。主导问题讨论思维导图如图一。

【过渡】我们曾经学过,南稻北麦,一个地区的饮食习惯和它的自然条件与经济状况息息相关。那么台湾地区的面粉从何而来呢?

没错,自己种植或者进口。如果种植,我们需要考虑自然条件,如果进口,则要从经济状况来考虑。

【板书】种植——自然条件

进口——社会经济条件

【学习任务一】学生自主完成导学案学习

任务一:台湾地区省的地理位置、地形和气候;并分组讨论。

思考一:台湾地区的降水特点。

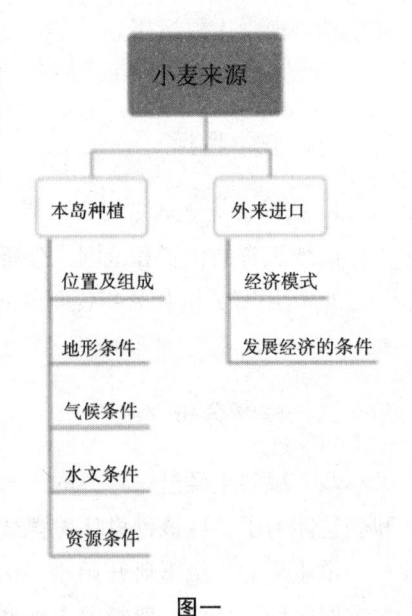

图一

思考二：台湾地区的气温分布状况。

思考三：台湾地区的河流特征。

【设置意图】学生分小组讨论，时长约 5~8 分钟，培养学生的综合思维能力和团队协作能力，通过三维地图发现 app 进行成果分享，培养学生获取信息、整合信息的能力。

【学生1】（参考图二分享）台湾地区省组成和地理位置：台湾地区省位于东半球、北半球；位于祖国大陆东南；北临东海，南临南海，东临太平洋，西隔台湾地区海峡与福建相望。台湾地区省由台湾地区岛、澎湖列岛、钓鱼岛等组成。

【学生2】（将 app 内三维地图调至图三 3D 视图模式）台湾地区的地形特点：中部高四周低。由此可以分析出台湾地区的降水应该为东多西少，因为夏季风从太平洋吹来，迎风坡降水多，背风坡降水少。

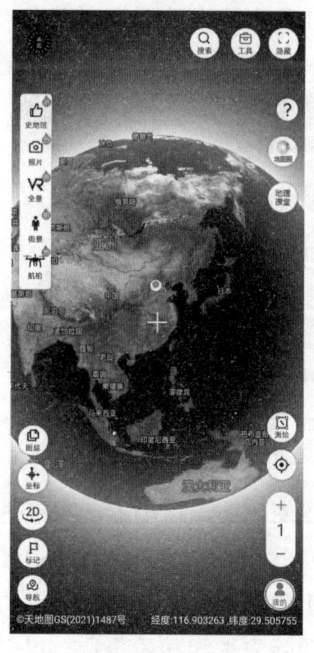

图二

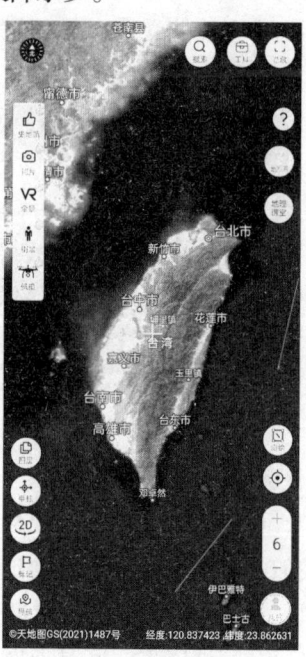

图三

【学生3】台湾地区气温分布：中部低四周高。因为地形中部为山脉，海拔高，气温低。

【学生4】台湾地区的河流特征：短小流急。因为台湾地区地形落差大。台湾地区的水能丰富，以夏汛为主。

【教师】大家的分享都非常精彩，接下来哪个组能为大家总结发言？台湾地区的自然条件适不适合种小麦呢？

【学生5】台湾地区平原不足，气候过于湿热，不适合大规模种小麦。

【过渡】台湾地区不适合种小麦，那台湾地区适合发展什么农业类型，又有哪些典型农作物品种呢？

【学习任务二】美丽富饶的宝岛

【教师】台湾地区有诸多美誉，它被称为"祖国东南海上的明珠""亚洲天然植物园""东方甜岛""海上米仓""水果之乡""兰花之乡""樟脑王国"。物产丰富，环境优越，盛产热带、亚热带水果，水稻产量高，森林资源、矿产资源丰富，可谓"宝岛"。而且，这里的自然风光和人文资源都十分迷人，是旅游爱好者的天堂。（三维地图发现app内全景VR展示。）

【设置意图】三维地图发现app内VR全景展示，让学生身临其境地感受台湾地区日月潭美丽的湖光山色，感受张学良故居等独特的人文气息。信息技术让学生足不出户也能感受全世界的风景，让我们的生活更丰富多彩，让教学更具吸引力。（参见图四）

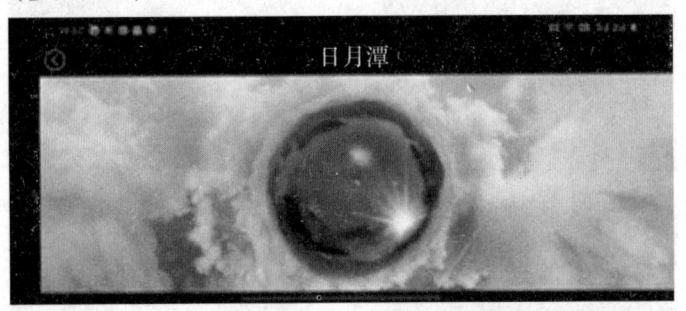

图四　VR全景

【学习任务三】外向型经济

同学们，台湾地区不适合大规模种植小麦，那进口小麦的可能性就大大增加了。让我们一起来了解一下台湾地区的经济。请同学们参照学习任务三给出的两个材料，讨论学习台湾地区发展进出口贸易的优势。（小组讨论约5分钟）

材料一：台湾地区省，既是亚欧大陆登陆太平洋的桥头堡，也是从海洋西进欧亚大陆的跳板。韩国和日本在南面的海上运输，大部分要通过台湾地区海峡。台湾地区附近的海域也是世界海上交通重要区域和海上航运最繁忙的航线之一。

材料二：台湾地区省最大的商港——高雄港，踞台湾地区海峡之要冲，是美、欧、亚海运必经之地。整个港市处于一个天然狭长的海湾内，港外有一条长12公里，宽200米的沙坝，形成天然的大防波堤，为全省最大的商港。

【学生6】台湾地区地理位置优越、交通便利、有很多优良商港。

【教师】总结：台湾地区省有优良的港口条件、优越的地理位置，这都为进口小麦提供了优越的条件。不止如此，台湾地区还走出了一条自己的路。20世纪50年代，台湾地区依托自身优越的自然条件发展农产品种植和加工业；20世纪60年代，台湾地区依托它的经济区位优势发展两头在外的加工工业；20世纪90年代，台湾地区又开始加大技术投入，发展技术密集型工业，咱们现在熟知的宏碁电脑、台积电都是它的著名品牌。我们在七年级时学过日本，学习到岛屿在发展外向型经济的过程中有着得天独厚的优势。如今，由于地缘关系近，我们祖国大陆依然是台湾地区最大的贸易伙伴。并且我们和台湾地区的联系也日益密切。课程的最后，让我们一起伴随着一首《此时明月》，来走进台湾地区同胞的生活圈，感受一下他们的思乡之情吧。

【视频】播放《此时明月》

【总结】纵观我们的历史长河，我们的领土时有盈缩，我们的主权分分合合。但在21世纪的今天，文化就像一条牢牢的纽带，把大陆和台湾地区越来越紧密地联系在一起，我相信一定有那么一天，我们可以坐上高铁去台湾地区吃一碗饱含着浓浓乡情的牛肉面。

【设置意图】在优美的音乐声中，伴随着台湾地区同胞对祖国的思乡之情的缓缓倾诉，本节课的爱国之情、思乡之情、期盼祖国统一之情升华。

【作业设计】

1. 搜索台湾地区的历史，以"台湾地区自古就是中国的领土"为主题，写一篇300字左右的文章。

2. 受禽流感疫情的影响，台湾地区岛内鸡蛋价格达到每千克24元人民币，创下历史新高。而祖国大陆并未受疫情影响。请为解决台湾地区岛内鸡蛋荒献计献策。

【作业布置意图】

1. 完善课堂内容，本节课对台湾地区的历史部分涉及较少，学生可以通过课下自己收集资料完善相关知识。

2. 升华爱国情感，为台湾地区问题献计献策本质是让学生自主发现海峡两岸的密切联系。

3. 通过写作文的方式实现跨学科融合。

四、教学反思

本节课信息技术的运用贯穿始终，视频和图片都很好地体现了台湾地区与大陆的紧密联系，把爱国主义教育潜移默化、细雨无声地灌输给了学生。三维地图发现软件使学习更加直观，让地形和等高线的学习变得简单，全景VR的运用使学生有身临其境之感。现代技术让地理学习变得丰富有趣，提升了学生的核心素养，培养了学生区域认知能力、综合思维能力，学生在这堂课中充分发挥了主观能动性，真正做了课堂的主人。教师作为本节课的主导者，比较好地把握了整个课堂的讨论节奏。开头高德地图使用设置疑问，引出话题，结尾歌曲的播放升华主题，首尾呼应，一气呵成，是一堂值得研究的好课。

参考文献

[1] 李朝奎，邓丽霞，张云珍. 地理信息技术辅助中学地理教学模式研究[J]. 测绘工程，2007（6）.

[2] 吉淑娟，钟永江，吉喆. 利用信息技术创新初中地理教学方法[J]. 中国信息技术教育，2013（合刊1）.

高中英语小说阅读教学实践

北京市第八十中学雄安容东分校　刘喆

【摘要】通过英语小说阅读策略引导、培养学生自主参与阅读习惯及借助思维导图组织小说阅读等,能激发高中生的英语阅读兴趣。本文以英语阅读素养视角对高中生参与小说阅读的现状进行分析,并在此基础上提出对应的策略,以促进高中生英语素养的有效提升,调动高中生自主参与英语小说阅读的积极性。

【关键词】高中;英语小说阅读;英语素养

分析近几年高考英语试题考核内容可知,阅读理解方面的文章多来自国外报纸、期刊文章,涉及的内容以实际生活为主,内容偏真实。考查的词汇包括非考纲的词汇,并且呈现出逐年增加的趋势,对学生的英语思维也提出了极高的要求,这也成了高考英语阅读理解文章的显著特征。在英语小说阅读过程中对学生的词汇量进行拓展是强化学生英语语感、提升其英语素养的重要途径。鉴于此,本文根据高中英语小说阅读实践,结合高中生身心发展规律和认知水平,提出了如何提升学生参与英语小说阅读的热情及素养的策略。

一、组织课堂讨论,优化高中英语小说阅读教学

英语小说阅读策略的实操性对高中生小说阅读效果有着直接的影响,为了提高高中生英语小说阅读效果,教师可以通过封面预览、内容预测、归纳大意、词义猜测、绘制思维导图及读后输出等方式对小说中的人物、背景、情节、语言风格、视角等方面进行分析,并让学生在小说阅读实践中熟悉这些策略的概念及英语表达方式。同时设计阅读记录单,对学生的阅读情况进行记录,让学生在这些策略的指导下提高小说阅读效果。课堂讨论是提升学生英语小说阅读实践活动效果的一种有效途径,主要在教师指导下开展,通过将学生分成若干

小组，根据小说内容设定相应的主题进行讨论和交流，让学生之间产生积极的交互，以此来提高学生的沟通和交流能力，强化学生的思想感情互动，营造民主、和谐的课堂氛围。为了提升合作交流的效果，教师可以将学生分成四人一组，安排每人负责一个角色。通过这种方式让每个学生都积极参与课堂讨论，让每个层次的学生都能有所进步。在分组讨论过程中，学生不仅可以加深对英语小说内容的理解，还可以提高人际交往的水平。

二、注重提问，养成正确的英语小说阅读习惯

高中生与英语小说有一定的距离，平时接触英语小说的机会比较少，未能养成良好的英语小说阅读习惯，具体表现为阅读时有嘴唇动作、低声阅读、用手指或其他工具逐字阅读等，一旦遇到不认识的词汇便选择查字典。但实际上，默读的速度远比读出来快。基于此，学生要想提升阅读速度，就要改变出声读的习惯，由有声阅读改为默读，并在阅读时深入到英语小说中，体会小说表达的意境，培养语感。注重提问是学生提升小说篇章学习效果的一种重要方式，其中主动提问比被动提问效果更好。自我提问能取得以下效果：第一，帮助学生明确学习目的；第二，筛选出小说材料中的重要部分；第三，帮助学生对小说篇章内容进行全面理解；第四，对问题答案进行预测。有效的提问方式能让学生采取实操性强的行动和策略，让学生对问题进行积极主动地理解和把握，并对文章内容进行及时反映。学生带着问题进行阅读能加深对阅读材料的理解，从而获得更理想的阅读效果。

三、借助思维导图引导学生自主参与小说阅读

思维导图可以引导学生对小说内容进行有效的口头复述，为了提升学生自主参与小说阅读的热情，可以引入小组合作的方式，筛选出小说章节中的关键词句，并根据小说情节和矛盾冲突绘制思维导图。学生绘制思维导图的过程也是学生对小说细节进行提取、分析、梳理和总结的过程，对于学生逻辑思维能力的提高有重要作用。学生以思维导图为工具，利用自身的语言知识储备对小说故事情节进行复述，可以提高口语表达水平和写作能力。将思维导图和阅读记录单进行融合能有效提高英语小说阅读效果，除了英语小说必读书目，学生也能结合自身兴趣选择对应的读物，将其填入阅读记录单。为了发挥阅读记录单的价值，教师还要根据阅读记录单的填写情况，对不能按时完成阅读计划的

学生进行针对性的指导，帮助学生找出原因。

四、通过读后输出，强化学生的小说阅读效果

读后输出是对学生英语小说阅读效果的有效检测，教师可以结合学生的表现调整小说阅读策略，具体来说可以从以下两点开展。

（一）"阅读圈"小组活动

为了调动学生参与英语小说阅读的积极性，提升他们的阅读素养，教师可以将学生分成8个阅读小组，6人一组，并赋予每个成员不同的角色：组织者、概述者、词汇大师、美文品鉴师、提问者和联结者。组织者的职责是组织小组参与讨论，保证讨论活动的正常开展；概述者主要对小说中的内容进行总结与概括；词汇大师要对小说章节的重要词汇内容进行分享和交流；美文品鉴师要对小说章节中的美句进行鉴赏；提问者主要对小说章节内容提出问题，并组织全体成员进行讨论；联结者负责了解小说中的特定场景和观点，并在此基础上结合自身经历，表达自己的感想和想法。需要注意的是，英语教师在组织"阅读圈"小组活动前，需要提前明确任务单，检查每个成员的工作落实情况，并在结尾阶段安排小组代表展示。

（二）读后续写

1. 归纳和总结

为了强化学生英语小说阅读效果，教师可以在阅读结束后组织学生，针对所读文章的部分章节、某一观点或场景进行总结和归纳，通过读后续写或改写的方式让学生表达自己的想法。

2. 撰写感悟体会，提高写作水平

阅读是信息输入的主要渠道，也是写作的必经之路，学生只有进行必要而充分的输入才能提升输出的效果和质量。特别是在阅读经典小说后，学生会有所感悟和体会，通过引导他们撰写感悟，将输入的内容及时输出，可以促进学生英语写作能力的提升。小说读后续写活动要求学生对结构复杂和人物关系复杂的小说进行全面理解和分析，并在此基础上以文字的形式展示出来，在这一过程中需要学生对小说内容进行仔细阅读，然后经过加工整理形成自己的思想。这种方式能让学生的文学素养和发散性思维得到有效培养。

五、结语

综上所述,在组织高中生进行英语小说阅读时,需要注重小说素材的选择,充实阅读资源,教师也要注意结合学生个体差异,选择适合学生认知水平的小说资源。此外,在指导学生参与小说阅读实践时,教师应使用原版小说,以提升学生的阅读品质,增强学生学习英语的成就感,助推学生英语素养的提高。

参考文献

[1] 南美善. 高中学生英语阅读策略研究 [D]. 上海:华东师范大学, 2005.

[2] 仝亚军. 培养高中学生英语自主阅读能力的实验与研究 [D]. 上海:华东师范大学, 2008.

基于初中生物核心素养的情境化教学探索
——以"呼吸的过程"为例

北京市第八十中学雄安容东分校初中部生物组　范思临

（雄安容和兴贤初级中学　河北省雄安新区）

【摘要】 随着素质教育理念的不断推进，教育教学更加注重学生核心素养的培养。本文应用具体实例探讨了核心素养指导下初中生物情境教学策略，教师应根据学生的实际情况，结合当下社会热点问题，不断拓展教学情境，使核心素养落实于初中生物课堂的措施。

【关键词】 情境化教学；核心素养；高阶思维

一、情境化教学的含义和设计应用

情境教学法是指在教学过程中，教师有目的地创设包含问题的真实情境，以引起学生一定的态度体验，从而帮助学生理解教材，使学生的心理机能得到发展的教学方法。[1]

情境教学具有一定的完整性、可实践性、计划性。完整性体现在情境教学是一种教学模式，具有一定的理论基础和原则；实践性体现在情境教学依赖教学活动得以实施和开展；计划性体现在情境教学的整个过程，面对具体的实践对象，具有可预设性和目的性。因此开展初中生物情境教学，教师要依据学科核心素养进行情境教学设计，设计完整的教学流程，辅助其他教学手段，让学生在入情入境中发挥主体地位，培养解决问题的能力和创造能力，并且及时评价学生的课堂行为，提高课堂实效。[2]

二、核心素养的含义

核心素养是指在一定的时间内，培养学生适应社会生活和满足自身终身发展的素质和能力。随着社会经济和时代的发展，学生只有具备出色的综合技能和思想素质，才能够找到心仪的工作，才能够适应社会前进的步伐。在初中阶段培养学生的核心素养，不仅是为了提升教学效率，更是为了培养新一代高素质的接班人。[3]

在新课程改革背景下，家长和教育工作者不再把学生学习成绩当成衡量的唯一标准，而是更加注重学生核心素养的培养和提高。在此背景下，探索如何在初中生物课堂上有效开展情境化教学有助于帮助学生将理论知识转化为解决问题的能力，从而进一步在课堂中落实学生核心素养的培养。[4]

三、基于情境化教学的核心素养落脚点

初中生物情境化教学存在三个主要问题。

一是将情境化教学机械地理解为是运用多种教学媒体教学的方法。有很多学者对计算机辅助教学法、多媒体教学法、网络教学法等在生物教学中的应用有诸多探讨，这些都是将现代教育技术与生物教学法结合起来的教学方法，但是生物情境化教学法不只是采用现代多媒体技术，还包括课堂情境化在各个设计环节的实施，这样才能达到生物教学的目的。

二是以生物知识点来激发学生的兴趣，没有考虑到情感教育方面。生物情境复现教学法可以最大限度激发学生学习生物的兴趣，激发学生学习生物的主动性，从而使学生更好地感知、了解生命的奥秘。

三是创设的情境生搬硬套，没有紧扣教学目标。有些教师创设的教学情境没有遵循学生的认知规律和教材的内容，只是为了满足学生的好奇心和求知欲望，营造虚假学习氛围。这些教师忽视了将情境创设贯彻整个教学的始终。我们要注意从新课导入到教学环节都要合理利用情境，引导学生从一个兴趣点过渡到另一个兴趣点。教师在教学过程中不要随意创设情境，这样容易使学生思维发生混乱，失去创设情境的意义。教师创设的情境应该紧扣教学目标，这是情境化教学的关键点之一。

四、初中生物课堂教学中高阶思维能力的培养

在现阶段，我国一般的课堂教学过程中，教师通常是利用课堂作为主阵地，采取填鸭式的教学方式，让学生被动地接受所讲的知识。传统的生物教学方式长此以往会使学生依旧停留在低阶思维层次上，高阶思维得不到开发，极其不

利于培养学生的高阶思维能力。因此，作为新时代的人民教师，应该在教学当中不断改变教育教学方式，以达到促进学生的高阶思维能力发展的目的。

（一）在生物课堂中渗透高阶思维教学内容。

（二）利用有效的课堂教学方式的改变来培养学生的高阶思维能力。

（三）运用实验教学培养学生高阶思维能力。

（四）利用深层次概念图引导学生启发高阶思维。

五、情境化学习实践案例

本节课以新冠病毒攻击人体肺部导致呼吸困难的新闻视频为导入，新冠病毒主要攻击人体的肺部，导致很多患者呼吸衰竭而死。学生思考为什么新冠病毒感染会导致人体窒息而死，影响了人体呼吸的哪一个环节？课程中结合直观演示建构知识，通过小组合作探究攻破难点，最后通过心智共融，进行情感提升。

七年级学生对于"呼吸的过程"的第一环节"肺通气"，在小学科学课中已有部分认识和了解，小学科学实验已经做过"膈的运动与呼吸的关系"模型，因此学生对于胸廓的运动有一些基础，但对于呼吸运动的原理还有所欠缺，因此需要逐一攻破难点。在知识掌握方面，学生先前已经学习过呼吸道和肺等相关知识，但不成逻辑体系，所以在教学中，应在课堂上充分调动学生的积极性，完成本节课的教学活动。

本节"呼吸的过程"有四个环节，肺通气、肺内的气体交换、气体在血液里的运输、组织里的气体交换是完成呼吸的重要步骤，是教学的重点，又由于肺通气和气体交换涉及的知识和概念多，过程较为复杂，所以这也是本节课的难点。针对本节课设计如下环节。

第一站：胸廓运动感呼吸

通过小活动：左手按在胸前，右手按在肋骨处，尽力吸气和呼气，通过人体直观演示实验探究，感受胸廓横向运动与肺通气的关系。

肺通气是我们的肺部与外界进行气体交换的过程，是靠呼吸运动来实现的，呼吸运动是什么呢？跟咱们上学期学的呼吸作用是一个意思吗？外界的气体是怎样进入肺里，又是怎么从肺里出去的呢？很多学生觉得，鼻子使劲一吸，就把气体吸到肺里了，那同学们有没有游过泳，我们在游泳的时候，当水没过你的胸部的时候是不是感到呼吸有些吃力？这个时候我们的鼻子有被堵住吗？那为什么会感到胸闷、呼吸不畅呢？其实肺部气体的进出靠的不是鼻子，是和胸部附近的肌肉有关的。

我们可以拿自己做个实验来直观感受一下，左手按在胸前，右手按在肋骨处，尽力吸气和呼气，感受身体的变化。（感到胸廓在移动）我们的骨骼本身是会移动的吗？（不会，靠的是附着在骨骼上的肌肉。）让我们通过图片认识一下胸廓各部分的结构，位于胸廓正中的是胸骨，肋骨位于胸廓两侧，我们双手放在左右两侧可以摸到的就是肋骨，脊柱位于身体后方正中央，胸骨、肋骨和脊柱围成胸廓。肋骨之间附着有肋间肌，在胸廓的下方有一块膈肌，膈肌将我们的身体分为胸腔和腹腔两部分。我们把肋间肌和膈肌叫作呼吸肌。正是肋间肌和膈肌的收缩和舒张，帮助我们完成了吸气和呼气的动作。在生物上，我们把吸气和呼气的动作放在一起，称为呼吸运动，所以呼吸运动和呼吸作用是不一样的。

肌肉可以改变胸廓的大小，而吸气和呼气就和胸廓的大小有关，当胸廓扩大时，由于胸腔内气压下降，外界气体进入肺。相应的，胸廓缩小时，气体从肺内呼出。我们先来看肌肉是怎么改变胸廓大小的，让我们结合屏幕和黑板上的图片一起分析，先看膈肌的变化，当膈肌收缩时，膈顶位置下降，整个胸廓的上下径增大。再看肋骨的变化，我们把两只手分别放在左右两侧的肋骨上，来做一个吸气的动作，发现我们的肋骨是怎样移动的？（向上向外），说明我们的胸廓左右径也增大了，上下左右径都增大了，说明胸廓增大，气体进入肺。

请同学们根据吸气时胸廓的变化，尝试总结呼气时的变化。

第二站：肺内交换探呼吸

根据学案给定资料，小组合作分析呼吸过程的第二环节，了解肺内气体交换原理。

资料一：肺内的气体交换

（1）人的肺大约有的6亿~7亿个肺泡，外边围绕着丰富的毛细血管，大大增加了气体交换面积；肺泡壁和毛细血管壁都非常薄，它们都只由一层扁平的上皮细胞组成，结构越薄越有利于气体的通过。

（2）为什么一定是氧气往血液里跑，二氧化碳往肺泡里跑呢？这是气体扩散作用造成的，气体一般会从高浓度的地方转移向低浓度的地方，直到平衡为止。

（3）肺内交换探呼吸示意图

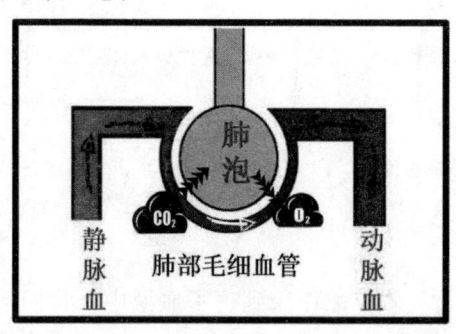

气体需要在肺内进行交换，根据生物体的结构功能观，我们的肺有哪些适于气体交换的特点呢？又是如何进行交换的？小组代表总结。什么是气体扩散呢？我们坐在客厅里，闻到厨房飘来的饭菜香味，是不是一种气体扩散呢？气体总是由浓度高的地方向浓度低的地方扩散，直到平衡为止，这就是气体扩散。肺内的气体交换也是如此，因为肺泡中氧气的浓度大于血液中的氧浓度，所以肺泡中的氧气就会扩散至血液中，血液中的二氧化碳浓度大于肺泡，相应地就会扩散至肺泡中，再经过呼吸排出体外。

课堂进行到这里，同学们就可以理解新冠感染患者为什么会因肺部感染而窒息了。武汉大学人民医院感染科主任龚作炯表示，新冠感染患者大多是因为肺内有大量黏液，导致氧气无法进入肺泡进行气体交换，最后窒息而死。阻碍了呼吸过程的第二个环节，就无法实现肺内的气体交换，在我们的呼吸过程中，中断其中的任何一个环节都无法使呼吸正常进行。

第三站：血液运输明呼吸

根据学案给定资料，结合图片，小组合作分析呼吸过程的第三个环节。

资料：气体在血液里的运输

由于肺泡中的氧气浓度高，而血液中的氧气浓度低，故肺泡中的氧气会扩散到血液中。血液中的红细胞里有一种红色含铁的蛋白质，叫血红蛋白，红细胞之所以呈红色，就是因为含有血红蛋白。

血红蛋白在含氧量高的地方，容易与氧结合（血红蛋白与氧分子结合为氧合血红蛋白）；在含氧量低的地方，又容易与氧分离。血红蛋白的这一特性，使红细胞具有运输氧的功能。此外，红细胞还运输一部分二氧化碳，血液中的大部分二氧化碳是通过血浆运输的。

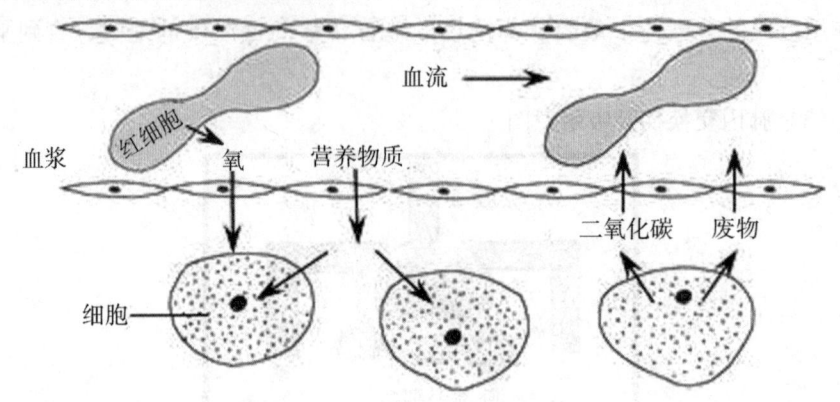

肺泡中的氧气通过气体扩散作用到达了血液中，我们前面学习血液的时候讲过，血液中的哪一种血细胞具有运输氧的能力？血液中的红细胞含有血红蛋白，可以起到运输氧的作用，所以血液在我们身体里就像传送带一样，将氧气运送到全身各处。

第四站：组织交换知呼吸

根据学案给定资料，结合图片，小组合作分析呼吸过程的第三个环节。

资料：组织里的气体交换

人体内的气体交换包括肺泡内的气体交换和组织里的气体交换。这两个过程都是通过扩散作用来完成的。人体全身各处的组织细胞需要不断地氧化分解有机物，释放能量供给人体各项生命活动所需，而这个过程需要消耗大量氧气，并释放二氧化碳，这就导致组织细胞中氧气浓度低而二氧化碳浓度高。

携带大量的动脉血流经组织细胞时，会通过气体的扩散作用将氧气扩散到组织细胞中，供给生命活动的需要；而组织细胞中产生的二氧化碳也会扩散到血液中，随血液流回肺部，再通过呼气将二氧化碳排出体外。

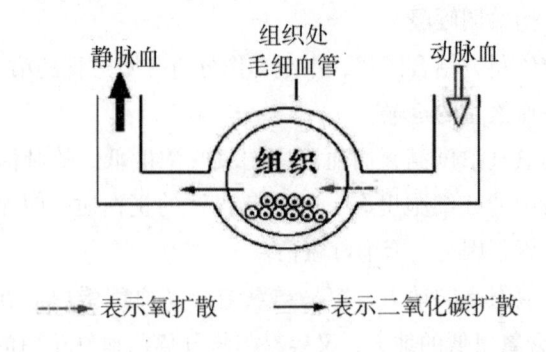

我们人体全身各处组织细胞需要不断地氧化分解有机物，这导致氧气浓度低二氧化碳浓度高，而含氧较多的动脉血流经组织细胞的毛细血管时，会将血液中的氧气扩散到组织细胞里。同样，组织细胞里的二氧化碳扩散到血液里，随着肺静脉运送至肺泡，通过呼气排出体外，再一次发挥气体的扩散作用。呼吸获得的氧气最终都被运到细胞当中参与呼吸作用，用于分解有机物、释放能量、供给生命活动的需要，这也是整个呼吸的实质。

情感提升：我们应积极参加体育锻炼，增强呼吸肌的收缩能力，增多参与气体交换的肺泡数量，增大肺活量；拒绝吸烟，尤其是青少年，青少年的呼吸道比成年人的狭窄，吸烟会使呼吸道受损并产生炎症，使肺活量下降，影响胸廓发育，还会造成记忆力减退、精神不振、学习成绩下降等诸多不良影响。

六、教学反思

通过这样的教学设计，增加了学生思考的兴趣，但是对一般的学生也增加了思考的难度，尽量使学生从生物学的学习中获得知识和研究方法是本节课贯穿始终的宗旨。学生在探究的过程中积极性非常高，争先恐后地阐述各自的设计方案，显示了极大的探究热情，智慧的火花随处可见。

本节课相对来说容量较大，往往在个别环节的处理上不是太精细，在衔接上不太从容，感觉较仓促。而且在原理的领悟方面暴露出许多漏洞，表明初一年级学生思想的活跃性与思维的局限性并存，教师在以后的教学中应既注重培养学生形成积极主动的学习态度，也应注重学生获取基础知识与基本技能的能力的培养。

七、结语

创设学习情境发展素养是有效的教学方法。在初中生物教学中，充分利用情境教学优势，不断提高情境教学策略选择意识，对初中生物课堂具有积极的作用，提高了课堂的实效性，培养学生在真实情境中解决问题的能力和创造能力，是落实学科核心素养的重要方法，值得教师在今后的教学中继续深入研究。

参考文献

[1] 魏正惠. 基于学科核心素养培育的多元目标多元策略优化研究丛书

[M]．福州：福建教育出版社，2020．

[2] 王建等．基于学生核心素养的生物学科能力研究[M]．北京：北京师范大学出版社，2018．

[3] 闫玮玉．在初中生物情境式教学中培养学生核心素养[J]．教育观察，2019，8（15）．

[4] 周冬芳．初中生物教学中如何培养学生核心素养[J]．文理导航（中旬），2021（11）．

基于问题导向的大单元教学设计
——因式分解教学设计

北京市第八十中学雄安容东分校初中部数学组　霍海罗

【摘要】 在核心素养的背景下,大单元教学已经逐渐成为一线数学教师倾心钻研的教学模式,基于问题导向的大单元教学设计,旨在使学生思路更加清晰,问题更加明了,进而培养学生科学的思维方法与思维习惯,发展学生的核心素养。本文主要是根据初中阶段因式分解这一内容所特有的"整体""结构""逻辑"等特点,帮助学生从整体上把握知识结构,理解知识间的内在联系和发展。将相关知识点纳入一个结构或框架中,形成模块化体系,通过有效提问和学生的深度思考来提升学生的核心素养。

【关键词】 问题导向；大单元教学；因式分解

《义务教育课程标准(2022年版)》指出:在教学中要重视对教学内容的整体分析,帮助学生建立能体现数学学科本质、对未来学习有支撑的结构化的数学知识体系。了解数学知识的产生与来源、结构与关联、价值与意义,了解课程内容和教学内容的安排意图。通过合适的主题整合教学内容,帮助学生学会用整体的、联系的、发展的眼光看问题,形成科学的思维习惯,发展核心素养。[1]

因式分解这一节的内容,传统的数学教学存在"重知识技能的应用,轻概念的生成理解"的现象。在本章的教学后,学生往往会出现因式分解不彻底,分解完又乘回去,因式分解的方法掌握得快但是混淆得更快的现象。追根到底是因为学生对因式分解的生长点和延伸点把握不准,不明白因式分解从何而来,更不知道因式分解为何而学。解决此问题的关键是让学生将因式分解放在整式运算的知识体系之中,让学生自然而然地感受因式分解学习的必要性。

一、关注学生认知逻辑,构建单元整体备课

本节从整式运算出发,学生发现学习了整式的加减运算、乘法运算,自然而然能想到整式还需要学习除法运算。当学生列举出整式除法的例子之后,产生认知冲突,发现这是一块新的知识领域,教师通过问题串的设置,引导学生站在科学家的角度去思考,去寻找解决问题的方法,找到类比的对象"分数"。通过思考分数的学习历程,从而一步一步地引导学生想到学习整式的除法运算,需要学习约分,而要想约分,需要先变成乘积的形式,在把多项式化成整式乘积的过程中,通过问题的引领让学生经历观察、对比、抽象的过程,从而发现因式分解的不同方法。这样就找到了知识的生长点与延伸点,把因式分解放在整式运算这一知识体系中,引导学生感受知识的整体性,建构知识结构体系。

二、制定指向核心素养的教学目标

(一)透过类比因数分解得到因式分解的概念,体会数式通性,提高学生知识的迁移能力,培养学生数学抽象的核心素养。

(二)通过探究因式分解与整式乘法的关系,从而引出因式分解的两种基本方法,培养学生分析问题,解决问题的能力,发展学生数学思维。

(三)通过建构整式运算体系,进行有序、有向探究,培养学生科学的研究问题的思路和方法,学会用数学的思维思考世界。

三、以生为本,问题引领,促进学生核心素养发展

(一)创设情境,激发探究欲望

师:初中阶段代数经历了由数到式的发展,对于式的研究,我们首先研究了整式,回想关于整式的运算我们都学习了哪些内容呢?(类比数的运算)预测我们还需要学习关于整式的哪些内容呢?我们要怎样学习这部分内容呢?请同学们带着这些问题进入本节课的探究之旅……

师:请看下面几个整式除法的例题,你能进行运算吗?如果能,你是如何想到的?如果不能,你遇到了什么困难?如何找到解决困难的方法?

1. $a^5 \div a^2$ 2. $(a^5+a^2b) \div a^2$ 3. $(x-1) \div (x^2-1)$ 4. $(x-1) \div (x^3-x)$

生1:我们组解决了第1题和第2题,其中第1题是利用同底数幂相除,底

数不变指数相减，第 2 题是让多项式的每一项分别除以 a^2，将多项式除以单项式转化成单项式除以单项式来解决的，这种算法的灵感来源于数的除法。然后我们又想到，进行数的除法运算时，需要先将被除数与除数分解因数（变成几个数的积的形式），然后再约分。类比数的除法运算，我们小组认为对于第 3 题和第 4 题多项式除以多项式，也需要先将多项式化成绩的形式，然后再约分，类比小学的分解因数，我们认为多项式这种变形可以叫作分解因式。

师：非常好，我很高兴同学们能够站在更高的角度去思考知识之间的联系！为了学习整式的除法，我们今天要先学习把一个多项式化成积的形式。也就是——因式分解（板书课题）。

【设计意图】从运算体系看，类比数的运算，在学习了多项式乘法的基础上研究除法是自然的。从学生认知的角度来看，在整式乘法基础上提出除法比较合理，这样就引出了学习因式分解的必要性。通过单元整体设计，促进学生对数学教学内容的整体理解和把握，逐步培养学生的核心素养。

《新课标（2022 版）》的颁布将学生的培养目标指向了发展学生的核心素养，而以核心素养为导向的课程改革的重点是如何在课堂上培养学生的高阶思维，高阶思维的培养依赖于学生的积极参与、探究、讨论与反思，本节课通过情境创设，不断推进知识的建构和探究，让学生在思考、质疑、批判中逐步提高高阶思维能力。

(二) 观察分析，揭示本质

师：请判断下列变形是不是因式分解？并说明理由。

1. $x^2-x=x(x-1)$
2. $4a^2-12a+9=(2a-3)^2$
3. $(a+3)(a-3)=a^2-9$
4. $x^2+x=x^2(1+\frac{1}{x})$
5. $4ab=2a \cdot 2b$

小组活动：学生先独立完成，然后小组讨论，最后进行展评。

生 2：第 1 题和第 2 题是因式分解，符合分解因式的定义，第 3 题不是因式分解，等号左边是整式积的形式，等号右边是多项式，这种变形是整式的乘法，第 4 题不是因式分解，因为等号右边不是整式的乘积，第 5 题不是因式分解，因为等号左边不是多项式。

师：第 1 题和第 2 题的分解因式左右两边相等吗？你是如何检查的？通过第 1 题和第 2 题，说说分解因式和整式的乘法有什么联系和区别？

【设计意图】通过引导学生观察、归纳，了解因式分解的概念，认识其本质属性——（1）将和的形式化为积的形式。（2）因式分解是恒等变形。在知识方面为后续探究因式分解的具体方法进行铺垫；在素养方面，培养学生数学抽象的能力，学会用数学的语言表达世界。

本环节力求利用"类比与归纳的数学思想"培养学生的抽象思维，通过引导学生观察、分析因式分解与整式乘法的区别与联系，对整式乘法这一概念进行巩固强化，并在此基础上实现对因式分解的理解，最终建立关于因式分解的知识体系，实现新概念教学中学生抽象思维能力的培养。

（三）合作探究，小组展评

师：怎样对一个多项式进行因式分解？你觉得可以从哪个角度入手展开研究？

生3：通过刚才的例题，我们组认为可以从整式乘法入手研究，因为从因式分解的定义可以看出因式分解与整式乘法是互逆变形。

【设计意图】通过寻找因式分解与整式乘法的区别和联系，学生能够自然而然地想到因式分解的基本方法来源于整式乘法，因式分解与整式乘法是互逆变形。

师：这位同学的思路非常好，请按照这个思路完成下列探究。

问题1：请你写出一个多项式，并进行因式分解，小组内互相检查变形是否符合要求。

问题2：把你写的例子写到黑板上，并分享你如何想到这个例子的？

问题3：请将黑板上的例子进行分类，并说出你的分类依据是什么？

问题4：你能用一个一般化的式子来表示因式分解的方法吗？你能运用这种方法把一个多项式因式分解吗？请举例。

按照以上环节完成探究活动，最后呈现出因式分解的两种基本方法。

教师小结：提公因式法，$ma+mb+mc=m(a+b+c)$.

公式法：$a^2-b^2=(a+b)(a-b)$　　$a^2\pm 2ab+b^2=(a\pm b)^2$

【设计意图】引导学生通过举例—讨论—展示—分享—观察—归纳—运用几个步骤构建因式分解研究的方向和路径。抓住因式分解与整式乘法的紧密联系，使研究过程更有序、有向。同时，对学生进行有效的学法指导，使其明白挖掘教材中学习资源的重要性。通过设计探究活动，让学生观察，对比、分析、归纳，培养学生的抽象能力，让学生体会数学语言的简洁之美，逐步养成用数学语言表达和交流的习惯。

本环节力求引导学生寻找"一般情形"与"特殊情形"的共性，先通过

"一般情形"即因式分解与整式乘法互逆变形关系寻找"特殊情形"的例子，这是由抽象思维向具象思维的转变，然后从多个"特殊情形"中寻找共性，表达出"一般情形"，教师通过问题串的引领，带领学生从概念的形式延伸到概念的内涵理解，最后接触到概念本质，完成从特殊到一般的学习过程，这也对应着具象思维到抽象思维的转变。通过由一般到特殊再由特殊到一般的数学思想方法，培养学生的数学抽象能力，发展学生的核心素养。

（四）呼应情境，再次感知

师：那么现在对于$(x-1)÷(x^2-1)$和$(x-1)÷(x^3-x)$，你会解决了吗？

学生活动：先独立思考，然后小组讨论，之后学生展评。

生4：对于$(x-1)÷(x^2-1)$我们组约分的结果是$\frac{1}{x+1}$，对于$(x-1)÷(x^3-x)$我们组是这样做的：$(x-1)÷(x^3-x)=\frac{x-1}{x^3-x}=\frac{x-1}{x(x^2-1)}$

生5：我们组能化简的更简便。

$(x-1)÷(x^3-x)=\frac{x-1}{x^3-x}=\frac{x-1}{x(x^2-1)}=\frac{x-1}{x(x+1)(x-1)}=\frac{1}{x(x+1)}$

师：刚才第二小组做得非常正确，大家思考第一小组没有化到最简的原因是什么呢？

生：分解因式的时候没有分解完。

师：非常好，分解因式分解不彻底会造成约分不彻底，所以分解因式一定要分解到不能再分解为止，才能找到整式的除法中分子和分母是否有公因式。这样分解因式的本质特征共有3个：（1）恒等变形。（2）由和的形式转化成整式的积的形式。（3）分解彻底。

设计意图：通过解决课前提出的问题，让学生体会因式分解是解决整式除法的必备工具，帮助学生建立知识间的联系，使知识系统化。另外，让学生知道分解因式的本质属性为恒等变形、多项式变成整式的积、分解彻底。为后续详细学习分解因式的方法打下基础。

（五）梳理所学，学有所获

师：这节课你学到了哪些数学知识？回忆本节课的学习历程，我们是怎样学习的？整个过程用到了哪些数学思想方法？积累了哪些数学活动经验？

【设计意图】反思是数学活动的核心和动力，只有以反思为核心的数学教育，才能使学生真正深入到数学学习的过程中，才能使学生真正抓住数学思维的内在实质。

（六）布置作业

必做题：做一做第1、第2题，练习第2题，习题第1题。

选做题：习题第2题。

挑战性作业：请自己设计分式的学习内容和学习方法，并尝试对分式进行相关研究。

【设计意图】分层作业与开放性作业的设计符合学生学习的需要，可以优化作业结构，促进学生有效学习，让数学作业发挥更大的育人作用。

四、教学反思

本节课尝试通过单元整体教学发展学生的核心素养，单元教学设计的优势在于打破了单个知识点之间的壁垒，不但关注如何让学生掌握单个知识点，而且重视让学生理解一章或者一个单元中各个知识点之间的内部联系。这种系统教学设计的方法，既帮助教师整体把握章和单元的教学内容与教学形式，也更方便学生理清知识点之间的关系，形成体系更加完整、结构更加坚固的知识结构。总之，单元整体教学既能够减少碎片化教学现象，又有利于教师专业水平的提升。整节课重视启发式教学，在设计问题时设计能引起学生反思的提问，如："你是怎样想到的？""你为什么这样想？"等引导学生去思考，去表达自己的想法，来重构学生自己的理解，激活个人的智慧，重视学生高阶思维的培养，关注学生核心素养的发展。

参考文献

[1] 中华人民共和国教育部. 义务教育课程标准（2022年版）[M]. 北京：北京师范大学出版社，2022.

[2] 李静. 例谈初中生数学抽象能力的培养 [J]. 中学数学教学参考，2022（15）.

新课标视域下初中地理情境化教学案例研究
——以"西北地区自然特征"教学为例

北京市第八十中学雄安容东分校初中部地理组　宋腾腾

(雄安容和兴贤初级中学　河北省雄安新区)

【摘要】初中地理知识抽象难懂，课堂缺乏生机，学生学习缺乏兴趣，随着新课标的颁行，核心素养教学成为一线教师关注的热点话题，本文立足初中地理新课标要求，在此基础上进行情境化教学的实践，以提高学生学习的积极性和地理学习的趣味性。

【关键词】新课标；初中地理；情境化教学

一、初中地理课堂现状

初中地理知识过于抽象难懂，对于初中学生来说兴趣不足，课堂缺乏活力与生机。地理教学方法缺乏创新，教学质量低。由于重视程度低，所以在教学方法上偏向于传统的教学方式。在课堂教学中，教师注重理论讲解，课堂主要是由教师主导的"一站式"教育，学生在课堂中缺乏主动性，而且教师一味地进行理论性知识的讲解，课堂枯燥，学生学习兴趣逐渐降低，学习效率也大大降低。

二、情境化学习理论依据

(一) 认识的直观原理

从方法论看，情境教学是利用反映论的原理，根据客观存在对儿童主观意识的作用进行的。而世界正是通过形象进入儿童的意识的，意识是客观存在的反映。情境教学所创设的情境，因其是人为有意识创设的、优化了的，所以有利于儿童发展的外界环境,这种经过优化的客观情境,在教师语言的支配下,使儿童置身于特定的情境中,不仅影响儿童的认知心理,而且促使儿童的情感活动参与学习,从而引起儿童本身的自我运动。

300多年前,捷克教育家夸美纽斯在《大教学论》中写道:"一切知识都是从感官开始。"这种论述反映了教学过程中学生认识规律的一个重要方面:直观可以使抽象的知识具体化、形象化,有助于学生感性知识的形成。情境教学法使学生身临其境,通过给学生展示鲜明具体的形象(包括直接和间接形象),一则使学生从形象的感知达到抽象、理性地顿悟。二则激发学生的学习情绪和学习兴趣,使学习活动成为学生主动的、自觉的活动。应该指明的是,情境教学法的一个本质特征是激发学生的情感,以此推动学生认知活动的进行。而演示教学法则只限于把实物、教具呈示给学生,或者教师简单地做示范实验。虽然也有直观的作用,但仅有实物直观的效果,只能导致学生冷冰冰的智力操作,而不能引起学生的火热之情,不能发挥情感的作用。

(二)情感和认知活动相互作用的原理

情绪心理学研究表明:个体的情感对认知活动至少有动力、强化、调节三方面的功能。动力功能是指情感对认知活动的增力或减力的效能,即健康的、积极的情感对认知活动起积极的发动和促进作用,消极的不健康的情绪对认知活动起阻碍和抑制作用。情境教学法就是要在教学过程中引起学生积极的、健康的情感体验,直接提高学生对学习的积极性,使学习活动成为学生主动进行的、快乐的事情。情感对认知活动的增力效能,给我们解决目前学生中普遍存在的学习动力不足的问题以新的启示。情感的调节功能是指情感对认知活动的组织或瓦解作用,即中等强度的、愉快的情绪有利于智力操作的组织和进行,而情绪过强和过弱以及情绪不佳则可能导致思维的混乱和记忆的困难。情境教学法要求创设的情境要使学生感到轻松愉快、心平气和、耳目一新,促进学生心理活动的展开和深入进行。课堂教学的实践中,也使人深深感到:欢快活泼的课堂气氛是取得优良教学效果的重要条件,学生情感高涨和欢欣鼓舞之时往往是知识内化和深化之时。

脑科学研究表明:人的大脑功能,左右两半球既有分工又有合作,大脑左半球是掌管逻辑、理性和分析的思维,包括言语的活动;大脑右半球负责直觉、创造力和想象力,包括情感的活动。传统教学中,无论是教师的分析讲解,还是学生的单项练习,以至机械的背诵所调动的主要是逻辑的、无感情的大脑左半球的活动。而情境教学,往往是让学生先感受而后用语言表达,或边感受边促进内部语言的积极活动。感受时掌管形象思维的大脑右半球兴奋，表达时掌管抽象思维的大脑左半球兴奋。这样，大脑两半球交替兴奋、抑制或同时兴奋，协同工作，大大挖掘了大脑的潜在能量，学生可以在轻松愉快的气氛中学习。因此情境教学可以获得比传统教学明显良好的教学效果。

（三）思维科学的相似原理

相似原理反映了事物之间的同一性，是普遍性原理，也是情境教学的理论基础。形象是情境的主体，情境教学中的模拟要以范文中的形象和教学需要的形象为对象，情境中的形象，也应和学生的知识经验相一致。情境教学法要在教学过程中收入或创设许多生动的场景，也就是为学生提供了更多的感知对象，使学生大脑中的相似块（知识单元）增加，有助于学生灵感的产生，也培养了学生的相似性思维。

三、情境化学习实践案例

（一）本课设计理念

在大单元教学——区域特征和各要素之间的关系的基础上，进行了情境化教学设计：西北研学之旅。教学思路是：到哪里看到了什么—为什么这样，进行探究—学生展示—师生一起总结。

首先以楼兰女尸千年不腐的视频导入引起学生的兴趣，随后设计了三个探究活动。

探究一：探楼兰女尸，明西北自然。通过楼兰女尸不腐知道当地气候干旱，然后探究干旱的原因及表现。

探究二：品楼兰美食，谈农牧特色。分析自然环境对生产生活的影响。

探究三：扬坎儿智慧，思楼兰消逝。坎儿井是人类利用自然的例子，楼兰消逝是破坏自然的例子，通过对比进行情感提升，树立地理核心观念。课堂结尾用思维导图的方式对本节课进行总结。

具体教学流程如下图所示。

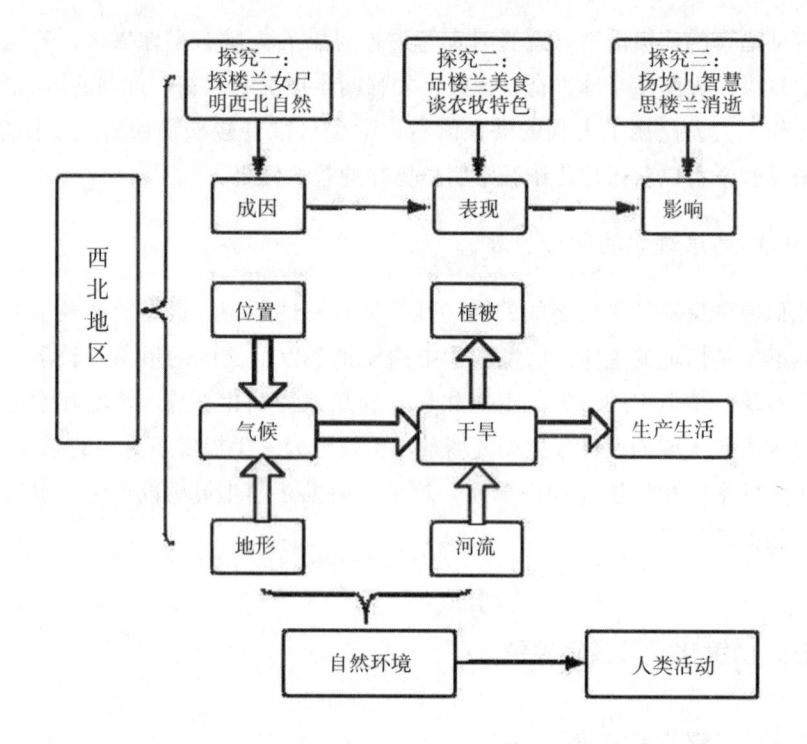

```
探究一：              探究二：          探究三：
探楼兰女尸           品楼兰美食       扬坎儿智慧
明西北自然           谈农牧特色       思楼兰消逝
      ↓                  ↓                ↓
    成因  ──→        表现   ──→       影响

西              位置
北                ↓            植被
地              气候 ──→ 干旱 ──→ 生产生活
区                ↑            ↑
                地形          河流
                    ↓
                自然环境 ──→ 人类活动
```

（二）教学目标分析

1. 运用西北地区地形图，在地形图上找出西北地区的界线、主要地形区，通过课堂探究，知道西北地区的主要自然特征，并简单分析其原因。

2. 通过阅读教材图文材料，描述西北地区的主要牧区、农业区及特征，举例说明西北地区的自然地理特征对人们生产生活的影响。

（三）新课导入环节

【视频导入】首先，教师说道：同学们，我们已经研学过了北方地区和南方地区，今天就让我们走进西北地区，来研究它的自然特征和与农业的关系。请大家先观看一段视频（楼兰女尸千年不腐的视频）。

过渡：通过视频，我们可以发现西北地区有很多神奇的事情等待着我们去发现、去探索，下面让我们开启神奇楼兰国，多彩西北游研学之旅，我是大家的带队老师。

(四) 新课讲授

环节一：探楼兰女尸　明西北自然

【出示】第一站，我们来到楼兰博物馆，见到了楼兰女尸，当地向导告诉我们它的形成与当地干旱的气候有关。

【提问】那当地气候为什么如此干旱呢?

【探究】西北干旱的原因（1、2、3组从位置方面分析，4、5、6组从地形方面分析），完成探究报告一。

研学报告一：探楼兰女尸　明西北自然

1. 研学探究问题：西北气候干旱的原因（从位置和地形方面分析）

（1）位置。

西北地区大致位于_____以西，长城和_____，_____山脉以北。位置与干旱的关系：由于西北地区深居内陆，距海_____，水汽不易到达。

（2）地形。

①地形区，东部有：_____高原；西部自北向南依次有：_____、_____、_____、_____、_____；

（新疆地形特点：三山夹两盆）

②总结地形特点：地形以_____和_____为主。

地形与干旱的关系：山脉众多，_____（阻挡/便于）湿润气流深入内陆。

总结：由于西北地区距海_____，再加上山脉的重重阻挡，水汽难以到达，气候_____。

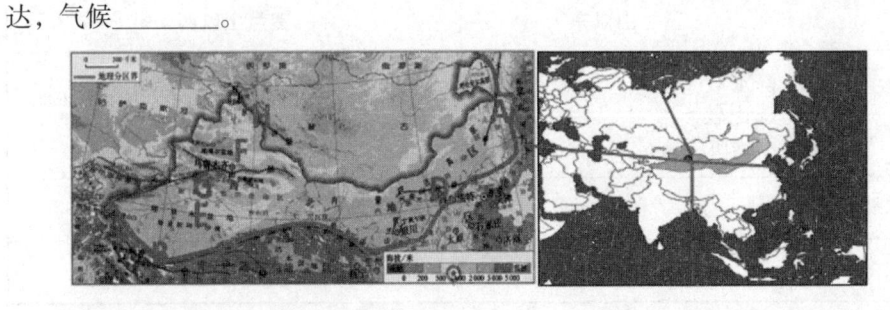

【展示】先从前三组找一个学生分析位置与干旱的关系，上台展示，首先找到西北地区的位置，并结合西北距海远近图，总结：由于深居内陆，距海远，水汽不易到达。后三组代表找出西北地区的地形特征并指出地形与干旱的关系是山脉众多，阻挡湿润气流深入。

【总结】女尸之所以千年不腐是因为当地气候干旱，干旱的原因：深居内

273

陆，距海远，再加上山脉的重重阻挡，湿润气流难以深入形成降水，气候干旱。

过渡：那在如此干旱的环境下，人们是如何生产生活的呢？我们来到一家楼兰主题餐厅，这里的服务员告诉我们当地的特色有新疆大盘鸡、烤全羊、烤羊肉串，那么当地美食与当地农业有什么关系呢？

环节二：品楼兰美食　谈农牧特色

【出示】西北特色美食

【提问】在干旱的环境下人们是如何发展农业的？

【探究】1、2、3组探究畜牧业；4、5、6组探究灌溉农业。时间：3分钟。

成果：完成研学报告，派代表上台展示。

研学报告二：品西北美食　　谈农牧特色

1. 探究问题：西北农牧业有何特色。

2. 探究方面：

(1) 畜牧业

①根据西北地区自然环境的特点，适合发展什么农业？

②西北地区有哪两大牧区？发展畜牧业有何不同？

	贺兰山以东	贺兰山以西
有利条件	降水较_____，地表水资源比较_____，分布有大型优质草场.	降水_____，地表多戈壁、沙漠，但山地降水较_____。
草场类型		
优良畜种		

(2) 灌溉农业

①西北地区农业区分布有什么特征：靠近_____。

这样分布的原因：当地气候干旱，降水_____，在有水源灌溉的地区，才能发展农业，形成_____区。

②四大灌溉农业区及灌溉水源（请连线完成）。

河套平原　　　　　祁连山冰雪融水、山地降水

宁夏平原　　　　　盆地边缘山地降水、冰雪融水

河西走廊　　　　　黄河

天山山麓

这里农产品品质优，瓜果特别甜，是什么原因？

原因：西北地区夏季气温＿＿＿＿＿＿，

　　　降水＿＿＿＿＿＿，光照＿＿＿＿＿＿，

　　　昼夜温差＿＿＿＿＿＿，积累的糖分多。

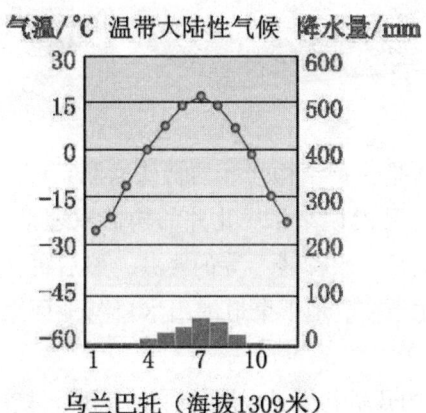

3. 探究结论：干旱对生产生活的影响

西北地区人们之所以爱吃牛羊肉是因为：＿＿＿＿＿＿发达。

在水源不足的地方可以发展＿＿＿＿＿＿农业。

【展示】

前三组各派一个代表分析当地畜牧业的内部差异：以贺兰山为界，以东降水多，多优良草场，为草原草场，而以西降水少，山地降水多，所以多为山地草场。发展畜牧业要遵循因地制宜原则，因此，西北的两大牧区及优良畜种，看出不同地区优良畜种不同。后三组展示灌溉农业，通过读图可知，西北地区

的种植业有个共同特点：靠近水源，需要引水进行灌溉，所以属于灌溉农业，这里有四大灌溉农业区。西北地区瓜果品质优，通过读图可知，当地夏季气温高，降水少，光照强，昼夜温差大，积累的糖分多。

【总结】干旱对生产生活的影响：西北地区人们之所以爱吃牛羊肉是因为当地畜牧业发达。在水源不足的地方可以发展灌溉农业。

过渡：在如此干旱的环境下能种植出如此优良的农作物，离不开劳动人民的智慧。我们在研学途中看到了一种古老的饮水工程——坎儿井，这是人类利用自然的奇迹，同时，我们还看到废弃的楼兰古城遗址，当地向导告诉我们当时盛行太阳墓，这种墓葬方式需要砍伐大量胡杨树桩。我们不禁联想：楼兰古国的消逝会不会和当地的墓葬方式有关呢？让我们进入研学三。

环节三：扬坎儿智慧　思楼兰消逝

【出示1】先出示一段关于坎儿井的介绍视频。

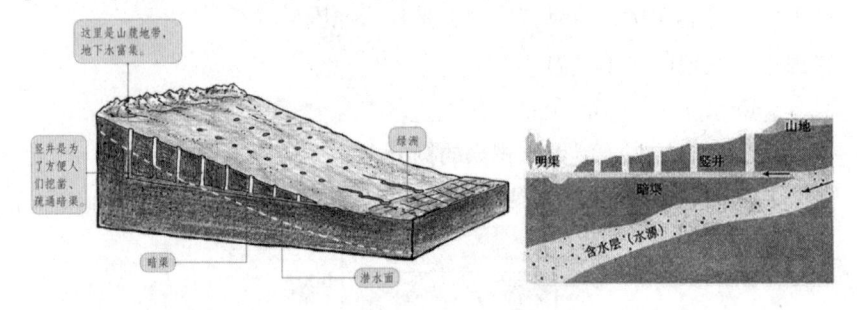

构造原理：坎儿井是一种结构巧妙的特殊灌溉系统，它由竖井、暗渠、明渠和涝坝四部分组成。总的说来，坎儿井的构造原理是：在高山雪水潜流处，寻其水源，在一定间隔打一眼深浅不等的竖井，然后再依地势高下在井底修通暗渠，沟通各井，引水下流。地下渠道的出水口与地面渠道相连接，把地下水引至地面灌溉桑田。

【提问1】坎儿井的开凿利用了当地的哪些有利条件？为什么修建暗渠而不修建较容易开凿的明渠？

【展示1】学生回答，上台展示。坎儿井开凿利用了当地地势条件的优势，将高山冰雪融水顺地势引入农田。修建暗渠的原因是避免水分的蒸发。

【出示2】楼兰太阳墓图片及文字资料。

楼兰居民使用的墓葬方式，叫作太阳葬，就是人死之后埋在一个大坑里，然后在坑的四周一圈套一圈地插上胡杨树的桩子，插满整整7圈。最外面的一圈少说也要100来个，里面的圈虽然会少一些，但也少不到哪里去，这一个墓算下来就得要几百来个桩子，如果是大墓甚至会更多。楼兰古国太阳墓如此盛行，一个太阳墓就需要砍伐成百上千的树木，久而久之，楼兰古国哪还会有植物呀，原本生机勃勃的绿洲变成了光秃秃的土地（土地荒漠化）。再加上楼兰古国的天气本就比较干燥，没了植被之后，连河流也干涸了。

【提问2】当地人的这种活动会导致怎么样的后果？给我们怎样的启示？

【展示2】当地人的活动会导致土地荒漠化。通过两件事例对比可以看出，人类活动可以改善环境也可以破坏环境。

【对比总结】人类活动可以影响自然，所以，人类在利用自然的同时，要注重对自然的保护，做到人、地和谐相处。"绿水青山就是金山银山"，我们要树立保护环境的意识。

四、教学反思

本节内容知识容量大，既要掌握西北各自然环境的要素，又要学习西北农业的特征，而本节课安排仅为一课时，可谓时间紧、任务重。因此，我在教学中注重发挥学生的主体地位，引导学生进行问题式的探究活动，根据学生的情况进行教学进度的调整。学生能做到的，放手大胆让他们去自主探究；学生还不能做到的，给他们提供学习上的"支架"，帮助他们达成目标。只有激发学生主动参与课堂，高效率的课堂才有了可能。对于本节知识点琐碎的特点，我引导学生构建学习思维的体系，让学生形成地理整体性观念。

好的课堂一定要贴近学生。本节课的设计为了走进学生生活，创设了与学生西北研学之旅的情境，让学生能够进行沉浸式学习，培养学生养成关注生活中的地理知识，并运用所学的知识指导生活，这充分体现了新课标、新课改中生活化的地理课堂的理念。

五、结束语

认知需要情感，情感促进认知。知识总是在一定的情境中产生和发展的，具有情境性。脱离了具体的情境，认知活动的效率是低下的。适宜的情境不但可以激发学生的学习的兴趣和愿望，促进学生情感的发展，而且可以不断地维持、强化和调整学习动力，促使学生主动地学习，更好地认知，从而对教学过程起到引导、定向、支持、调节和控制作用。

参考文献

[1] 黄小丽. 核心素养视域下高中历史课堂深度学习案例研究：以"英国代议制的确立"教学为例 [J]. 高考，2023（10）.

[2] 孙慧敏. 初中地理教学中存在的典型问题及对策探索 [D]. 辽宁：辽宁省大石桥市第二初级中学. 2021.

新课改背景下初中数学大单元教学的实践探索

北京市第八十中学雄安容东分校初中部数学组　孙亚飞

数学是自然科学的重要基础，数学教学承担着"时代新人"的培养任务。学生通过数学的学习可以建立起认识、理解及运用知识等思维方式，掌握解决问题的策略和技巧。在以往的教学中，大部分数学课堂是通过让学生对知识点的学习来获得知识。新课改背景下，大单元教学突破了教学实践中培育学生核心素养所面临的学科知识零散、学科能力低下带来的局限，减弱了教学的单一性，是落实学生核心素养的一个非常重要的途径。

一、初中数学大单元教学

数学大单元教学的过程就是学生数学核心素养培养的过程，即会用数学的眼光观察现实世界、会用数学的思维思考现实世界、会用数学的语言表达现实世界。

在初中数学的教学过程中，数学大单元教学的方法是将数学零散的知识点按照一定的规律进行整合，并将其设定为一个整体的单元进行教学。在实际教学过程中，由于该单元的数学教学内容具有一定的共性或者内在的关联性，更加便于培养学生举一反三的学习能力，以及帮助学生更好地发现和理解单元教学内容的内在联系，进而建立具有自己特色的知识构架。除此之外，大单元教学方法的实施一般都是按照由浅入深、由简单到复杂的逻辑去设计，适用于班级上每一个层次的学生，每一个学生都可以在教学过程中获得知识和提升技能，可以更好地理解数学思想与方法，因此更加有利于提高班级数学学习的整体水平。

二、三角形大单元教学阐述

我以"大单元"为起点，对初中三角形的学习内容进行了深入的研究，并进行梳理，构成思维导图，建立起"知识树"，将各个章节、各单元的知识点、知识面、知识线进行分析，发现其中的探究思路、关联和重点难点。

三角形框架图（如下）。

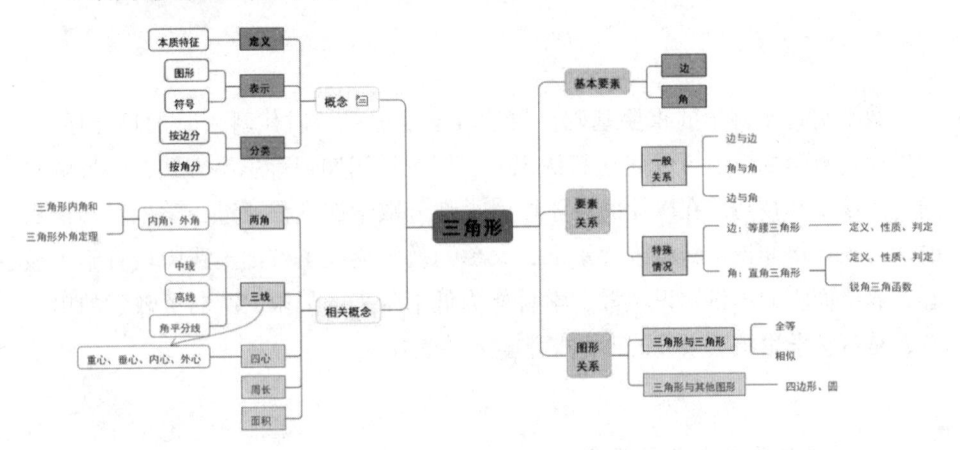

我根据对大单元教学的理解，设置本节探究思路。

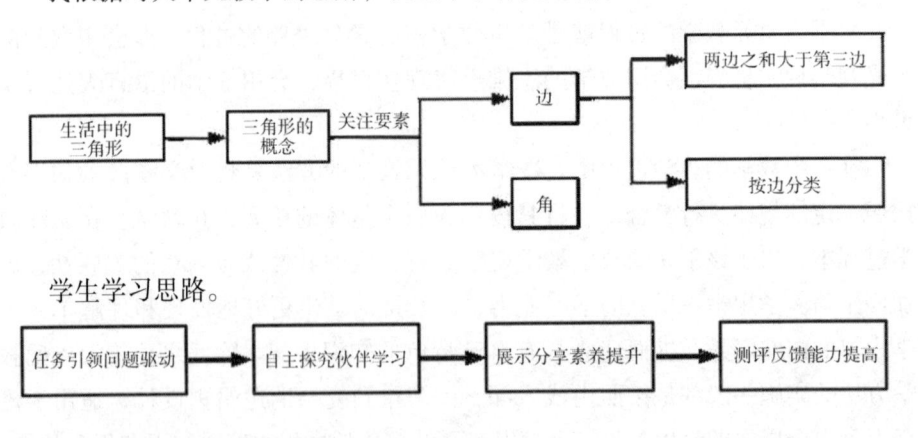

学生学习思路。

三、教学目标

以教学目标素养为导向，根据课标分析和学情分析制定"三角形的边"的教学目标。

（一）观察实例抽象三角形，理解三角形的概念及基本要素，培养学生运用数学的眼光观察现实世界和运用数学的语言表达世界。

（二）在探索三角形三边关系的过程中，让学生经历观察、操作、猜想、说理、交流等活动，培养学生初步的空间观念、推理能力和有条理的表达能力。

（三）理解三角形三边关系，学会判断三条线段是否能构成三角形，学会根据边进行三角形的分类。

四、阐述"三角形的边"教学中应用大单元教学的具体策略

课程学习活动与学习评价遵循"教学评一体化"原则，围绕学习目标展开、过程性评价与结果性评价相结合的基本理念。"定标—达标—验标"是课程实施的一个基本路径。这个途径基于学习目标，有机设计紧扣目标的学习活动和嵌入过程性评价，学习结束后紧跟结果性评价，从而实现教、学、评三者的有机统一。

（一）课前任务探究

【情境】数学源于生活，数学植根于生活，生活中处处有数学，数学蕴藏在生活中的每个角落。课前同学们可用自己的方式多角度观察世界，寻找现实世界中的三角形。

【探究成果1】通过观察现实世界，学生在自行车、支撑小树的木棍与树和地面、塔吊、衣架等实物中，都能发现三角形结构。这说明三角形在现实生活中十分常见，利用它的稳定性，可以起到支撑和固定的作用。

【探究成果2】通过信息技术，云探寻世界著名建筑物。图片中展示的埃菲尔铁塔、港珠澳大桥、雄安站等建筑物中，都用到了三角形结构。这些建筑不光利用了三角形的稳定性，还体现出三角形的简洁美。

【探究成果3】利用电脑软件，探寻了微观世界。学生发现水分子、白磷分子等分子结构中都含有三角形，以此来保持物质本身的稳定。

设计意图：课前布置开放性任务，激发学生自主探究的兴趣。在完成任务的过程中，学生能通过利用720VR、实际拍照、软件运用等方式探寻现实世界，这发展了学生"用数学眼光看世界"的能力。学生通过广泛观察现实世界，体会到了三角形的广泛应用，抽象出了三角形这个基本图形。

(二) 引入大单元思路教学

从学习开始，我就试图帮助学生建立"三角形"的结构化的数学知识体系。一方面帮助学生了解三角形知识的产生与来源、结构与关联、价值与意义，了解课程内容和教学内容的安排意图；另一方面强化学生对数学本质的理解，关注数学概念的现实背景，引导学生从数学概念、原理及法则之间的联系出发，建立起有意义的知识结构。知识结构以问题串的形式引领学生思考，帮助学生学会用整体的、联系的、发展的眼光看问题，形成科学的思维习惯，发展核心素养。

【教师】生活中到处都是几何图形，我们所看到的一切都是由点、线、面等基本几何图形组成的。同学们在初中也是先从点、线开始学习的。对于一条线，我们研究学习了直线、射线、线段；对于两条线，我们研究了它们的位置关系，相交与平行；三条线的位置关系就更复杂，可通过交点情况进行归纳：当没有交点时三线两两平行、三条直线交于一点，两平行线被第三条线所截，三条直线交于三点。这里面我们重点研究了第三种，是因为它特殊，所以研究图形时一定会将它作为特例来讲。

【教师】接下来我们还要继续研究，那么你能抽象出什么几何图形呢？

【学生】三角形。（引入本章课题）

设计意图：课前将初中学过的几何知识进行统筹重组，形成可视化学习路线图，突出学习知识的整体性、结构性、关联性。课上利用信息技术，动态展开思维导图，结合问题串，引导学生阶梯式的思考问题。在回顾知识的过程中，进行知识构建，初步培养学生对几何大单元学习结构的理解，使学生头脑清晰，体会数学知识之间的联系，感受本章学习的必要性。

(三) 探究三角形的概念

【学生】利用手中的小棒拼摆三角形，根据拼摆情况，理解三角形的组成部分，尝试给三角形下定义。

【教师】在学生描述的过程中，抓住线段是三角形的组成部分，引导学生理解，三角形的定义是描述三条线段的位置关系。

【辨析点1】三条线段的连接方式：三条线段怎样连接可以组成三角形？

根据小学经验，学生会说出"封闭图形"，但不能描述线段的连接方式。教师通过出示反例，让学生理解，"封闭图形"描述不严谨，应关注线段的端点位置情况，主动描述，三条线段端点的连接方式：首位相接。

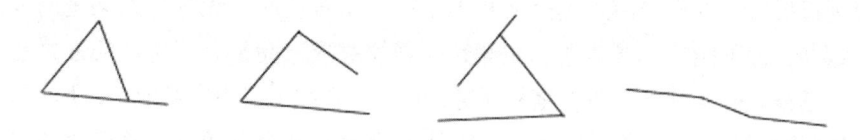

【教师】将反例通过软件推送给学生，学生将以上图形的线段进行拖拽，使之变为三角形。

【辨析点2】三条线段的位置关系：三条线段首尾顺次相接就一定能组成三角形吗？

学生意识中，三条线段都能组成三角形，很难想到反例。教师利用信息技术推送固定长度线段，学生在拼摆的过程中意识到：当两条线段的和等于第三条线段时，三条线段在同一条直线上，不能组成三角形。

师生共同给出三角形的定义：由同一平面内不在同一直线上的三条线段首尾顺次相接所构成的封闭图形叫作三角形（triangle）。

设计意图：三角形的概念是研究三角形三边性质的基础，这里不直接给出概念，而是设计思辨问题，引导学生进行深度思考，利用信息技术，使学生在做中悟，发展几何直观能力和运用数学语言进行表达的能力。

（四）三角形边的性质探究

【教师】三角形定义中的主语是什么？前面的"不在同一直线"和后面的"首尾顺次相接"，都是在描述三条线段的位置关系，也就是三角形的"几何特征"。在这样特殊的"几何特征"下，会引发三角形的三边怎样的"数量关系"呢？今天，我们先研究三角形的三边的性质。

设计意图：研究几何图形就是研究它的几何特征，以及此几何特征下的数量关系。这里本着大单元的教学思路向学生提出问题，体会研究几何问题的一般思路。

【学生】在小学时，通过拼摆小棒知道，三角形的两边之和大于第三边。

【教师】很好，那么为什么三角形的两边之和大于第三边？不大于会怎样？

驱动问题1：借助 GeoGebra 软件，探究组成三角形时"两条线段之和不大于第三条线段"会怎样。

驱动问题2：借助 GeoGebra 软件，尝试对命题"三角形任意两边之和大于第三边"进行说理。

学生以小组为单位，利用平板电脑进行探究，最后将探究成果展示、评价。

【学生成果1】我们在 GeoGebra 软件上设置定长线段，选取多种情况组合的线段进行拼摆，发现当两条线段之和小于第三条线段时，无论那两条短的线段怎样运动，都不能让三条线段首尾相连，不能组成三角形；当两条线段之和等于第三条线段时，三条线段首尾相连时，在同一直线上，不能组成三角形。

【学生成果2】我们在 GeoGebra 软件上绘制了一个三角形，并标注各边长度，通过拉动三角形的任意顶点，改变三边长度，观察三边数量关系：三角形两边之和大于第三边。同时，在运动变化的过程中，发现当顶点距第三边越近时，两边之和越小，越接近第三边的长度；当顶点与第三边在同一直线上时，两边之和等于第三边。从而发现本质：可以将第三边看成两点之间的距离，三角形三边关系的本质是基本事实：两点之间线段最短。

设计意图：三角形三边性质的本质探究是本节的重点和难点，为了让学生深度思考、主动探究，这里以探究任务的形式进行。课堂上让学生学习利用信息技术，展开科学的探究，很大程度地激发了学生探究的积极性。GeoGebra 软件，实现了图形由静到动，很好地突破了从特殊到一般的几何特征研究的难点，课堂中使用 GeoGbra 软件有利于提取问题本质，提升学生观察、思考、发现、归纳的能力。信息技术的运用，实现了原有教学手段达不到的效果。

（五）三角形的分类

【教师】我们知道，研究几何图形都会研究到它的特例，那么三角形的特例是什么呢？我们要关注三角形的要素：边、角。

探究任务：将三角形进行分类。

【学生】利用GGB动态演示，关注三角形的边和角，分别从边和内角的角度将三角形进行分类。

【教师】教师对学生的分类进行评价，并结合学生几何画图，规范分类标准。

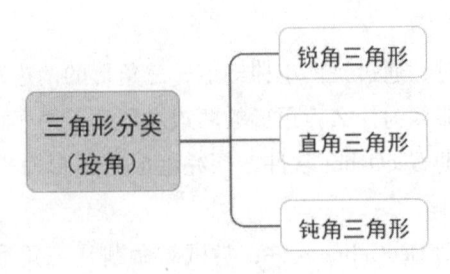

```
三角形分类
（按角）
├── 锐角三角形
├── 直角三角形
└── 钝角三角形
```

（六）构建知识框架

让学生学会从整体的角度进行知识的学习，帮助学生形成完整的知识脉络。

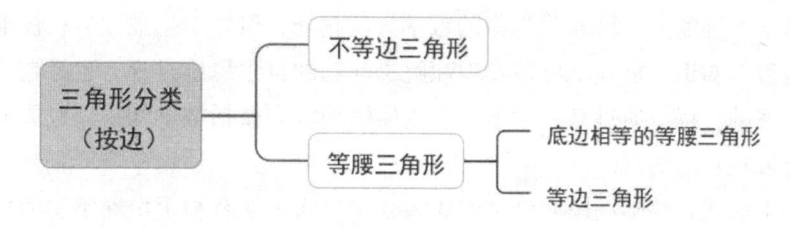

```
                    ┌─── 不等边三角形
三角形分类 ─────┤
  (按边)          │                    ┌── 底边相等的等腰三角形
                    └─── 等腰三角形 ──┤
                                           └── 等边三角形
```

通过构建知识框架，促进学生对几何图形学习的整体理解。

三角形知识脉络图：

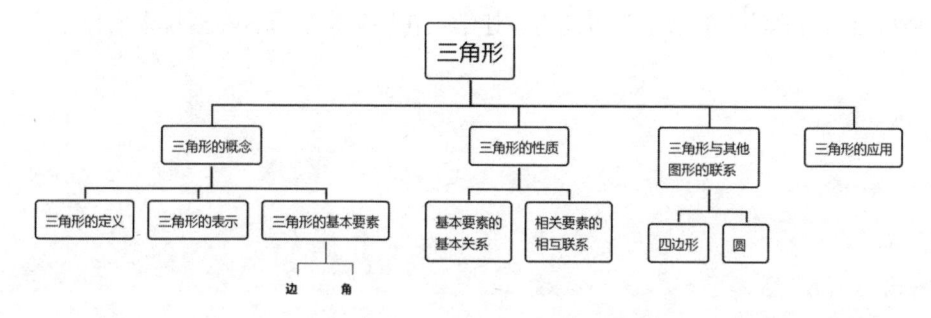

```
                              三角形
     ┌──────────────┬──────────────┬──────────────┐
  三角形的概念      三角形的性质   三角形与其他      三角形的应用
                                      图形的联系
 ┌─────┬─────┐      ┌─────┬─────┐    ┌─────┬─────┐
三角形  三角形  三角形的  基本要素  相关要素   四边形    圆
的定义  的表示  基本要素  基本关系  的相互联系
              ┌───┴───┐
              边      角
```

设计意图：在每节单课时教学中，将本节课的知识放在本单元知识框架中，向上寻找知识的关联点。本节课结束时，再回到本单元知识框架中，向下引出知识的延伸点。有上联下达的思想站位，突出教学的单元整体结构性，促进学生对数学知识进行深入地学习和探索，并将理论知识和现实应用融会贯通。

五、教学反思

在初中的数学课上，教师应成为一个组织者、引导者、激励者，创设学科问题情境或实际问题情境，设置合理的教学环节，设置有挑战性的学习任务，并针对学生的具体学习状况，运用多种教学手段，充分调动学生学习的积极性，引发学生深度思考，使学生可以有创造性地运用数学知识解决问题。教师运用创新的教学方式，与课程自身的知识架构相结合，为学生获得数学知识打下了坚实的基础，为学生提升数学核心素养创造了丰富的教学资源和机会。

数学课程的教学要突出数学课程的本质，使得学生能够认识问题并用数学方法解决问题，展示数学核心素养。教师为学生创设合适的情境，让学生用数学的眼光观察世界，让学生用数学语言表达世界、研究数学问题，通过小组合作利用信息技术探究解决数学问题等，可以让学生参与并创造性地解决数学实际问题。

我从学生的学习认知规律、学生数学学科素养的培养等方面进行设计，重视探究过程，注重数学理解、数学思想、数学建模的培养，在过程中提升了学生的数学思维能力,培养了学生的数学方法技能,引导学生独立、积极地思考和交流数学知识。自我学习是发现和解决问题的自主思维过程,也是自主建构知识体系的过程。通过自主学习,学生能够理解和概括数学知识,也能够在课上充分表达自己的观点。

综上所述,教师利用大单元的数学教学模式更加有利于培养学生的数学核心素养。在实际教学过程中,初中教师应依据学生的实际情况和大单元教学理念的要求,结合课本的教学,深入地挖掘数学的深层含义,并采取相应的对策来指导和培养学生的数学学习能力,让学生在快乐中学习,在愉悦中成长。

英语学习活动观指导下基于主题意义探究的初中英语听说教学设计实践

——冀教版初中英语七年级下册 Lesson 37：You Are What You Eat 课例

北京市第八十中学雄安容东分校初中部英语组　王晓婷

【摘要】 阐释英语学习活动观的相关概念。以冀教版初中英语七年级下册 Unit 7 Lesson 37：You Are What You Eat 为例，探究如何在学习活动观指导下开展基于主题意义探究的初中英语听说教学，培养学生的英语学用能力，从而培养英语学科核心素养，实现学科育人。

【关键词】 英语学习活动观；初中英语；听说教学

一、理论指导

社会的快速发展和时代的变化对人才的培养提出了更高的要求，要培养学生的核心素养，必备品格和关键能力，落实立德树人，已成为我国基础教育面临的新任务。《义务教育英语课程标准（2022 年版）》（以下简称"新课标"）"课程理念"明确指出，要践行学思结合、用创为本的英语学习活动观。在英语学科教学中，六要素整合的英语学习活动观是落实英语学科核心素养，提升英语教与学效果的重要举措。学生在主题意义引领下，通过学习理解、应用实践、迁移创新等一系列体现综合性、关联性和实践性等特点的英语学习活动，基于已有的知识，依托不同类型的语篇，在分析问题和解决问题的过程中，促进自身语言知识学习、语言技能发展、文化内涵理解、多元思维发展、价值取向判断和学习策略运用。

二、英语学习活动观指导下的初中英语听说教学实践课例

本课例为 2022 年 4 月"雄安·领军杯"教育改革创新与发展研讨会——暨

全国第二届"同课异构"活动中所展示的一节初中英语公开研究课，受到与会专家的一致好评。授课内容为冀教版七年级下册 Lesson 37：You Are What You Eat。以本课为例，探究在英语学习活动观指导下开展对主题意义探究的初中英语听说教学。

（一）明晰主题

语言是以语篇形式存在的，语言离不开语篇，语篇离不开内容，内容离不开主题（程晓堂）。"单元是承载主题意义的基本单位（教育部，2018）。因此，教师首先要明确单元主题，在主题引领下展开教学。

本课选自冀教版七年级下册 Unit 7 Sports and Good Health，这一单元以"运动和健康"为主题，这一话题贴近学生生活，与学生成长息息相关，易受到他们的喜爱。七年级学生处于身心发展的关键时期，健康饮食与运动习惯的培养，对于青少年的成长有着重要的意义，进而有助于学生健康心理和健全人格的发展。学生也会在这一话题的驱动下，提升表达欲望，增加师生间、生生间交流的机会，便于教师设计真实情境，开展真实任务。

（二）解读文本

新课标指出，在研读语篇时，教师要从语篇的主题、内容、文体结构、语言特点和作者观点等角度进行深入解读，明确主题意义，提炼语篇中的结构化知识，挖掘文化内涵和育人价值，把握教学主线（教育部，2022）；从 What（主题内容和主要信息）、Why（作者写作意图和价值取向）和 How（文本体裁、逻辑结构和语言特征）三个层面解读和梳理文本，从而更好地围绕主题意义设计和开展教学（张秋会，王蔷，蒋京丽，2019）。

笔者在解读文本时，在单元主题的引领下，从 What、Why、How 三个维度分析语篇，对于本课，笔者进行如下解读和思考（见表1）。

表1

What	本课为第七单元的第一篇课文，主要通过谈论 Danny 饮食习惯的变化，引出健康饮食对身体有益的主题意义。
Why	引导学生培养健康的饮食习惯。饮食话题贴近学生的生活实际，有利于激发学生的学习兴趣，提高学生的参与度，作为本单元的起始课，通过本课的学习让学生知道好的饮食习惯对身心成长的重要性，同时为后面谈论运动健康的话题进行铺垫。
How	本文以对话的形式呈现，使学生理解并学习如何用英语谈论饮食相关话题，并正确使用 be good for, sb should do sth 的基本句型进行表达。

文本解读出来的内容要通过活动设计转化为学生的学习经历，引领学生在探究语篇主题意义的过程中感知、吸收、内化、迁移（王蔷，2016）。

（三）分析学情

在主题内容方面，"饮食"话题贴近学生生活，是学生熟悉且易于交流的内容，因此学生需要知道培养健康的饮食习惯对于身心成长的重要性，并了解更多良好的饮食习惯；在语言方面，初一学生认识常见食物的词汇，有一定语法基础，但对之前所学"食物"的词汇可能有遗忘，课文中有一定生词，对文本的理解可能有一定的影响；在表达思维方面，初一学生有一定辨别能力，能进行简单的逻辑思考，但对于如何条理清楚、层次分明地描述自己的饮食习惯和建议，无法明确表达。通过前期调查，大部分学生存在不良的饮食习惯。

（四）确定目标

教学目标的制定要遵循英语学习活动观学习理解、应用实践和迁移创新三个层次，要能够反映出学生对文本主题意义探究的过程，要体现核心素养四要素的相互渗透、关联融合和协调发展（张秋会，王蔷，蒋京丽，2019）。

基于文本解读和学情分析，笔者明确了如下教学目标。

1. 理解并掌握 decide, change, habit, usual, health, awful; be good for, decide to do sth, as usual 等词汇及短语的意思和用法。

2. 获取并梳理关于"饮食习惯"的信息和观点。

3. 理解文本对话前后的逻辑关系，形成语篇意识，通过交流探讨主题意义，深入理解培养健康饮食习惯对自身成长的重要意义。

4. 内化文本内容，运用所学语言给出饮食建议，描述健康的饮食习惯。

5. 提升思维能力，能够辩证地看待食物的属性，避免绝对化和单一化。

（五）设计思路

基于英语学习活动观的三个阶段，本课按照"学习理解、应用实践、迁移创新"的顺序设计教学活动（见表2）。

表 2

创造性开放性⇧逻辑性层次性⇧情境性生活性	学习理解	通过听说的方式，能够获取关于饮食习惯的信息。基于语篇，学习理解本课的语言知识	1. 通过游戏导入，诊断并复习关于"饮食"的词汇，激活已有认知 2. 图片预测，引入文本 3. 通过判断正误，图表填空等方式精听文本；对文本信息进行获取结构的梳理
	应用实践	在深入语篇的应用实践中，通过分析文章结构，梳理 Danny 饮食习惯转变的过程，理解对话之间的逻辑关系，并进行标题意义的探讨，深化主题意义，实现语言内化，提升运用能力	4. 对本文标题进行讨论，加深对主题意义的理解。引导学生思考培养健康饮食习惯的重要性 5. 展示课前对学生饮食习惯的调查结果，由文本转入学生
	迁移创新	让学生联系实际，纠正不良的饮食习惯，并创设医生诊断的情境，促进生生交流，实现超越语篇的英语活动观	6. 学生分享自己的良好饮食习惯，再做总结，使学生对其有进一步的认识 7. 给出有不同健康问题的病例，学生根据所学知识进行诊断，并给出建议

（六）实施教学

1. 学习理解类活动

（1）感知与注意：游戏导入，激活已知

教师通过感知与注意活动创设主题情境，激活学生已有知识经验，让学生在已有知识经验和学习主题之间建立关联，发现认知差距，形成学习期待（教育部，2022）。

教师展示有关饮食主题的砸金蛋游戏，一共 6 个金蛋，每个金蛋代表 1 个任务，学生随机选择，选中后完成相应任务。

Task 1：List five words or more fruits.

Task 2：Speak out words according to the pictures（Vegetables）.

Task 3：Speak out words according to the pictures（Meat）.

Task 4：Look at the pictures and spell words（Drinks）.

Task 5：Match the pictures with right words.

Task 6：Translate the following words about Chinese food into English.

通过完成任务，激发学生兴趣，活跃气氛，激活饮食类词汇图示，并通过归类，熟悉饮食分类。

【设计意图】根据学情和本文主题，诊断学生已学的食物词汇的掌握情况，任务难度较小，通过完成类型多项的任务（列举，拼读，连线，翻译等），激发学生兴趣，活跃气氛，激活已知经验，增强信心，为后面学习进行铺垫。

（2）获取与梳理：观察图片，预测内容

听前，教师出示图片（见图1），并提出问题：What is he eating? 学生根据图片内容回答问题。教师再出示第二张图片（见图2），引导学生观察图片，并根据 Danny 的表情，补充信息：Danny looks，并提出以下问题：What happened to him? 让学生带着问题进入。

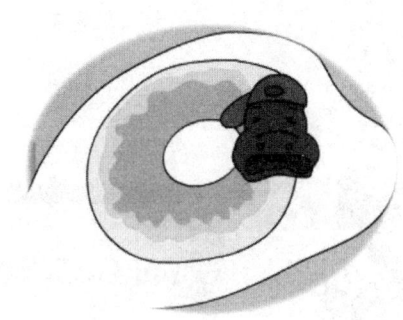

图 1　　　　　　　图 2

【设计意图】在听力前，让学生观察图片并预测文本内容，也是培养学生在听力中获取信息的重要策略之一，通过观察和提问激发学生的好奇心和求知欲，唤醒对听力内容的期待，有助于学生在听力中获取更多的细节信息。

（3）概括与整合：听力感知，整合内容

Task 1：听第一遍录音，判断三个信息的正误，获取对话的基本信息，了解文本主旨大意。

① Danny and Jenny are having lunch.

② Danny likes vegetables very much.

③ Danny decided to change his eating habits.

Task 2：听第二遍录音，引导学生梳理事情发生的时间线，倒推事件发生的原因（见图3）。通过挖空，让学生获取关键细节信息。再次听录音，梳理 Danny 饮食习惯转变的过程及原因，从而引出本文主题（见图4）。

Today

He is eating a salad . There are many different vegetables in it.

图 3

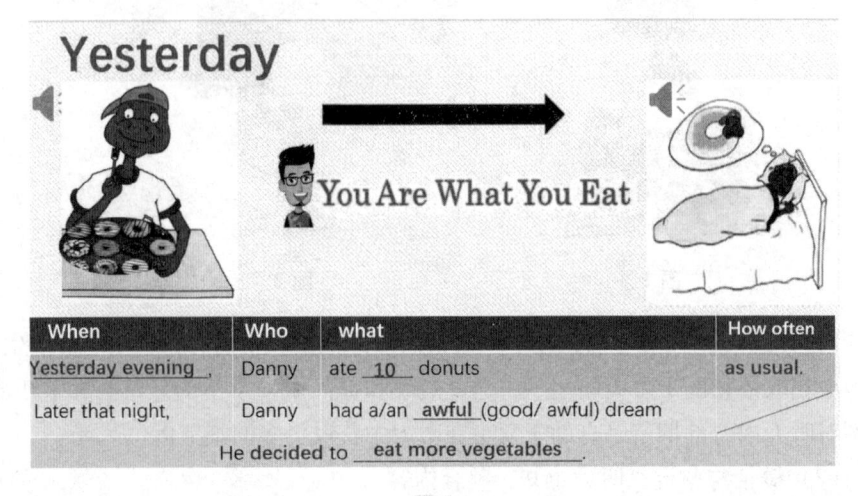

Yesterday

You Are What You Eat

When	Who	what	How often
Yesterday evening,	Danny	ate 10 donuts	as usual.
Later that night,	Danny	had a/an awful (good/ awful) dream	
		He decided to eat more vegetables .	

图 4

【设计意图】本文内容为听力对话，信息较为碎片化。教师没有直接让学生完成碎片化的问题，而是通过时间线，以解决问题为基础，通过关键信息单词的挖空，梳理事件的前因后果，整合文本内容，使其结构化，并引出对文本主题意义的思考：Danny 吃了太多甜食，让 Danny 做了噩梦，促使他改变不良的饮食习惯。而 Danny 做噩梦的原因在于他对叔叔的劝告 "You are what you eat" 这句话的字面意思的理解。从而引导学生对本课标题同时也是文章主题的深度思考。

2. 应用实践类活动

应用实践类活动主要包括描述与阐释、分析与判断、内化与运用等深入语篇的学习活动。学生在学习理解类活动的基础上，通过多种活动内化语言和文化知识，加深对文化和主题的理解，巩固结构化知识，促进知识向能力的转化（教育部，2022）。

（1）阐释内容，深挖主题

学生讨论本课标题"You are what you eat"的意思，给出两个选项，结合对文本内容和主题的理解来回答。

【设计意图】回到文本标题，通过讨论，深挖文本想要传递的主题意义，引导学生思考培养健康饮食习惯的重要性。

（2）分析判断，提升主题

根据课前对学生日常饮食习惯的调查，以柱状图展示调查结果（见图5），如图所示，有不良饮食习惯的人数占到最多，情况并不乐观。以此让学生意识到本课主题的现实意义，思考并探讨以下问题：How to eat healthily?

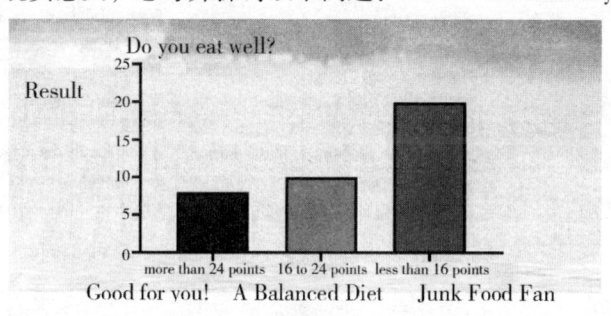

图 5

学生讨论关于健康饮食的方式，教师结合文本给出两条总结性建议。

①Eat the right food to keep you healthy.

观看视频，不同食物对不同身体部位的益处，使学生深入理解 You are what you eat 的主题意义，观看后，以 be good for 结构为载体，测试视频内容，加深学生的学习理解。

② Have different kinds of food each day.

通过均衡饮食的建议，展示食物金字塔的图表，使学生直观感知每日应吃食物和食量占比，使学生能够辩证地看待食物的健康性，培养学生深层的逻辑思维能力，任何健康食物都要建立在适度食用的基础上，培养均衡的饮食习惯。

【设计意图】设计调查问卷，根据实际情况，围绕真实情境和真实问题，引导学生思考并探讨如何健康饮食，旨在践行学思结合，深化主题探究，加深对主题意义的理解，并进一步推动思维能力的进阶。

3. 迁移提升类活动

迁移创新类活动主要包括推理与论证、批判与评价、想象与创造等超越语篇的学习活动。学生能够运用所学知识技能、方法策略和思想观念，多角度认识和理解世界，创造性地解决新情境中的问题（教育部，2022）。

教师创设如下情境，学生首先从医生的角度，诊断三个有不良饮食习惯的学生（见图6）；再展开小组合作，确定角色（医生或病人），教师适当搭建语言支架（见图7），并进行班级展示；最后教师总结健康的饮食习惯，引导学生辩证地看待食物的健康性和适度性，任何食物都需要建立在适度食用的基础上，培养正确的饮食习惯。

Name: Jack
Age: 12
Habits:
1. **Favourite food:** Ice cream and candy.
2. He always stays up late.
Problem: His eyes are dry.

Name: David
Age: 14
Habits:
1. **Favourite food and drink:** hamburgers and coke.
2. He always gets up late in the morning.
3. He hardly has breakfast.
Problem: He has a stomachache.

Name: Linda
Age: 16
Habits:
1. **Favourite food:** vegetables and fruits.
2. She hardly eat meat and grains.
3. She seldom drinks water all day.
Problem: She feels tired everyday.

图 6

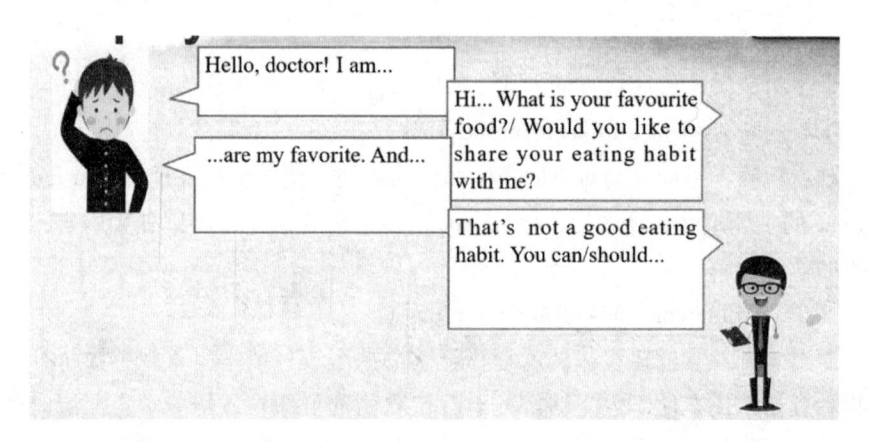

Hello, doctor! I am...

...are my favorite. And...

Hi... What is your favourite food?/ Would you like to share your eating habit with me?

That's not a good eating habit. You can/should...

图 7

【设计意图】教师利用小组合作形式，引导学生在情境中运用所学知识，通过小组讨论和班级展示等学习活动输出语言，对所学知识进行内化与运用，培养了学生的综合语言运用能力。

（七）教学反思

课后笔者对本堂课进行了深入反思，并结合专家的评课意见，有以下 4 个亮点作为参考。

1. 教学亮点

（1）聚焦单元核心素养培养目标，依据英语学习观设计教与学活动

本课教学设计紧跟新课标的理念，在英语学习活动观指导下设计课堂教学。在解读文本时，聚焦英语学科核心素养培养目标，分别从语言能力、文化意识、思维品质和学习能力 4 个层面进行本课的文本解读。在设计思路上，基于活动观的 3 个层次设计教学活动，层层递进，环环相扣，深挖主题意义。

（2）教学活动丰富多样，富有趣味性

教师在导入活动中，通过砸金蛋的游戏和多样性的活动（连线、填词、匹配、翻译等）进行词汇复习，契合学情，激发学生兴趣。

（3）听力活动设计精细，整体和细节相结合

本节课设置了多次听力环节，并在细节听力部分进行了剪辑，通过时间线的梳理，对做梦之前的部分进行分段式细听，首先获取 Danny 今天和昨天的饮食内容，并呈现表格，将文本结构化，设计挖空填词，降低了学生直接听细节的难度，也有助于培养学生关注并获取细节信息的能力。通过两天饮食的对比，使学生发现饮食的变化，并推断出变化的原因和文本想要传递的主题意义。此环节的设计符合本节课的定位。

（4）深入探究主题意义

教师要引导学生整合性地学习语言知识和文化知识，运用所学知识、技能和策略，解决真实问题，达到在教学中培养学生核心素养的目的（教育部，2022）。基于本课主题，教师在课前进行了针对性地调查并运用到课堂中，让学生直观地发现问题，有利于学生围绕健康饮食习惯的主题，积极地表达个人观点和态度，起到更好的实际效果和指导作用。

在教师总结性建议中，引导学生能够辩证地看待食物的健康性，而不是单一划分食物的好坏，比如糖果、巧克力等，学生常把此类食物直接划分为垃圾食物，认为要远离，但生活中却常吃，学生的观点仅仅是空喊口号，脱离了实际，而人体中也需要糖分的摄入；绿色蔬菜虽是大家公认的健康食物，但也需要量的控制。任何食物都要建立在适度食用的基础上才有益健康。从食物金字塔来看，学生通过食物所占膳食百分比，了解哪些食物可以多吃，哪些要适量吃，哪些要少吃，从而注重食物多样化，培养均衡的饮食习惯。这一环节有利

于学生进一步深化对主题意义的理解，多维度思考，多角度看待问题，提高学生的思维品质。

2. 完善提升

由于教学经验有限，本课还有些环节待于改进和完善，根据专家反馈和笔者课后反思，以下几个环节仍有提升空间。

(1) 听力活动可再优化

在第一遍听力活动时，教师用判断正误的课后题让学生获取文本信息。实际上，学生通过判断句子正误时获取细节信息，在功能上和后面环节的设置有重复。在文本处理中，学生的首要任务是对文本内容和主题有整体的了解，获取文本大意。因此第一遍听力任务，学生需要聚焦文本大意的获取，再关注细节信息。教师可设置"What information can you get?"等开放性问题。

(2) 给学生自主思考和表达的时间与空间

在讨论文本标题内容环节，教师提出 What does the title (You are what you eat) mean? 引导学生思考主题意义，并马上提供了两个选项，降低学生表达的难度，但这缩短了学生自主思考的时间和表达的提升空间。此环节是训练学生思考，提升思辨能力的重要环节，即使回答不顺畅或答案错误也无妨，学生通过思考问题，是深挖主题意义的过程和锻炼。因此，对文本标题进行理解，教师不必急于给出选项或答案，可以先让学生畅所欲言，听听学生自己的理解，再做总结。

(3) 输出活动的布置要细化，有具体要求与评价

在迁移提升环节情境设计的活动布置中，教师提供 3 个有不良饮食习惯的病人，学生选择 1 个进行诊断，在任务布置中，教师要有明确的指令，以免学生对任务有疑惑。在诊断任务中，教师可作为医生，先进行诊断，给学生做出示范，学生在教师的示范下对任务更加明确，剩下的两个让学生二选一。在 3 个病人的不良习惯中，有 1 个病人不仅有不良的饮食习惯，同时还存在不良的生活习惯，这是对本课主题的延伸和本单元后续文本主题的衔接，由于本节课主要探讨健康饮食习惯的培养，很多学生忽略了这一信息，教师需要引导学生关注拓展信息。

因此，教师在设计输出活动时，要思考学生需要完成几个任务，需要使用什么样的语言内容，是否需要提供语言支持，是否需要教师做示范，学生是否需要列出要点，如何评价小组展示结果等。

参考文献

［1］中华人民共和国教育部. 义务教育英语课程标准（2022年版）［M］. 北京：北京师范大学出版社，2022.

［2］程晓堂. 核心素养下的英语教学理念与实践［M］. 南宁：广西教育出版社，2021.

［3］李梦纯. 基于主题语境的初中英语听说教学设计探究——以Unit 9 What does he look like? Section A 1a—2c 为例［J］. 英语教师，2022，22（12）.

［4］李晓燕. 基于学习活动观的初中英语单元主题听说教学探究——以Unit 6 Ancient Story 为例［J］. 英语教师，2021，21（16）.

［5］张秋会，王蔷，蒋京丽. 在初中英语阅读教学中落实英语学习活动观的实践［J］. 中小学外语教学（中学篇），2019，42（1）.

［6］王蔷. 语言教学理论与实践课程［Z］. 北京师范大学，2018-5-8.

［7］王蔷. 从综合语言运用能力到英语学科核心素养：高中英语课程改革的新挑战［J］. 英语教师，2015，15（16）.

［8］张秋会，王蔷. 浅析文本解读的五个角度［J］中小学外语教学（中学篇），2016，39（11）.

饱经磨砺方能一路生花

北京市第八十中学雄安容东分校高中部化学组　赵雨晴

2022年4月29日，本校承办了"雄安·领军杯"教育改革与创新发展研讨会——暨全国第三届"同课异构"活动。对于青年教师而言，能有机会参加这样的教育盛会，与来自全国各地的顶级专家、优秀教师交流讨论，实在是一件既幸运又让人兴奋的事。在本次活动中，我有幸代表本校参加化学学科同课异构活动。整个过程可谓饱经磨炼，却受益匪浅。

本次同课异构要求以化学苏教版选择性必修三"醛的性质与应用"为主要内容，体现大单元教学在教学中的应用。在得知活动主题后，我紧锣密鼓地开展起前期准备工作：分析教材，分析学情，明确教学目标，明确教学重难点，文献查阅、资料收集。在经过大量的文献阅读、案例学习以后，我发现基于情境融合的高中化学大单元教学设计旨在帮助学生完善知识结构，提升分析和解决问题的能力，培养学生在面对生活中多样的、变化的、不确定的情境时，有应对和有效解决相关问题的方法和能力。而这些恰恰与本校的"澄明课堂体系"相吻合。初入课堂时，我对于"澄明课堂体系"要求创设情境、探究讨论、反馈评价等环节的实际意义还不能完全把握。经过此番学习，我对于教学设计中各个环节的设计意图更加明确了，设计思路也逐渐清晰。

在理清思路后，我以"解酒药的研制"为总任务创设真实情境，设置"吃头孢类药物，为什么不能饮酒？""假如你是一名解酒药物研发师，从何处着手？""你对快速消除乙醛药物的研发有何新构想？"等一系列驱动问题，引导学生在研制解酒药的过程中探究醛的性质。为缩短实验时长，还精心设计了"手摇银镜"创新实验。此番设计，我自认为创意满满、趣味十足，对于学生分析问题、解决问题能力的培养大有裨益。而当我胸有成竹地汇报给组内的各位教师时，"完美设计"面临崩塌。李继良校长提出："本堂课的确很有创意，但从我们的真实生活出发，真的存在解酒药吗？"许钦贤老师提出："这堂课的大单元设计体现在哪里？这更倾向于项目式的教学设计。"大家的不停发问、研讨，让我进一步认识到大单元教学设计要以真实的、进阶的、延展的问题情境组织教学，从单元划分、情境创设、问题设置、任务驱动、活动评价5个步骤实施。于是，我又推翻重来，仔细调查学情后创设如下真实情境：为拓宽市场，河北雄安保府酒业有限公司想要进军食品香精领域。为节约经济成本，该公司首选乙醇为原料，并找到了可以用乙醇合成且应用市场广泛的一种香精——乙酸香茅酯。为此，该公司设计出如图所示的工艺流程。因此研究问题转化为能否将乙醇按该设计转化为乙酸香茅酯？为解决这一问题，将任务划分为以下4个子任务：①乙醇能否转化为乙醛？②乙醛能否转化为乙酸？③乙酸与香茅醇能否最终合成乙酸香茅酯？④乙酸香茅酯的实验室制备。本次同课异构活动中旨在通过"探秘醛的性质——打造'醛'新家居"完成任务。在后续的日日夜夜中，我奔走于实验室、教研室、资料室，不断寻找更有实际意义的问题驱动、更有深度的实验探究以及更能培养学生学科思维的活动环节，就这样，在大家的帮助下，经过一次又一次的推翻、重建、打磨，我终于定稿，呈现出一堂虽不完美，却精心筹备的公开课。

活动当天，在认真观摩了其他3位老师的课堂实录以后，我收获良多。来自北京的多丽君老师从生活中的醛出发，循序渐进地引导学生建构陌生有机物结构分析思路的知识模型，让我深受启发；来自天津的付晨老师，在课堂上应用媒体展台和实时投影技术，让课堂更加灵活、生动；来自河北雄安的王亚欢老师在教学设计中增加了"乙醛和酸性高锰酸钾溶液及溴水反应的探究"的内容，让学生更好地理解碳氧双键和碳碳双键的加成的区别和联系，既巩固了加成反应，同时又拓展了学生的思维。北京市骨干教师于首丽老师的细致点评，更是令我学习到教学设计必须立足课程标准，以课程标准为指导方针，再将知识进行模块化、知识化，这样对学生素养的发展更为深远，对于知识的落地与迁移更加踏实。

本次的同课异构活动，让我见识到了教师们对同一教材内容的不同处理，采用不同的教学策略所产生的不同的教学效果。教师们智慧火花的迸射展现了对教学活动多角度、全方位的思考，也启发着我在今后教学过程中要不断更新观念，创新教学，多从培养学生核心素养的角度出发，使教学回归教育，回归对人的关注，促进学生全面发展。

勿忘初心，砥砺前行

王盛楠

今年4月，我有幸代表本校历史教研组参加了"雄安·领军杯"全国第3届"同课异构"活动，并在比赛中获得了二等奖。作为一名教龄不到两年的年轻教师代表教研组参加比赛，对我来说是非常大的挑战，而在这次活动中，我也获得了许多收获。

我选择的授课内容为《中外历史纲要（下）》的第14课"第一次世界大战与战后国际秩序"，这一课时间跨度大、内容多，因第一次世界大战的爆发及战后国际秩序的变动对中国和世界均产生了重要影响，所以本课是世界历史的重要内容，在整个世界史教学中乃至高中历史教学中都有着重要的地位。由于本课内容此前也频繁出现在各级公开课比赛上，所以我打算以不同的视角创设情境，呈现不一样的第一次世界大战。在备课时，我精准把握课标，积极观摩优秀教师课例，反复阅读相关著作与文章，最终决定借用俄乌战争这一地区热点问题，利用口述史料，以小人物经历的战争为切入点展开教学。但作为一名刚参加工作一年的年轻教师，参赛经验严重不足，因此我反复请教组内其他教师来帮我磨课，提出有针对性的改进意见。备课告一段落后，我首先在学考班级进行了试讲，评课时教研组内的教师们提出优化小标题、提高学生课堂参与度等优化建议，教师们还进一步帮助我查找、筛选史料，保证每一条史料都精选而有效。组内骨干教师樊老师给我提出了非常多的有建设性的建议，对我耐心听课、评课，帮我理清备课思路、打磨细节。樊老师提出可以利用图片史料直观呈现士兵们战前、战时、战后的状态，组内同事便积极查找一战老照片，希望能为这堂课添砖加瓦。在制作教学课件时，因为不熟悉动态地图的制作，在学校实习的崔老师根据我的想法制作出了动态地图，既从空间上帮助学生感知了一战中的主要战役，又让学生记住了战争中新式武器的运用。在经历了否定、肯定、再否定、再肯定等一系列周而复始的努力后，在历史教研组全体教师的帮助下，我终于打磨出了这堂课。

在课堂呈现中，由学生来讲解战争经过，再利用巴黎和会情景剧的形式帮助学生理解凡尔赛—华盛顿体系，突出了学生的主体地位；以口述史料为主线，通过士兵及民众的心态变化使学生对战争产生更为直观和深刻的认识，有效地帮助学生理性看待战争，树立反战意识。整体上看，课堂的呈现基本达到了预期的效果，因此参赛前我对自己的课充满了信心。

本次同课异构活动共有来自全国的4位教师参赛，以线上录播的形式进行。活动当天，我早早准备好听课本，认真学习了其他3位教师的授课，从史料应用到语言组织，我在3位教师的课堂上获益匪浅，最后的专家点评更是画龙点睛。赛后回过头来看，与其他教师相比，我的课无论是在知识上、结构上还是设计上都有待完善。在经历了此次赛课后，我更加明白了想要上好一堂精彩的历史课就要用二十分的努力去备课、磨课。比赛时的一堂课只是职业生涯中的某一节课，但只要平时用功钻研教法，钻研历史知识，学习学术前沿成果，就能够精彩呈现每一堂历史课。

此次同课异构活动对我来说是一次特殊的经历与磨炼，给了我锻炼的空间和展示的舞台。在备课的过程中有过迷茫，有过崩溃。但"路漫漫其修远兮，吾将上下而求索"，在未来的职业生涯中，我将尽自己最大的努力做好每一件事，备好每一堂课，在提升专业能力的同时提高作为历史教师的职业幸福感，争取早日成为一名优秀的历史教师。

以赛促教

——学习永远在路上

北京市第八十中学雄安容东分校高中部语文组　张尊

很荣幸能够参加"雄安·领军杯"第三届"同课异构"活动，我收获颇丰。百舸争流，共绽芳华。我通过观摩学习，看到每位参赛教师都充分展示了自己的教学智慧与魅力。三人同行，左右皆为师。评委贾老师高屋建瓴，拨云见日，立足语文教育本质，给出了切实中肯的建议，我听后如醍醐灌顶。

以下是我在备课、磨课、讲课以及今后的教学中应该持有的态度的一些感悟，虽然简单浅薄但真实。

一、备课——趣舍万殊，其致一也

《荷花淀》这篇小说我在之前的从教生涯中讲过三次，讲得次数多的好处是对课文足够熟悉，文本解读很全面，但缺点是难以取舍。因为这个小说可生发的点很多，以至于我迟迟定不下来教学目标和教学重点。于是，我又回归到课标，去寻找课程的支点。

《荷花淀》出自人教版高中语文选择性必修中册第二单元，人文主题是"苦难与新生"，对应"中国革命传统作品研习"学习任务群。我翻阅课标的"中国革命传统作品研习"任务群，发现此任务群旨在阅读和研讨语言典范、论辩深刻、时代精神突出的革命传统作品，深入体会革命志士以及广大群众为民族解放事业英勇奋斗、百折不挠的革命精神和革命人格；学习在中国特色社会主义建设过程中涌现的英雄事迹，感受其无私无畏的爱国精神；进一步发展语言运用能力、思维能力和审美鉴赏能力；陶冶性情，坚定志向，形成正确的人生观、价值观和世界观。

这篇经典红色小说对于培养学生的家国情怀非常合适，可以使学生传承红色基因、赓续精神血脉、牢记初心使命。所以，我最终确定了本节课的教学目标是通过品读对话，体会小说个性化语言，进而领会和传承小说体现的夫妻之情、家国之爱，最终以读促写，完成对白洋淀抗日英雄们的礼赞的微写作，提升语言表达能力。

课标是教学的指路灯，作为一线语文教师，只有有学习"语文课程标准"的意识，才能真正地让核心素养落地，实现"立德树人"的育人目标，而不是空喊口号。

语文课堂形态不一、取舍不一，虽有千千万万种，但都应该是细研课标、深究教材之后让学生有所得，而不是走马观花，浮光掠影。

二、磨课——切磋琢磨，磨的是心态

"如切如磋，如琢如磨。"朱熹注："言治骨角者，既切之而复磋之；治玉石者，既琢之而复磨之，治之已精，而益求其精也。"打磨骨角、玉石如此，好的课堂亦然。磨课，更是磨心。它既是一次向外的探索，也是一次对内的沉淀和磨砺。不断推翻、不断重建，这个过程的痛苦在于你要不断地否定自己，内心的焦虑也与日俱增，所以情绪稳定至关重要，且要不停地思考解决问题的方法，正所谓百炼成钢，经得住多大压力，就会有多大成长。"山重水复疑无路，柳暗花明又一村"，当豁然开朗时，身心愉悦。回头看来，精益求精、行而不辍的过程就是不断蜕变的过程。同时非常感谢在磨课过程中，语文组的小伙伴们给予的宝贵建议和无私帮助。

三、上课——"沉"心实意，"浸"在其中

真正上课时，我反而没有了备课时的焦躁和磨课时的紧张了，而是专注于课堂本身，与学生们讨论交流，任时间静静流淌，享受课堂，不断地发现学生的闪光点。在分角色朗读时，学生 A 因为进入情境，声音哽咽了。学生 B 根据自己的理解，一边读，一边加入了自己设计的动作。给电影配音时，学生 C 的音色像极了配音演员。讨论时，不善言辞的学生 D 竟然主动回答起了问题。最后的微写作成品展示，学生的作品也很是惊艳。我把情感注满，跟学生共鸣，下课之后，神清气爽。

四、未来——虚怀若谷，空杯以对

每一届学生的成长环境不同，社会环境也不断地发生改变，这就决定了每一次相同课文的教学绝对不能简单机械的重复。教师应保持空杯心态，这样才能源源不断的有知识的补充，学习永远在路上。"问渠那得清如许，为有源头活水来。"每一次清空，会面临着重组，重组后会更丰盈、更充实。教师应跳出舒适区，拒绝躺平；跳进不适区，改变突破。当球王贝利踢进第100个球时，记者问他："你哪个球踢得最好？"他说："下一个。"当他创造了踢进1000个球的记录时，记者问他："你哪一个球踢得最好？"他的回答依然是下一个，这个回答非常耐人寻味。永远抱有一颗谦卑的心，才能让自己更加完善。

前路漫漫亦灿灿，笃行步步亦驱驱。

热爱可抵岁月长。

同课异构的感受

北京市第八十中学雄安容东分校高中部语文组　陈丹

规模盛大的全国"同课异构"活动已经结束，可是我的内心依然感慨万千。

首先，这是一个磨砺自我的过程。从收集资料、设计教案、制作课件到最终呈现，与同事讨论，向前辈请教，我的课例经历了煎熬、否定、突破、顿悟和新生的系列过程。"如切如磋，如琢如磨。"一节好的课例就像包裹着沙石的玉块，未曾琢磨，不知其温润与魅力。而磨课的过程也是我们砥砺意志，考验耐心和细心的过程。这过程中，我曾心烦气躁，也曾欢欣鼓舞，有过遭受挫折的痛楚，也有过不眠不休的焦虑，然而，经历方能成长。一节看似短小的课堂却容纳着教书人的功力、匠心与职业理想。

其次，这是一个丰盈自我的过程。"不积跬步，无以至千里；不积小流，无以成江海。"每一次赛场经历总有一天会化成一束光照亮我曾经跋涉的路，每一次前行路上的艰难都会成为我教育路上夺目的珍珠，让我们走向丰富，也走向成熟。"纸上得来终觉浅，绝知此事要躬行。"我们深知，真正的学习必须在实实在在的行动中，在扎扎实实的课堂历练中，在每一次静心的阅读中。一名优秀教师的成长之路离不开书籍的浸润、独立的思考和扎实的课堂实践。所谓不断努力，去遇见更好的自己应如是。

最后，这是一个审视自我的过程。同台竞技让我看到了自己的不足，也看到了努力的方向。我们的教学能力是否应该继续加强？我们的课堂是否仍需打磨？我们的专业素养是否应该不断提升？比赛已结束，回到课堂，我们的内心定当有所触动。钱梦龙先生曾说："我是一个精神上的长途跋涉者，我的脚下永远是起点。"不断反思，方能持续成长。一节课只是缩影，这一生的课程，需要我们不懈地在思索中前行。

2022年同课异构活动感悟

北京市第八十中学雄安容东分校高中部生物组 刘琳

2022年"雄安·领军杯"教育改革创新与发展论坛——暨全国第三届课堂教学改革研讨会早已圆满结束，作为刚毕业的青年教师，有幸参加此次比赛让我受益匪浅，感受颇深。现将此次参赛过程中的准备、展示环节、感悟及心路历程等进行简单回顾。

一、赛前备课准备

（一）教学目标制定的准确性

1. 解读课标，把握教学整体方向

首先是熟读高中生物课程标准，这样作为新毕业的青年教师才有可能形成对课程标准的高度敏感性和自觉性。

2. 研读教材，确定目标和内容

如果把课程标准比作圆心，那么我们对教材的理解、把握就是半径，无论圆有多大，都离不开圆心这个核心元素。教师通过解读教材来理解课程标准，同时用课程标准来驾驭教材。

（1）一读课本，了解主要写了什么，有什么特点等，要明白教材的意图、明确教材的重难点，还要有自己的思考和价值判断。

（2）二读黑体字等重点内容，摸清本节内容课本存在的问题串，讲课过程中课堂内容衔接不当往往是青年教师面临的巨大困难；此时课本中的问题引导内容就充当了我们上课环节很好的过渡语。

（3）仔细分析课后习题，充分把握其渗透出的相关知识内容。

3. 了解学生，确定教学起点和策略

学生在学习新知识之前，已有了不同程度的生活经验和知识积累，所以，我们必须从学生的实际出发进行备课。在备课时认真思考以下一些问题：公开课所用班级学生水平如何？通过预习，学生已经了解了什么内容，有多少人了解？达到什么程度？哪些知识是重点、难点，需要教师在课堂上点拨和引导？哪些内容会引发学生的兴趣和思维，成为课堂的兴奋点？

（二）教学重点、难点、关键把握的准确性

几乎每节课都有它的教学重点和难点。重点是指学科或教材内容中最基本、最重要的知识和技能，本节公开课的重点为学生通过学习能够掌握遗传信息转录的过程、条件、原则、方向、产物、场所。难点一般包含两层意思：其一，学生难以理解和掌握的内容；其二，学生容易出错或混淆的内容。如：有些生物学知识比较抽象（本次同课异构的内容为"遗传信息的转录"，内容抽象，学生看不到，摸不着），不易被学生理解，本节课综合问题引导法、教材插图讲解法、动画演示法及小组活动（模拟遗传信息的转录过程）来化解难点。

（三）学情分析的准确性

本节课为2019人教版生物学科必修2第4章第1节"基因指导蛋白质的合成"的第1课时"遗传信息的转录"，学生学完第3章"基因的本质"这章内容后，理解了DNA是生物的主要遗传物质，掌握了DNA分子的复制方式和碱基配对规律，懂得了基因能控制生物的性状，蛋白质是生命活动的承担者，再结合必修1学过的蛋白质的形成过程、DNA和RNA的基本组成单位等已有知识，就能较好理解遗传信息的转录过程，以整体把握基因控制蛋白质的合成过程。

二、教学过程展示

（一）新课导入

新课导入环节通过展示学生感兴趣的科普视频"蛛丝蛋白在山羊体内的提取过程"引出基因表达的概念。

（二）温故知新

结合图片，展示问题串：什么是基因？基因的遗传信息是什么？基因主要分布在哪里？蛋白质的合成场所在哪里？创造位于细胞核的基因指导细胞质中蛋白质的合成需要一种物质来传递信息这一矛盾点，引发学生思考。

(三) 学习新课——遗传信息转录

1. 传递遗传信息的信使

展示科学家的研究材料，提醒学生仔细阅读资料，分析问题，思考：充当遗传信息的信使物质可能是什么？

2. 遗传信息的转录

教师展示问题DNA的遗传信息是怎样传递给mRNA的呢？学生仔细观看视频，尝试描述遗传信息转录的过程，并结合所学知识，概括遗传信息转录的条件、原则、方向、场所、产物，完成学案中的表格，总结遗传信息转录的概念。

3. 学生小组活动

利用教师提供的RNA聚合酶、游离的核糖核苷酸以及DNA双链模型模拟遗传信息的转录过程（解旋—配对—连接—释放），并叙述对应环节的详细过程。

4. 小组活动课堂效果

在课堂教学过程中，学生通过模拟遗传信息的转录过程，可以准确无误地描述遗传信息转录的过程及条件，当模型凭借学生之手活灵活现地展示在课堂中时，鲜艳的色彩冲击着大家的视觉，学生边操作，边用语言描述遗传信息转录的过程，使学生积极主动地参与到学习活动中，既充当了课堂教学的主体，又满足了他们的求知欲与成就感。模型的构建有效地帮助学生理解遗传信息转录的过程，使他们对知识有了新的认识。遗传信息的转录和翻译知识点的抽象，模型的使用可以扩展高中生的思维，使他们学会用不同的思维方式思考问题，锻炼思维，让学生面对复杂的知识点，也能迎难而上。

图一　模拟遗传信息转录的模型　　图二　碱基特写

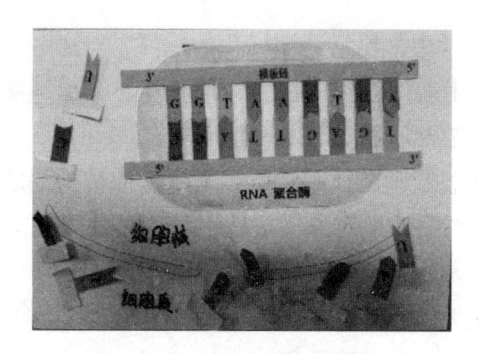

图三　学生活动操作模型

三、赛后感受

回顾本次同课异构活动，虽说辛苦，但收获也是可喜的，可以说是痛并成长着。下面和大家分享一下这次比赛我的感受。

（一）感谢

感谢学校给我们提供了赛课的机会和展示的平台，感谢帮助我、指导我的所有同事，她们不厌其烦地听我试讲，并一次次地提出修改意见和建议。请允许我借此机会向大家真诚地道一声谢谢！

（二）提高

一次次的磨课、研讨，每次都是一个痛苦而艰辛的过程，作为新毕业的青年教师，我也存在着许多青年教师的通病：上课语言不够精练，过渡不够自然、不够有激情等，我很想立刻改掉，但又苦于无法一下改到位，当时心情极为沮丧，甚至想放弃比赛。磨课过程中，在同事们的鼓励和帮助下完成了一次次试讲，虽然试讲过程中我讲得没有想象中的那么成功，可每一次经过修改的课都比之前有进步，比如，重点更突出了，难点突破了，更注重实效等。进步的喜悦也一次次打动了我，让我感觉这些"痛"，这些付出都是值得的。"宝剑锋从磨砺出，梅花香自苦寒来。"经过这段时间的磨炼和积累，我实实在在地成长了。

（三）学习

通过本次同课异构活动我也学到了很多，主要包括以下几点。

1. 在生物课堂教学中，要结合多样化的练习，与高考紧密连接，是帮助学生掌握知识，提高学生运用知识的能力，培养学习兴趣，发展逻辑思维的有效途径，这也是我们青年教师最该学习的方面。

2. 在课堂教学中，教师能放手让学生自主探究解决问题的方法与思路，整节课，每位教师都很有耐性地对学生进行引导，充分体现了"教师以学生为主体，学生是学习的主人"的教学理念。作为新毕业的青年教师，由于经验不足，在授课过程中不会放手，讲得太多，留给学生自主学习与探究的时间远远不够，这也是本次同课异构活动中感受最深的一点。

3. 基因主要位于细胞核，以蛋白质的合成场所位于细胞质的核糖体上创造认知冲突，学生通过分析资料，自主学习，总结、概括、完善生物学概念，形成结构和功能观。

4. 学生通过自主学习、合作探究、归纳总结，在获取基础知识的同时，领悟科学家研究过程中所持有的观念和方法，并加以应用，建构概念的同时培养科学思维。

5. 学生通过积极参与模型构建的活动，将抽象化知识形象化，加深对生物学概念的理解，强化结构和功能观，局部和整体观。

（四）改正

比赛结束后，我自己也做了一些深刻的反思。

1. 作为新毕业新入职的青年教师，应更加注重专业知识的加强。例如：有些语句的落实应更加精确。

2. 由于授课经验不足，本课的各个环节、维度该有的都有，但是很多点还不是很到位，深度不够，在平时授课时应该注意按照公开课的标准严格要求，将任务驱动、导学案及学案落到实处。

3. 应给学生更多的思考及回答时间，尤其要注意学生的错误回答，往往错误回答比正确回答更有价值。

4. 平时备课过程中，要注重与高考对接，加强多样化的练习，提高学生运用知识的能力。

5. 讲课经验少，导致课上随机应变能力比较欠缺，没有预想到学生课上可能发生的种种情况，总之没有充分的备课。

6. 重视大单元教学，积极参加各种相关培训，比如说本次同课异构的内容——遗传信息的转录，学生在已经学习了第 2 章"基因在哪里"和第 3 章"基因是什么"的基础上，进一步学习"基因是如何起作用的"，为接下来学习

"基因表达与性状的关系""基因突变及其他变异"进行铺垫，共同形成高中生物必修模块中的"大概念"：遗传信息控制生物性状，并代代相传。

(五) 总结

总之，通过这次比赛，我收获了很多，既磨炼了基本功，又看到了自己的不足。这次比赛是我成长道路上一笔价值不菲的精神财富，它让我懂得了很多道理，也让我成长了很多。在以后的教学工作中，我将不断学习实践，更新教育观念，注重教育科研，争取进一步的成长！

初中历史教学创设情境的课例
——以人教版七年级上册第15课"明朝的对外关系"为例

北京市第八十中学雄安容东分校初中部历史组　王珊

【摘要】 在历史课堂上，为了提高历史课堂教学效率，教师创设历史环境与情境，让学生参与活动，亲身感受当时的历史情况。以（人教版）七年级下册第15课"明朝的对外关系"为探究课例，通过教学活动的设计，使学生了解明朝对外关系的基本情况，培养学生学习历史的能力，落实历史学科核心素养。

【关键词】 历史情境；历史游戏；创新作业

新课程改革的深入推进，对初中历史教学的优化产生了深远的影响。现行课标《义务教育历史课程标准（2022年版）》着重强调历史课程的教学以学生为本，通过学生自主探究的学习活动，体现学生在教学中的主体地位，实现历史课程育人方式的变革。提倡选择多样化的教学资源，探索多样化的教学方式和方法，鼓励将现代信息技术与历史教学深度融合。培养学生学会学习、发现和解决问题的能力，为创新型人才成长奠定基础。情境教学有利于深入推进新课程改革和提高历史课堂教学的效果，有利于激发学生学习的积极性、能动性和创造性。

一、确定研究主题和教学目标

本次课例研究选取的是人教版《中国历史》七年级下册第三单元"明清时代：统一多民族国家的巩固与发展"中的第15课"明朝的对外关系"。本课的主要内容分为三个子目，即"郑和下西洋""戚继光抗倭"和"葡萄牙攫取在澳门的居住权"，主要讲述了郑和下西洋和戚继光抗倭的史事，反映了明朝时期的对外交往情况中既有和平友好交往也有战争、冲突。同时本课也隐藏着一条暗线——明朝对外关系的发展也间接体现了其国力由盛转衰的过程。

本课的教学目标主要有四个：一是学生通过相关史料研读，了解郑和下西洋的目的、条件，培养学生的史料实证、历史解释的素养；结合地图演示郑和下西洋的路线，了解郑和下西洋的时间、路线和盛况，形成历史的时空概念，增强观察能力、识图能力和历史想象能力，培养学生的时空观念，通过中外航海事件的对比，理解郑和下西洋的历史地位，提高解读史料的能力。二是学生通过史料和视频，了解戚继光抗倭的史实及所体现的反侵略的英勇斗争精神，理解其反侵略性质，能从多角度概括戚继光抗倭胜利的原因，培养学生的家国情怀、史料实证、历史解释的素养。三是学生通过澳门失地经过的展示，了解葡萄牙的殖民扩张以及海权的重要性，培养学生唯物史观、史料实证、家国情怀的素养。四是学生通过明朝初期积极走向大洋和平交往向海而兴，明朝中后期背海而衰暴力冲突，理解国家实力是影响对外关系的重要因素，以史为鉴，树立学生的民族忧患意识、海权意识和世界视野。

二、教学过程

（一）教学准备

教师制作剧本杀解密游戏，提供线索作为导入；提前布置学生预习课文，并让学生完成导学案的表格预习任务，做简单的准备工作。

（二）课堂活动

【导入】

通过线人对话，线人A和线人B不同方面评价明朝的对外关系，引发学生的质疑，开启解密活动，开展新课，导入第一个板块。

【第一板块】

郑和下西洋

任务1：印尼爪哇岛探秘：在不知名寺庙游览的过程中出现的解密线索是根据线索了解郑和，填写人物名片，学生根据课前导学案的预习任务完成任务1。

任务2：获得新的解密线索：郑和下西洋的目的材料，激起学生的好奇心和读书兴趣，引导学生阅读分析材料，找出郑和下西洋的目的。完成任务，获得闯关宝物《榜葛剌进麒麟图》，通过对榜葛剌和麒麟的质疑和解惑，寻求麒麟来源线路图。

任务3：学生结合课本与课前导学案的预习任务揭开郑和下西洋线路图，了解相关情况。学生通过对郑和下西洋概况的了解感受当时下西洋的壮阔之举，教师借机设疑：有哪些因素为郑和的航行提供了支持？

任务4：教师提供材料，小组探究、分析并归纳总结出郑和下西洋成功的条件。学生自由讨论后，相互交流，教师小结：经济基础好；航海造船技术发达；统治者支持；郑和的个人能力出众。

教师讲述马六甲三宝井的故事，与哥伦布发现新大陆而在世界航海史上青史留名的故事。学生在聆听两则故事后对比认识到郑和下西洋增进了中国与其他国家和地区的相互了解和友好往来。教师提供郑和船队与哥伦布、达伽马船队的相关历史信息，引导学生对比思考郑和下西洋相较于哥伦布、达伽马有什么样的特点？（时间更早、次数更多、范围更广、规模更大。）通过对比感知郑和下西洋是友好往来，开创了西太平洋与印度洋之间的亚非海上交通线，为人类航海事业做出了伟大贡献。教师渗透家国情怀的培养，增强学生的民族自信心自豪感，进而实现文化认同。

【第二板块】

戚继光抗倭

任务5：福建福州探秘，游历名人祠堂，祠堂匾额出现的解密线索为根据线索了解戚继光，填写人物名片，学生根据课前导学案的预习任务完成任务5。通过阅读课本中戚继光的人物事迹了解倭寇与倭患。

教师鼓励学生参与历史体验式活动——"《抗倭图卷》讲解活动"，要求学生以画家或者讲解员的身份给同学们讲述画卷中的故事。

画家/讲解员讲解。

图1：两艘倭寇的船只刚刚靠岸，倭寇们正在下船上岸，准备集结。他们正拿着各种武器，有长枪、弓箭、倭刀，叫嚣着往前冲。

图2：这里是倭寇们的一处集结点，有人正在整理武器，有人正在搭弓射向天空的白鸟。

图3：十几个手持倭刀的倭寇正在抢劫百姓财物，包裹箱子一律抢走，大门一侧还有放火烧屋的。

图4：河岸边是一群逃难的百姓，有男有女，有老人也有孩童。匆忙逃离之时，有人甚至连帽子和鞋都挤掉了。

图5：逃难的百姓们，躲在山里。

图6：桥边两支抗倭明军的船只正与倭寇激战，其中一只船尾的旗帜上写着"护国救民"。一名骑马的传令兵正要赶往后方，他携带的旗帜上写着"报捷"二字。

图7：倭寇的部队正在跟抗倭明军交战。从激战场面来看，明军十分勇猛，

倭寇这一方人员损失大，有两人中箭倒地，还有几个人落水。

图8：这支军队全副武装、队列整齐、军纪严明，正在行军赶往前方战场。

图9：画卷的末尾出现了城池。两位守城的官员正在目送部队出城，他们似乎正在心中默念，盼望明军获得胜利。在抗倭将领戚继光的带领下，广大军民与倭寇英勇作战，在台州九战九捷，平定了浙东地区的倭患，其后又消灭了福建、广东两地的倭患，使东南沿海的倭患基本消除。

小组探究：教师补充戚继光带领军队抗倭的视频资料，学生们结合上述讲解和视频分析戚继光抗倭成功的原因？学生回答，教师总结：这是一场正义的反侵略斗争（战争性质）；戚家军军纪严明，作战英勇；戚家军与当地军民配合作战；戚继光有卓越的军事韬略和指挥才能。通过戚继光抗倭平定了东南沿海地区的危机。

【第三板块】

葡萄牙攫取澳门居住权

任务6：澳门探秘，欢迎来到澳门著名景点妈祖阁，妈祖是中国沿海地区人民信仰的海神，每次出海前都要进行祭拜，但近日澳门地区出现大量外国船只，请根据该线索调查澳门船只来源。学生通过阅读课本了解澳门船只来自葡萄牙，葡萄牙一步步攫取澳门居住权、管理权。从而了解这一时期的中外交往状况。

【总结和作业】

回扣课前谜题，启发学生思考如何认识明朝的对外关系。学生回答后，教师总结：明朝的对外交往关系中既有和平友好的互动也有激烈的冲突，国家实力的兴衰会影响国家对外关系的发展。因此海洋建设是非常重要的，我们要不断增强海洋力量，把我国建设成海洋强国。

作业：

1. 完成导学案练习题。

2. 特色作业：根据个人兴趣二选一。

（1）选择本课所学的历史人物（郑和/戚继光），发挥想象力与创造力，结合自己的思考制作一张历史人物主题手抄报。

（2）利用课后空闲时间，探索数字博物馆，参观上海中国航海博物馆，感受中国古代航海文化，写一篇300字以上的观后感。

三、效果反馈

本节课这种活动式、体验式的教学设计比较符合初中学生的心理特征和年龄特点，也充分体现了新课标尊重学生个性、以学生为主体的原则。游戏活动的设计能让学生对历史学习更感兴趣，激发学生的参与意识，能较好地发挥主人翁的作用。探究式、开放性问题的探讨，能让学生结合课内外的知识自由思考，集思广益。这些反馈表明这种情境式教学、游戏式教学的益处，对于教学的促进作用，在日后的教学工作中要多开展该类型的教学课程，不断探索、践行新课改的教学要求，探索更适合学生的教学模式。

四、教学反思

实践证明，情境教学具有丰富多彩、生动活泼、新颖有趣的特点，能够不断地引起学生的求知欲，增加了学生学习历史的兴趣。情境教学也为学生搭建了一个施展自身才能的舞台，充分发挥学生的主体性作用。情境教学为学生创造了充分锻炼能力的环境，学生在学习知识的同时，也能够使自己的学习能力得以提高。这种课堂教学的有效性发挥是其他传统的教学方法无法比拟的。因此，我们必须改变以往传统的灌输式教学方法，不能总是把历史知识单独传输给学生，在教学过程中我们应该真正以学生为教学的中心和主体，根据他们的实际情况，制定切实可行的教学情境模式，让学生在情境中学习方法和提升能力。使历史知识的学习不再枯燥乏味，使学生在课堂上真正学到自己需要的知识和本领，真正成为课堂的主人，这样才能使我们的教学效果达到最优化。

参考文献

[1] 中华人民共和国教育部. 义务教育历史课程标准（2022年版）[M]. 北京：北京师范大学出版社，2022.

[2] 李吉林. 情境教育的独特优势及其建构 [J]. 教育研究，2009，30 (3).

[3] 刘义，高芳. 情境认知学习理论与情境认知教学模式简析 [J]. 教育探索，2010 (6).

[4] 高文. 情境学习与情境认知 [J]. 教育发展研究，2001 (8).

[5] 赵辉. 初中历史课堂教学情境创设的探索 [D]. 长春：东北师范大学，2005.

课例分析

以七下 8.2 "我与集体共成长"为例

北京市第八十中学雄安容东分校初中部道法组　宋海红

一、确定研究主题和教学目标

本课例"我与集体共成长"是第三单元第八课的第二节,在此之前,学生已经学习了第六课"'我'和'我们'"和第七课"共奏和谐乐章",为过渡到本课内容起到了铺垫作用,而且此课作为本单元的最后一课,处于不容忽视的重要地位。本课时内容分为两目,第一目"在共建中尽责",是在前一节的基础上,对学生如何与集体共成长进行指导,引导学生了解美好集体的特征,明确良好集体氛围的形成离不开每个人的努力。第二目"在担当中成长",引导学生进一步认识到自己在集体中担当责任可以成就个人的成长,思考集体生活对个人成长的重要意义。

本课例的教学目标设定。1. 政治认同:通过观看思考《中国青年直面不同的时代之问》和使命担当者的图片,学生能热爱家乡,热爱祖国,为实现中华民族伟大复兴贡献自己的力量。2. 道德修养:通过回顾集体活动和共同为运动会出力,学生学会相互尊重、互帮互助、热爱集体、增强集体观念和拥有大局意识。3. 健全人格:通过回顾合唱比赛的点滴和正确对待未获奖的同学,学生逐渐学会相互理解与支持,互帮互助,增强互助精神。4. 责任意识:通过回顾在合唱比赛中的付出与收获,为运动会做充分准备,学生学会主动关心集体,承担集体责任,在集体建设中发挥所长,增强担当精神和参与能力。

二、根据学情实施教学过程

播放七 10 班全体同学从去年开学之初到今年参加集体活动的回忆视频,简要概括学生和集体发生的变化,学生在集体活动中逐渐成长,班级越来越有凝聚力，从而引出——8.2"我与集体共成长"。

（一）昨天

1. 精彩回顾

请大家回忆合唱比赛中，让你难忘或者感动的瞬间，并说明理由。

2. 经验总结

以后如果还有集体活动，我们需要怎么做？

提示：我们需要积极参与，贡献自己的力量和智慧，勇于承担责任，相互理解和包容，互帮互助，等等。

（二）今天

运动会·我担当

1. 运动会即将举办，我们的目标是什么？
2. 请同学们推选运动会中我们班的小小领导者，并说明原因。

提示：我们有共同的愿景、共同的目标并且坚信通过努力一定能够实现。

民主选举某某同学，因为他乐于服务集体、有一定的领导力、有责任心、善于沟通和协调，等等。

3. 请大家以小组为单位，设计我们班的运动会口号（3分钟，16字）。

（1）你为口号设计做了什么贡献？

（2）组内意见不一致的时候，你们是如何解决的？

4. 请同学们完成学案上的运动会报名项目，并说明你选择的理由。

提示：学生根据自己的特长，积极参与运动会项目。

5. 如果参赛的学生尽力后，未能取得优异成绩，我们应如何面对这种情况呢？

提示：学会理解和包容他人，学会关爱他人、互帮互助。有利于共同创造良好的班级氛围，良好的人际关系，积极的精神风貌等。

6. 未能参与运动会项目的同学，那他们可以负责什么工作呢？

共建美好班集体。

7. 请同学们思考：我们除了积极参与集体活动，还可以从哪些方面入手，让班级变得更美好。

提示：学习、纪律、卫生、师生关系等方面。

（三）明天

1. 播放视频：《中国青年直面不同的时代之问》。
思考：视频中哪个画面让你印象深刻，谈谈对你的启示。
2. 展示图片：分别是学校的舞蹈队、雄安新区建设者，层层递进，引导学生勇担责任。

三、总结

正如我们的班徽一样。聚是一团火，散是满天星。我们一生中要认识许多人，组建许多集体，在集体生活中，我们要学会理解和宽容，关爱和担当，才能被赋予更大的责任，从而拥有更多发展的机会，更好地参与社会、国家的建设，为实现中华民族伟大复兴的中国梦贡献自己的力量。

基于概念构建的情境式教学实践
——以"染色体数目变异"为例

【摘要】 本文介绍了情境式教学模式在"染色体数目变异"新授课上的实践和探索。以"中国非物质文化遗传芦苇画的制作"这一真实情境引入主题,通过概念构建、实验探究及拓展提升构建课堂结构。

【关键词】 情境式教学;染色体数目变异;概念构建

《普通高中生物学课程标准(2017年版)》中指出:生物学学科核心素养是学生在生物学课程学习过程中逐渐发展起来的,是在解决真实情境中的实际问题时所表现出来的价值观念、必备品格与关键能力。教学过程应创设真实情境,提出具体问题,明确学习任务,组织有效的教学活动,在提出问题的过程和解决问题的活动中发展学生的核心素养。[1]

一、教材分析

"染色体数目变异"是人教版《生物·必修二·遗传与进化》第 5 章第 3 节的内容,隶属于《普通高中生物学课程标准(2017 年版)》大概念 3"遗传信息控制生物性状,并代代相传"。从教学内容分析,学生需要形成的次位概念有:由染色体变异引起的变异是可遗传的;举例说明染色体数量变异可能会导致生物性状的改变甚至死亡。从学业角度分析,学生需要学会运用遗传与变异的观点,解释常规遗传学技术在现实生产生活中的应用。第 1 节"基因突变和基因重组"从分子水平阐述了遗传物质在传递过程中发生的变异,本节则是从细胞水平(染色体变异)来研究生物的变异,并为学习第 3 节人类遗传病及其预防奠定基础。

二、学情分析

本节课的授课对象是高一年级学生，他们具有一定的观察和认知能力，分析思维的目的性、连续性和逻辑性已初步建立。但对于学生来说，在细胞水平上理解染色体数目变异及在育种方面的应用，并不是件容易的事。因此，在课堂上应该充分利用教材，多采用直观教学手段，充分调动学生的积极性，引导学生不断思考。

三、学习目标

1. 通过比较不同个体的染色体组成，识别染色体数目变异的两种类型。
2. 通过对细胞中染色体及形态和数目的观察和统计，描述染色体组的概念。
3. 通过实验探究、资料分析、小组合作改进杂交育种流程，概括多倍体育种和单倍体育种的方法。
4. 简述染色体数目变异在植物育种中的应用，关注家乡的特色产业发展。

四、设计思路

情境式教学的核心要素包含符合学习需要的真实情境、学生学习情绪的点燃、师生积极情感的融合、学生主动投入探究过程和指向核心素养的提升。本节课通过三线三环节构建课堂结构（图1）。

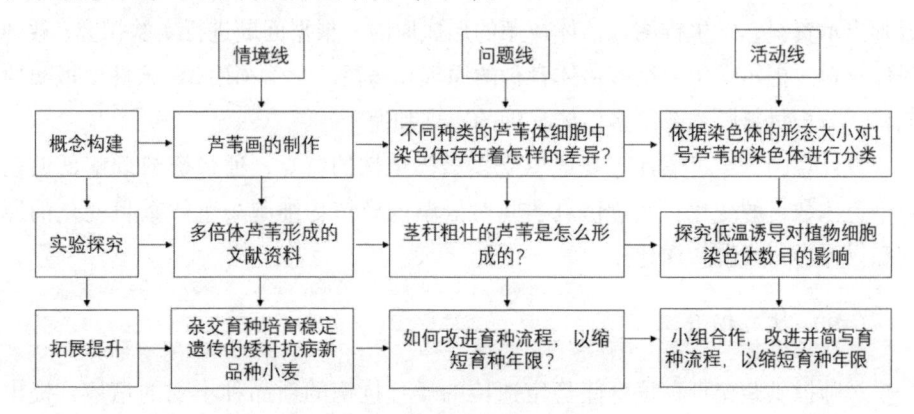

图1 情境式教学路径

五、教学过程

（一）情境创设

教师播放白洋淀非物质文化遗产芦苇画的制作过程，引出白洋淀两种芦苇的体细胞染色体显微镜照片，提出问题：不同种类的芦苇体细胞的染色体存在着怎样的差异？茎秆粗壮的芦苇是怎么形成的？

设计意图：引人入胜，创设问题情境，激发学生学习兴趣。

（二）概念构建

教师出示图片，提出像 1 号芦苇这样，由受精卵发育而来，体细胞中有 4 个染色体组的个体是四倍体，而 2 号芦苇为八倍体。像四倍体芦苇和八倍体芦苇这样，由受精卵发育而来，体细胞中染色体组的数目是 3 或 3 个以上的个体统称为多倍体。提问：人类、果蝇、野生马铃薯是几倍体？学生依据染色体的形态大小对 1 号芦苇体细胞中的染色体进行分类。观察分析人类、果蝇、野生马铃薯的体细胞染色体组成图。

设计意图：通过学生活动、资料分析，直观化、动态化地对染色体组、多倍体、二倍体的概念进行构建。

（三）实验探究

教师提示学生根据图文资料，分析总结与二倍体植株相比，多倍体的优点；教师出示资料，学生推测八倍体芦苇的形成原因，根据问题进行实验探究；教师提供资料，提示学生总结多倍体育种的原理和途径。学生利用 3D 软件模拟实验流程，分析材料归纳总结多倍体育种的原理和途径。

设计意图：通过图片直观地感受多倍体植株的特点；通过资料理解低温诱导染色体数目的变化；通过仿真实验对低温诱导植物细胞染色体数目变化的原理和操作进行理解和深化。

（四）拓展提升

教师提供杂交育种培育能稳定遗传的矮秆抗病的新品种小麦的情境，提出杂交育种需要很长时间，如何改进育种方法以缩短育种年限。教师指出，小组合作，参考单倍体植株的形成及多倍体育种中人工诱导染色体数目加倍的方法，改进育种流程以缩短育种年限，并将改进流程简写在学案中。

设计意图：知识迁移、提升学生运用已有知识的能力，引导学生了解单倍体育种的方法和优势。

六、教学反思

本节课有效利用了本地特色白洋淀芦苇创设情境，合理利用信息化技术赋能教学——利用电子白板创设了染色体的电子模型，通过学生活动构建染色体组的概念；通过结合学生利用3D软件演示实验流程和展示生物兴趣小组课后实验两个环节，更加全方面、直观地完成了实验探究；利用电子设备的投屏展示学生的讨论成果，提高效率。通过模型构建、易错辨析、小组合作，学生深入理解抽象的教学内容，突破重点难点。不过在小组合作，展示环节后的教师评价还可以更全面和详细，教师还需要在以后的教学实践中进行调整和优化。

参考文献

[1] 中华人民共和国教育部. 普通高中生物学课程标准（2017年版）[M]. 北京：人民教育出版社，2018.

"素养本位"指导下的课例—功和功率(第一课时)

北京市第八十中学雄安容东分校高中部 王亚茹

【摘要】在新一轮课程改革背景下,政府倡导将课堂教学由"知识本位"向"素养本位"转变。以"功和功率"(第一课时)一节为例,通过一个主要问题为主线贯穿一节课,利用任务线、知识线、素养线将教学过程进行有机串联,探索了基于新教材落实学科素养的教学设计。

本文以"功与功率"(第一课时)一课为例展开研究。新课标对本节的教学内容要求是:理解功和功率,了解生产生活中常见机械的功率大小及意义。对于教材的安排来说,"功"是为进一步提出"能"这个更为广泛、更为重要的概念服务的。做功过程反映了能量的变化过程。只有准确理解"功"才能更好地促进能量概念的建构。教材在初中知识的基础上,首先提出问题:"当位移方向和力方向不一致时,应当如何计算功?"利用力的等效替代将力分解为和位移垂直以及平行的两个分力,解决力和位移方向不同时的做功问题。接着讨论正功和负功概念,根据功是标量计算总功。本节课蕴含着典型的物理思想和方法,功的概念和公式的学习过程,是物理概念和规律的经典建构过程。

一、任务分解

1. 情境创设,理解功是力的空间积累效应。
2. 任务1、2:功的计算公式推导。
3. 任务3:功的正负的物理意义。
4. 任务4:掌握求总功的方法,认识功是标量。
5. 任务5:理解、掌握公式的力为恒力的大小。
6. 扩展提升:让学生理解做功的过程是能量转化的过程。

二、教学活动

情境创设，通过两幅图片"推车车未动"和"推车车动"，提问为什么两幅图都有力，一个"劳而无功"，一个推力却做了功呢？

学生活动：学生独立思考后回答，并做出简单的解释。

设计意图：通过生活中的事例进行情境创设，更贴合实际，学生可以利用初中对"功"的初步认识，回顾力做功的条件。并理解功是力的空间积累效应。

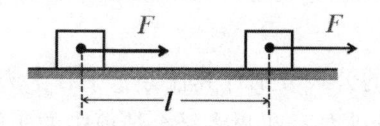

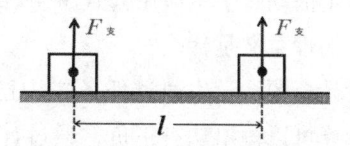

任务1：在水平地面上，用相对地面平行的力 F 拉箱子前进距离为 l，求拉力和支持力做的功。

学生活动：独立解决问题。

设计意图：学生在初中阶段已经知道力和位移同方向时做功，力和位移垂直时不做功，利用已学知识进行计算，理解初中已学的公式中"S"的具体含义为力的方向上通过的距离。

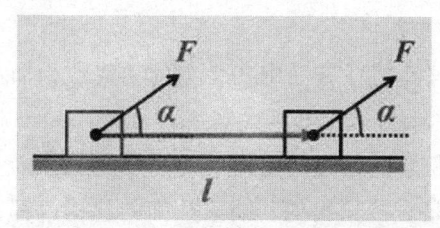

任务2：在水平地面上，用与地面夹角为 α 的力 F 拉纸箱前进距离为 l，求拉力做的功。

学生活动：小组进行讨论，教师利用展台展示部分小组的解答过程并让学生做出相应的解释。学生一般都能够分解力完成推导。教师巡视，引导学生再进行讨论分解位移。

设计意图：通过计算力与位移平行和垂直的情况，当力和位移成任意夹角时如何求解力所做的功？进一步建构物理模型，巩固平行四边形，通过分解力和分解位移两种方法的体验，学生自主推导出 $W=FS\cos\alpha$，体会 $\cos\alpha$ 的作用就是将力与位移统一到同一方向上来。

任务3：水平地面上，用与水平面夹角为 $\alpha=37°$ 的力 F 拉纸箱前进 $l=5m$，

（1）计算各个力所做的功。

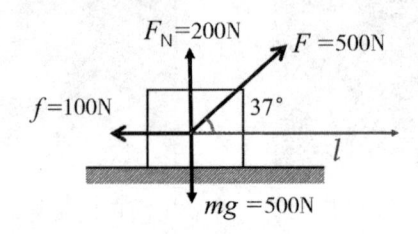

$F_N=200N$　$F=500N$　$f=100N$　$37°$　l　$mg=500N$

（2）正功和负功的物理意义是什么？

学生活动：学生应用公式 $W=FL\cos\alpha$ 计算各个力所做的功。学生思考功的正负的物理意义是什么？

设计意图：学生通过任务二中已得的公式分别计算任务三中各个力的功，通过计算可以得出功有正负，通过计算出来的结果思考结合情境中的实例感受正功和负功的物理意义。

任务4：水平地面上，用与水平面夹角为 $\alpha=37°$ 的力 F 拉纸箱前进 $l=5m$，求合力做的功。

学生活动：

1. 学生独立思考解答，教师利用展台展示部分学生的解答过程。

2. 思考是否有其他方法？

3. 总结求总功的方法。

教师进一步引导学生将任务三中各个力的功代数相加正好等于任务四中所求合力的功，进一步验证了功是标量。

设计意图：通过例题的创设，提出"总功"的概念。"功是标量"这一认识，所有的教材上都是直接给出的，缺乏认知的建构过程，通过合力的计算和总功的计算，引导学生对比发现功是标量这一属性。整个过程培养学生的科学思维和科学探究能力的核心素养。

任务5：

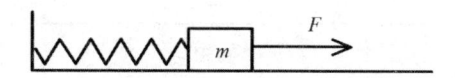

如图所示，轻弹簧一端与竖直墙壁连接，另一端与一质量为 m 的木块连接，放在光滑的水平面上，弹簧的劲度系数为 k，弹簧处于自然状态。用水平力缓慢拉物体，使物体前进距离 l，求拉力所做功。

学生活动：学生独立思考计算。学生用公式 $W = Fl\cos\alpha$ 计算变力做功，产生冲突，得出公式中的力的大小是恒力的大小。

设计意图：学生通过已有知识计算，产生冲突进一步理解公式中的力为恒力。

任务 6：扩展提升

学生活动：观看火箭发射视频。

设计意图：做功的过程是能量转化的过程。

新课程理念重视学生核心素养和终身学习能力的培养，提倡教学方式的多样化，引导学生自主学习，为学生终身发展奠定基础。我在教学实践中体会到，指向新教材的教学设计首先应聚焦核心素养，以培养核心素养为教学目标，然后将教学内容具体化为一系列学习任务，通过"创设情境""设置问题""组织活动"等流程来达成学习任务。情境的创设要贴近学生生活，建立学生对知识的感性认识，问题的设置要能引导学生思考，通过质疑、推理、论证等过程完成对物理概念和规律的建构。活动的组织要注重学生的体验和实践，通过讨论、交流、互动等活动最大程度地调动学生积极参与到课堂中来。

问题线	知识线	素养线
情境创设	$W = FS$ 功是力的空间积累效应	物理观念
任务 1：在水平面上，用相对地面水平的力 F 拉箱子前进距离为 l，求拉力做的功	当力的方向和位移方向平行和垂直时，功的求解方法	知识应用能力
任务 2：在水平地面上，用与地面夹角为 α 的力 F 拉纸箱前进距离为 l，求拉力做的功	$W = Fl\cos\alpha$	科学思维　科学探究 小组合作能力

续表

问题线	知识线	素养线
任务3：（1）计算的各个力所做的功 （2）正功和负功的物理意义是什么	<table><tr><th>α取值</th><th>cosα</th><th>W</th><th>含义</th></tr><tr><td>$0 \leq \alpha < \pi/2$</td><td>>0</td><td>W>0</td><td>力对物体做正功 促进物体的运动</td></tr><tr><td>$\alpha = \pi/2$</td><td>0</td><td>W=0</td><td>力对物体不做功</td></tr><tr><td>$\pi/2 < \alpha \leq \pi$</td><td><0</td><td>W<0</td><td>力对物体做负功 （物体克服某力做功） 阻碍物体的运动</td></tr></table>	科学探究
任务4：计算合力做的功（总功）	求总功的方法	总结归纳能力 科学探究
任务5：计算弹簧的拉力所做的功	恒力的大小	科学探究
任务6：扩展提升：火箭发射	做功的过程是能量转化的过程	科学态度与责任的核心素养

"法治政府"活动型学科课程教学设计

北京市第八十中学雄安容东分校（雄安容和第一高级中学）郑倩倩

【摘要】围绕学生身边的素材，选取雄安新区政府治理白洋淀的真实案例，通过学生课前的主题实践调研、课中的汇报交流，引导学生自觉感知、认同我国法治政府的建设，掌握法治政府的内涵与法治政府建设的必要性，培养学生的学科核心素养。

【关键词】法治政府；活动型学科课程；教学设计

活动型思政课旨在通过创设复杂多样的真实情境，设计开放多元的现实性议题，从真实场景出发设置形式多样的学习活动，在真实活动情境中引导学生不断提升高阶思维能力和品质，活动型课程实施过程中注重从学生学习能否真实发生的高度，来组织与展开学习活动，提升学生主动发现问题、分析问题和解决问题的能力，提升学生创新实践能力，由关注分数转向学生群体核心素养的培养，由学科理论概念转向真实生活，由解题能力转向学科能力培养。

一、教学目标

1. 通过对雄安新区治理白洋淀的案例进行分析，理解建设法治政府的必要性，明白法治政府的建设是一项系统性的工程，我们应增强科学精神。

2. 通过课前实践和课中对雄安新区政府治理白洋淀的案例进行分析，理解法治政府的建设需要公民的参与。在日常生活中，公民应监督法治政府的建设，自觉参与社会生活。

3. 通过举例说明，赞扬雄安新区政府执法人员的工作，理解政府在我们的生活中扮演着管理与服务的角色，理解、支持、拥护我国法治政府建设，增强政治认同感。

4. 通过本节课的学习，感知我们与政府的关系，不单单是接受其管理、享受其服务，更重要的是要主动参与法治政府的建设，树立法治意识，用法律监督政府，推动法治政府建设。

二、教学过程

（一）课前自主学习，有效衔接

【教师活动】
布置课前自主学习要求与学生实践活动。
【学生活动】
1. 预习新知，自主梳理书上的知识点。
2. 通过实地探访、网络资料查阅、文本、图片等形式查找白洋淀污染的原因与雄安新区政府治理白洋淀的相关资料。
【设计意图】
教师引导学生关注社会生活，细心观察生活，在社会生活中提升政治学习意识，提升学生的法治意识与公共参与能力，同时感知政府在我们生活中提供的管理与服务，增强政治认同感。

（二）图片展示导入，启发思考

情境：盛夏的白洋淀芦苇荡漾，美景如画，这是京冀两地联合治水结出的丰硕成果。自雄安新区设立以来，白洋淀经历了有史以来最大规模的系统性生态治理，淀区上游北京辖区内的大清河流域 6 个国考、市考断面全部达到或优于Ⅲ类标准，为中下游的白洋淀送去一泓清泉。一幅"城淀相依、共生共融"的优美画卷正徐徐铺展。

【教师活动】
1. 展示学生搜集到的雄安新区成立前后白洋淀环境变化的对比图。
2. 引导学生分析白洋淀环境变化的原因及雄安新区政府治理白洋淀的原因。
【学生活动】
分析雄安新区成立前白洋淀环境状况较差的原因，政府为什么要对白洋淀进行综合整治，其依据是什么？

【设计意图】

通过学生对搜集到的信息进行交流与探讨,体会白洋淀的环境治理离不开政府,认识建设法治政府的必要性。同时让学生在社会生活中学习政治,提升自身的公共参与意识,用学习的理论知识科学地分析社会现象、更好地指导生活实践。

(三)交流实践探究成果,获取新知

【教师活动】

引导同学们运用搜集到的关于雄安新区政府治理白洋淀的具体案例探讨法治政府的内涵。

材料1:胡诚禹同学对雄安新区水利局政府工作人员进行相关采访的视频。

材料2:截至目前,新区已累计完成户厕改造13.3万座以上,整治完成606个有水纳污坑塘和5条城市建成区黑臭水体,并全部建立了管控措施。政府对100多个淀中村、淀边村,因地制宜地配建了119座小型污水处理设施,实现污水全收集、全处理并封堵非法排污口13 000余个,整治"散乱污"企业13 591家,全域实施禁养,规模养殖场已全部退出。

材料3:白洋淀治理过程中运用的无人船搭载了污染物监测设备、8K高清全景摄像头以及北斗定位模块,可以实现实时侧扫水质和勘查周边环境,所有数据通过5G网络进行回传。

【学生活动】

分享雄安新区政府治理白洋淀的相关做法,并概述其做法是如何诠释法治政府内涵的?

【设计意图】

通过雄安新区政府对白洋淀的治理案例的探讨,学生从中深刻感知法治政府的内涵,了解我国政府就是法治政府,并支持拥护我国法治政府建设。

(四)拓展延伸,提升学科素养

【教师活动】

美好雄安的建设离不开各政府部门的履职尽责,引导学生结合生活中的经历赞雄安新区政府。

【学生活动】

结合自身经历,举例赞扬雄安新区政府所做的工作。

【设计意图】

学生在分享自身对政府感知的同时，感受政府就在我们身边，增强对政府的理解、树立对政府的信心、支持政府的工作，增强学生们的政治认同，同时提升其积极参与社会生活的意识。

三、教学反思

(一) 立足于教材，注重情境选择的生活化，贴近学生生活实际

本课创新课堂教学设计，挖掘学生身边的素材，使教学内容生活化，选取学生熟悉的白洋淀作为课程讲授的重要素材，立足于学生本身所具备的学科知识，并且通过引导学生课前亲身实践、自主挖掘雄安新区政府治理白洋淀的实际做法，在课中与其他学生交流、分享自己搜集的材料，来引导学生理解我国法治政府建设的必要性、自主概括法治政府的含义，整个课堂在结合社会生活的同时让学生学到了知识，提升了学科素养，突出探究性学习的运用，让学生切身地体会到政治理论不是悬在空中的，细心观察生活就能发现生活中处处都能学习政治知识，在提升学生学习政治兴趣的基础上帮助他们树立正确的价值观。

(二) 以活动为载体，注重知行合一的活动化，发挥学生主体作用

新课程标准要求思想政治学科课程要致力于构建"理论知识与生活密切相关结合的活动型学科课程"。在课前的准备过程中，学生们结成小组，通过实地探访、文本查阅等方式搜集自己需要的且感兴趣的相关资料；在课堂讲授过程中，学生针对搜集到的相关信息进行分组汇报交流，并通过合作探究自主概括法治政府的内涵并理解建设法治政府的必要性；在课程的结尾部分，学生结合自身对政府的了解赞扬雄安新区法治政府，这激发了学生的课堂参与度，使学生在课堂学习中始终处于"掌控者"的地位。在此基础上使学生提升主动获取知识的兴趣与能力，激发他们的活力与学习专注力，从而加深其对知识的理解与吸收，将社会实践与理论知识学习相结合，适应教育全面改革的要求与学生全方位发展的需要。

(三) 以小见大，注重价值引领的真实性，助力学科核心素养落地

本课充分挖掘雄安新区的本土资源，在课程体系建设方面，从整体帮助学

生提升学科素养，选取学生身边的白洋淀，拉近学生与教材之间的距离，鼓励学生积极参与社会实践，提升公共参与意识与社会责任感。教师通过让学生对白洋淀进行实地考察、访问及教学过程中学生之间对搜集材料进行分享、展示，实现教学内容的拓展延伸，同时让他们真切感受雄安法治政府的建设，提升法治意识，学生通过结合自身经历对政府进行赞扬，提升了政治认同感。整节课的设计着眼于学生的核心素养提升，并致力于帮助学生获取实现终身发展的钥匙，使整节课既有"政治味儿"，又有趣味性，促进学生更好地观察生活、适应生活、智慧生活，提升他们应对未来生活的能力，实现思政课立德树人、培根铸魂的要求。

参考文献

［1］朱明光．关于思想政治学科核心素养的思考［J］．思想政治课教学，2016（1）．

［2］方捷，金凌俭．思想政治学科"序列化"活动设计［J］．思想政治课教学，2022（6）．

从课例"复分解反应发生的条件"谈初中化学教学中的情境创设

北京市第八十中学雄安容东分校初中部化学组　杨青青

【摘要】核心素养是学科育人价值的集中体现，是学生通过课程学习而逐步形成的适应个人终身发展和社会发展所需要的正确价值观、必备品格和关键能力。在初中化学教学中应用情境创设可以极大地帮助学生提升核心素养水平。本文阐述了情境创设的特点和意义，并分享作者的情境创设课例，最后提出基于核心素养初中化学课堂情境创设优化的几条建议。

【关键词】核心素养；情境创设；课例

初中化学课程要培养的核心素养，主要包括化学观念、科学思维、科学探究与实践、科学态度与责任，反映了义务教育化学课程的教育价值与育人功能。基于核心素养的课堂情境教学的应用对教育教学革新、促进学生核心素养的发展具有重要意义。

一、情境创设的特点和意义

（一）突出教学的真实性，提高学生对化学学习的理解

选择合适的情境可以使教学内容生动直观地呈现出来，使原本抽象的内容具体化到我们切身体验过的或了解到的生产生活常识，增强化学学习的真实性，有助于帮助学生理解并掌握化学学习的内容。情境教学让学生知道化学来源于我们的生产生活实践，学习化学能够帮助学生在生产生活中运用化学原理解释化学现象，运用化学方法解决化学问题，建立起化学与生产生活紧密联系的观念，培养学生化学知识的理解与应用能力。

(二)突出教学的趣味性[1][2],增加学生对化学学习的兴趣

兴趣是最好的老师,当教师营造出别具特色的课堂情境时,学生会产生身临其境的感觉,学习积极性提高,思维更加活跃,更能积极地参与到课堂互动中去。创设好的教学情境能让学生在"玩"的过程中,体会到愉快的学习体验,学生的思维更加灵活敏捷,对知识的理解能力与应用能力也会提高。

(三)突出教学的高效性,提升学生对化学学习的深度

学生在有切身体会的情境中学习,学习效果更好,不管是知识的理解与记忆方面,还是知识的整合与迁移方面,学会了一种方法,就可以解决一系列问题。学生在理解知识的基础上,会积极主动地、批判性地学习新知识和新方法,并将它们融入自身原有的认知结构,从而进行有效的知识迁移和应用,提升了学习的深度和广度,有助于学生化学学科核心素养的发展。

二、情境创设的课堂实例

课题"复分解反应发生的条件"

第一环节:情境创设

【教师】播放环境污染的图片、碧水蓝天的图片,展示污水处理工程书。

现代化工业、农业快速发展,带给我们巨大的经济效益,与此同时,也带来了一些负面影响。工业废水、生活污水、化肥和农药如果不经过处理直接排放,会造成严重的污染,水生动植物生存困难,人类也会没有干净的水,看图中这个孩子,你们愿意喝这样的水吗?

你们想不想要这样的碧水蓝天呢?想不想要水鸭和白鹭跟我们一起生活在天蓝水清的环境中呢?

雄安新区要建立一个工厂,发展我们地区的经济,可该工厂会排放大量含有 NaOH 和 Na_2CO_3 的污水,为响应"生态优化,绿色发展"的号召。城建局邀请我们作为工程师研究出将污水处理为 NaCl 溶液的方案。请 4 个工程分部讨论一下如何解决水处理的问题。

【学生】讨论 1 分钟,总结出处理该污水应该选用合适的试剂将 NaOH 转化为 NaCl,将 Na_2CO_3 也转化为 NaCl。

【教师】现在我们来到实验室,我们需要的试剂有 Na_2CO_3、HCl、$BaCl_2$、

Ca（OH）$_2$、NaOH 溶液，请大家将它们依次从盛放酸碱盐的药品柜中拿出来。

【学生】将 Na$_2$CO$_3$、BaCl$_2$ 从盐药品柜拿出，HCl 从酸药品柜拿出，Ca（OH）$_2$、NaOH 从碱药品柜里拿出来。（实际在考查学生对物质分类的掌握情况）

【教师】从中任选两瓶试剂，它们之间可能发生哪些化学反应呢？请大家讨论两分钟后写出相应的化学方程式。

【学生】讨论两分钟，板书化学方程式。

【教师】判断黑板上的化学方程式的对误。

第二环节：实验探究

学生分组进行实验，探究污水处理方案，并完成学案，计时 6 分钟。

第三环节：展评分析

【教师】工程一部，你们找到污水处理的方法了吗？请两位工程师上台展示研究成果。

【学生】举手并在视频展示台展示学案：我们找到了污水中 NaOH 的处理方法，在 NaOH 溶液中加入几滴酚酞，溶液变红，然后滴加 HCl，红色消失，该反应中 NaOH 与 HCl 反应生成 NaCl 和 H$_2$O。学生摆放微粒卡片表示反应过程。

【教师】NaOH 与 HCl 反应生成 NaCl 和 H$_2$O，反应前 NaOH 和 HCl 以钠离子、氢氧根、氢离子、氯离子微粒形式存在，生成的 NaCl 和 H$_2$O 以钠离子、氯离子和水分子微粒形式存在，由于氢离子和氢氧根离子数目减少，生成了难电离的水分子推动反应的进行。

【教师】工程二部、一部刚才研究出了 NaOH 的去除方法，你们有没有研究出 Na$_2$CO$_3$ 的除去方法？请两位工程师上台展示研究成果。

【学生】举手并在视频展示台展示学案：我们实验发现 HCl 与 Na$_2$CO$_3$ 可以反应生成 NaCl，H$_2$O 和 CO$_2$，CO$_2$ 气体逸出，溶液中的 Na$_2$CO$_3$ 就转化为 NaCl 了。学生摆放微粒卡片表示反应过程。

【教师】你们能描述一下这个反应的微观过程吗？

【学生】HCl 与 Na$_2$CO$_3$ 反应生成了 NaCl、H$_2$O、CO$_2$，反应前 Na$_2$CO$_3$ 和 HCl 以钠离子、碳酸根、氢离子、氯离子微粒形式存在，生成的 NaCl、H$_2$O、CO$_2$ 以钠离子、氯离子、水分子、CO$_2$ 分子微粒形式存在，由于氢离子和碳酸根离子数目减少，生成了难电离的水分子和气体 CO$_2$ 分子推动反应的进行。

【教师】有没有其他的污水处理方法？

【学生】3组学生举手：我们发现 $BaCl_2$ 与 Na_2CO_3 可以发生反应生成 NaCl 和 $BaCO_3$ 沉淀，再将沉淀过滤即可。

【教师】请工程三部派出两位工程师来展示你们的方法。

【学生】上台在视频展示台展示学案并摆放微粒卡片：反应前 $BaCl_2$ 和 Na_2CO_3 以钡离子、氯离子、钠离子、碳酸根离子微粒形式存在，生成的 NaCl 和 $BaCO_3$ 以钠离子、氯离子和难溶的 $BaCO_3$ 形式存在，由于钡离子与碳酸根离子数目减少，生成了难溶于水的 $BaCO_3$ 推动反应进行。

【教师】工程四部有其他研究发现吗？

【学生】举手并在视频展示台展示学案：我们将 $Ca(OH)_2$ 与 Na_2CO_3 反应生成 NaOH 和 $CaCO_3$，过滤除去 $CaCO_3$，然后可以利用一部的方法将生成的 NaOH 和原有的 NaOH 一起用 HCl 除去。该反应是由于钙离子与碳酸根离子数目减少，生成了难溶于水的碳酸钙推动反应进行。

第四环节：总结提升

【教师】刚才你们做的实验属于哪种基本反应类型？

【学生】复分解反应。

【教师】从刚才的实验中你们能总结出复分解反应发生的条件吗？

【学生】两种化合物反应后能生成水、气体或产生沉淀。

【教师】通过你们刚才展示的反应过程，你们能总结出复分解反应的微观实质吗？

【学生】两种化合物互相交换离子，结合生成水，气体或沉淀等难电离的物质，使溶液中离子浓度降低。

【教师】通过今天的研究我们可以得到污水处理的一般方法：

（1）明确处理标准。（2）确定水中主要成分。（3）找到特征离子。（4）依据特征离子的化学性质，找到对应离子的去除方法，从而选择合适的试剂。（5）综合考虑安全、成本，确定最优方案。

【教师】现在请大家讨论一下我们污水中 Na_2CO_3 和 NaOH 转化为 NaCl 的最优方案。

【学生】讨论半分钟，回答选用 HCl 可以一步完成污水处理。

三、教学反思

本节课以污水处理工程为教学情境，贯穿整节课，而学生则以污水处理工程师的身份进行小组探究，找出了污水处理的方法，并得出了复分解反应发生的条件，而且能变式应用到其他污水处理任务中。

（一）优点

1. 情境创设真实。本节课选取的教学情境来源于我们的生产生活，便于学生理解；情境创设思维张力够强，本节课选取的教学情境不仅仅起到课堂导入的作用，而且能自始至终贯穿整节课。

2. 学案设计巧妙，能够有条不紊地引领学生思维的活动方向。

3. 实验探究活动过程，培养了学生的动手实践能力，增强了学生合作与交流的能力，有助于学生化学科学思维的养成。

4. 展评分析过程，增强了学生语言表达能力与逻辑推理能力，同时极大地增强了学生参与探究活动的成就感。

5. 总结提升部分，让学生了解了科学与环境的关系，树立了节约资源、保护环境的生态文明理念。

6. 在教师的引导下，学生自主地学会了知识，总结出了复分解反应发生的条件。很好地达成了课堂学生自主学习的目标，而不是教师满堂灌的效果。

（二）情境创设的优化建议

目前关于课堂情境创设主要存在几点不足：第一，情境创设不够真实，不能很好地贴近我们的生产生活。第二，情境创设思维张力不够，大多只起到导入课堂的作用，而不能自始至终贯穿整节课。第三，情境创设的预设与生成不符，实际效果往往达不到教学目标。

（三）建议

1. 情境创设要保证真实性[3]

学生对与他们周围相关的，可以摸得到、看得见或者听说过的事物是最感兴趣的。所以情境创设要选择与社会生产生活密切相关，富有时代性和社会性的内容，让学生了解化学知识源于生活，高于生活又能应用到生活中去。

2. 情境创设要保证贯穿始终

情境不仅仅是导火索，更是贯穿始终的主线。我们常常会产生一个错误的认知，认为教学情境只是用来导入课堂的，然而实际上，教学情境更应该贯穿整节课，一节好课应该是在一个整体的教学情境下来发展学生的思维，注重学生学习的过程。

3. 情境创设要保证效果性

情境创设要有清晰的目标，为了达成预期的目标创设合适的教学情境。有些教学情境未能达到理想的效果，主要是因为情境的创设缺乏精心的设计。创设情境并不是教学的终极目的，它只是用来促进学生形成知识的场域。有些情境简单常见，学生全心投入，有些情境花样百变，学生却无动于衷，关键在于教师一定要洞察学生的心理。教师要选取合适的角度，通过巧妙的设计调动学生的积极性。

四、总结

情境创设要基于学情、基于教师常态课，通过课程不同的表现形式，实现教学目标。初中化学基于核心素养背景下的情境创设还需要多元、多角度的思维模式，例如：创设学科史料情境，可以渗透学科研究的方法论；创设生活、生产情境，可以渗透学科应用的价值观；创设实践探究情境，可以增强学科知识的实践性。教师要创设有效的教学情境，从教师角度可以实现教学目标，提升教学的效果；从学生角度有助于提升学生核心素养水平。

参考文献

[1] 张莹. 初中化学教学中情境创设法的作用及应用 [J]. 学周刊，2022 (33).

[2] 徐杨. 核心素养下初中化学情境教学分析 [J]. 文理导航（中旬），2023（3）.

[3] 张美娟."初中化学教学中情境教学的应用" [C] //中国国际科技促进会国际院士联合体工作委员会. 课程教育探索学术论坛论文集（六）.2022：3.

教科研基本功大赛

本校是一个新建学校，年轻教师占比较大，针对这一实际情况，学校教科研工作主要就学科教学、教师培养、学生发展等方面开展工作，具体内容和方法主要集中于以下几个方面。

一、"名师引领明方向"——组织名师论坛，加强培训，提升教师教育教学能力及科研水平

本校在雄安新区公共服务局和北京市第八十中本部强有力的支持下，充分利用校内外优质的教育资源，邀请北京名师和本校经验丰富的教师开展"名师大讲堂"和课题培训系列讲座，并组织观摩优秀教科研案例。

2022年，由李继良校长做"旨在课堂改进的校本研修——选题的策略"课题培训，黄宝兰老师在课题研究方法等方面开展培训。2023年4月，本校邀请语文教材编写委员会成员、正高级教师王岱老师做题为"阅读：滋润心灵，开启智慧"的读书讲座，邀请八十中知名教师马宁老师做"有效教学的方法—基础篇"的讲座，给教师们很大的启发。

思考：对于新教师来讲，在开展教育教学工作的道路上会遇到诸多问题，也会产生很多疑问，也可能由此产生迷茫和徘徊，因此，名师的引领就必不可少。名师的引领可以帮助教师们提高认识，拓宽视野，掌握教学方法，加快成长速度，缩短成长周期。同时，可以使教师对教科研的意义、研究流程、研究方法等有基本的了解，从而提高教师的研究能力。

二、"课题研究强内功"——推进各级各类课题的申报、管理工作，积极鼓励教师撰写教科研论文

（一）承担课题概况

学校教师承担多项课题的研究。其中，河北省立项课题 2 项（《京雄教育协同发展背景下，人工智能赋能异地集团化办学的模式与机制研究》《现代技术在高中图书馆建设中应用的策略研究》），雄安新区"十四五"规划课题 1 项（《提高高中历史试题讲评课有效性的研究》），容和教育总校"十四五"规划课题 2 项（《新课标下高中数学教学方法与模式探讨》《践行英语学习活动观，培养英语学科核心素养——以高中英语阅读课为例》），雄安容和第一高级中学校本课题 8 项（《澄明课堂模式下语文情境创设研究》《通过数学历史文化的情境创设探究高中数学高效课堂的实践活动》《利用雄安红色资源提升高中生政治认同学科素养的行动研究》《"双减"政策背景下高中化学"大单元"教学实践问题的研究》《大单元教学背景下高中生物高效课堂的策略研究》《地理校本课程开发的实践研究》《雄安新建学校智慧课堂的核心技术与应用模式分析》《"双减"背景下教师专业发展模式探究——以骨干教师和初任教师专业发展为例》）。

（二）课题管理

2022 年 5 月，教科研处通过建立组织、召集会议、制定方案、邀请专家，采取"一个主会场+六个分会场"同时进行的方式，顺利完成校级课题进行开题论证工作。在研究过程中，教师们通过查阅资料、阅读书籍、论证交流，教科研能力大大提升，学校形成了浓厚的教科研氛围。

2023 年 5 月 30 日，三个分会场同时进行结题汇报和论证，邀请本校有丰富课题研究经验的教师参与结题论证工作，课题组教师及学科组教师参与该活动。

思考：校本课题研究，其目的在于对教师们在教育教学中所遇到的实际问题进行研究、探索并解决，并进行推广，这一过程对于研究者和学校来讲是一笔宝贵的财富。所以，校本课题的开题和结题论证工作极具参考价值，尤其对于年轻教师来讲是重要的学习机会。同时，课题点评专家均为承担过国家和省市级课题研究的经验丰富的教师，他们的每一次点评和总结性发言都是一次结合案例的小培训。因此，本着"结题即培训"的原则，开题和结题论证活动会邀请课题组全体成员及相关学科的教师全员参与学习。

三、"编制校刊展风采"——编辑印制《八十教研（雄安容东版）》杂志，搭建交流分享平台

针对不同阶段教师的需求，教科研处通过编订校刊的方式为教师们搭建交流平台。目前已出版了第一期校刊，收集了教师在各级各类杂志刊物所发表或待发表的优秀文章和论文，并成立评审组择优筛选，设"师德师风""教育探索""大单元教学""澄明课堂""高效课堂""教师成长""教学案例""智慧课堂"8个板块，经编辑整理后，印制《八十教研（雄安容东版）》杂志，并分发教师阅读，以实现成果共享。另外，为实现本校教学基本功大赛和同课异构活动的成果交流，以上述活动优秀教学案例为主要内容的教科研杂志目前正在编订。

四、"读书分享促提升"——开展读书分享交流系列活动，促专业成长

该活动以自愿、邀请和择优结合的方式确定主讲人，召开全体教师参加的读书分享交流展示活动，目前该活动已举办两期。第一期活动于2022年3月22日下午在300人的报告厅举行，由语文学科骨干教师赵晓娟老师做主题为"欲求教好书 先做读书人"的分享交流，她从"读书之作用""读书之推荐""读书之方法""读书之感悟"4个方面进行分享。2022年5月31日下午在300人报告厅由骨干教师金美华老师为全体教师做了"静心读书 潜心育人"的分享展示，金老师结合自身的教育实践分享了李镇西的《做最好的老师》等教育类书籍，引导教师们读书，感悟、借鉴书中的教育管理经验并加以应用，提升自身的教育教学能力。此外，教科研处还组织开展"我阅读、我分享"的活动，教师们用一句话推荐好书，视频录制后在教师大会上播放展示，这大大激发了教师们读书学习的热情。读书分享系列活动对学校教师的教育教学管理、专业素养的提升起到了积极的指导作用，对营造充满书香的学习型校园也有重要的意义。

五、"以赛促研激潜能"——开展教科研大赛，以赛促研，逐步规范学校的教育科研评比和管理制度

教科研基本功大赛每学年举办一次，全体教师参加，针对本学年教师的研

究能力展开评比和奖励，具体内容包括：课题研究、论文获奖情况、论文发表、著作编写、读书心得及分享和学科教学资源创设、校内学术展示等7个方面。具体过程为：通过召开学校领导会议、教师代表会议等讨论形成《教科研基本功大赛实施方案》，由教科研主任在学年初对大赛方案内容逐条进行宣讲。学年末，由教科研处统计教师们的科研成果，由评审组进行评审核算并公示表彰。2022年9月16日，本校召开首届教科研基本功大赛表彰活动，对先进的教科研工作者进行表彰，其中，一等奖5人、二等奖8人、三等奖18人，并邀请一等奖获得者王维雪老师进行经验分享。大赛大大激发了全体教师参与教科研工作的积极性，同时学校的教科研评比和管理水平也在不断提升。

第四章

课程建设

"三级立体生命教育"课程体系

一、课程建设指导思想

一是以立德树人为根本任务,全面贯彻党的教育方针,坚持德、智、体、美、劳五育并举为指导思想。二是以核心素养为主要抓手,全面落实国家课程方案和课程标准,以实现每一位学生全面而有个性的发展为指导思想。三是以全面实现学校"一人一天地,一木一自然——让生命因教育而精彩"的办学思想为具体指导。

二、课程建设基本理念

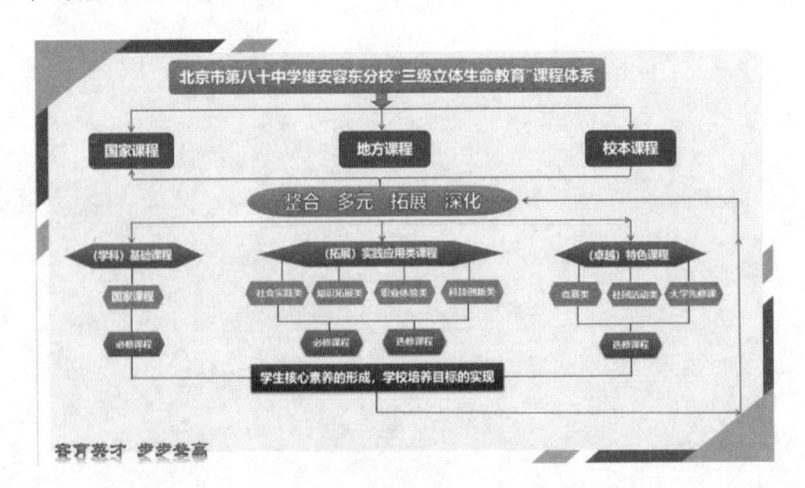

(一)围绕一个核心

以学校育人目标——"培养有理想、强体魄、会学习、善合作的阳光学子"为课程建设的出发点和归宿,整体构建学校课程框架。

育人目标:有理想、强体魄、会学习、善合作的阳光学子

卓越特色课程
- 创新发展类课程
  - 五大学科竞赛类课程、机器人编程类课程、社团活动课程、大学先修课等。

(拓展)实践应用类课程
- 学科拓展及应用实践类课程
  - 旅行研学、社区服务、研究性学习课题研究、生活化学、国学、英美戏剧、传统文化等校本课程。

(学科)基础课程
- 国家基础类课程
  - 语文、数学、英语、物理、化学、生物、历史、地理、政治、音乐、美术等必修类课程。

(二)定位发展目标

本校课程建设立足突破传统,改革创新目标,从关注学生成长、强调教师发展、重视以学定教三方面进行建设。

(三)遵循生命教育理念

课程是学校和学生之间最亲密、最直接的结合点。国家的课程方案和各学科课程标准都直指教育的本质,直指生命的本质,关键是如何在每一个具体的教育环境中落地扎根。通过学习,唤起学生生命的本真;通过学习,让学生爱上这个世界。对学生个体生命的尊重,才是所谓爱学生的大前提,而只为了考试和分数的爱是狭隘的。所以要从课程设置入手,焕发出孩子的生命本性,启发孩子们用自己最美好的状态,与这个世界呼应。

三、"三级立体生命"课程结构

在北京市第八十中学雄安容东分校建校前,学校就开始筹划"三级立体生命"课程结构,以建设"重基础、高质量地整合基础必修必选类课程""多样化、可选择的多元拓展延伸类课程和实践应用类课程""有特色、重自主的卓越特色发展类课程"为建构课程结构的三个基本原则,以学生自主选择课程程度不同的三级立体分层为特点,以"学科基本能力、创新能力、实践能力"为能力基线,进而发展并完善学校生命教育的立体课程体系。

(一) 建设路径

教育的生命意识在于对生命的引导,即对人之尊严的引导、人之生活的引导、人之德行的引导、人之求知的引导、人之智慧的引导。教育的生命意识体现并贯穿在生命教育中。

首先,根据高中学生学科能力培养的需要,改革国家必修课程,整合学科教学内容和教学时数,积极发掘校内、校外资源,丰富课程形式,开发与高中新课程模块相衔接、体现生命教育要义的精品特色课程。其次,规范课程开发程序,制定课程管理方案和评价方案,打造学校特色精品课程,如生活中的化学、国学、书法、英美戏剧的学科拓展类课程。最后,将课堂从教室扩大到整个校园,从校园延伸到社会,从书本到活生生的世界,确保课程的思想性、基础性、选择性、时代性、整合性和实践性等基本特征。让学生真正处于一个生机勃勃的生命教育环境中。

(二) 建设原则

在关注生命的教育中,学生应被看成是一个个完整的个体,他们不应是知识的附庸,学生的学习过程也不单纯是学习者经验的积累。课程应以如何丰富和发展人的生命为起点,努力增强学习过程的生命内涵,强调课程的整体性和过程性,强调对个体生命的关注,促进学生生命自由、完善地发展,促进教师职业和个体生命的充实和升华。

课程内容上能利用不同的教学资源,体现学校办学宗旨和文化理念,符合学校育人特色;实践中能满足不同的学生需求,激发学生进一步学习的积极性。

基于核心素养的专题性课程群建设

一、课程群建设指导思想

本校以培养"学生在接受相应学段的教育过程中逐步形成的适应个人终身发展与社会发展的人格品质与关键能力",即以核心素养为目标,应用学校的课程自主权,通过丰富、调适教学目标和内容,将基础型课程中的其他学科按照创新素养培育的需要进行横向沟通与整合,同时将拓展型与探究型课程予以统整,开发并构建内容丰富、各具特色且能满足个性发展的专题课程群,来实现课程整体育人价值。

二、课程群建设的基本理念

(一) 基于本校文化的核心素养

学校在长期的办学过程中积淀下来的教育理念和教育精神,集中体现了学校全体师生共同的价值追求、思维模式及行为方式,这是一个学校的文化核心,也是指导学校课程发展与建设的基奠。本校一直秉承"一人一天地,一木一自然——让生命因教育而精彩"的生命教育理念,旨在让学生通过学习,唤起他们生命的本真;通过学习,让学生爱上这个世界。具体来说,就是在教育的生命指引下,培养有理想、强体魄、会学习、善合作的阳光学子,这也是本校课程群建设的价值引领。

(二) 课程群建设的基本原则

教育学家泰勒(Ralph W. Tyler)针对课程开发提出将连续性、顺序性、整合性和互补性作为课程群内容组织的原则。其中,连续性是指一个课程群中主要要素的重复出现,即课程中的基础或核心概念、技能反复出现,使学生能连续学习。课程群的内容还需要呈现顺序性,使得学生能够在先前经验的基础上建立后续经验,学生通过更广泛、更深入的后续经验实现不断进步。此外,在课程群建设过程中,既要考虑群内各门课程间的横向整合性,又要考虑群内和群外课程间的纵向整合性。最后,本校还针对不同学生的不同需求,让课程群中课程的内容在深层次上、类别上和实施方式上各有侧重,满足不同学生群体的需求,使之形成互补关系,从而体现核心素养中以学生为中心的要求。

三、基于核心素养的专题性课程群结构

从本校文化的核心素养出发,根据课程群建设原则,在本校"三级立体生命教育"课程体系基础上,构建本校专题性课程群。

(一) 品德修养课程群

"品德修养"首先从学生思想上进行道德教育,因此建设"思想品德类课程

群"来塑造学生的良好道德观念，梳理科学的人生观、世界观和价值观。其中包含道法（政治）国家基本课程，"爱祖国、爱家乡、爱校园"主题课程，国防教育等校本课程。其次是构建"行为习惯类课程群"，让学生从身边小事做起，培养他们良好的行为习惯。其中包括劳动课程，社区服务等实践类校本课程。

（二）人文底蕴课程群

人文底蕴是人类文化中核心部分的精神瑰宝，是对国内外优秀文化的深刻理解，是推动我们健康持续发展的精神源动力和支撑言行的综合体。人文底蕴课程群有利于提高学生综合能力，帮助学生丰富精神内涵、理解民族文化，潜移默化地使学生在知、情、意、行等方面内化自身。

人文底蕴课程群包括语文、历史、英语、地理等国家课程，国学、传统文化、英美戏剧等校本课程以及演讲、播音、英语等社团课程。

（三）艺术气度课程群

"艺术气度"课程群旨在从不同角度、不同形式开拓学生的艺术视野、审美情趣、审美情感和艺术创造能力。其中包括音乐、美术国家基本课程，插花、芦苇画、合唱、吉他、二胡、陶瓷、舞蹈、微电影等丰富多彩的社团课程。

（四）身心成长课程群

身心成长课程群是提高中学生身体和心理素质、促进其身心健康和谐发展的教育，是进一步全面推进素质教育的重要组成部分。

身心成长课程群包括体育课程和心理课程两个国家基本课程，旅行研学等校本课程以及蹴鞠、羽毛球、舞龙、武术等社团课程，通过活动实施，来塑造学生良好的身心素质。

（五）科技素养课程群

"科学素养"课程群具体分为数理基础类课程和科学探索类课程，它提倡的是探究性学习，让学生通过动手，亲历探究学习的活动过程，培养他们的好奇心和探究欲，逐步学会探究问题的策略，对学生科学素养的形成和发展有着深远的影响。其中数理基础类课程群包括数学、生物、化学、物理等国家基本课程，生活化学、实验课程等校本课程；科学探索类课程群包括信息技术国家基本课程，研究性学习课题研究校本课程以及五大学科类竞赛课程，机器人编程类课程和 AI 实验室、魔方、生命科学等社团课程。

温馨如画 欣赏德育——德育课程建设

一、背景概述

燕赵大地积淀着丰厚的中华优秀传统文化，雄安新区则是燕赵大地上一颗璀璨的明珠，其涵盖了容城县、安新县、雄县等地区的风俗文化与历史古迹，为本校奠定了深厚的文化背景。北京市第八十中学雄安容东分校建学以来便以中国的优秀传统文化为精神内核，把优秀文化融入教育的各环节，旨在为中华民族培养有理想、有本领、有道德、有担当的国之栋梁，希望学生成为现代社会中能担当建设家乡大任的贤德之人。

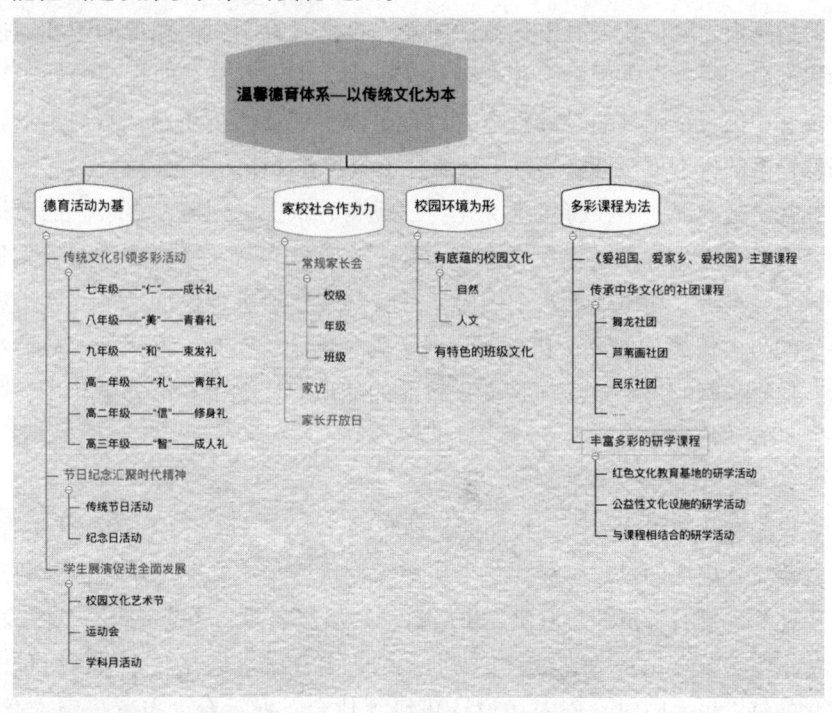

图一

本校秉承八十中"一人一天地，一木一自然——让生命因教育而精彩"的办学理念,以意蕴丰厚的优秀传统文化为本,自然和谐的校园环境为形,全面特色的多彩课程为法,形式多样的德育活动为基,家校社的共同合作为力,打造温馨如画,可"欣赏"之特色德育体系(见图一),推动五育融合,促进学生全面发展,努力办成一所让学生快乐成长的温馨校园。

二、主要做法

(一)环境育人,打造浸润人心的文化氛围

1. 有底蕴的校园文化

本校始终秉承八十中"一人一天地,一木一自然——让生命因教育而精彩"的办学理念。校园的一草一木、一砖一石、一器一物,都浸润着自然的情致,濡染着文化的内涵,使得学校的群体建筑,不仅美观,还散发着文化气息。

学校特意在操场中铺置了碧蓝的跑道,俯瞰两个校园,一体化的教学楼映着碧蓝的跑道,就像在大海中竞渡的帆船,也寓意着学生们在校园中如同遨游在知识的海洋里;在下沉庭院和花园的建设中,学校借鉴"曲径通幽处"诗句的意境和中国传统园林的设计理念,以蓝色碎石铺就曲折小路,不规则形花坛和高低错落的树木更接近自然,平易质朴中蕴含着深厚的文化内涵。

在教学楼内部,本校将传统文化与"勤奋、求实、创造、奉献"的校训相结合,以具有文化意蕴的名字命名会议室、走廊场馆等——博雅讲堂、光华礼堂、风雨操场等,均体现了八十中容东分校的文化追求,也继承了北京市第八十中学的历史传统;创设文化长廊,展示师生绘画、手工、书法、学科等精彩作品,使得校园的每个角落都是文化育人的佳境,让学生在潜移默化中,陶冶情操,具有"润物细无声"之效。

2. 有特色的班级文化

在校园文化建设中,大到校园的整体布局,小到一室、一梯的净化、香化,都是物质文化内涵的具体演绎。每个班级深挖优秀传统文化与学生成长的连接点,由此制定班名、班训、班徽、班级目标、小组名等,"思贤班""博静班"等既传承了传统文化,又结合了本校理念的班名让学生们在教室学习时也浸润在文化的氛围里。同时,班内还设计班级评比台、展示台,布置班级文化墙,建设具有特色的班级文化,展示班级学生良好的精神面貌。

(二) 课程育人，构建注重素养的课程文化

1. "爱祖国、爱家乡、爱校园"的主题课程

雄安新区三县有着悠久的历史文化，这片土地上也涌现了诸多志士贤人。宋元时期兼具学术造诣和风骨气节的"燕山五丈夫"，明嘉靖年间铁骨铮铮不惧权贵的谏臣杨继盛，明末时期节操风骨和学养文德一脉相承的"容城三贤"，以及现代抗日战争时期可歌可泣的农民革命队伍"雁翎队"等都是八十中学子培养高尚情操的榜样。

本校结合当地的文化背景以及学生的实际需求，开展"爱祖国、爱家乡、爱校园"等系列主题课程："爱祖国、爱家乡、爱校园——从学会上好网课开始""爱祖国、爱家乡、爱校园——承雄安优秀文化，建雄安美丽未来""爱祖国、爱家乡、爱校园——学习'容止格言'，谈中学生仪容仪表""爱祖国、爱家乡、爱校园——学法懂法，做遵纪守法的好少年"等课程。学生们在课上不仅学会了如何在疫情防控期间上好网课，保持学习进步，规范了自己的仪容仪表，做大方得体的中学生，还学习了法律知识，做知法懂法的好少年，同时深入了解了家乡雄安的优秀文化，立志成才，建设雄安美丽未来，从点滴做到爱校园、爱家乡、爱祖国。

其中，在"承雄安优秀文化，建雄安美丽未来"的课程中，孩子们跟随图片与视频追溯与感受雄安的"渔猎文化""芦苇文化""荷文化"，以及容城西河大鼓、雄县吹糖人、安新云火飞叉等非物质文化遗产，学生们还走访了新区老一辈人，了解并在课上讲述了雁翎队、李致光烈士、赵北口烈士等红色故事。学生们在聆听与讲述中探究了家乡的历史文化，也为其赋予了厚重的人文底色。

2. 传承中华文化的社团课程

本校基于"学校特色、教师特长、学生特点"，利用课后服务时间，开展了武术社、古典音乐—二胡社、陶瓷社、芦苇画社、戏剧社、书法社、历史—梨园风华社和舞龙社等具有传统文化色彩的社团。

芦苇画社是学生们非常喜欢的社团课，学生了解芦苇文化的发展，学习动手制作芦苇画，传承着当地的非遗文化。2022级学生毕业典礼上，九年级5班的学生和家长共同完成了一幅主题为"扬帆远航"的芦苇画并赠送给学校作为毕业谢礼。二胡社团课上，校歌《我们梦想一定实现》是大家最爱演奏的曲目之一。舞龙社团练习中，体育教师秦蒙蒙与朱绍卿两位教师从零开始，带领孩子们深挖中国舞龙文化内涵，不断探索舞龙经典动作，并积极进行练习和改进，半年多的坚持使之成了本校社团中的一大亮点，并受邀在首届"容和杯"雄安

容和教育总校师生广播操大赛开幕式中进行展演。

3. 丰富多彩的研学课程

雄安新区是红色文化的教育基地,本校通过利用当地的雁翎队纪念馆、安州烈士塔等爱国主义教育基地,以及白洋淀、郊野公园和悦容公园等公益性文化设施、公共机构、企事业单位、各类校外活动场所、专题教育社会实践基地等资源,结合学科内容,开展不同主题的"研学"实践活动。

在今年的毒品预防教育主题研学活动中,学校组织学生深入雄安新区容东东西孙派出所禁毒教育展厅进行体验学习,通过参观毒品模型学习分辨传统毒品;利用VR进行吸毒后眩晕体验,了解毒品对身体造成的不可逆危害;倾听吸毒者的自述,深切体会吸毒人生的绝望与悔恨。在此次教育中学生们不仅加强了远离毒品的意识,更理解了禁毒的重要性,增强了学生作为中华儿女的责任感和使命感。

(三)活动育人,创建"温馨德育"特色品牌

结合中华优秀传统文化与时代精神,本校开展了主题明确、内容丰富、形式多样、吸引力强的"温馨"德育活动,以鲜明正确的价值导向引导学生,以积极向上的力量激励学生,促进学生形成良好的思想品德和行为习惯。

1. 传统文化引领多彩活动

中华优秀传统文化是民族精神的核心,也是学校德育的核心。本校结合每个阶段学生的身心发展规律和特点,将传统文化中对"德"的阐释定为各年级德育核心思想,同时辅以纪录片、必读书目和榜样人物,通过年级主题活动实现本年级德育目标,结合公共经典活动,实现年级德育目标。详见下表1。

表1

	初一	初二	初三	高一	高二	高三
关键词	仁	美	和	礼	信	智
核心思想	爱国——人与人类	悟美——人与自然	明理——人与文明	知礼——人生境界	诚信——公民社会	创新——求真向善
纪录片	《跟着书本去旅行》《行知中国》	《美丽中国》	《中国》	《礼乐中国》	《从长安到罗马》	《大国崛起》

续表

	初一	初二	初三	高一	高二	高三
必读书目	《论语译注》杨伯峻《仁者爱人》张岂之《美德书》贝内特	《此刻，让美好发生》宗白华《美学散步》宗白华《美的历程》李泽厚	《荀子》荀子《传统文化与文化传统》刘梦溪《明理养德》王明波	《孟子》《现代礼仪与修养》《左传》	《诚信中国》阎孟伟《年画上的中华经典故事·诚信篇》沈泓、王本华《坚守诚信》蔡辰梅	《曾国藩家书》曾国藩《天工开物》宋应星《新时代的中国创新》陈劲
榜样人物	孔子 钟南山 张桂梅	王国维 蔡元培 梁启超	荀子 季羡林 王继才	孔融 诸葛亮 周恩来	曾子 韩信 谢延信	韩愈 张衡 袁隆平
年级主题活动	"培根铸魂，激扬生命"——成长礼主题活动	"激扬青春活力，展现青春魅力"——青春礼主题活动	"明理做人，束发成才"——束发礼主题活动	"彰显文明之风范，争当青年之先锋"——青年礼主题活动	"诚信律己，立德修身"——修身礼主题活动	"成长、责任、创新、梦想"——成人礼主题活动
公共经典活动	开学典礼暨校庆活动 体育文化艺术节 学科学术文化节 郊野公园远足考察活动 法制教育活动 红五月歌咏比赛					

本校举办了系列"温馨"活动，让学生在庄严的仪式中和丰富活动的浸染中自然内化传统文化，让传统文化中"德"的习得渗入学生内心。

2. 节日纪念汇聚时代精神

本校开展节日、纪念日活动，利用春节、元宵、清明、端午、中秋、重阳等中华传统节日以及二十四节气，开展介绍节日历史渊源、精神内涵、文化习俗等校园文化活动，同时布置并组织学生完成相应德育作业，增强传统节日的体验感和文化感。

本校利用雷锋纪念日，开展"雷锋月"活动，鼓励学生学雷锋，积极参加志愿活动，发动学生争做"小小雷锋"并对学生践行雷锋精神的典型事例进行广泛宣传，让孩子们在点滴小事中学习雷锋精神，做中国新时代好少年。

3. 学生展演促进全面发展

本校举办丰富多彩、寓教于乐的校园文化艺术节活动，培养学生兴趣爱好，充实学生校园生活，促进学生身心健康发展。每学年举办一次红歌比赛、运动会，每学期根据不同学科举办学科月活动。

（四）协同育人，形成目标一致的家校合力

本校积极争取家庭、社会共同参与和支持学校德育工作，通过家庭教育指导，不断引导家长注重家庭、注重家教、注重家风，营造积极向上的良好学习氛围。

此外，本校建立健全家庭教育工作机制，通过统筹家长委员会、家长学校、家长会、家访、家长开放日等各种家校沟通渠道，丰富学校指导服务内容，及时了解、沟通和反馈学生思想状况和行为表现，认真听取家长对学校的意见和建议，帮助家长了解学校办学理念、教育教学改进措施。

三、基本成效

（一）优秀文化深入人心

文化赓续，经典永传。北京市第八十中学雄安容东分校推动优秀文化进校园，校园场所、环境设施以及班级布置都浸染在丰富的文化氛围中，逐渐形成了八十中容东分校特有的温馨如画般的校园文化，在潜移默化中使师生产生价值认同感和归属感。

本校通过形式多样的同传统文化相交融的活动，形成了与传统节日和纪念日相结合的主题教育，根据身心发展规律组织不同年级的特色仪式活动，寓教于乐的多彩校园文化节活动，以及团、队活动，用学生们喜欢的方式弘扬优秀传统文化、先进时代文化，持续塑造朝气蓬勃、与时俱进的八十中少年。

每年5月份，初一年级都会结合少先队建队进行13岁成长礼仪式。去年的"红领巾促成长，争做时代好队员"初一年级成长礼建队仪式中，辅导员为优秀少先队员佩戴红领巾，学生互相系戴红领巾，并接受学校授予的少先队队旗，立誓不负少年时光，努力向阳成长。庄严的仪式，鲜红的红领巾作为13岁少年成长的奖章，告诫着每一位初一学子要以一颗"红"心对待身边的人和事，继承发扬我国"仁"爱的美德传统。

10月份，是学校开展"温馨德育"系列活动青春礼仪式的关键时期。在

"激扬青春活力,展现青春魅力"的青春礼仪式中,以班级为单位,组织学生学习榜样人物对美的认识,发起"讲述我眼中的美"的活动,让学生从身边"一草一木,一人一事"中收集美的故事、绘画、诗歌或摄影,用心发现并欣赏自己、他人和自然中的"美",从而正确、全面地看待自己,展示自己的才华,迈好青春第一步。

"束发而就大学,学大艺焉,履大节焉。"每年3月24日,学校组织15岁的九年级学子举行"踔厉奋发战中考 笃行不息当自强——学生束发礼暨百日誓师大会"。在这一天,八十中少年们将挥别垂髫的无知,那束在手腕上的红丝带便代表着学生们束起的发髻,自此后,学生们将继承先哲们"自束发而读书"的传统,在嘹亮的誓言声中确立奋斗目标。束发礼帮助九年级的学生们形成了正确的人生观、价值观,也让他们在庄严的仪式中学会做"明理"之人,行"成才"之路。

孩子们就是在这样的文化浸染中,慢慢地融入了校园温馨的环境中,成了可"欣赏"的"美景"。

(二)八十中少年多元发展

学校以"五育融合"教育为契机,聚焦学生核心素养,让优秀文化走进校本和实践课程,促进学生多元发展。

三月份的"雷锋月"系列活动带动了学生们积极参加志愿者服务、践行雷锋精神的热情。原九年级4班的朱旻昱同学在2022年抗击疫情期间主动担任了社区的一名小志愿者,她来往于各个楼层,为住户们运送从网上购买的药品、蔬菜、生活用品等。勇担责任的精神让朱旻昱获得了"防疫优秀志愿者"的荣誉称号,还收到了新区容东管委会的感谢信。

中华儿女都是龙的传人,都应具有龙之精神。原八年级6班的胡紫萱同学是舞龙队伍中的"女龙头",个子不高但却能将沉重的龙头舞动得十分有灵气——这都是胡紫萱同学刻苦练习的结果。用紫萱自己的话表示就是"因为热爱,所以坚持"。半年多的练习和表演,让其更加理解舞龙这一传统的文化内涵,也让这个在成绩上没有很突出的孩子体会到了付出与收获的成就感,成为一名具有龙之坚毅精神的八十中学子。今年,胡紫萱同学凭借良好的文化成绩和优异的体育成绩,进入到艺体毕业班,正在为即将到来的中考冲刺奋进着。

"五育融合"教育,让德育从课内延伸到课外,从校内延伸到校外,让八十中少年们传承文化精神,汲取前进力量。

（三）家校社共育特色突显

八十中容东分校始终重视家校社共育。本校先后在2021年12月和2022年6月组织了"家长开放日"活动，家长们通过参观班级布置、参加主题教育活动，观看学生成果展示等，了解了学校工作的整体水平和学生的发展水平；2023年寒假期间，本校组织开展寒假家访活动，班主任们利用休息时间，协调任课教师，带着冬日的关怀和温暖，一起走进学生家庭，认真了解了学生假期作业完成、居家生活等情况，并就学生的学习情况、思想动态等与家长沟通交流，指导家长树立正确的成才观和教育理念。家长们纷纷表示，会与学校同心同频，做好孩子的高效陪伴，让孩子们的假期过得更加幸福、充实、富有意义。家校共育，使得学校的学风更加浓厚，教学秩序更加稳定，学生学习的热情也更加高涨。

本校还以特色德育作业助力家庭温馨，促进家校合作。结合寒暑假和传统节日布置德育作业，内容涉及文化传承、劳动实践、家庭互动、个性展示、心怀社会等。2022年寒假期间围绕着"欢度春节""劳动教育""感恩祝福""书写新时代，描绘雄安梦"等主题，精心设计并开展了一系列结合地域特色，内容鲜活、形式新颖、内涵丰富的寒假德育实践作业，其内容涵盖了家庭生活、感恩他人、社会实践等不同领域。生活即教育。和家人一起做扫除、制作灯笼、书写春联、发送节日祝福、绘制雄安美好手抄报等，不仅让学生了解到自己对家庭、学校和社会的责任与义务，增加了自己的文化厚度，拓展了自己的人生宽度，也让孩子们在实践中把高尚的思想、良好的品德不断地内化为自身素质。

四、启示经验

（一）突出传承传统文化的系统性，让欣赏德育融入学校文化的方方面面

八十中容东分校把鲜明的文化符号深植于学校文化土壤，逐步形成学校独特的DNA因子。通过建立独具个性、有主题风格的校园文化，打造最美教室，构建特色班级文化，让文化浸润整个校园，努力让"校园环境为育人赋能"，让学生在欣赏中浸染儒雅气质。

（二）突出推广传统文化的普及性，让欣赏德育浸润每个学生的纯真心灵

从燕赵大地到雄安新区，时间为这片土地留下了璀璨的精神文化。学校致

力于让每一个学生在点点滴滴中感受文化的冲击与魅力，建设"三位一体"课程体系，开发系列主题活动，构建教师全员、团结家社的德育团队，打造素质教育的文化氛围，让学生在有序、温馨的学习环境中赓续千年文脉。

（三）突出弘扬传统文化的实践性，让欣赏德育成为师生成长的精神内核

道德教育的内容和形式如果可以经过审美化改造，成为"一幅美丽的画""一首动听的歌"，那么与这幅画、这首歌相遇的人就会在"欣赏"中自由地感受这幅画、这首歌。道德教育的"价值引导"与道德主体的"自主建构"这两个相互对立的方面就可以在自由的"欣赏"过程中得以统一和完成。

本校始终聚焦学生核心素养，深扎文化之根，打造出"育智、育体、育美、育心、育魂"的五育融合大教育，精心构建主题课程、主题社团、主题节日、主题研学、主题项目的欣赏德育体系，让传统文化、校园文化在学生心中生根发芽。

五、特色课程

《国家中长期教育改革和发展规划纲要》提出要"推动普通高中多样化发展""推进培养模式多样化，满足不同潜质学生的发展需要""鼓励普通高中办出特色"，为普通高中的多样化发展明确了方向。在五育并举教育理念的指引下，围绕立德树人这一根本任务，学校融合教育场景，结合音乐、美术、科学、人文等多学科，综合绘画、摄影、装置、动态表演、声音艺术、舞剧等表达方式，设置了校本课程、特色社团、多样学科月等课程。特色课程的设置，让"全面发展"不再局限于理论层面，而是真正渗透到学生成长的每个阶段，鲜活地呈现出良好的课程生态，勾勒出教育高质量发展的广阔场景。

（一）校本课程精彩纷呈　多元优质赋能成长

1. 校本课程宗旨及类别展示

本校校本课程打破各门学科知识领域的界限，从学生的兴趣和需要出发，以活动来组织和开展校本课程，可满足学生的个性发展，让学生在活动中探索新知，培养学生的参与意识和动手实践能力，弥补学科课程和综合课程对学生核心素养培养和发展的不足。

本校校本课程可以分为学科拓展类、兴趣发展类及综合实践类校本课程等，不同类别的校本课程有不同特性。如下表 2 所示，本校 2022—2023 学年共开设

9门校本课程，涉及类别广泛多样。

表 2

序号	课程名称
1	学习的逻辑——学习方法介绍
2	玩转 TI 图形计算器
3	国学举隅与现当代名篇
4	中华传统文化
5	英美戏剧
6	心理小课堂
7	悦读
8	光影中的英文
9	生活中的化学

2. 校本课程活动呈现

（1）学科拓展类课程

以校本课程开发而进行的学校发展，是一种基于学校自身特点的自主性发展。高中校本课程在内容的设置和安排上，不拘泥于传统学科的知识领域和国家课程标准，而是结合学校和地方的资源与特色，尽可能开发出丰富学生生活、发展学生核心素养、促进学生全面发展、提高学生综合素质和生活质量的校本课程。

部分呈现：

①"悦读"校本课程

为了提高学生的阅读兴趣，培养学生的语文素养，更好地利用图书馆的资源，悦读校本课程于2022—2023学年上学期计划完成史铁生《我与地坛》《病隙随笔》《记忆与印象》，龙应台的散文《目送》《母亲节》《放学》，梁衡的散文《夏感》《石河子秋色》《把栏杆拍遍》，余秋雨的散文《借我一生》《遇见》《乡关何处》《江南小镇》。

②"生活中的化学"校本课程

生活中的化学校本课程部分主题为："与胶体邂逅的一天""会变色的花儿""焰色反应""制作叶脉书签"等。此校本课程极力挖掘生活中的化学知识，所涉及实验部分在家中也可以完成，与生活融合度较高，能够拓宽学生化学学科知识储备。

(2) 兴趣发展类课程

高中校本课程内容的创新性旨在课程要有创新思维和独立思考的能力，不断改革和创新课程内容并着眼于学生的好奇心、想象力和个性的培养。学校注重校本课程的规范化建设，做到灵活而有余、自由而有度，培养学生的学习兴趣，发挥价值引导的功能。也要服务于提高"升学率"的功利目标，成为应试课程的有益补充。

部分呈现：

①"心理小课堂"校本课程

心理小课堂教学主要从生活中的心理学（从众心理、说服、服从），与自己相处时的心理学技巧，趣味心理测试（MBTI16型人格测试——性格测试、霍兰德职业测试——兴趣测试）和价值观测试四方面来引导学生自主提出感兴趣的相关兴趣点，上课带领学生一起进行探究讨论。

②"光影中的电影"校本课程

2022—2023学年上学期教师带领学生观看《叫我第一名》《阿甘正传》《国王的演讲》电影，通过英语趣配音来考核学生的学习效果，并举办了英文演讲比赛，来培养学生坚持不懈、勇敢的精神，让学生对未来充满希望。

核心素养理念下的高中校本课程开发在课程目标上，体现了学生核心素养和学科素养的整合，使得其课程内容展现出与普通课程内容不同的特点，即课程内容具有丰富性、创新性以及应用性等特点。

（3）综合实践类课程

促进个体成长的高中校本课程目标是以高中校本课程开发进而发展学生的核心素养为直接目的，期望通过各类高中校本课程尤其是活动性的校本课程促进学生的全面发展，最终凸显的是校本课程的人文性价值。

部分呈现：

①"英美戏剧"校本课程

2022—2023学年本课带领学生观看2部戏剧，《不可儿戏》和《维洛那二绅士》，要求学生了解每部戏剧的类型、作者、创作背景。每部戏剧结束后要求学生对戏剧进行评论，并写影评作为课后作业。课程结束时还举办了趣味英文戏剧表演比赛。

②"国学举隅与现当代名篇"校本课程

本课程分为上下编：上编主要包括《礼记·大学篇》《人间词话》等；下

编主要包括《狂人日记》《边城》《合欢树》等，最后活动实践环节让学生们试着写一首现代诗并进行分享。本课主要通过对诗歌和现当代文学经典名篇进行解读，提高中学生的鉴赏能力，培养中学生的审美情趣。教学过程以作品为纲，兼及诗歌、小说、散文3种文体的发展脉络，对重要作家的代表作品进行详细解读。同时引入最新的学术成果，力求内容的新、准、精，让传统作品的选讲课焕发出新的活力。本课以学生为主体，注重学生能力的培养，力求学以致用，切实提高学生的文学素养和写作能力。

校本课程作为学校课程最有活力的组成部分，经过规范、丰富、结构化的发展，呈现出了多种样态，校本课程门类多样且具有特色，满足了学生的需求。以学科、活动、主题、项目、社团等为载体的独立门类校本课程，突出内容和形态的创新。

（二）校本课程发展期望

丰富多彩的校本课程有效促进了学生的全面、个性化发展，提升学生的综合素养。学校将继续推进校本课程的建设与发展，打造更具特色的课程体系。

参与一门课程，培养一种兴趣；

学习一门课程，享受一份乐趣；

学会一门课程，收获一项技能。

因此，以校本为特征的学校发展必然是一种整体的改进，学校发展成为学校整体改进的结果。校本课程开发与学校发展与改进之间是同一个事物的两个方面，是同一件事物的两个功能，也是两全其美的目标统一的活动。校本课程开发成为普通高中特色化、多样化发展的内生点。

校本课程的组织实施是校本课程的定位、目标和内容等具体化的过程，是校本课程开发由理论走向实践的关键一环。本校预计实现普通高中、大学预科与特色发展的双重功能的整合，建立校本课程开发的队伍（课程集体），为依托校本课程开发的学校多样化发展提供组织保证，研究制定学校变革的方案（审议）并采取行动，研究解决学校发展过程中的各种问题，如学生的分科，校本课程的选择，教学材料的编写与购置，教学活动时间、场所的安排，考核评价措施的制定，各种职责的分工，校本课程实施技术的培训等，使学校发展健康有序运行。

本校校本课程建设基于"校本"特色，加强"学校—校际—区域"之间的协作共享，加大教师开发、学生参与、学校分享，校校不同、校校精彩；同时进行区域统筹，搭建学校之间交流共享、共同提升的机制和平台，激励教师、学校之间的创新探索和成果展示、资源共享，提升新区整体实力，彰显新区育人特色。

1. 社团活动百花齐放 启智润心培养特长

（1）社团宗旨及活动内容

基于"学校特色、教师特长、学生特点"合理安排社团活动，最大限度优化学校教学资源，根据对教师和学生的调查，学校开设了文化艺术类、学术科学类、体育竞技类、工艺实践类共4个大类近20个社团，根据教师的辅导意向，初步安排各社团的辅导老师。其中包含陶瓷社、武术社、电影制作、AI人工智能、啦啦操、古典音乐社、合唱团、音乐社、羽毛球社、魔方社等社团课程，进一步培养学生的兴趣，挖掘学生的潜能，拓展学生素养，最大限度满足学生需求，做到人人参与，人人有项目，进一步提高教育教学效率和学校办学品位，全面推进素质教育。

文体类社团：篮球社、足球社、羽毛球社、武术社、啦啦操社、国标舞社、现代舞社、合唱团、手风琴社、书法社、绘画社、陶瓷社、播音社、京剧社、英语剧本社、微电影社。

科技类社团：编程社、AI未来实验室、智能机器人社。

活动类社团：生物模型社、健康急救社、DIY手工社、辩论社、魔方社。

（2）社团发展目标

①建立一套组织完备、管理灵活的社团管理体系

学校根据学生需求、学生现状及社团发展情况构建一套管理体系，包括教师日常组织教学、学生自治——学生会干部检查、社团内部自我管理等多个环节，形成灵活的管理体系。

②打造一批有影响力、能征善战的竞赛类社团

学生通过系统的专项训练，能对参与项目有进一步的了解，且达到同级别竞赛水平，并在竞赛中取得优异成绩，打造一批召之则来、来之能战、战则必胜的高素质社团。

③创建一批高层次、高品位的精品社团活动

学校以发展学生兴趣为出发点，结合高校课程设置，创建一批有实践意义的、与社会接轨的、高质量的精品社团课程，学生通过社团课程了解课本以外的知识，发展学生兴趣，提高学生鉴赏力、审美能力以及创新实践等能力。

④造就一批素质高、能力强的学生社团骨干

学校利用学生课余时间，深度挖掘学生潜能，发展学生兴趣，提高对社团课程的认知；同时在此过程中，增强学生吃苦耐劳、坚韧不拔、百折不挠的意志品质，培养学生成为有理想、强体魄、会学习、善合作的具有中国灵魂和国际视野的未来领军人才。

⑤打造一支充满活力、富有创新、适应教育现代化要求，具有良好师德和专业素养，满足青少年教育发展需求的师资队伍。

⑥强化社团活动示范指导职能，深化"艺体教"结合，促进学校社团工作整体水平的不断提高。

（3）社团成果展示

依据社团类别、社团特点，将社团成果展示方式分为过程展示、年度展演、作品展。

①过程展示是指在学校活动中或日常社团活动中进行不定期的成果展示。

篮球赛中啦啦操社团激情热场，为运动员加油打气

家长开放日活动啦啦操社团献上青春洋溢的舞蹈

家长开放日音乐教师带领民乐团学生与书法社团共同演绎经典《兰亭集序》

启舞堂——现代舞

启舞堂——国标舞

后浪合唱团

码上有你——趣味编程社团

致美雅集绘画社团

幻炫魔方社团

兴武堂——武术社团

>>> 第四章 课程建设

家长开放日风翎合唱团以一首《萱草花》结尾，深情道出全天下每一位母亲对孩子最深的爱与牵挂，温情脉脉，感人至深。

新春诗会上风翎合唱团以一首《少年中国说》开场，歌颂中国少年崛起的少年力量，让新时代青年散发出更加朝气蓬勃的正能量。

②年度展演。

社团年度展演

先来看看表演展示场孩子们的精彩表现吧！歌声飞扬的合唱社团，热情洋溢的啦啦操社团，朝气蓬勃的篮球社团，静逸雅致的插花社团，气场全开的民乐团……学生们以当前很火的《本草纲目》为音乐背景，自信展现社团学习的成果。

多彩社团百花齐放，硕果盈枝溢满校园
社团成果展示体现了我校学生社团的青春风采，彰显了我校学生昂扬向上的精神风貌，营造了浓厚的校园文化氛围，为疫情防控期间学生们的校园生活留下了浓墨重彩的青春印记。

③作品展是指艺术类、手工类社团的成果以展框、展板、摆件等形式展现。

莞尔华岁，驿路风华沐朝阳；奕奕荣光，胜日锦绣书华章。为激励青年学子坚定理想信念，绽放青春力量，2023年6月1日，北京市第八十中学雄安容东分校初中部举办社团艺术文化节大型汇报演出，为每一个有才华的孩子提供属于他们自己的舞台。

社团会演

青春是用笔墨勾勒出的人生最精彩的画卷，是用拼搏编写的最动人的乐曲。在青春的舞台上，本校社团进行了精彩的展演活动。

微电影社成果展示

砥砺前行，聚焦学生成长，多彩社团，绽放教育之美，丰富多彩的社团表演展示着八十中学子的青春风采，微电影社用相机记录下了社团活动的点滴剪影。

手工社成果展示

春韵陶瓷社成果展示

陶艺物语，匠心雅趣，陶瓷社、手工社用双手赋予艺术生命。

魔方社成果展示

1分钟速转魔方带你领略空间逻辑思维的奇妙。

书法社成果展示

书法社团笔走龙蛇，写尽中华传统文化的翩翩风采。

英语剧本社成果展示

英语剧本社配音表演展示语言魅力。

播音社成果展示

播音社朗诵抑扬顿挫、声情并茂。

京剧社成果展示

摄影社团校园雪景拍摄

插花社团为教师献花

剪纸社团作品展板

书法社团成品展示

社团的工作，推进扎实有序，孕育了一批兴趣广泛、特长鲜明的学生。社团建设的探索与实践，是本校打造学校特色的一大举措。通过社团活动的广泛开展，发展了学生的兴趣特长，提高了学生的实践技能，初步转变了学生的学习方式，促进了学生的全面发展。梦想没有止境，学校正以一种昂扬的姿态勇于实践、勤于反思、敢于创新，努力让社团活动成为每一个孩子难忘的经历和一生的财富。

2. 融素养展学科特色，启智慧现青春风采

一枝独秀不是春，百花齐放春满园。学校在教学活动之余，为积极构建高效课堂教学模式，有效促进学生自主探究知识，周密计划、有序开展多元的学科月活动，在一系列的活动中提升学生对各学科的认知与综合素养，既丰富了课余生活，又增加了学科学习的动力。放下课本，走出课堂，一高学子在更广阔的舞台和空间里奋力谱写多彩的未来。

（1）求大道学术　彰法治情怀——政治学科月

为提升学生的政治学科素质、创新能力和实践能力，丰富学生的课余生活，促进学生全面发展，本校高中部政治组针对学生实际组织策划了政治学科文化节。活动主要包括："拼红色记忆碎片，铭党史英雄之魂""权益有言，提案有声""知法铭心智 懂法正言行——走近《民法典》"等。

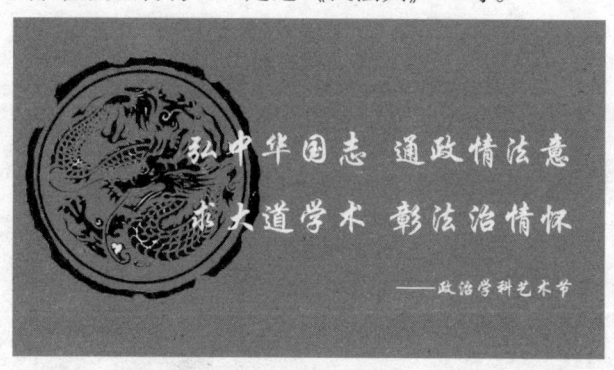

活动一：知法铭心智 懂法正言行——走近《民法典》

《中华人民共和国民法典》共7编、1260条，各编依次为总则、物权、合同、人格权、婚姻家庭、继承、侵权责任，以及附则。学生选择自己感兴趣的条款内容，结合课堂所学知识，设计出精美的海报。这增强了八十中学子的法律意识，营造出校园内学法、知法和守法的氛围，促使学生养成遵纪守法的良好品德。

为进一步维护学生权益、解决学生的实际问题，增强学生的民主意识，本校面向全体在校学生征集提案，进一步了解全校广大学子所需所想，搭建起学生与学校沟通的平台，建设美好校园生活。

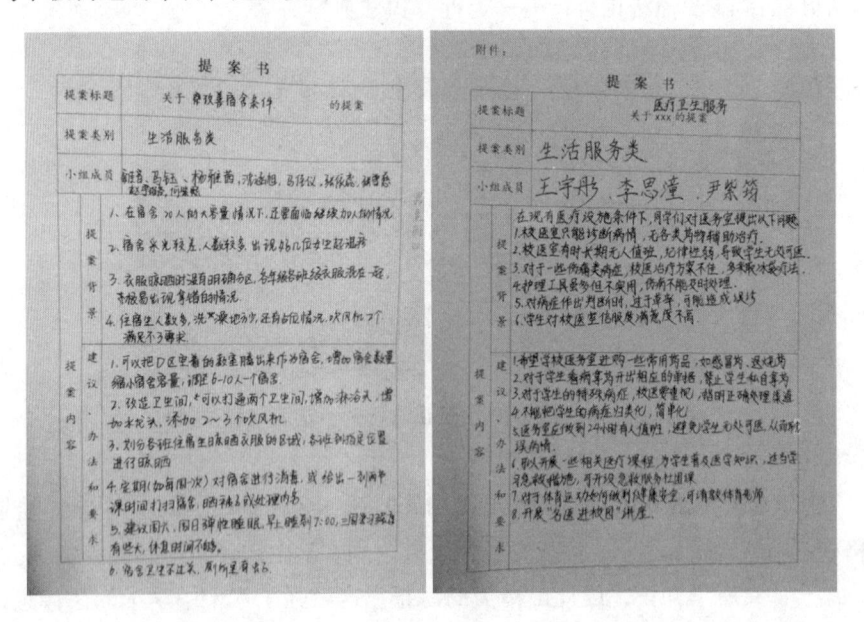

活动二：权益有言，提案有声

活动三：政治学科月艺术节会演

环节一：拼红色记忆碎片，党史线索竞赛

拼红色记忆碎片，铭党史英雄之魂

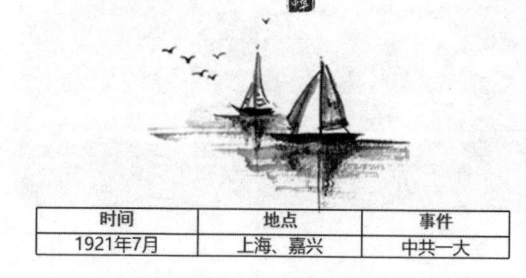

时间	地点	事件
1921年7月	上海、嘉兴	中共一大

375

环节二：模拟法庭

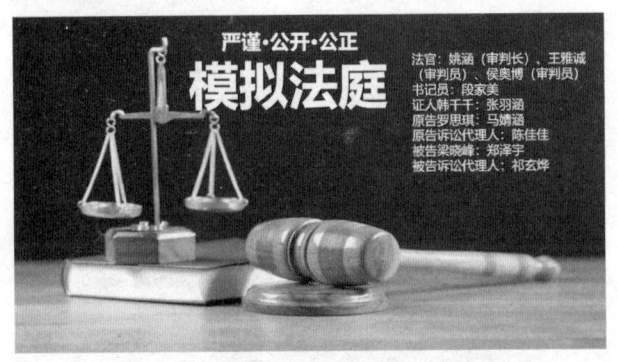

376

环节三：《跨越时空的对话》情景剧

(2)"历"久弥新，"史"志不渝——历史学科文化节

为提升学生的历史学科素质、创新能力和实践能力，丰富学生的课余生活，促进学生全面发展，我校高中部历史组立足于基础知识和基本技能的教学，针对学生实际，组织策划了历史学科文化节。活动主要包括：历史知识讲座、历史话题辩论赛、历史情景剧表演、手绘历史疆域展等。

①"寻找文明之光——良渚文明"讲座

在中国众多璀璨的远古文化中，良渚文明无异于一颗光辉耀眼的明珠。本次活动的第一个节目《寻找文明之光——良渚文明》学生讲座，将台下师生的思绪带回到五千年前良渚先民的神圣之国。这里有举世瞩目的古城、等级分明的墓葬、精美绝伦的玉礼器、规模惊人的碳化稻谷、瑰丽庄严的神人兽面纹……

②"英雄与时势"超级辩论赛

经明行修，显以厉俗；吾思吾言，辩之有道。由高一历史方向学生组成的双方辩手就"到底是英雄造就时势还是时势造就英雄"的辩题展开了激烈讨论。思维的碰撞、言语的交锋，令人拍案叫好，掌声如潮。辩论赛充分体现了高中生朝气蓬勃、积极向上的精神状态，助益学校形成勤于思考、敢于思辨的良好氛围，提高了学生们的语言表达能力和逻辑思维能力。

③历史情景剧《初心》会演

共赏红色史剧，以共情之心贴近革命者的伟岸灵魂，用青春之姿延续新时代的热血初心。历史情景剧《初心》由高一8班的9个学生演员倾情出演。剧本以王会悟与李达夫妇的相遇相知为线索，反映了革命年代知识青年的觉醒，鼓舞青年人不忘初心、砥砺前行。扣人心弦的故事情节和演员精湛的演技博得满堂喝彩，结尾布置的惊喜彩蛋更是将整个文化节的气氛推向了高潮。

第四章 课程建设

④"国有疆,心有属"手绘疆域展

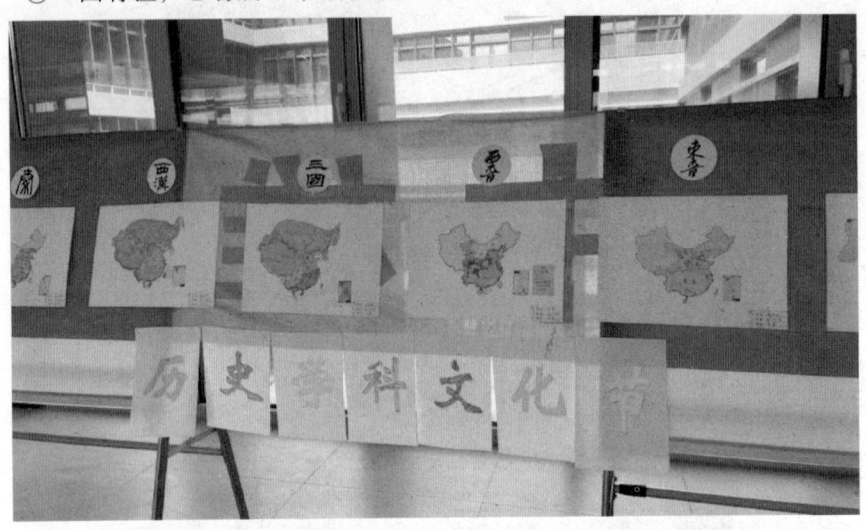

为增强学生对于历史疆域的直观认识,培养学生的时空观念和家国情怀,此次文化节还开展了"国有疆,心有属"手绘疆域展活动。各班学生绘制了由先秦至中华人民共和国的历代疆域图,按朝代顺序悬挂于数米长的横幅之上。当恢宏壮阔的历史与五光十色的美术交融,临画而立,慨然长叹。历代先贤舍生忘死、开疆拓土,才有今日中国的"雄鸡"版图。山河不朽,文明永传!

(3)"化"生活之境,"学"科学之道——化学学科月

在有趣的系列化学活动中,迸发思维火花,探索化学的神奇,感受科学的魅力,用语言和文字诠释对科学的热爱。活动的举办增强了学生的学习兴趣,发展了学生的学科素养。探索化学之美,我们永远在路上!

绘·生活之化学

以"生活中的化学"为主题,奇思妙想,制作手抄报,描绘生活中的化学。

品·奇妙之化学

4个学生做实验,使学生沉浸在化学的世界里,体会化学的奥妙,包括制肥皂、焰色反应、电解实验、水果电池等实验,大家连连感叹化学的神奇!

<<< 第四章 课程建设

实验室制手工皂

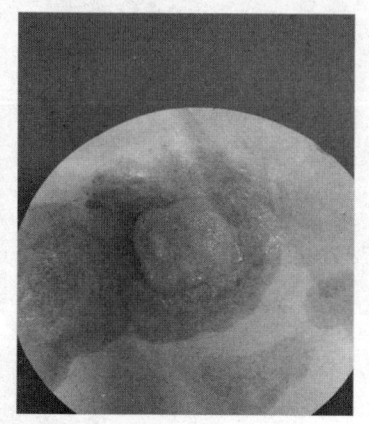

学生制作的肥皂

焰色反应

电解实验

电解实验 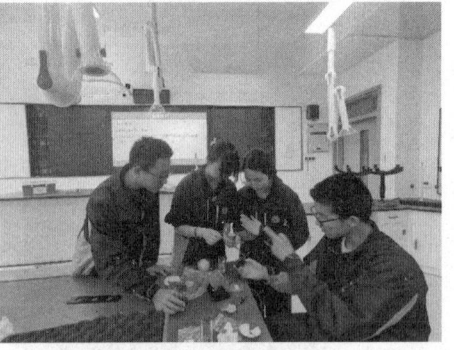　　　　　　　　探究影响电池电流大小的因素

赛·实验之化学

化学实验比赛，包括化学实验操作笔试和化学实验操作大赛。

实验技能大赛笔试

实验技能大赛复赛

悟·应用之化学

化学知识和技术解决了生产生活中的许多问题，不仅与制药、石油、橡胶、造纸、建材、钢铁、食品、纺织等传统行业兴衰与共，还带动了信息、能源、航天、生命等科技领域产业的兴起和发展。现代城市每天需要的饮用水，也离不开化学。

教师代表不仅到雄安水务集团实地参观学习，还邀请雄安运营管理中心负责人付晓丽主讲了一堂妙趣横生的"水处理工艺公开课"。让我们"沉浸式"了解雄安饮用水是如何处理的，认识到雄安供水的高标准、严要求，丰富了我们对"妙不可言、心向往之"的未来之城的感受！

付晓丽老师精彩演讲　　　　　　　　学生动手实验选取絮凝剂最佳浓度

胡校长、李校长和雄安水务集团技术人员　　学生动手实验选取絮凝剂最佳浓度

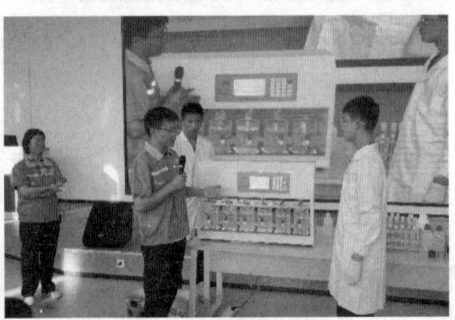

（4）叹天地之美 析万物之理——物理学科月活动

为激发学生物理学习的兴趣，提升学生科学和探究能力，引导学生利用物理知识解决实际问题，北京市第八十中学雄安容东分校高中物理组开展了物理学科月活动。本次活动包括纸桥承重设计大赛、物理海报、物理知识歌曲演唱等内容。

部分获奖纸桥承重

部分获奖海报展示

(5) 笔绘山河 指造世界 ——地理学科月活动

为了激发学生学习地理的兴趣，培养地理实践能力，落实核心素养，地理组全体教师在学校领导的大力支持下，开展了地理学科月活动。本次地理学科月共有三个活动，活动一："巧手绘世界"；活动二："巧手创世界"；活动三："一战到底"。

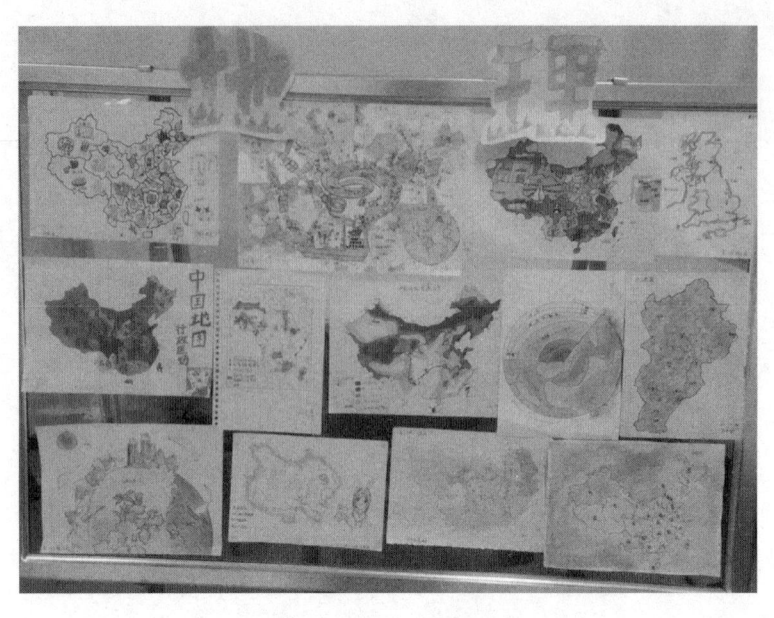

"巧手绘世界"活动图片

地图既是地理的重要内容，也是学习地理的金钥匙。掌握读图的方法既能提高学习成绩也能提高学习地理的能力。通过"巧手绘世界"活动，培养学生读图、用图能力，掌握读图、用图方法，打开通往地理知识的大门，培养地理核心素养。

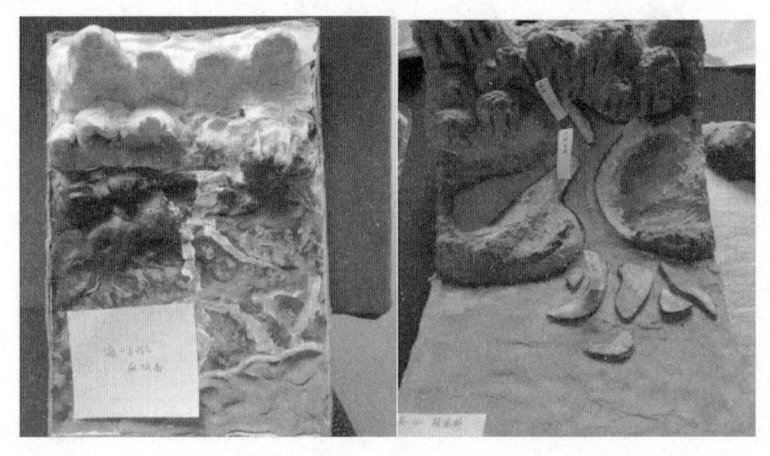

第四章 课程建设

巧手创世界

"仰以观于天文，俯以察于地理"，从浩瀚的宇宙到渺小的地表尘土，从巍巍火山到冰川海岸，地理与我们的生活密不可分。通过动手制作模型，学生零距离感受地理的魅力，运用所学地理知识制作出一个独一无二的模型。

"一战到底"

通过"一战到底"地理知识竞赛，让学生尽情地在地理知识中徜徉，首先通过笔试环节选出选手，再进行课堂实战。本次"一战到底"分为志在必得必答题、争分夺秒抢答题、卧虎藏龙观众参与题、乾坤时刻附加题四个环节。学生们在答题环节竞争激烈，情绪高涨。

387

(6) 沐浴丹桂香 徜徉古诗文——语文学科月活动

从金戈铁马到琴棋书画，从大漠孤烟到水墨江南，从忠肝义胆到千里婵娟。一首首诗词歌赋，是浸润在每一个中国人血脉里的文化基因。诗文承载的艺术精华是青少年成长必需的精神营养。为了弘扬传统文化经典，引领学生广泛阅读，激发学生学习语文的兴趣，提升语文课堂内涵，为期一个月的语文学科文化艺术节系列活动圆满落幕，学生用丰富多彩的艺术形式展现了自己对中华文化的多样理解。

①清秋雅韵，青春飞扬——高一年级原创诗歌比赛

"生活不只眼前的苟且，还有诗和远方。"在青春的笔下，诗歌可以是古城的黄昏，也可以是黎明前的呐喊；可以是城市的喧嚣、匆匆的车流，也可以是天亮后的新生。诗歌是想象的翅膀，助我们飞越千年的时光。

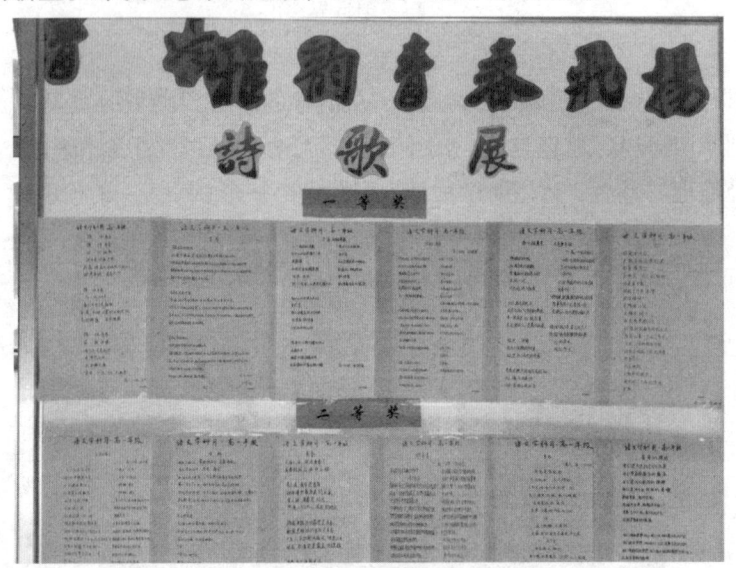

②书法写人生，墨香飘校园——高二年级古诗词书写比赛

汉字，形美如画，音美如歌，意美如诗。它简洁、高效、生动，是历史悠久的文字语言。写得一手好字，有其实用性、文化性、育人性和艺术性。为弘扬中华优秀传统文化，规范学生硬笔书写，高二年级组织开展了古诗词硬笔书法大赛。

③我们的未来，星辰大海——高一年级航天主题手抄报比赛

在学生们的画笔下，各种天体跃然纸上；在青年人的想象中，宇宙奥秘异彩纷呈。中华儿女从来就向往飞天，渴望奔向星辰大海。我们这个不畏艰难的民族，哪怕在科幻小说中也拥有着无穷的力量，想要把地球家园开向远方，哪怕是一次跨越千年的流浪。

④阅读恒久远,红楼永流传——高二年级《红楼梦》系列主题手抄报比赛

学生上交的作品主题鲜明突出、设计新颖别致、版面合理精巧、书写娟秀美观。或描绘性格各异的红楼人物，或绘制贾府宏伟壮观的园林建筑，或展现钟鸣鼎食之家的饮食文化，或摘录优美动人的诗词歌赋，或畅谈自己对《红楼梦》的独特感悟。一笔一画绘百年红楼，一行一帧显经典神韵。

⑤《汉语词汇的发展》——语文专题学术讲座

在本次讲座中，张尊老师用幽默风趣的语言围绕基本词汇的稳定性、旧词的消亡、新词的产生以及如何看待网络新词四个方面娓娓道来，向我们介绍了汉语词汇的发展历程以及网络新词出现的原因。思考是行为的种子，最后张尊老师提到："网络语言盛行，'新意迭出'还是'汉语危机'？"有学生表示要正确看待网络语言，择其优者而用之。

⑥喜迎二十大，以诗诵祖国——高一年级青春家国诗朗诵比赛

时代波澜壮阔，风景这边独好！金桂飘香的季节，我们想为梦想歌唱；祖国繁盛发展的时代，我们想为青春燃烧激情。为迎接党的二十大胜利召开，引导广大青少年在传承弘扬中华优秀传统文化中诠释爱国之理、实践爱国之行。

高一年级学科月活动特举行诗朗诵比赛

⑦讲好家乡故事，坚定文化自信——高二年级讲故事比赛

　　故乡是什么？它是一道美食，一段时光，还是一处风光，一种精神？当人们把目光投向雄安这片热土时，不仅可以看到白洋淀优美的自然风光，还可以

感受到这里悠久的历史传统和深厚的文化底蕴。古往今来，雄安地区的历史文化在延续与发展创新中形成了独特的地域文化符号，彰显出蓬勃生机和强大活力。为进一步传承家乡文化，坚定文化自信，高二年级开展了讲家乡故事活动。

讲述过程中，参赛学生或娓娓道来，介绍白洋淀、晾马台、安州烈士塔、容和塔等自然、人文景观；或侃侃而谈，叙说容城三贤等贤人义士的一代风骨；或慷慨激昂，讲述任凤翎、雁翎队等保家卫国的英雄故事及其革命事迹。通过多种角度、不同故事向同学们展现了家乡风采，让同学们了解了家乡雄安从历史深处走来，正稳步坚定地走向未来。

⑧语文学科艺术文化节大型汇演

《经典永流传》歌曲串烧

　　一起走近经典，一起传唱经典。乘着歌声的翅膀，穿越千古江山、百年悲欢，相遇生命中那些美好的时刻，品味命运跌宕酿出的情感。传唱经典诗词，让华夏精神在我们的血脉中流淌；传唱经典诗词，让民族文化支撑我们人格的脊梁。

课本剧《雷雨》

细数中学时代的卷卷课本，回味无穷的名篇囊括着智慧的结晶。对课本名篇《雷雨》进行二次创作的课本剧，为学生打开了一个新的活动天地，舞台上学生们让教材中的人物——登场，为我们呈现了两个家庭、8个人物、30年恩怨构筑的经典悲剧。

诗歌朗诵《致青春·颂祖国》

岁月芳华，青春如歌。青春是那么美好，在这段不可复制的旅途当中，我们拥有独一无二的记忆，不管它是迷茫的、孤独的、不安的，还是欢腾的、炽热的、理想的，它都是最闪亮的日子。

曲艺翰墨

新颖的形式，独特的创意，书法和音乐完美组合，让我们在欣赏节目的怡然中不忘教师的职责——守初心建雄安名校，担使命育百年英才。

《与妻书》朗诵

一封荡气回肠的《与妻书》，文如黄钟大吕，情如杜鹃啼血，感动天下。这是20世纪最美的情书，让我们看到了林觉民对妻子的深情，让我们看到了夫妻之间的真挚情感，让我们看到了心系天下的博大情怀。

诗词飞花令

诗是最美的语言，平平仄仄中回荡着音韵美的缠绵；词是最铿锵的呐喊，抑扬顿挫中描绘着画面壮阔的美。让诗词丰富生活，让诗词美化心灵，让诗词刻入灵魂。

（7）魅力数学，玩转数学——数学学科月活动

数学是一切科学的基础，数学是一切科学的工具，数学是知识海洋中一颗璀璨的明珠，它是启迪智慧、开发智力、培养创新意识和提高实践能力的重要学科之一。为进一步提高学校的数学学习氛围，激发学生学习数学的兴趣，培

养学生的积极主动性，发展数学学科的核心素养，北京市第八十中学雄安容东分校初中部数学教研组开展了第一届"兴贤杯"数学学科月活动。

①妙算加减乘除，夯实代数基础——第一届"兴贤杯"计算竞赛

计算是数学学习生涯之本，是理科思维之基，占据数学的半壁江山。北京市第八十中学雄安容东分校初中部举行了首届全员计算大赛。本次计算大赛采用百分制形式，需要学生们在有限的时间内尽可能多地完成计算题并保证准确率，最终得分多者获胜。计算大赛从多维度考查了学生的计算及答题能力：一是计算准确率；二是计算速度。

"数"能生巧

"算"出精彩

左手按纸，右手执笔，指实掌虚，认真地审题，专注地思考，比赛中的学生个个精神饱满，信心十足。井然有序的赛场上，学生们在有限的时间里快速

计算，不断刷新自己的做题速度。从他们严肃认真的表情里，可以感受到他们奋勇争先的决心和信心。

②想象无穷空间，启迪创新意识——七巧板创意画

"七巧板"由七块不同形状的几何图板组成，可以拼搭出许多形象、生动、活泼的图案。它外观虽看似简单，但却为孩子们的想象创造了无穷空间，可以锻炼动手、动脑能力，启迪创新意识，深受学生们的喜爱。七年级数学学科月以七巧板为主题，开展七巧板的拼与移的趣味实践活动，用七巧板按轮廓复原七巧板图形。

七巧板创意画

学生们通过充分研究七巧板，发挥自己的想象力，创作出了一幅幅美丽且有趣的图案。

③勇攀数学高峰，彰显非凡智慧——知识竞赛

"玩转数学，算出风采"数学知识竞赛决赛于2月28日下午在兴贤报告厅举办，本次比赛以小组为单位，共有四个小组进入决赛。比赛分为"心有灵犀""数了个学""众人拾薪""争分夺秒""万众一心""放手一搏"六个环节，最后综合六个环节所得分数得出最终成绩。这是一场智慧与能力的较量，默契与协作的比拼。

玩转数学　算出风采

第一环节"心有灵犀"，1人举牌，1~2人使用语言或在黑板描述，3~4人猜词，比赛趣味性十足，点亮数学之美，展现学子风采，激发了学生们对数学的兴趣和热爱。

争分夺秒　数学竞赛

第二环节"数了个学",1人参赛,计时完成,将对应知识点拖拽到相应章节,各个小组有条不紊地解答题目,认真钻研、表现积极、精神饱满,充分展示出了各个小组成员的知识储备能力。

第三环节"众人拾薪",选手们做好充足的准备,小组轮流答题,学生们仔细读题、认真思考、积极与队友交流,小组代表给出答案,一场场头脑风暴精彩上演。

第四环节"争分夺秒",使用抢答器进行抢答,考验各个小组成员的反应能力,比赛现场精彩绝伦,各个小组比拼激烈,火药味十足。

第五环节"万众一心",全员参赛,相邻位置做不一样的题,亲友团大脑飞速运转,有的低头思索,有的奋笔疾书,竭尽所能展现自己的能力。不仅锻炼了学生们数学计算的能力,也提高了学生们的竞争意识,增强了学生们学习数学的自信心。

第六环节"放手一搏",是最为紧张刺激的环节,许多小组在赛场上针锋相对,有的小组选择了分值最高同时具有高扣分风险的50分题,有的小组采取保守战略,选择了较为稳妥的20分和30分题,展现出了各个小组不同的作战策略与默契的配合。

④拓宽思维格局,遒劲思维张力——思维导图数学展板

思维导图是一种简单、高效、形象的思维工具和学习工具,学生通过使用思维导图整合课堂笔记,能清楚地理解知识点之间的关联,进而提高学习效率,更好地掌握所学知识。通过孩子们喜欢的方式,配上卡通图案,或是加油打气的创意字体,自创数学的地图,让学习数学的过程不再那么枯燥,让学生尽兴地遨游在数学的世界。

数学思维导图

数学学科月的开展,不仅点燃了学生学习数学的热情,同时也培养了学生们的竞争意识,更丰富了校园文化生活!望孩子们在热烈的学习氛围中愈加进步!

(8) 缤纷英语,精彩无与伦比———英语学科月

通过丰富多彩的课外活动让学生进一步感受异域文化,开阔眼界和视野,激发学生学英语、用英语的兴趣和热情,传承和发扬本校英语学科教学特色,北京市第八十中学雄安容东分校高中部开展英语学科月活动。

英文书法大赛

一笔一画,疏密有致;一呼一吸,精益求精。学生们认真书写每一笔,一个个字母、单词、句子在笔直的四线三格的纸上,绽放着他们对英语学习的热情与喜爱。

英语主题讲座:词汇记忆对于高中生来说一直是个比较困难的问题,尤其是如何准确且长时记忆单词更不是一件容易的事,针对本校学生现状,赵建军副校长专门进行了一场别开生面的词汇教学讲座,为本次英语学科月锦上添花,获得了广大学生的一致好评和认可,纷纷感慨赵校长的讲座令他们受益匪浅。

英语主题讲座

各班级主题特色展板：学生们通过自己查阅相关资料、绘图、设计，紧扣主题，贴近文化，从不同的角度、多样化的表现手法，拉近与西方文化的距离，减少文化差异所带来的陌生感。本次活动丰富了学生的课余生活，小组活动有利于团结同学，培养全面发展的人才。

主题特色展演

英语百词大赛：闯关夺隘拓新局，正是扬帆搏浪时。为调动学生学习英语的积极性，扩大英语词汇量，也为进一步丰富英语学习生活，营造学习英语的浓厚氛围，英语组策划本次"百词大赛"并取得圆满成功！

同心协力

本校秉持"一人一天地，一木一自然——让生命因教育而精彩"的办学思想，在校本课程、特色社团、学科月等多样化课程实施的过程中，竭力促进各学科间的渗透、整合和融合。通过个性化的课程设计，激发学生潜能，最大程度上发挥学生的主动性和创造性，为培养未来人才赋能。

第五章

课程教学改革

一、澄明课堂的内涵与理念

(一)"澄明思想"的文化内涵

"澄",水静而清也。"明",照也。"澄明"二字意为使人清晰明亮,澄澈明达。所谓澄明,不仅仅是一种单纯的澄明之态,还指面对混沌具有澄明的见识。澄明之境,就是一种对事物能够看穿、识透的境界。唐朝诗人刘禹锡那句"山顶自晶明,人间已滂沛"是对该境界很好的阐释,至高或至深,皆是澄明之境。庄子寓言《庖丁解牛》中庖丁解牛游刃有余、出神入化,达到了"进乎技矣"的澄明境界。其中"道"源于"技"而高于"技","道"是"技"的哲学基础,是"技"的澄明之境,这样哲学化的考察、思辨给人以启迪和教益。专家对其专业领域独具解构之术,高人对其视野之内秉持超俗之见,而身为教育者,也应让学生清晰明理,让教育教学之路通向澄明之境。

霍金曾言:"人类花费了几千年才从神话的朦胧走向理性的澄明。"如果仅仅把课堂教学看作工具和手段的教育,将使教育找不到终极目标,使其无法走向澄明之境。只有将教学从工具主义的牢笼中挣脱出来,将其与人的本质关联起来,课堂教学才有可能回归本真与澄明的状态。若换以中国古代哲学"技""道"的范畴来描述教学整体性特征的话,课堂学习不仅是一种"知悟统一"的行为——既注重理性知识,也注重悟性启发;更是一种"技道合一"的过程——既注重技的掌握,更注重道的追求。

"澄明思想"成功地将哲学的智慧植入课堂教学之中,它既透过哲学视角审视教学,意在洞悉、勘破、深究;又欲求通过教学达及哲学之境,旨在提升、超越、完善。将该思想融入教学,有助于造就完整的、而不是"单向度"的人。我们要进一步挖掘教学作为构成人世和人性本原的精神价值,以及其赋予实现人的发展价值,将它与人的价值、文化价值统一起来,赋予其"求真""至善""臻美"的文化使命,并最终指向人的自由和全面发展。

(二)"澄明课堂"的教育理念

当前,课堂教学的本色大多被遮蔽,教学活动常常被阻断、成为桎梏和标签化。为保证教学质量,提升学生自主学习、探究讨论、信息提取和问题解决的能力,提高青年教师教学研究、课堂设计、分层推进和启发诱导的水平,本校从中国高考评价体系的指导思想出发,以"立德树人、服务选材、导向教学"的核心立场和"必备知识、关键能力、学科素养、核心价值"的考察目标为大方向,研制出"三二二一澄明课堂"操作指南。本校秉持"境通至要、问驱睿思、探以澄澈、辩(变、辨)生明达"的思想原则提出走向深度学科理解的"以生为本、学案先行、情境再造、探究展示、精讲释疑、当堂检测"的"澄明课堂教学模式"(又称"澄明课堂育人体系")。

教学有法,教无定法。为了有效完成课程改革赋予的教学使命,帮助学生达成学习目标,应该允许课堂教学有多种多样的模式。在"澄明课堂教学模式"中,"澄明"意在将知识结构化、将学科思想方法系统化、将学习过程与能力发展融合化、将学科价值与学生终身发展一体化。本校秉持以学生为本的教学思想,遵循课堂教学规律,把握课堂教学发展趋势,力行"沉浸式"教学实践,还原课堂教学的本色,开创课堂教学的新境界。

二、澄明课堂模式的产生及衍变

(一)澄明课堂模式的产生

2017年,教育部制定并出台了《普通高中课程方案(修订)》。方案再次明确普通高中课程建设应坚持全面贯彻党的教育方针,落实立德树人根本任务,发展素质教育,推进教育公平。培养的目标是提升学生综合素质,着力发展学生核心素养,使学生具有理想信念和社会责任感、具有科学文化素养和终身学习能力、具有自主发展能力和沟通合作能力。明确要求学生"敢于批判质疑,探索解决问题,勤于动手,善于反思,具有一定的创新精神和实践能力。具有强烈的好奇心、积极的学习态度和浓厚的学习兴趣。能够自主学习、独立思考,形成良好的学习习惯和适合自身的学习方法。学会获取、判断和处理信息,具备信息化时代的学习与发展能力。""学会交流与合作,具有团队精神和一定的组织活动能力,具备全球化时代所需要的交往能力。"

2017年雄安新区成立,为促进京津冀教育均衡发展,北京市第八十中学派多位教育教学专家深入新区教学一线开启了"立足河北、依托北京、面向未来，具有雄安特色"的教育高质量发展探索之路。来到新区后如何乘课改之风给未来之城培养新时代人才是专家团队一直在思考的一个问题，届时结合新区学情和新区人才培养的需求研制了"三二二一澄明课堂"操作指南，提出走向深度学科理解的"以生为本、学案先行、情境再造、探究展示、精讲释疑、当堂检测"的澄明课堂教学模式。目的是保证教学质量，提升学生自主学习、探究讨论、信息提取和问题解决能力，实现学生核心素养的发展；促进青年教师教学研究、课堂设计、分层推进和启发诱导的水平。澄明课堂教学模式在教育教学的实践中不断优化，实现了从把握时间要素到重视学生成长，从建构知识体系到实现关键能力发展，从有形到无形，最终走向学科本质与深度理解的模式衍变。

（二）澄明课堂模式衍变的三个阶段

时间控制期：针对有的老教师在授课过程中没有以学生为主，而是进行满堂灌，有的年轻教师把握不好重难点和课堂时间节奏。"三二二一"澄明教学模式在最初阶段建议教师们将40分钟的课堂划分成15分钟的课堂引入和探究讨论，10分钟的学生展评分析，10分钟的变式训练及5分钟的反馈评价。先从形式上要求教师们学案先行，在充分了解学情的情况下充分备课，突出重难点，杜绝教师满堂灌的现象。

情境再造期：随着"三二二一"澄明课堂在教学中的实践，我们汇总问题，提出改进策略，澄明课堂迎来了新的发展时期——走向深度学科理解的"境通至要、问驱睿思、探以澄澈、辩（变、辨）生明达"澄明课堂2.0版教学模式，重视情境创设的真实性、重视问题的驱动性、重视学生的合作探究和生成。全体教师进入实践情境、问题、知识体系融合发展的阶段。

沉浸式应用期：教师们勇于实践，在"以生为本、学案先行、情境再造、探究展示、精讲释疑、当堂检测"的澄明课堂教学模式的指导下，在"境通至要、问驱睿思、探以澄澈、辩（变、辨）生明达"的引领下，教师们逐步在实践中优化，澄明课堂实现了从有形到无形，验证了"教学有法、教无定法、贵在得法"的道理，教师们基本都能自觉使用核心素养落地，走向学科本质深度理解的教学策略。

三、澄明课堂的基本要素

胡友永校长曾说过学校的产品是课程。基于课程标准的历史性变化，学校推行"三二二一澄明课堂"教学改革，提出走向深度学科理解的"境通至要、问驱睿思、探以澄澈、辩（变、辨）生明达"的澄明课堂2.0版教学模式。该体系包括德育、教师三功、澄明课堂、校本课程、社团活动、研学以及学科学术文化节等内容。在三年的实践研究中，教师们深度解读这些要素的深刻内涵，加强课堂教学研究，全面促进学生核心素养发展。

（一）3221澄明课堂授课时长占比

$$40\text{分钟} \begin{cases} \text{课堂引入+探究讨论：15分钟} \\ \text{展评分析：10分钟} \\ \text{变式：10分钟} \\ \text{反馈评价：5分钟} \end{cases}$$

（二）澄明课堂的目的及意义

教师讲课太随意，就会出现前紧后松或前松后紧的现象，导致其不能完成教学内容，从而影响教学目标的完成以及整体的教学进度。但一节课不是必须这样分配时间，教师可根据学生的掌握情况、学科特点、所讲内容来灵活掌握、合理分配。

"澄明"意在将知识结构化、将学科思想方法系统化、将学习过程与能力发展融合化、将学科价值与学生终身发展一体化，最终是要落实到教学目标的达成与核心素养的落地。

（三）澄明课堂的基本环节

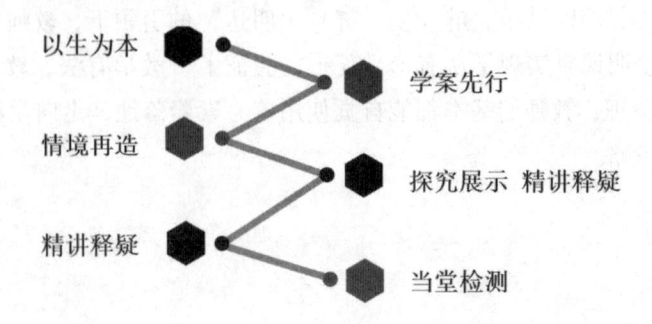

以生为本 — 学案先行
情境再造 — 探究展示 精讲释疑
精讲释疑 — 当堂检测

1. 以生为本

以生为本是以"一切为了学生，高度尊重学生，全面依靠学生"为宗旨的教育，真正做到以学生为学习的主人，为学生好学而设计教育模式。课堂上，强调教师在教学中把学习的主动权交给学生，尽快让学生自己活动起来，去获得知识，去解决问题。教师真正做到"三不讲"（学生已经学会了的不讲、学生通过合作学习能够学会的不讲、讲了也不会的不讲），让学生真正成为课堂的主人。

以生为本强调了学生的主体作用，只有学生的"学"真正活起来，课堂才能始终充满生机活力；只有学生真正成为课堂的主人，才能充分彰显课堂教学的价值；只有真正地让学生"学"，才能有效焕发学生的生命活力。

2. 学材先行

学材是学生自主学习的路线图，为学生高效自主学习提供了有效途径。学材是课堂知识结构体系的呈现表，是学生课堂展示的备份材料，是学生课堂学习的随堂记录本，是自我反思、自我总结的文本材料，是以后复习巩固使用的学习材料。

好学材具有以下四个特点。

（1）问题探究是学材的关键，能起到"以问拓思，因问造势"的功效，并能帮助学生学会从理论阐述中掌握问题的关键。

（2）阅读思考是学材的特色。

（3）知识整理是学材的重点，初步目标就是让学生学会独立地将课本上的知识进行分析综合、整理归纳，形成一个完整的学科体系。

（4）基础练习是学材的着力点。

（四）情境再造

1. 创设生活情境

课堂教学情境创设取材于学生的生活实际。创设符合学生认知特点的生动有趣的生活情境，有利于激发起他们学习的浓厚兴趣，让学生置身于现实的生活情境之中，在发现问题、提出问题和解决问题的基础上，体会到知识源于生活、寓于生活、用于生活。

2. 创设游戏情境

适当运用游戏活动，有利于提升学生的学习兴趣和热情。游戏教学让学生动手、动脑，极大地发挥了学生的潜能。

3. 创设故事情境

教师可以根据教材中的插图或自己的创意把一节课的有关教学内容编制成小故事，这样学生就在故事中经历学习活动。他们不仅能感到轻松、愉快，还能自然而然地学习和运用知识。

4. 创设动画情境

多媒体技术集文本、图形、图像、动画、影视等视频信息与解说、拟音、音乐等音频信息为一体，生动形象，在吸引学生注意力方面，具有其他教学手段不可比拟的优势。其能为学生学习创设理性与感性相结合、内容与情感相统一的教学情境，大大激发学生的学习兴趣和动机。简言之，运用多媒体创设情境，能变抽象为具体，化疑难为容易。

5. 创设实践情境

在教学中，教师应根据学生好动、好奇的心理特点，创设学生自己动手测量、演示和操作的情境，使课堂真正成为学生自主活动和不断探索创新的园地。

（五）探究展示、精讲释疑

教师应关注学生思维走向，在学生困惑处及时点评讲解，梳理出系统的知识结构并板书；关注学生表达能力，在师生互动中梳理出逻辑化的表达规范；关注学生问题解决能力的发展，在循序渐进中给出台阶和方法，在应用中学会提取信息、发现问题、解决问题。

（六）当堂检测

由于每节课所要完成的教学任务很多，分配给当堂检测的时间相对较少，所以当堂检测一定要做到少而精，必须紧扣当堂的知识点。这样当学生不太明确本节课的重难点时可以起到一定的总结作用，使零散的知识系统化。此外，当堂检测能让学生明确考点，认识题型，促进其思维能力的形成与发展，是提高课堂质量行之有效的方法。

教育家叶圣陶说："教学有法，教无定法，贵在得法"。

任何一种教学模式，只要能引导学生全身心参与学习的全过程，能让学生产生主动学习的动力，能激发学生积极进取的学习热情，能促进师生教学相长，就值得我们去探索实践。

让我们一起在传播知识、传播思想、传播真理的同时，做学生锤炼品格的引路人，做学生学习知识的引路人，做学生创新思维的引路人，做学生奉献祖国的引路人。

案例一：

北京市第八十中学雄安容东分校劳动学科澄明课堂教学设计
"中华传统美食——饺子"

设计人：袁美英　　审核人：张梦雅

一、学习目标

通过讲解与饺子相关的文化知识及制作过程，让学生了解饺子的历史起源与发展过程，了解有关饺子的民俗文化、民俗谚语，以及制作饺子的食材和过程，促使学生参与到制作饺子的过程中，体会家庭劳动食物制作，增强劳动意识和责任感。

二、学情分析

高一学生已经具备动手制作食物的能力，由于前期大部分学生在校活动时间较长，居家劳动的时间较短，因此很少有机会参与家庭食物制作的过程。此次疫情居家网上学习，正好给了学生居家制作食物的机会，让学生在学习之余，体会家庭劳动的快乐。

三、教学重难点

学生具体制作饺子的过程，教师进行指导（也可以借助家长的指导与帮助）。

四、教学手段

视频教学、制作过程图片记录、讲授法及讨论法。

五、教学过程

授课环节	教师活动	学生活动	设计意图
1. 情境创设	课堂导入（P1,P2） 师：同学们，上节课我们每个同学都认真出色地完成了家庭劳动作业，制作一道美食、做一些家务和为长辈洗脚。今天我们来回顾一下我国传统特色美食有哪些呢？	（提问1-2个学生）学生答：月饼、粽子、汤圆、螺蛳粉、饺子，等等。	通过唤醒学生对传统美食的认识和记忆，了解中国特色美食的代表有哪些，拓宽学生的知识面。
	讲授新课（P3,P4） 师：同学们说出了这么多的中国特色美食，那饺子是其中的一个重要代表。今天我们就来认识一下饺子的相关知识和制作过程吧！今天我们将从5个方面来探讨饺子的历史起源和发展、饺子的民俗文化、各地饺子的种类以及饺子的食材和制作过程。	学生认真聆听，观看教师的PPT，了解课堂的思路。	让学生知道本堂课的知识点大致是什么，达到心中有计划、做事不慌张的效果。
2. 探究讨论	饺子的历史起源与发展（P5,P6） 师：同学们知道饺子的由来是什么吗？关于饺子的历史故事你了解多少呢？播放一个有关饺子的由来的小视频《祛寒娇耳汤——张仲景》。有关张仲景用祛寒娇耳汤来医治病人在冬天时耳朵上生的冻疮。 师：了解了饺子的由来，那么饺子的名目自东汉发展以来，变化也比较繁多。让我们来共同了解一下。	学生观看饺子的由来故事《祛寒娇耳汤》。学生了解自东汉至今"饺子"名称的变化过程（东汉→清代→至今）。	通过小视频了解饺子名称的变化，给学生普及关于饺子的历史渊源。
	饺子的民俗文化（P7—P9） 师：引导学生说出吃饺子的有关节气都有哪些。	学生回答出：立冬、冬至、春节、除夕。	展示一些典籍中关于节日吃饺子的记载。
3. 展评分析	各地饺子的种类（P10—P11） 师：带领学生认识国内、国外的饺子种类的图片。（例如广东虾饺、西安的酸汤水饺等。）	学生观看，说出各地饺子的不同种类。	不局限于普通的饺子类别，拓展学生的认识广度。

412

续表

授课环节		教师活动	学生活动	设计意图
4. 变式探究	饺子的食材	师：了解饺子皮的食材、饺子馅及饺子馅的种类。哪些食材可以增加饺子颜色的多样性？请同学们一一列举出来。	学生说出自己喜欢吃的饺子馅及可以增加饺子颜色多样性的食材有哪些。	促使学生展开头脑风暴，增加自己的实践经验，鼓励学生大胆想象和动手实践。
	制作饺子的过程	师：教师提前制作"韭菜鸡蛋粉条饺子"，将制作过程以图片的形式陆续展示给学生观看，并着重讲解学生制作饺子的过程细节。和面—调馅—包饺子—煮饺子，每个步骤都和学生细致讲解。（提问学生：醒面的原理是什么？）播放包饺子的视频（从和面到成品的全过程）。播放包各种形状饺子的视频。（月牙形、麦穗形、大肚形等16种饺子的包法。）	学生聆听，并将制作过程进行记录。回答教师的提问：醒面所用到的化学及生物原理是什么。	引导学生将学科知识和生活进行紧密联系，将生物、化学学科知识渗透到日常生活中去。促进学生观察事物的积极性和细致性，培养学生认真生活，乐于研究的生活、学习态度。
5. 反馈评价	课堂小结	师：教师总结本节课堂有关饺子的知识点，给学生渗透有关中华传统美食——饺子的特点。	学生回答本节课所了解到的知识及文化内容。	通过总结课堂知识，学生进行回顾知识点，让自己对中华传统美食的了解更加深入。
6. 巩固练习	布置作业	每位学生居家制作一款自己喜欢吃的饺子，记录制作饺子的食材及制作步骤，并以图片或视频的方式提交作业。		通过学生自己动手制作饺子，让学生深入体验制作饺子的过程，真正落实劳动过程及精神。

413

六、教学反思

如何让每位学生提高参与劳动的积极性，可以在开学后举办一场厨艺大赛，让学生真正落实在课堂中如何将理论知识应用到实践，让学生在做中学，并在做中感受到劳动生活的快乐。

案例二：

《望海潮》和《扬州慢》的比较阅读教学设计
设计人：陈归华　　审核人：赵晓娟

一、教材分析

《望海潮》和《扬州慢》是高中语文统编版教材选择性必修下册第一单元的篇目。两首词的写作题材相似，都是以城市生活为主要表现对象，但前者写的是承平盛世，后者写的是劫后孤城，在思想内容和风格感情上有很大不同，很有比较鉴赏的价值。统编版教材在编排和设计上，非常注重整合教学、单元教学，因此本课对两首词进行比较鉴赏和阅读。

二、学情分析

这两首词的教学对象是高二的学生，他们经过高一的学习，虽然已经初步了解了诗歌鉴赏的基本技巧和方法，但基本上还停留在对某一具体的诗词的理解上，还未能养成经过总结归纳而上升为鉴赏评价的能力，尤其是缺乏比较鉴赏的能力。因此，如何让学生在短时间内，对两首题材相同但风格和感情迥异的词进行比较阅读，并且进行鉴赏评价，也是本课需完成的目标。

三、教学目标

1. 比较意象，品味不同意境。
2. 分析手法，体会历史兴衰。
3. 学习技法，描绘城市风光。

四、教学重难点

1. 赏析并领悟两首词在意象选取、表现手法、表达感情方面的不同。
2. 感悟"繁华""灾难"的书写主题，明确讴歌太平与反映灾难都是文学的责任。

五、教学方法

诵读法、点拨法、小组合作探究法、对比探究法。

六、教学准备

导学案、教学课件、粉笔。

七、教学过程

（一）创设情境，导入新课

随着互联网、VR等信息技术的发展，足不出户在"云端"旅游的方式受到越来越多的人的喜爱。其丰富立体的表现形式使消费者在家中实现了"诗和远方"的梦想。雄安官网近期也打算推出《云游雄安》栏目，邀请你为"雄安"这座城市写一篇"城市推介词"。今天，我们不妨借助本单元的《望海潮》和《扬州慢》这两首词，跟随词人柳永和姜夔进行一次穿越时空的"云端旅游"，来看看古人是如何描写城市的。

（二）城市初见，我心戚戚

【任务一：因声求气读诗歌】

初读诗词，请找出《望海潮》和《扬州慢》分别描写的是哪两座城市？请各选择一个词概括所写城市的特点，完成对这两个城市的初印象。

词作	城市名称	历史时期	景观特点
《望海潮》	杭州	北宋盛世	繁华
《扬州慢》	扬州	南宋劫后	萧条

（三）漫步城市，体味意境

【任务二：揣摩意象品诗境】

两个城市有着怎样的风光？词人是如何描绘展现这些城市风光的？

词作和城市		意象	手法	意境
《望海潮》杭州	城市风貌	烟柳画桥，风帘翠幕，十万人家，珠玑罗绮	比喻夸张、互文点染、动静结合、视听结合、远近结合	繁华富庶
	自然景观	云树，堤沙，怒涛，霜雪，天堑，重湖叠巘，三秋桂子，十里荷花		
	官民生活	羌管，菱歌，钓叟莲娃，千骑，高牙，箫鼓，烟霞		
《扬州慢》扬州	昔日扬州	淮左名都，竹西佳处，春风十里，豆蔻词工，青楼梦好，二十四桥	用典通感、今昔对比、虚实结合、视听结合	繁华热闹
	今日扬州	荠麦青青，废池乔木，清角，空城，波心，冷月，红药		萧条败落

总结：

两首词在意象选取上不同，表现手法不同，所呈现的意境也截然不同。

意象上，《望海潮》专门选取美丽富庶的景物，《扬州慢》则把眼前实有意象和古人诗词中的意象叠加，既描写了眼前的萧条败落，也提到了昔日的繁华兴盛。

意境上，《望海潮》描绘了杭州的富足昌盛，营造出了国泰民安的盛世气象，《扬州慢》则描绘了扬州的残破荒凉，营造出哀婉伤感的意境。

（四）深度云游，探究主旨

【任务三：对比探究悟诗情】

一座城一种记忆，《望海潮》和《扬州慢》分别表达了怎样的情感？

总结：《望海潮》中柳永以清新秀丽的诗句，为我们描绘出一幅充满诗情画意的杭州居民生活画卷，所表达的是对承平盛世的赞美与歌颂。作为一首干谒诗，也有对当时地方长官政绩的赞美，同时也包含了对得到对方赏识和引荐的愿望。

《扬州慢》中姜夔运用丰富的表达技巧，传递了遭受战乱的黍离之悲，表达了对扬州城昔盛今衰的感伤，隐含对南宋统治者苟且偷安的批判。

（五）交流表达，城市记忆

【任务四：思辨表达谈感受】

《望海潮》和《扬州慢》一写盛世华章，一写灾难文学，一欢歌一悲吟，你更喜欢哪种情感表达？为什么？

课外链接："文章合为时而著，歌诗合为事而作。"——白居易

"词人者,不失其赤子之心者也。"——王国维

总结:这是两种不同的演绎,无论是从历史真实反映,还是文学的审美表达,都有各自的价值。从历史的真实来看,繁华和灾难是人类进程中的花开花落。从文学的表达来看,讴歌太平与反映灾难都是文学的责任。《望海潮》和《扬州慢》,一写承平盛世,一写劫后空城,内容不同,意趣亦相异,共同构成真实的历史,体现了文学的价值。

(六)课后小结

繁华不等于强大,富庶不等于久安,灾难不代表末日,废墟不代表绝望。现代也有很多让人记忆深刻的城市,2020年初,新冠疫情笼罩下的武汉也是一座空城,但全国人民众志成城,万众一心,最终迎来了它的重启;今日在首都北京,圆明园依然伫立在一片废墟中,但几代中国人牢记教训,奋发图强,在废墟上创造新的繁华。

这是一场在前世今生之间来回穿梭的时空之旅,无论是积极用世还是关怀国家,都是生命感发的力量,都为城市注入一份文化。文学作品有历史书写的责任,它可以将个人记忆变成集体记忆、变成文化,以史为鉴,启迪未来。

(七)作业布置

雄安官网打算推出《云游雄安》栏目,邀请你为"雄安"这座城市写一篇"城市推介词"。(要求:结合所学,查阅相关资料,选取典型意象,引用或化用古诗词,运用本课学习的手法,300字左右。)

八、板书设计

双城记

《望海潮》 & 《扬州慢》

北宋杭州　VS　南宋扬州

繁华盛世　VS　萧条空城

九、教学反思

从本课的学习效果上来看,学生对这两首词的比较阅读还是有兴趣的,大体上能根据教师的引导,有感情地诵读两首词,比较赏析这两首词的意象,感

受不同的意境，体会城市兴衰引发的诗人情感的表达。并且能在一定程度上与诗人产生共鸣，培育自己的家国情怀。

在本节课的鉴赏阶段，学生文学素养不够的短板出现了，于是我请学生反复诵读，先在心中体会，找出自己体会最深的句子，再通过聚焦关键词的方法，联系语境、作者以及写作背景，进行品读鉴赏。最后学生的分析还是比较精彩的，但是在学生进行知识迁移的时候，其临场发挥不够好。而且由于教学时间所限，学习、总结完诗词的鉴赏方法后，尚未在课堂中开展"举一反三""学以致用"的变式训练或巩固训练。

在今后的诗歌教学中，我会吸取这节课的经验教训，时刻不忘诗歌"言有尽而意无穷"的特点，积极创设情境，让学生独立阅读，培养学生优秀的诗歌鉴赏素养。

案例三：

探讨汽车限行合理性
第 1 课时　探究硝酸盐型雾霾成因

设计人：王冰清　　审核人：刘志峰

一、学习目标

1. 从多视角分析汽车限行带来的影响，能利用化学知识解决实际问题，并在解决问题过程中树立绿色化学和可持续发展理念。

2. 利用氮元素的价类二维图研究硝酸盐型雾霾形成的原因，正确书写化学方程式，掌握物质转化研究思路和方法。

3. 通过对尾气净化技术的学习，认识化学科学为可持续发展做出的重要贡献。

二、情境导入

据公安部统计，2021 年全国机动车保有量达 3.95 亿辆。全国 79 座城市汽车保有量超过 100 万辆，35 座城市超过 200 万辆。为应对重污染天气或缓解交通压力，北京、广州、河北等多座城市采取了"汽车限行"。你认为汽车限行是否合理？

三、探究讨论

资料 1：问卷调查组汇报"你认为汽车限行是否合理？"
调查问卷内容，问题 1：你是否支持汽车限行？
问题 2：你认为汽车限行有何益处？
问题 3：你认为汽车限行有何坏处？
调查结果
支持汽车限行：100%　　不支持汽车限行：0

	利	弊
环境	减少有害气体排放	
经济	促使人们购买第二辆汽车，汽车销量增加，促进经济发展	
社会		给个人带来了经济损失；出行不便、引起社会躁动；增加公共交通压力，导致人们出行不便

资料2：汽车尾气组汇报汽车尾气对环境造成的影响

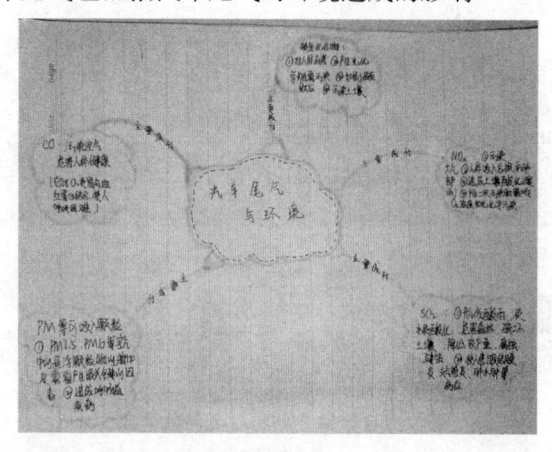

任务一　预测硝酸型雾霾的形成路径

【小组讨论】绘制氮元素的"价-类"二维图预测硝酸型雾霾的形成路径（1min）。

氮元素价类二维图：

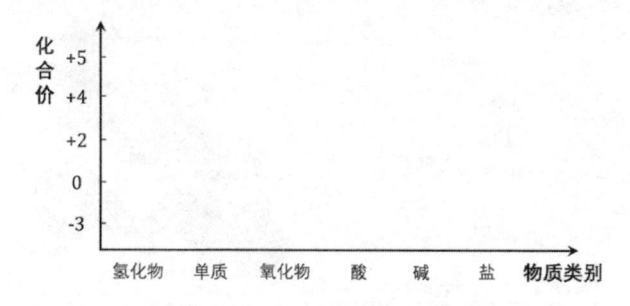

预测硝酸型雾霾的形成路径：

$$N_2 \downarrow \quad N_2+O_2 \xrightarrow{放电} 2NO$$

$$NO \downarrow \quad 2NO+O_2 = 2NO_2$$

$$NO_2 \downarrow \quad 3NO_2+H_2O = 2HNO_3+NO$$

$$HNO_3 \downarrow \quad HNO_3+NH_3 = NH_4NO_3$$

$$NO_3^-$$

任务二 验证硝酸型雾霾的形成路径

【小组讨论】设计实验进行验证。

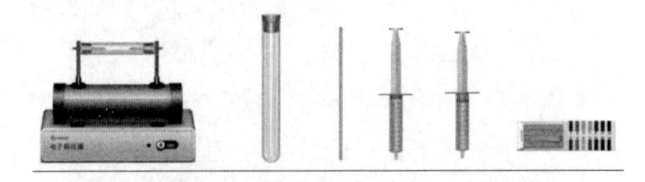

模拟实验验证含氮物质之间的转化

任务三 探究汽车尾气处理

【思考】汽车尾气的氮氧化物是直接排放到空气中吗？是否可以消除？

资料3：汽车尾气组汇报汽车尾气的处理原理。

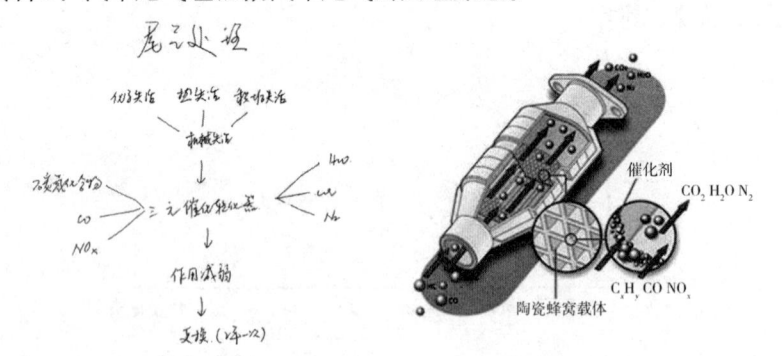

422

四、展评分析

1. 利用价类二维图研究物质的相互转化。

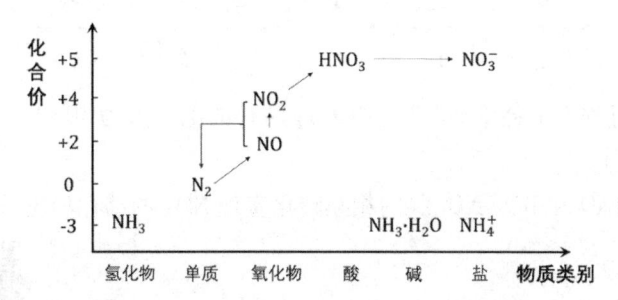

2. 研究问题的一般程序。

五、变式探究

1. 三元催化剂是最为常见的汽车尾气催化剂，其催化剂表面物质转化的关系如图所示，下列说法正确的是（　　）

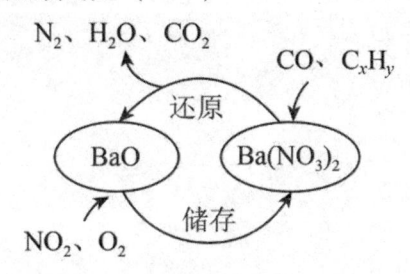

A. 在转化过程中，氮元素均被氧化。
B. 依据图示判断催化剂不参与储存和还原过程。
C. 储存过程中当消耗 2 个 O_2 时，转移电子数为 4 个。
D. 三元催化剂能有效实现汽车尾气中 CO、NO_x、C_xH_y 三种成分的净化。

2. （2021·河北唐山高一月考）NSR 技术能降低柴油发动机在空气过量条件下 NO_x 的排放，其工作原理如图所示。下列说法错误的是（　　）

A. 降低 NO_x 排放可以减少酸雨的形成。
B. 储存过程中 NO_x 被还原。

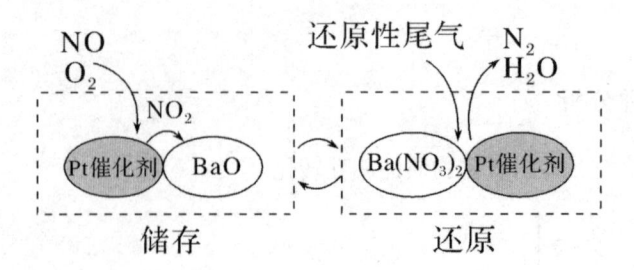

NO
O₂
还原性尾气 N₂
                H₂O
NO₂

Pt催化剂 BaO ⇌ Ba(NO₃)₂ Pt催化剂

储存　　　　　还原

C. 还原过程中消耗 1 mol Ba（NO₃）₂ 转移的电子数为 10NA（NA 为阿伏伽德罗常数的值）。

D. 通过 BaO 和 Ba（NO₃）₂ 的相互转化实现 NOx 的储存和还原。

六、课后作业

1. 观看科技之光《汽车尾气的秘密》。
2. 小组讨论预测铵盐型雾霾的形成路径。
3. 完成练透 1~6、10~13、16 题。

第六章

北京市第八十中学在京津冀教育协同发展中援建雄安成果总结

引言：北京市第八十中学帮扶团队认真贯彻国家、省、新区教育工作会议精神，围绕京津冀教育协同发展的总体目标和要求，坚持需求引领，突出问题导向，加大统筹规划，完善政策保障，缩小教育发展水平差距，以构建教育均衡发展为抓手，以"有利于学生发展、教师发展、学校发展"为衡量指标，以教师队伍建设为核心，以全面提高教育教学质量为主线，积极推进素质教育，着力构建稳定的教育协同发展体系，努力形成京津冀教育共建共享、互利共赢、协同发展新局面。北京市第八十中学帮扶团队开展校际深度合作与交流，实现优质教育资源共享；探索基础教育改革与创新，提升分校办学水平；发挥辐射引领作用，推进京津冀基础教育优质均衡发展，推动基础教育优质资源共享，逐步推动学校教育向高质量方向发展。

根据《北京市教育委员会 雄安新区管理委员会关于雄安教育发展合作协议（2021—2025年）》要求，八十中学援建团队再接再厉，用行动和情怀再谱雄安教育新篇章，2021年8月援助新建学校雄安容和兴贤初级中学和雄安容和第一高级中学（又名北京市第八十中学雄安容东分校），北京市第八十中学派出骨干教师组成的帮扶团队先后进驻，在北京市教委的大力支持下，在新区管委会和县委、县政府及县教育局的正确领导下，帮扶团队率先垂范、锐意进取、艰苦奋斗，团结带领全校干部、教师开拓创新，奋发向上。经过一年多的努力，学校面貌焕然一新，在教育教学等方面取得了优异成绩。学校先后被评为"第二批河北省义务教育课后服务示范学校"京津冀首批"我身边的好学校""国家智慧教育平台应用示范校"。2022年5月被中国教育国际交流协会评为中美"千校携手"项目学校；2022年6月被河北省教育厅评为国家中小学智慧教育平台应用示范创建校；2022年9月被雄安新区评为"雄安新区先进集体"；2022年9月命名雄安新区胡友永名校长工作室（雄安新区唯一一个高中名校长工作室），王维雪，李晨曦名师工作室。2022年国庆节前夕中央电视台大型纪录片《雄安 雄安》对雄安容和第一高级中学进行了专题报道。在北京市八十中优质教育资源的支持下，在雄安新区各级领导的关怀和帮助下，学校实现跨越式发展，2023年1月18日，省教育厅正式下发《关于认定赵县实验中学等九所学校为河北省示范性普通高中的通知》，认定雄安容和第一高级中学为省级示范高中。

一、所做主要工作

1. 加快优质基础教育资源共建共享，汇集优质教学资源，服务学生教师使用，促进优质教育资源共享使用。

2. 创设竞雄援建"杠杆"化原理，实现京城优质教育资源带动雄安教育向现代化教育管理方向突飞猛进，使学校运行机制、教师发展、课程建设、德育体制、干部管理、档案管理等日趋规范有序。

3. 设定标准，发展内涵，学生成绩获得雄安老百姓认可，迅速实现河北省级示范性高中目标。

4. 以教育帮扶工作为抓手，构建点、线、面结合的立体式教育共同体网络；积极与雄安容东分校对接，联合打造校地发展共同体、学校发展共同体、教师发展共同体三个协同载体；努力推进从"输血"到"活血"再到"造血"的递进式教育帮扶。

二、取得主要成果

（一）用北京先进的教育思想统领雄安校区的优质均衡发展

现代教育应立足于后现代主义精神，教育思想是一个学校的灵魂，奋斗目标是学校前进道路上的灯塔，我们在教育中尤其注重批判性、内省性、多元性、差异性以及自主性，着力搭建与时俱进、充满活力的教育体系，传承北京市第八十中学的教育思想："一人一天地，一木一自然——让生命因教育而精彩，"让学生成为最好的自己，获得幸福的人生。这一先进教育思想的传入，彻底打破了原先学校存在的"用分数评价学生""一切向分数看齐"的落后观念，重塑了学校文化。每一个孩子，都是一颗种子，都是一个生命的奇迹。北京市第八十中学雄安容东分校的使命，就是要给孩子创造一个生命的大自然，让每一个孩子成为他自己，让每一个孩子成为这个世界上不可替代的"这一个"，让每一个孩子都有能力成为幸福生活的人。北京市第八十中学雄安容东分校确立的学校发展目标是：把学校建成在新区有引领示范作用（在全省乃至全国有一定影响力）的现代化学校，培养"有理想、强体魄、会学习、善合作"的阳光学子。北京市第八十中学雄安容东分校的性质是北京市第八十中学委托管理，传承八十中学"一人一天地，一木一自然——让生命因教育而精彩"的办学理念，以培养"有理想、强体魄、会学习、善合作"的具有中国灵魂和国际视野的未来领军人才为目标，全力打造雄安新区优质名校。

学校全面实施"人文管理、温馨德育、和谐课堂、阳光服务"的办学方略。学校均按照八十中的管理理念，重新梳理制定实施规章制度，明确了各处室职责。学校管理工作走上了正规化、科学化和精细化的轨道。

（二）组建优质管理团队，确保整体高位运转

北京市第八十中学雄安容东分校充分利用本部资源，组建优质管理团队，依托北京市第八十中学雄厚的教育资源和成熟的办学经验，为学校的管理、教育教学等方面提供高质量、高水平的教育资源。

北京市第八十中学选派优秀校长、特级教师、高级教师和各级骨干教师全面进驻雄安容东分校（雄安容和第一高级中学），对学校进行科学化和精细化管理。

师资队伍由北京市第八十中学本部骨干教师团队、新区面向全国统一招聘的骨干教师团队和优秀青年教师团队构成，其中硕士学历教师占比85%，教师的培养和评价与北京本部同步同质。高素质的优质管理团队通力合作、精益求精，确保了北京市第八十中学雄安容东分校在教育教学上的整体高位运转。

胡友永校长与本部支教教师张启华、左卫军

（三）优质资源互通共享，确保教育教学质量

百年大计，教育为本；教育大计，教师为本。在帮扶团队的引导带动下，学校将师资建设作为重中之重，下大力气进行教师培训，实现由"输血"到"造血"的功能转化。一方面"请进来"，安排雄安教师到北京培训——北京市第八十中学教师研修学院对新毕业青年教师进行系统培训，雄安容东分校中年教师和中层干部到北京市第八十中学本部跟岗实习，从顶层设计、实践操作等多个层面学习课程建设与教学改革。北京市第八十中学的教师培训要求所有雄安教师参加。另一方面，八十中领导、教师到雄安传经送宝，主要通过项目带动，促进教师专业凝练与合作分享，聘请专家团队在学校开创性地实施以下工程项目，使干部教师素质和能力有了很大提高。

1. 青年教师培养项目（青蓝工程）：对工作不足3年的青年教师进行系统的在职培训，设定培训课程，由优秀师资培训。为每位青年教师配备师傅，发挥老教师"传、帮、带"的作用，促进青年教师早日"站稳讲台，站好讲台"。

2. 骨干教师专业提升项目（名师工程）：选拔受援学校各学科骨干教师组成教师研究性学习专业提升班，依托北京特级教师团队深入开展教材、课标、课堂有效性研究，在理论学习、创意设计、实践检验、分享优化的过程中凝练教师的专业素养，以这个群体为学校教学业务的生长点，附设教研组、师带徒、名师工作室、课题研究组等微型教学研究组织。

3. 全国同课异构项目：基于新课程、新高考、新教材改革的要求，学校明确提出深耕"澄明课堂"教学模式。每个学年开展教学基本功大赛，并且选拔各学科优秀教师代表学校与来自全国各地的同学科优秀教师进行同课异构活动，以赛促研。新区教育最大的问题是师资质量，利用受援校年度教学基本功大赛带动教师教学研究能力的发展，借力教育教学发达地区教学专家的示范引领，创新教育理念，以赛带管，深度促进教师教育教学研究能力的发展。学校实施研究性教师培训工程，带动提高教师教育质量，变"输血功能"为"造血功能"，全面提升教师队伍素质和质量。

4. 骨干班主任专业提升项目（幸福班主任培养工程）：选拔受援校骨干班主任教师组成班级管理研究性学习专业提升班，选聘全国优秀教育专家进行理论学习，围绕学生习惯养成、心态调控、家校沟通、班级管理、生涯规划等教育深层问题开展案例研究、创设教育案例、校内外实践、同侪分享活动。

全国同课异构大赛

教育基本功大赛表彰

5. 科研能力提升培训项目（教研能力提升工程）：选拔教师启动学校小课题研究培训项目，在华师研究院组织的教育研究能力的培训中，经过选题指导、立项、展开研究、中期检查等循序渐进的指导，把教师们逐渐带入行动研究当中，工作本身就是研究成为优秀教师的行动宣言。基于教师学术研究、年度读书活动评奖和学科月成果评选，创造机会让具有独特感悟的教师开展学术分享活动，形成了年度学术节展示活动。

教科研表彰

6. 远程同步教学教研项目（信息化工程）：集团化办学的目的是薄弱学校（分校）依托品牌学校（总校）优质教育资源发展壮大，从而起到促进教育均衡发展、实现教育公平优质发展的作用。在集团化办学的初始阶段，总校可以用"输血"的方式，即外派和轮岗骨干教师来支持分校的队伍建设与质量建设。同时，分校也派出教师到总校跟班学习。但最棘手的难题是总校学校骨干师资不够，分校不能充分分享总校优质教育资源。一方面派出太多骨干教师，本部骨干老师就不够用了，导致总校优质师资被稀释，影响总校进一步壮大；另一方面，总校派出教师会增加很多物力、财力成本，特别是分校和总校不在同一地域，相距数百公里，这使得分校不能充分分享总校优质教育资源，影响教育集团校的发展，不过依托信息技术，构建远程互动教学和教研系统可以解决这一问题。

7. 中层干部能力提升项目（干部能力提升工程）：由专家团队对所有干部进行理论培训实践指导，提升干部思想觉悟和执行能力。同时，学校建立中层干部交流和竞聘上岗机制：依托北京干部管理经验，启动干部理论培训项目。基于北京市第八十中学同步实施"中层干部聘任制度"，通过竞争上岗，打破干部终身制和干部只能上不能下的习惯势力。依据知识增值评价量化积分，把优秀教师选拔到干部岗位，带动学校发展。

同时为教师发展搭建六大展示平台：全校读书交流活动、教学基本功大赛、教育基本功大赛、全国同课异构大赛、学科月暨学术节、指导首师大研究生等。北京市第八十中学雄安容东分校教师积极参加新区举办的各项优质课评比活动，参选的优质课广受好评、屡获佳绩，被雄安新区推举参加省级比赛。部分北京市第八十中学雄安容东分校青年教师则于2021年9月前往八十中本部及四个分校区进行跟岗与定岗实习工作。截止到目前，已有部分教师完成跟岗实习工作，受益匪浅。所有教师跟岗工作结束后，初中组织北京实习教师经验交流活动，将北京先进的教育理念及方法分享给其他教师，所有教师共同学习、共同成长。在新教师的培训上严格把关，在青年教师的培养上下足功夫：第一，实行师徒结对制度。来自学校本部有着丰富教育教学经验的老教师与雄安容东分校青年教师进行远程拜师、签订拜师协议，长期指导雄安容东分校青年教师学科教学，助力青年教师快速成长。第二，参与常规教研活动。青年教师应充分利用北京本部优质教育资源，积极参加本部组织的各类教学培训活动，了解掌握最新的前沿教育教学发展动态，学科教研、学科考核等与本部建立常态化交流。第三，聘请专家实地指导。在常规教育教学期间，北京市第八十中学本部会定期派专家学者来雄安容东分校进行实际教育教学指导。

学校教师参加北京市第八十中学教育集团主题教育

431

青蓝工程教学师徒结对名单

胡友永校长与徒弟王亚茹

北京市第八十中学本部教师李继良线上指导学校教师工作

<<< 第六章 北京市第八十中学在京津冀教育协同发展中援建雄安成果总结

北京市第八十中学本部教师李继良为我校教师做科研课题引领

部分教师获奖证书

433

（四）继承创新多措并举，全面提升学生综合素养

构建三级立体课程体系项目：研究符合雄安校区特色的三级立体课程体系落地生根办法，在开齐、开好国家课程的前提下，解放教师和学生出题海、出教室。开发多元拓展延伸和实践应用课程，鼓励优秀特长生自主发展；构建符合学生核心素养的校本课程体系；开展两地学生交流互访机制；开设社会实践活动课程，打造品牌社团，为每个学生的个性发展搭建舞台。

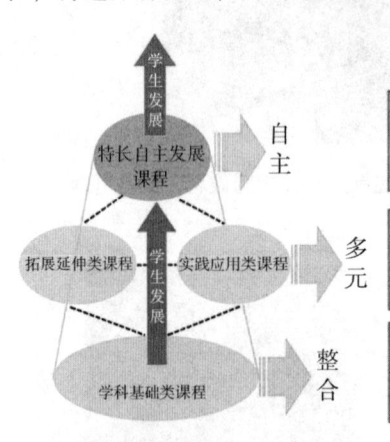

坚持以学校育人目标为课程结构设计的出发点和归宿。

满足学生个性学习需求，凸显为志趣专长、领域潜能学生自主发展的课程平台。

满足学生个性学习需求，凸显选择、应用、实践等学习能力的培养。

学科课程整合研究，面向全体学生，重学科核心概念、主干知识、学科思想、学科能力等。

1. 开设多元社团活动，打造发展个性平台

为践行北京市第八十中学的"一人一天地、一木一自然——让生命因教育而精彩"办学理念，学校基于"学校特色、教师特长、学生特点"合理安排社团活动，最大限度优化了学校教学资源。坚持学生为本、强化学校教育主阵地作用，同时本着培养学生的兴趣爱好，张扬学生个性和专长的理念，制订社团活动方案，满足学生不同的教育需求，学校按照学生兴趣导向、自愿报名的原则，开设了篮球、羽毛球、足球、健美操、国标舞、武术、广播、二胡、吉他、合唱团、陶瓷、绘画、魔方、AI图像、创意编程、微电影、现代文学、政协模拟、历史、法语等多样化社团，社团师资以本校有特长的教师为主，每周两次的社团活动既满足了不同学生的个性发展需求，又能有效提升学生素养。创新、开放、互补、多元化的社团活动让学生充分参与、体验，最终实现学生的全面发展。以多样化的社团活动为突破口，积极创设生动活泼的育人环境，将社团活动课程化，以丰富拓展学生校园生活，为学生提供自主发展空间、搭建个性平台、促进综合素质发展。

<<< 第六章 北京市第八十中学在京津冀教育协同发展中援建雄安成果总结

多样化社团

多样化校本课程，坚持"课程育人"，将国家课程与综合实践课程相结合，不断满足全体学生的全方位发展需求，积极寻找新的教育生长点，全面提升学生的综合素质。在开齐国家教育课程的框架下，聚焦核心素养，研发适合学生成长的校本课程，助力青年学子培养。成功开设的校本课程有：玩转 TI 图形计算器、国学教育与现当代名篇、英美戏剧等，课程的开设在一定的程度上满足了学生多样化发展的需要，为学生的学习生活注入了活力与欢乐，给学生提供了展示自我的平台。

2022—2023（1）校本课程信息统计

序号	课程名称	授课教师	选课人数	上课地点
1	学习的逻辑——学习方法介绍	刘志峰	14	B区2楼初一（6）班
2	玩转TI图形计算器	陈卓	63	D区2楼数学功能实验室
3	国学教育与现当代名篇	高一语文	18	B区3楼初一（1）班
4	中华传统文化	韩淑慧、王世琦、高鑫	32	B区3楼初一（3）班
5	英美戏剧	李丽琴	62	B区3楼初一（5）班
6	心理小课堂	周子琪	73	100人厅
7	悦读	高二语文	62	图书馆
8	光影中的英文	李晨曦、袁一平	116	300人厅
9	生活中的化学	化学组	61	A区一楼化学实验室106

2. 科学文化并进，能力素养全面提升

北京市第八十中学雄安容东分校传承本部多年的优良传统，为落实立德树人根本任务，扎实落实"双减"政策，精心策划开展学科月活动，致力于通过学科月中的系列主题活动，发展学生的核心素养。学科月活动内容丰富，旨在使学生在丰富多彩的主题活动中，观察现象、探索规律、锻炼思维，充分体验学习和创造的乐趣。

学术文化节展演

第六章　北京市第八十中学在京津冀教育协同发展中援建雄安成果总结

开展研究性学习活动。研究性学习作为学校综合实践活动的重要组成部分，是推进综合实践活动向深度发展的重要途径，是改变学生学习方式的宝贵机会。坚持开展研究性学习活动，让学生在自主研究探索中提升自己的综合素养，多元化成长。

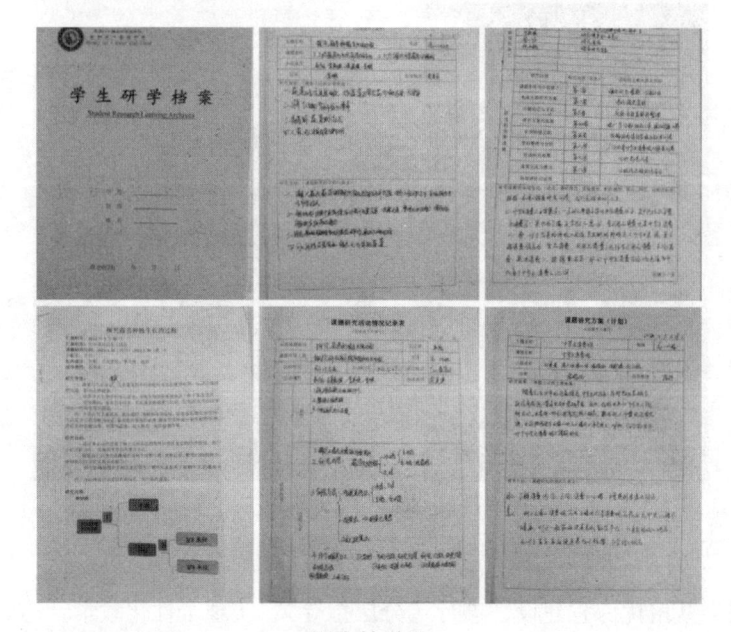

研究性学习

构建"三二二一澄明课堂"教学模式；提出走向深度学科理解的"以生为本、学案先行、情境再造、探究展示、精讲释疑、当堂检测"的澄明课堂教学模式。部署五大学科竞赛课程计划，期望利用五大学科竞赛的学习平台帮助学生构建各学科思维模式，在教学改革中注重学生创新能力、协作精神方面的培养，拓宽其科学知识视野，提升竞赛能力，助力学生成长与升学。

竞赛课程

开展强基培优课程建设，进行"分层指导"，实现个性化教学，达成"因材施教"，促进每个学生的发展。

强基培优课程

开设特色日语学科课程，为学生发展谋取新路径。北京市第八十中学雄安容东分校高中部成立后，根据高一新生的实际情况，胡友永校长组织领导班子通过多方考察和研究，最终决定开设日语学科，将其作为本校办学特色之一。日语班在保证教学的前提下，举办丰富多彩的日语配音比赛、日语歌曲大赛等丰富学生的校园文化生活。

日语课程

学校始终坚持"课程育人"，将国家课程与综合实践课程相结合，不断满足全体学生的全方位发展需求，积极寻找新的教育生长点，全面提升学生的综合素质。

三、存在的困难与问题

1. 学校处于大踏步发展阶段，教师队伍变大，面对教育改革新的发展形势，在教职工队伍建设、基础设施配置、教育教学管理、服务保障、校园文化等方面工作的组织性与系统性还需进一步加强。

2. 教师队伍中青年教师比例大，教师的综合素养与教育教学观念还需要大力提升，目标意识还需要进一步强化，须进一步适应新形势对教育、教学的要求。

3. 各项管理工作有待进一步加强，各项工作还要按照轻重缓急合理安排，做到有所为有所不为。

四、未来工作计划

(一) 加快优质基础教育资源共建共享

汇集优质教学资源，服务学生教师使用，促进优质教育资源共享使用。首先，通过实施数字学校优质资源共享项目，推动优质数字教育资源面向教师、学生全面开放。其次，加强本部与雄安容东分校校外教育资源的统筹使用，共建社会实践基地、示范性综合实践基地、校外活动中心等校外教育资源。再次，加强体育、美育教育教学工作合作，建立优质社团、特色校本课程等资源共建、共享机制。通过推进基础教育优质数字化资源共享，建立教学教研培训网上联盟，实现资源互通、交流合作，通过统筹使用校内、外教育资源，可以使优质的教育以最广泛的形式得以共享。最后，建立区域基础教育质量监测机制，推动区域教育资源的均衡配置。

(二) 优化教育协同育人体系

全面落实京津冀高等教育协同发展，通过实施课程互选、学分互认、教师互聘、学生交流和短期访学等多样化措施，深化校际联盟建设，在联盟平台上探索培养方案互联互通。

北京市第八十中学帮扶团队应以教育帮扶工作为抓手，构建点、线、面结合的立体式教育共同体网络；积极与雄安容东分校对接，联合打造校地发展共同体、学校发展共同体、教师发展共同体三个协同载体；努力推进从"输血"

到"活血"再到"造血"的递进式教育帮扶。

协作提升教师能力素质。选派优秀教师到北京市第八十中学雄安容东分校开展支教送教,对北京市第八十中学雄安容东分校教师和管理人员开展系统化培训。继续实施"引进来""走出去"教师成长项目,扩大本部与雄安容东分校中小学骨干教师、校长交流合作。

持续加强教师队伍建设。组织实施新一轮"教师赴京跟岗学习"项目,让更多教师掌握北京优质学校的先进管理理念和教学方法。鼓励教师加强合作,共同组织开展交流研讨活动。通过专家讲座、送教援培、座谈交流等形式,共享学校管理、课程改革、教学质量提升等方面的创新成果与成功经验,促进教师专业发展。实现远程互动教师培训,打造跨区域学习共同体,为雄安教师培训工作注入新的活力。

(三)打造教育共同体汇聚高地

整合多方智力资源,打造京津冀高水平教育共同体汇集高地。广泛吸纳京津冀地区教育名师名家等优质智力资源,在教师培训模式、资源共建共享、教育教学研究等方面提供支持。以精心谋划筹备、精准匹配专家、精细做好服务为工作准则,打造高层次教育共同体汇集高地。

五、结语

站在新的历史起点,北京市第八十中学将继续以京津冀教育协同发展为契机,立足雄安,面向京津冀,搭建优质资源共享平台,深化教育教学协同创新,探索教师、学生发展服务新体系,从根部发力,打破传统体制、机制障碍和束缚,冲破地方资源、利益屏障,构建高效畅通的教育管理体制和区域协作机制,为推进京津冀教育协同高质量发展做出应有的贡献,努力加快推进教育现代化,建设教育强国。

第七章

援建体会和感言

京津冀教育协同发展背景下雄安办学的实践与探索

北京市第八十中学　胡友永

【摘要】集团化办学是学校组团发展的一种新型模式,其最根本的目的是促进教育均衡,增进教育公平,通过在集团中实现优势资源共享、管理互鉴、教研联动,相互学习,相互支持,优势互补,带动薄弱校高质量发展。异地合作办学是指集团内优质带头校(名校)和相对薄弱校(分校)不在同一省市级行政区域且相距甚远,教育理念和教育质量差距较大的组团帮扶合作发展模式,能在更大范围、更高层次、更深程度上实现教育的公平优质,真正办好人民群众满意的教育。合作办学按照学校性质一般有两类,一类是优质带头校和薄弱分校都是公办校,属于援助帮扶性质,追求的是社会效益。另一类是优质带头校和薄弱分校中有一方是民办(私立)性质,具有追求经济效益的方面。本文着重探讨第一类中小学异地合作办学的实践、策略和思考。

【关键词】集团化;异地合作办学;实践和策略;启示和思考

一、京津冀教育协同发展背景下异地合作办学的实践和策略

异地合作办学的分校一般是薄弱校,薄弱校是一个相对概念,一般是指在一个区域内办学条件相对较差、教育教学质量也相对较差、社会信誉不高的学校。随着我国经济快速发展,人民期盼高质量教育的呼声日益高涨,借力名校优质资源帮扶,把薄弱校转变为优质校,是体现教育公平,建立高质量教育体

系和办人民满意教育的必然要求。薄弱校一般存在的问题有：师资方面，师资不稳定且相对薄弱，结构性缺编，职业倦怠严重。生源方面，入学成绩低，家庭教育跟不上，学生习惯不好。办学条件方面，学校教育教学设施不完备，办学条件较差。管理方面，制度不完善，"人管人累死人"，没有一套科学的治理方法。学校文化建设滞后，教育思想保守，学习创新意识不够；学校治理专业素养缺失，管理组织结构不够合理；干部教师忽略自身专业发展，成长动力不足；课程开设不足；课堂教学效率低，师生负担重，片面追求"升学率"，却越追越低。

立足本土，借助外力，探索适合自己学校发展的路径，是薄弱学校向优质学校转变的必由之路。

（一）找准学校发展的一个支点

阿基米德（Archimedes）曾经说过这样的豪言壮语："给我一个支点，我就能撬动整个地球。"这不是一个口号，而是一种信仰。有支点，才能有着力点，才能推动学校的发展，找准让全体教职工内心受到触动、有信心办好这所学校的一个适合的支点。学校治理的支点在哪里呢？经过精准把脉，我们把教育思想及教育思想指导下的学校发展目标作为学校发展的支点。例如，我们确定的教育思想："一人一天地，一木一自然——让生命因教育而精彩。"本质就是让学生获得幸福的人生。学校发展目标：在本区有引领示范作用（在全省乃至全国有一定影响力）的现代化学校。干部发展目标：建设一支具有"大局意识、合作品格、服务情怀、坚韧作风"的干部队伍。教师发展目标：建设一支"正身育德、宽容大爱、严谨治教、恒学善研"的教师队伍。学生发展目标："有理想、强体魄、会学习、善合作"的阳光学子。

这些体现在学校发展规划和六年行动计划中。这些清晰的关于学校未来以及未来教育的方向，能够唤起每个人的激情，让学校上上下下能够齐心协力，坚定地朝着既有的目标前进。

（二）着力学校发展的三个关键点

根据学校实际，确定影响学校发展的"瓶颈"问题，全力攻关。

1. 教师队伍建设：师资队伍教师三大工程、五大展示大平台

教师是立教之本，兴教之源。加强教师队伍培训作为当前工作的重中之重，没有好的教师队伍就办不好一所学校。

(1) 教师三大工程

①培养青年教师的"青蓝工程"

青年教师是学校可持续发展的基础，重视青年教师的培养就是重视学校的未来，他们有理想、有热情且极易受学校环境的影响，所以学校必须为他们创造一个积极向上的氛围和环境。于是我们把青年教师组成"青年教师学习共同体"，由北京市第八十中学青年教师研修学院进行系统培训，目标是使青年教师"站稳讲台，站好讲台"。

②骨干教师的"名师工程"

名师是师德高尚、业务精良、学识渊博的学科带头人。名师是教书育人的精英，他们在学校教育教学中会产生广泛的影响，一所优质学校一定有一批名师支撑。薄弱校缺乏名师，教师成长缓慢。本校精选各学科骨干组成学习共同体，进行了为期一年的有计划的培训，培训以"把握课标，用好教材，精准备课"为主题进行"三研活动"，另外聘请本部名师定期指导。

③培养班主任"幸福工程"

"没有当过班主任的教师教育生涯是不完整的""遇到一个好的班主任是人一辈子的幸福"，班主任是一种能力的体现，也是一种威信的表现。过去教师们抢着当班主任，觉得当班主任无比荣耀。现在教师们怕当班主任，特别是薄弱校，很难找到一个好的班主任，学生难管、安全事大、事务繁忙、又苦又累还出不了成绩。故本校实施"幸福班主任培训工程"，把全体班主任组成"班主任学习共同体"，从教育理念、教育艺术、学生心理、教育案例到名班主任成长历程等进行系统学习培训，目标是成为一个幸福的班主任。

(2) 教师风采展示的五大平台

本校给教师搭建展示风采的舞台，让他们走向公众，用自己的价值观和经验影响他人；更可以直面挑战，接受他人的检验，及时调整、巩固和强化自己的实践研究，培育改革成果。

①开展全校教学基本功大赛

大赛每年第一学期进行，全体教师参加，分骨干教师示范课和其他教师的展示课，让教师把最精彩的课拿出来亮相，教师们经过磨课、上课、评课环节，上课水平得到提升，通过观摩课互相切磋、互相学习，取长补短；通过隆重的总结表彰大会，让教师们感觉到上课的光荣。

②开展全校教育基本功大赛

大赛每年举办一次，大赛分笔试和主题班会两部分。笔试所有教师参加，主要是案例分析，提高大家分析问题和解决问题能力；主题班会所有班主任参加,提升班主任教育能力。

③全校教师读书交流活动

一个学校最大的悲哀是教师不读书,在知识爆炸的年代,要求教师不断学习、终身学习,才能跟上时代的步伐,才能给学生起到好的带头作用,书香校园才能落到实处。教师读书可以平常分散读和假期集中读相结合,确定主题,精心挑选书籍,通过进行读书交流和表彰活动,营造读书氛围。让读书成为一种生活方式是教师专业成长的必然要求。

2. 构建适合学生发展的课程体系

课程是学校的内核,学生是课程的中心,我们尝试构建符合雄安校区特色和面向未来的三级立体课程体系。一级为学科基础类课程,重在整合课程,开齐、开好国家课程;二级为拓展类和实践类课程,为满足学生个性化需要,着重选择、应用和实践等学习能力的培养;三级为特长自主发展课程,凸显学生发展潜能和专长的培养。我们试图把教师和学生从题海、教室中解放出来,开发多元拓展延伸和实践应用课程,鼓励学生特长自主发展;构建符合学生核心素养的校本课程体系,开展两地学生交流互访机制,开设社会实践活动课程等校本课程,打造品牌社团,如扎染社团、天文社团、科技社团、诵读社团等高质量社团等,为每个学生的个性发展搭建舞台。

3. 推动课堂教学改革

课堂教学是提升教育教学质量的关键,也是最难的一项改革。为此,我们首先进行了三次大规模的课堂教学诊断和视导,找出了问题的症结。本校主要存在的问题是:课堂教学模式落后,主要是"满堂灌";师生互动少,主要是单向传输;学生没有自主学习和消化时间;教学效果差。然后,我们开展大规模的教研和科研活动,提出:"导学案教学、突出重点、降低难点、小步快走"的改革思路,立项和结题了10个县级课题,4个新区课题,把教师引导到教学研究上来,形成浓厚的教学研究氛围/教研氛围。

(三)确定学校发展的制高点

占据学校发展制高点就是要确定学校发展优势,重新确定赛道,以此为突破口,带动学校的发展。

1. 远程互动教室建设

教育信息化的快速发展,为薄弱校的发展提供了绝佳机会,使得"人人皆学、处处能学、时时可学""一生一空间、生生有特色"成为可能。通过远程备课和互动直播系统,实现网上课堂,进行远程教学,打造线上线下相结合的教学模式，提升学校的管理质量及教学质量，实现异地教育资源的最大化共享，有效节省异地人力、物力、财力。

2. 学校特色建设

"办出各自的特色"是现代学校的共同追求，也是现代学校打造品牌的必由之路。特色学校的形成是从特色项目到学校特色，再从学校特色到特色学校的发展过程，是一个孕育、诞生、成长、成熟的过程。

特色项目的理论依据是加德纳多元智能理论，该理论指出：智能是多元的，每个人身上至少存在7种智能，都有自己的优势智能，每个人都是不同智能不同程度的组合。因而，人是不同的。如果给予适当的鼓励和教育，每个人都能使自己的各项智能达到相当高的水平，我们的任务是向学生提供各种智能展示的机会，保证他们的优势智能得到挖掘和发展，"为多元智能而教"。学生在语言和逻辑领域上比较弱，但在运动、音乐和空间等方面不一定弱。因此，我们选择音乐、美术、舞蹈、体育作为特色项目建设，成立响应社团，进行专门训练，取得了初步成效。

二、从名校办分校成功案例中得到的启示

当前，集团化办学方兴未艾，其成功与否的判断标准是名校（龙头校）是否能带动分校（薄弱校）高质量发展，分校从"挂牌"到"品牌"有一段艰难的过程，笔者在实践中得到以下启示。

（一）名校"组团式"办分校是一种效果很好的形式

集团化合作办学多以公办名校（本部）为龙头，因其所带动的学校类型不同，按承办、投资、入股等多种方式形成了连锁式、加盟式、合作式、嫁接式、联盟式、托管式等多种集团化办学形式。名校带动分校发展，将优质教育资源更加有效地惠及至分校，"组团式"办分校是托管式中一种很好的形式。所谓"组团式"办分校，就是由"名校"根据分校的实际情况和需要，组成一个5至8人的管理团队，长期（一年到三年）托管分校，带领学校快速进入高质量发展的轨道。团队中一人任校长，校长一般担任过"名校"副校级干部，对"名校"办学思想理解透彻，教育教学经验丰富，能够在分校传承"名校"优良的文化和传统，嫁接"名校"文化、思想和办学经验，分校得以快速发展。这种办分校的优点是，上下一心，决策和执行都按照"名校标准"，"名校"带动作用强，分校发展速度快。不足是会一定程度削弱"名校"的资源，特别是师资资源。

（二）"名校"文化引领，培育分校"特色"文化

学校文化是学校的"魂"，既要传承"名校"先进文化，又要坚持特色发展，这是分校文化发展的基本理念和要求。"名校"要发挥优质资源的引领、辐射、带动作用，把名校先进办学思想和办学理念，引入分校，作为学校办学指导思想，同时，根据学校实际，制定学校发展目标和学生发展目标，学校上下形成共同的价值观和追求是学校文化的核心。

制度建设是分校发展的基础和保障，是学校文化的重要组成部分，对于新建学校，教师来源于不同的学校，很多教师还是刚刚进入教育战线的新兵，他们具有不同的学习工作经历，因此统一规范教师行为至关重要，我们应借鉴"名校"制度，高标准严要求，制定一系列教育教学规章制度，并且认真执行，做到"有法必依，执法必严"，体现规章制度的严肃性，为"依法治校""依法执教"打下坚实的基础。对于扶持的薄弱校，重在完善现有的规章制度，一般来说薄弱校也有一套规章制度，有些制度是应该坚持的，比如"坐班制度"等，但有些规章制度不完善，有些规章制度无人遵守和执行，形同虚设，主要体现在"学风、校风和教风"存在"不正之风"。因此，必须对原有的规章制度进行梳理，该坚持的坚持，该废除的废除，该完善的完善，并通过认真学习，成为全体教职员工共同的行为准则。

要理顺和完善集团内部管理运营制度。建立理事会领导下的集团管理制度，以集团"章程"为准则，统一学习培训，重在教育思想、目标方向的领导，落实"优质教育资源"的共享，取长补短，共同进步。集团内部各分校为独立法人单位，分校校长为法人，同时，分校校长由"名校"派出，人事关系保留在"名校"，这样，既能保持"名校"校长的领导权，不至于"名校"校长过于劳累，疲于奔命，又能充分调动分校校长的办学积极性。教育集团保持长久的生命力和优质资源的扩大，既离不开"名校"的带动作用，又离不开分校的差异化、特色化发展，"各美其美""和而不同""特色发展"是集团文化建设的落脚点。

（三）师资建设是异地合作办学的根

在集团化办学背景下，分校教师成长是增强分校办学实力、提升分校办学质量的重要因素之一。派驻一个团队组成"名师工作室"进驻分校，就是在"输血"的同时，加大"造血"功能。我们采取了多种形式强化造血功能：一是实施"名师培养工程"，培养一批各学科骨干教师。在雄安校区把他们组成一

个"学习共同体",制定为期一年的培训课程,聘请各方面教育专家进行理论和实践指导,学科骨干教师全程进行听课、评课、交流学习、参加各类比赛、接受理论指导等提升专业水平,使他们成为各学科带头人。二是实施"青蓝工程",加强对青年教师的培养。青年教师是学校的未来,他们精力充沛,可塑性强,把他们组成一个"研修班",利用"名校"资源为"研修班学员"量身定制培训课程,同时为每个人配备一个"师傅"进行手把手指导,促进青年教师健康成长。三是实施"班主任培养工程",提升班主任的教育水平和能力。分校由于生源问题,学生习惯等方面问题多,教育管理难度大,很多人不愿意做班主任,且班主任教育方法简单粗暴,教育能力和水平存在很大问题,亟待提升。我们聘请了魏书生等一大批教育专家来指导教师,以"做一名幸福班主任"为目标,从教育思想、教育方法、教育艺术等方面进行全方位培训,使每个班主任从"爱教育、爱学生"出发,热爱"班主任"工作,提升教育水平能力。四是开展教师读书活动,丰富教师内涵。本校利用每年寒暑假开展教师读书活动,学校根据读书主题给教师统一购书,教师利用假期认真读书,完成读书笔记,开学后进行读书交流活动,表彰读书活动中的突出者。教师爱读书,才能引导学生读书,学校才能成为书香校园,教师内心世界才会丰富多彩,才能开阔学生精神世界,引导学生健康成长。五是为教师专业成长搭建平台。本校利用"名校"资源,派遣干部教师到"名校"跟岗学习,共同培训、共同教研,让教师开阔眼界,体验"名校"氛围。六是明确努力方向。本校通过定期"教学基本功大赛""教育基本功大赛""课题研究""交流学习"等,给教师们脱颖而出的机会。

(四)"两课"建设是分校发展的本

在课程建设上以本部"三层立体"课程体系为范本,分校根据当地自身实际创新发展,比如在学校社团发展上,睿德分校"龙狮"社团获得多个全国第一,享誉全国;雄安校区的"芦苇工艺"社团极具白洋淀文化特色。在课堂教学中,以校本部"生态课堂"为课堂文化价值追求,统一教学思想,统一教学评价,本部定期组成专家团队到分校深入课堂,通过听课、评课、师生座谈等进行教学诊断,提出改进建议;分校和本部之间通过远程互动备课、教师同时进行备课等教研活动,分部教师能够时时处处得到本部教师的指导;利用本部平台积极参加"全国同课异构"比赛和观摩活动,使教育高质量真正发生在课堂。

由于分校与龙头校之间存在诸多不同,因此,分校在两课建设上不能简单地复制、移植，要在"名校"引领下创新发展。

三、集团化背景下异地合作办学的思考

（一）分校高质量发展离不开龙头校的大力扶持

龙头校的优势是优质教育资源丰富，分校高质量的发展就是要依托这种优势。龙头校在分校成立之初应该"真情实意、真金白银"地支持分校，除输出"品牌"外，更应输出管理理念、优质的课程、优秀的教师、品牌活动及培训资源等，不能只"挂牌"了事。分校要根据实际复制、融合、嫁接这些优质资源，并能落地生根，创造更多的优质资源。我们嫁接融合了名校教育思想和教育理念；复制嫁接了"教学基本功大赛""教育基本功大赛""读书交流活动"等活动。在分校实施和本部教师同步同课程同内容的培训，在分校派驻"名师工作室"学校等，取得了良好的效果。

（二）防止"龙头校"教育资源稀释

当前，集团化背景下合作办学在全国范围内大规模推行，龙头校优质资源有"稀释"的风险，如果果真如此，龙头校带头作用就会被削弱，就会出现"削峰填谷"现象，既不利于龙头校的发展更不利于教育集团的发展。因此，要根据龙头校实力合理规划集团规模，不搞"跑马圈地"也不"拉郎配"，要合理规划、稳步推进集团的发展，确保办一个分校成功一个。

（三）分校高质量发展归根到底要靠自身

在分校成立之初，要靠龙头校的"输血"，但最终还是要激活分校自身的"造血"机能，让它丰富强大起来，达到一定程度后就可以"单飞"成为一个地区新的龙头校，带领其他学校发展。其中一项工作就是不断提升教师队伍的素质。以新建分校为例，利用新学校优势大量招聘高学历教师，硕士及以上学历教师占85%以上，学校组成"青年教师研修班"，派驻骨干教师培训，同时定期派专家组进行课堂诊断等，促进青年教师快速成长。20多名教师在北京市、区各类比赛中获奖。短短几年学校已成为学区初中龙头校，派驻专家中除一名留守之外其他已返回本部，不仅没有稀释本部师资，而且锻炼了这些教师，使他们更具责任感、成就感和自豪感，更加热爱自己的学校。

（四）要充分保障分校校长办学自主权

教育集团有个非常好的设计，就是各分校为独立法人单位。分校校长由名校副校长担任，他们在名校多年，对学校文化理解深刻，贯彻集团指示不折不扣；分校具有独立法人资格，分校校长由集团提名，上级部门考察任命。这样既保证了集团对分校的领导权，又给了分校校长充分的办学自主权。今年，北京市实行校长职级制，教育集团中所有分校校长都有资格申报校长职级。这样，保证了分校校长的权威，促进了分校校长专业化、职业化的发展，调动了分校校长的办学积极性。

在集团化办学背景下，分校要高质量发展，分校教师要快速成长，既需要龙头校有大格局、大胸襟，保持龙头地位，给分校提供帮助和大力扶持，更需要分校因地制宜，不等、不靠、不依赖，运用大智慧，想方设法依托龙头校摸索出自己走向高质量优质发展的良性发展道路。优质学校应该注意尊重薄弱学校原有的文化和传统，即使是在一个学区或者集团内部，也应该注意体现不同特色。

让雄安孩子在家门口享受最优质的教育
——在雄安新区第37个教师节表彰会上的发言

胡友永

尊敬的张国华书记、新区各位领导、各位同仁：

上午好！

春华秋实、岁物丰成。在九月这个金风送爽、硕果飘香的美好时节，第37个教师节带着秋的馨香如期而至。值此佳节之际，首先向在座的各位同行互道一声：节日快乐！作为人民教师，这个节日带给我们的是尊重与充实，是自豪与幸福，是付出的踏实与收获的喜悦。今天能代表雄安新区首届名校长和对口帮扶学校发言，我倍感荣幸。

我清楚地记得那是2018年初夏一个阳光灿烂的上午，组织找我谈话，想让我到雄安工作，当时我担任北京市第八十中学睿德分校校长、书记，这个学校是我亲自创建仅仅两年的新学校，学校刚刚步入快速发展的快车道。我本想我再有5年就退休了，退休之前继续办好这所学校就是我努力的方向。说实话，真舍不得离开北京市第八十中学睿德分校。但最终，我选择了服从组织安排，一是因为雄安是千年大计，国家大事，到雄安一定会大有作为，二是因为我是看着小人书《雁翎队》、看着电影《小兵张嘎》长大的，对白洋淀这块红色圣地充满向往，更重要的是我也是河北人，有着浓浓的家乡情结，我愿意回到家乡做贡献。于是我带着首都人民的深情厚谊和各级领导们的嘱托在2018年9月率领8名教师进驻雄安新区安新县，担任北京市第八十中学雄安校区校长。到这里后，发现困难比想象中大，但我们没有悲观等待、更没有退缩，而是立足当地实际、借助雄安发展大势、依托北京市优质教育资源，在北京市教委的大力支持下，在雄安新区各级领导的正确领导下锐意进取、艰苦奋斗、团结一心，带领全校干部、教师开拓创新，奋发向上。经过三年的努力，学校面貌焕然一新，把一所一般学校变成河北省示范性高中，实现了由薄弱校到优质校的华丽转变。

三年来，我思考最多的问题是：我们应该给雄安带来什么，才不负雄安人民的期盼。

一、无私奉献，攻坚克难，把忠诚党的教育事业精神带到雄安

我们来雄安，不是来镀金，更不是为了升官发财，而只是想踏踏实实为雄安人民做点事。我在全校开学典礼上郑重宣布：从今天开始，我就是一名雄安人了，我会和你们朝夕相处，为美好的明天共同奋斗。我说到做到，每天早晨6：00到校，带领学生出早操、巡查校园、巡视早读，当教师们陆续上班后才匆匆吃些早饭，继续工作，晚上还要查看晚自习和学生就寝情况。每天在学校工作十几个小时，牺牲了大量的周末时间，三年如一日，风雨无阻，带动了全校干部教师，使他们的精神面貌焕然一新，工作状态发生了巨大改变。在疫情暴发初期，我们和雄安人民风雨同舟，连续4个月没有回家，特别是在去年6月份，安新县出现北京新发地相关疫情的严峻情况，我和全体高三师生一起，被封闭在学校，20多个日日夜夜和师生同吃同住，圆满完成了教育教学和疫情防控任务，取得了优异成绩。

二、把北京市先进的教育思想带到雄安

教育思想是一个学校的灵魂，奋斗目标是学校前进道路上的灯塔。我们传承北京市第八十中学的教育思想："一人一天地，一木一自然——让生命因教育而精彩。"每一个孩子，都是一颗种子，都是一个生命的奇迹。我们的使命：就是要给孩子创造一个生命的大自然，让每一个孩子成为他自己，让每一个孩子，成为他在这个世界上不可替代的"这一个"，让学生成为最好的自己，获得幸福的人生。这一先进教育思想的传入，彻底打破了"用分数评价学生""一切向分数看齐"的落后观念，重塑了学校文化。我们确立的学校发展目标是：把学校建成在新区有引领示范作用（在全省乃至全国有一定影响力）的现代化学校，培养"有理想、强体魄，会学习，善合作"的阳光学子。这些清晰的关于学校的未来以及发展的方向，能够唤起每个人的激情，让学校上上下下能够齐心协力，坚定地朝着目标前进。

三、下大力气进行教师培训，由"输血"向"造血"功能转化

千年大计，教育为本，教育大计，教师为本，有高质量的教师，才有高质量的教育。因此，要把教师素养的提升当成重中之重，一方面走出去，安排雄安教师到北京培训，尤其对新毕业的青年教师进行系统培训，中年教师和中层干部跟岗实习，三年来到北京学习的教师20多批，300多人次。另一方面，请北京优秀教师到雄安校区传经送宝。在雄安校区开创性地实施了"青年教师青蓝工程""骨干教师培养工程""幸福班主任培训工程""骨干教师教科研能力提升工程"和"中层干部能力提升工程"等五大工程，使干部教师素质和能力有了很大提高。

四、把三级立体课程体系引进雄安

课程是学校的内核，学生是课程的中心，尝试构建符合雄安校区特色和面向未来的三级立体课程体系。整合国家必修课程、全面开设发展学生个性特长的选修课程、拓展课程和社团类课程。在开齐、开好国家课程的前提下，把教师和学生从题海、教室中解放出来，开发多元拓展延伸和实践应用课程，鼓励有特长的学生自主发展；开展京雄两地学生交流互访机制，为每个学生的个性发展和全面发展搭建舞台。

五、今天，我们怎样做校长

在雄安我常思考的第二个问题是，今天，我们怎样做校长。我觉得有三点很重要，一是学校是知识分子扎堆的地方，教师管理是重点也是难点，教师工作积极性调动起来了，一切事情就好办了。只要要求教师做到的，校长首先做到，那么教师管理就很容易了，这就要求校长以身作则、率先垂范，为教师做出表率。这就是用榜样的力量做校长。二是校长如何在师生中建立威望。我的做法很简单，每天在早读时到教室转一圈，让学生每天都能近距离看到，有问题帮助学生解决，有机会和学生交流几句。一天之计在于晨，学生看到校长这么早就到校了，一天就有精神了。每天到教室听一到二节课，课后和教师讨论一下课，顺便交流思想。长此以往，只要坚持下去，师生就会对校长产生感情，威望自然就有了，这就是用感情的渗透做校长。三是怎样做一个好校长，首先

要清楚校长是做什么的，我认为，校长就是服务师生的，为师生搭建成长平台，助力师生成长、成功、成才，服务到位了，为党育人、为国育才的目的才能实现，校长自然就成为好校长了。千万不能把校长当成官做，不要有官气、霸气和社会气，要有志气、骨气和书生气。这就是用服务的心态和奋斗的精神做校长。

六、我已深深地爱上了这片土地

三年多，一千多个日日夜夜，我每天都被这里的人们感动着，体会那份质朴与平和，心里暖暖地收获着丰足的自信与快乐。三年多来，我深刻感受到了雄安新区日新月异的变化，我为能为雄安建设尽一份力而感到骄傲和自豪，我已深深地爱上了这片土地。

感谢新区各级领导的关心和支持，你们帮助我们克服了一个又一个的困难，攻克了一个又一个的难关，让我们的生活没有后顾之忧，给了我们前进的动力。我不会忘记：三年前刚到雄安校区时，学校操场是土操场，操场杂草丛中还有七座坟头，当我把问题反映到县里时，县委主要领导高度重视，指示县政府成立了安新县第二中学操场坟地迁移工作专班，仅仅一个月时间就完成了迁移，解决了学校十年来想解决都无法解决的大难题，紧接着县里投资六百余万元完成了操场改造，如今崭新的塑胶操场已投入使用，师生从此告别了"晴天一身土，雨天一身泥"的土操场。

感谢各位同事和同仁，在工作上给予我大力支持，他们以微薄的工资在艰苦的环境中守护着祖国的未来，从他们身上我看到了雄安教育人的坚韧和雄安教育美好的未来。感谢雄安孩子们，他们纯真而渴望的眼神给了我无穷的力量。感谢雄安人民，他们热情、友好、包容、平和，处处为我们提供方便。我们真心实意地帮扶，赢得了雄安人民的尊敬。我永远记得一件小事：一个周末，在超市里有一个小女孩叫了一声校长好，塞给我一个大西瓜，转身就跑了，不远处，孩子家长在向我点头微笑，至今我也不知道这孩子的姓名。雄安人民和各级政府也给了我很多荣誉，去年被授予"雄安新区优秀教育工作者"称号，今年又被评为"雄安新区名校长"。我已经成为一名实实在在的雄安人，一名光荣的雄安教育工作者。

今年，我三年帮扶工作已经到期，本可以回京了，但当雄安需要我时，我毅然选择留下来，接受了新任务，担任雄安容和第一高级中学校长，我深感责任重大，我将以"功成不必在我"的精神境界和"功成必定有我"的责任担当，全力以赴，努力工作。"京津冀如同一朵花上的花瓣，瓣瓣不同，却瓣瓣同心。"我们都有一个共同的梦想,那就是创造新区教育的辉煌与荣光!我决心把学校办成领导放心、家长满意、社会赞誉、学生成才的品牌学校,实现让雄安孩子在家门口享受最优质教育的梦想。我坚信:雄安的明天是美好的,雄安教育的明天更是美好的!

  谢谢大家!

2021. 9. 10

专业凝练与合作分享：从学校管理走向学校治理
——北京市第八十中学援建雄安教育的实践及感悟

李继良

国务院关于河北雄安新区总体规划（2018—2035 年）的批复：建设国际一流的创新型城市和创建数字智能之城。"千年大计，教育先行"，为支持雄安新区全面深化改革和扩大开放，全面提升新区基础教育质量，实现新区基础教育的跨越式发展，北京市教委响应中央号召，以"组团"方式校对校援助雄安基础教育。北京市第八十中学组织干部教师赴安新县第二中学，在充分调研的基础上，应用知识管理理念展开教育援助建设工作，围绕教职员工的专业凝练和团队智慧分享，创造了杠杆原理，使安新二中和容和第一高级中学及兴贤初级中学展现出勃勃生机。

一、质性研究：准确掌握学校发展的起点

想要准确把握学校现行管理体制的内涵与价值，就必须要充分了解和掌握学校管理部门和管理规范的运行动力与实际作用。学校管理机构可简单划分为决策、执行、咨询和监督反馈机构；管理规范主要是指学校章程，以及学校各部门、不同人员、不同工作的相关规范。将管理机构与规范有机结合就形成了学校领导、执行、咨询和监督反馈四部门的体制，将这四部分综合在一起就构成了学校管理体制[1]。

（一）研究方法与过程

查阅档案资料：走进安新二中由一个大教室简易改装而成的档案室，我发现学校已经分门别类整理出了 7 大类档案柜，共有 270 只资料盒，封装了自 2010 年建校以来近 6000 份材料，涵盖初高中约 36 个教学班的教学资料、基础

建设、安全管理、图书实验、党建团建、校园文化、信息技术、音乐艺术、师资建设、有关荣誉、历次达标检查等资料。

全员课堂观察和师生访谈：利用近一个学期的时间，进行了全员课堂教学观察，从教学设计、学生参与、作业批改、师生获得感和学校发展展望等角度评估学校发展状态。

全程参与校务会、中层干部会以及各种业务团组会议：我与全校教工共同面对现实问题，全流程观察、决策、执行、咨询和监督反馈工作，从决策科学性、可行性和执行的实际效果以及长远影响评估学校管理状态。容东新建校的援建采用适合当地特色的制度传承与创新。

比较分析法：北京市第八十中学是"研究性、示范性、国际化和现代化的国内外知名学校"。以八十中学为参照模板，在师资水平、管理理念、学校文化、监督反馈等方面进行对比分析，能够迅速定位雄安校区管理水平。

（二）结果与质性分析

档案资料分类混乱，存在资料与资料盒标题不符、时间节点与校务事件不匹配、文件要求与实际管理方式不一致、半数档案资料内在逻辑不一致等问题。这固然与没有专职档案管理员有关，但最重要的原因是这些档案资料都是为历次迎接上级教育部门的评估检查准备的，每次标准不一样，在校长统一部署下短期分头补充造成的；这体现出学校行政挂帅、缺失自我办学理念的官僚式管理运转特点。

课堂观察共计145节，综合评估初中部教师水平高于高中部。教学目标达成率平均63%，设计教学情境率59%，仅有12%的课堂真正设计了生活情境或者学术探究情境，其余基本照本宣科。教师平均年龄39岁，本科率51%，硕士研究生2%。体现出教师专业水平堪忧，教学合作仅限于教学进度和试题组分工，有效的教学研究活动为零，理化生实验仅有少量演示实验，学生没进过实验室。专业水平待发展和合作研究意识淡薄严重阻碍着学校的高水平发展。

追踪决策、执行、咨询和监督反馈流程，决策层能够顾及上级领导的要求，但很少考虑基层意见的征集和调研；对固定资产等有形资产管理账目清晰，但缺少教学研究资源（如教学资源网、教师的系统培养、专家型教师的利用）等无形资产的涵养与管理。学校面临新情况的出现往往依据既有文件和旧例决策执行，严重缺乏弹性和长远规划，甚至在分配利益时顾及裙带关系导致多劳、优劳不多得。干部岗位存在紊乱、职责不清问题，遇事临时组织。

总之，学校存在干部素质现代化、管理思想现代化、组织结构现代化和管理目标现代化的问题，尤其在师资管理上存在急需专业化提升和教研氛围营造的难题。对照八十中学和雄安新区的战略要求，急需实现从强调常规管理转入注重创新管理，从注重有形资产管理转入关注无形资产管理，从强调物本管理转入注重人本管理，从注重分工转入关注团队合作，从强调严格管理转入注重灵活管理。

二、杠杆原理：厘清援建的研究和工作原理

关于援建的意涵，国内曾经有许多成功的教育援疆、援藏案例可以借鉴，基本理念应该是"由输血式帮扶变成造血式援建"[2]，关注援建校区的内生发展。国际上有中国对非洲的智力援助，实质上是站在"消除阻碍人类可持续发展的要因"的高度，提出援助的重点是促进受援地区"人和社会"的本质发展，进而发挥其推动社会进步和经济发展的潜能，即"内因主导论"[3]。援建效益要通过受援地区的组织结构调整来实现；"结构调整论"强调发挥发展援助的经济结构调整和政策改革的作用，能否发挥"杠杆"的作用，关键因素是人才。[4]"自助"的理念，不仅是日本援助的政策和原则问题，而且是深深植根在日本人心目中的传统和文化。日本政府强调受援国的"能力建设"，不仅是从培训教师的角度出发，同时也让学校和行政机构积极参与项目的实施。最具代表性的就是"加强数学和科学教育"项目，该项目已被确认为日本在数学和科学教育领域对周边国家在非洲的合作模式之一。[5]

在援建文献中多次出现的"杠杆"一词给了我们智慧的启迪：杠杆意味着要利用好援建资源，发挥其启发、指导、评估和督导的作用，显示其"四两拨千斤"的价值，在项目研究的合作活动中增强受援学校的"自助、自强"能力，此即援建工作的杠杆原理。另外相对受援学校的"当前管理状态"而言，"治理"更强调主体的多元性、参与性、协同性，它要求受援学校建立从人治走向法治、从封闭走向开放、从控制走向协调的治理体系，优化内部组织结构，完善制度体系建设，不断提升治理能力，推动学校转型，此即援建工作的效益评估目标。

北京市第八十中学具有国内一流的学校治理机制，其中三大发展体系（教师自主发展体系、学生自主发展体系和国际教育发展体系）和四大保障机制（现代学校管理机制、师生发展研究机制、课程建设发展机制和数字校园发展机制）颇负盛名。所以运用援建工作的杠杆原理，参照北京优质教育资源，以运行机制创新和人才培养为目标，开展项目研究活动是援建工作的主轴。

三、知识管理：师资增值的治理理念

物理学中的"杠杆"运用到援建工作中，重点是引导受援学校全体教职员工在工作中进行研究性学习，重点体现出知识管理的运行思想。知识管理是伴随知识经济的兴起而发展起来的一种新型管理模式。知识管理包含：以人为本，以信息为基础、以知识为核心，对知识进行管理和运用，实现隐性知识与显性知识的共享，通过知识的生产、传播、交流、共享和利用，促进人们用集体的智慧提高应变和创新能力等主要内容，是一种全新的，以人的发展为根本目的的管理模式。教师是在为未来培养具有创新精神的人才，不是教授死知识，更不是死教书，需要领会新时代教育教学思想，融会贯通应用课程标准的同时，创造性地开展教书育人工作。教师的创造性工作本身就是知识的应用以及新知识的创造，所以学校治理应该重点围绕"知识如何以最低的成本、最高的效率将最好的教育产品交付给学生"。当前知识管理的瓶颈可能是组织对知识利用的惰性和知识增值利用过程价值计算体系匮乏，这就导致知识落地的效率不高。这种惰性可能来自不科学的人员激励系统、不完善的学校知识产权体系和不连贯的落地系统等方面，所以建立教师知识增值价值量化评价体系是实现从科层式管理转向学校治理的主要"杠杆"。

知识管理可以增加学校的知识存量，优化学校的知识结构，提高学校知识的共享、转化和应用效率，从而提高学校的教育教学创新能力和对同类学校的辐射带动能力，最终推动学校实现可持续发展。为此受援校要努力做好教师知识增值价值量化评价体系（量化方案）的设计与应用工作。首先将档案管理与量化评价工作合二为一。事实上，良好的知识管理水平必然建立在高效的文档管理系统之上，同时，知识管理也是文档管理发展的一个必然趋势。[6]其次将教师的教案、作业讲评、题目命制、论文发表、课题研究与绩效挂钩后量化为年度知识增值分数，强调知识产权、共享范围以及实际绩效的一致性。第三年度知识增值分数与评职、校内职务晋升以及各种福利奖金分配协调一致。

四、项目带动：专业凝练与合作分享

（一）骨干教师专业提升项目

选拔受援学校各学科骨干教师组成教师研究性学习专业提升班，依托北京

特级教师团队深入开展教材、课标、课堂有效性研究，在理论学习、创意设计、实践检验、分享优化的过程中凝练教师专业素养，以这个群体为学校教学业务生长点，附设教研组、师带徒、名师工作室、课题研究组等微型教学研究组织。

（二）全国同课异构项目

每年选拔各学科优秀教师代表学校与来自全国各地的同学科优秀教师进行同课异构活动，以赛促研。新区教育最大的问题是师资质量，利用受援校年度教学基本功大赛带动教师教学研究能力的发展，借力教育教学发达地区教学专家的示范引领，创新教育理念，以赛带管，深度促进教师教育教学研究能力发展。实施研究性教师培训工程，带动提高教师教育质量，变输血功能为造血功能，全面提升教师队伍素质和质量。

（三）骨干班主任专业提升项目

选拔受援校骨干班主任教师组成班级管理研究性学习专业提升班，选聘全国优秀教育专家进行理论学习，围绕学生习惯养成、心态调控、家校沟通、班级管理、生涯规划等教育深层问题开展案例研究、创设教育案例、校内外实践、同侪分享活动。

（四）远程同步教学教研项目

集团化办学的目的是薄弱校（分校）依托品牌学校（总校）优质教育资源发展壮大，从而起到促进教育均衡发展、实现教育公平优质发展的作用。在集团化办学的初始阶段，总校可以用"输血"的方式即外派和轮岗骨干教师来支持分校的队伍建设与质量建设。同时，分校也派出教师到总校跟班学习。但最棘手的难题是总校学校骨干师资不够，分校不能充分分享总校优质教育资源。一方面派出太多骨干教师，本部骨干教师就不够用了，导致总校优质师资被稀释，影响总校进一步壮大；另一方面，总校派出教师会增加很多物力、财力成本，特别是分校和总校不在同一地域，甚至相距数百公里，这使得分校不能充分分享总校优质教育资源，影响教育集团校的发展。不过依托信息技术，构建远程互动教学和教研系统可以解决这一问题。

（五）构建三级立体课程体系项目

研究符合雄安校区特色的三级立体课程体系落地生根的办法，在开齐、开好国家课程的前提下，把教师和学生从题海、教室中解放出来，开发多元拓展延伸和实践应用课程，鼓励学生特长自主发展；构建符合学生核心素养的校本课程体系，开展两地学生交流互访机制，开设社会实践活动课程，打造品牌社团，为每个学生的个性发展搭建舞台。

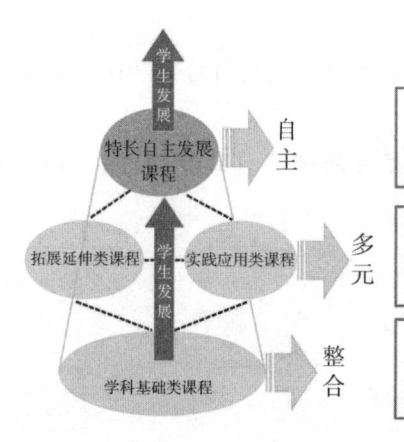

```
学生发展
  ↑
特长自主发展课程 → 自主  | 坚持以学校育人目标为课程结构设计的出发点和归宿。
  ↑                      | 满足学生个性学习需求，凸显为志趣专长、领域潜能学生自主发展的课程平台。
拓展延伸类课程—学生发展—实践应用类课程 → 多元  | 满足学生个性学习需求，凸显选择、应用、实践等学习能力的培养。
  ↑
学科基础类课程 → 整合  | 学科课程整合研究，面向全体学生，重学科核心概念、主干知识、学科思想、学科能力等。
```

（六）建立中层干部交流和竞聘上岗机制

本校依托北京干部管理经验，和北京市第八十中学同步实施"中层干部聘任制度"，通过竞争上岗，打破干部终身制和干部只能上不能下的习惯势力。本校依据知识增值评价量化积分，把优秀教师选拔到干部岗位，带动学校发展。

五、成效初现：教育教学活力展现与社会认可

经过四年多学校治理，特别是对教职工的柔性化管理，在规章制度允许的前提下，让教师拥有更多自主与独立的机会。同时学校加强了教师团队建设，通过座谈会、青春诗会、歌咏比赛等活动，增加教师之间、教师与领导之间的交流沟通，共同营造相互信任、彼此认同、真诚友善的人际氛围，增强教师的认同感、归属感与安全感，使教师在日常工作中勇于探索、敢于讲话、乐于贡献。学校课题研究组、论文发表、各地教学展示、名师工作室等多起来，学校活力初现，安新二中和容和一高均被河北省评定为规范化学校，被雄安新区认定为首批智慧校园建设学校。

参考文献

[1] 吴明贵. 初中学校管理存在的问题及对策 [J]. 价值工程, 2015, 34 (1).

［2］徐拥军，王露露．华为公司知识管理的特点及启示［J］．广西财经学院学报，2020，33（2）．

［3］简鹏萱．辽宁援建兵团第八师第二高级中学项目绩效评估研究［D］．石河子：石河子大学，2018．

［4］程伟华．中国对非洲智力援助：理论、成效与对策［D］．南京：南京农业大学，2013．

［5］陶慧．日本对非洲基础教育援助研究［D］．金华：浙江师范大学，2014．

回眸六年支教无悔
——赴雄安北京市第八十中学雄安分校援建小记
北京市第八十中学 张启华

如果我的每一次出发都能换来什么，那么我愿将我的知识传递给雄安新区的教育，换来无悔的支教经历。春季是播种的季节，援建教育事业是光荣的，这次出发我满怀信心，只愿在秋季收获智慧的果实。

2018年8月初的一次教研活动，我第一次来到了雄安新区，满怀期待的心让现实的环境给我上了一课，乡村的美收入眼底，道路也宽敞到天际，可心里总觉得少了一点什么。即便外在环境如此，我们依旧怀着激动的心情去参观了八十中学雄安校区，教室的桌椅板凳破旧不堪，灯光是昏暗灰色的，大大的教室内满眼望去，每一个课桌上都有着高高的书堆，而书堆后却并不是朝气蓬勃、散发希望的学生，学生们渴望知识，但又学而无助的眼神让我决定了我必须为他们做点什么，这是一种初衷，也是一次挑战，但我甘于尝试，希望能对现有的局面有所改变。

9月份我以学校数学教研组长的身份心怀希望地开始了雄安支教的工作。我们来到八十中学雄安校区，条件比想象的更艰苦，工作难度、强度远超出我们的想象。来之时我惊讶地发现这里的教师工作的烦冗，学生课程的不协调，除此之外更重要的是教学质量在这样的一种高压状态下竟然得不到提升。我们发现数学教学方法、方式的改革迫在眉睫。因此，在胡友永校长的带领下，我们利用一周的时间重新组建了从初一到高三六个年级的数学教研组的组织架构，建立了新的数学备课组，任命了新备课组长。在短短一个月内，实现了各年级数学教学统一学案、统一教学进度、统一集体备课、统一周测练习的"四统一"的年级团队合作教学方式。终于，功夫不负有心人，此次改革有了很大的成功，让数学教学有了很大的突破，这是与各位同事一起合作努力的结果，这也是学校提供舞台的结果，这更是我们教师坚定信心、不畏艰险的结果，那是值得我们永远铭记的美好时光。

当时我们之所以毅然决然地奔赴北京市第八十中学的雄安校区，从起初的教学项目不完备到如今的渐有起色，我的心里满是欢喜。当初我们全体援建教师带着政治的期望，肩负着世人的嘱托，担起了雄安新区千年大计教育改革前行的伟业，其任务艰巨，使命光荣。在这万众瞩目、举世关注的雄安新区，我们不辱使命，终于让教学有了它本来的颜色，让我也感到欣慰。

新区改革教育先行，教育改革教师先行，提高学校教师的业务水平和专业水准已经刻不容缓。十月份，以胡校长为首的领导班子站位高远、意识前瞻、纵观大局、把握机遇，先从教学入手，在全校拉开了"青年教师基本功大赛"的序幕。我们数学组的教师全员参加本次教学基本功大赛，在比赛中我们看到教师们敬畏课堂、严格履职。在学校他们夜以继日地工作，呕心沥血、耕耘在三尺讲台。他们不计个人得失，不顾家庭老小，甚至不畏疾病缠身，积极努力完成备课、讲课、批改作业、研讨教案、制作课件等一系列的工作，几乎全部的时间都在学校和学生们在一起（本校班容量大的近 100 个学生，少的有 60-70 人）。全组教师相互学习，扬长避短，整体素质得到了明显提升，教学基本功得到了扎实有效的提高。这次活动的圆满成功让我更加觉得此次支教是万分值得的，我们应该不惧艰难，砥砺前行。

十二月份以来数学教学进一步贯彻八十中教学理念，课堂上注重学生的探究学习，对学生进行科学的分层，针对优秀、良好、一般三个层次布置学习任务，教学效果明显得到了改善。在教学研究领域，借助网络和信息平台与八十中共享教育资源，共用试题，共同分析研究教学，共同交流经验，共同备课等。这些教学工作为未来八十中学雄安校区的数学教学工作的开展打下了一个坚实的基础，也为教师的课堂教学提供了一个学习加油站。

此外，我们也有计划系统地培养优秀教师。一是让学科骨干定期开展培训学习，上研究课，外出考察参观，承担教科研工作等；二是新教师的培养，实行"师带徒"教学培养模式来培养新教师。我们必定全力以赴，让教学工作氛围有一定改善，也让学生们的思维有一定改变。

冬去春来，我们在艰难的教学环境中度过了一个冬季，迎来了 2019 年的春天，春是希望的象征，也是我们向学生分享知识的大好时光。

2019 年 3 月，捧着一颗心来，我愿播下智慧的种子。新年伊始我们继续奋力前行，继续为了教学工作发光发热。学校开展了学科组内做课活动，我们数学组全员积极参与，认真备课，互相交流学习，营造一种智慧科学的备课氛围，逐渐打破旧有的"个体式"备课思想，让课堂更加科学有效，使学生更容易地获取知识。归根结底，我们的目的是让学生养成一种良好的学习习惯，让教师不再用"满堂灌"的授课方式，最后形成一种良性循环，这才是提高教学质量的初步工作和基本保证。

三月底，北京市第八十中学本部校区的一名高三的樊同学来雄安校区交流学习，樊同学在本部学习名列前茅，此次交流学习他讲述了他的学习方法，传授了一些自己的学习经验，我校学生也从中受益良多，希望日后能经常沟通学习。在交流学习期间，樊同学被我校的学习环境所触动，可能是因为学习环境对比让他产生了感慨。环境固然艰苦，但我们既然选择了这条路，就必须照亮前行的人。

作为教师的我们始终秉承着坚持不懈、吃苦耐劳的精神理念，一步一个脚印，对教学工作兢兢业业，对备课工作做到智慧科学，对教师团队的知识储量做到及时更新，对资源配置做到线上线下共享，对学生的知识把握做到及时检查与督促。只有这样我们才能将无穷无尽的知识传授给学生，才能把与时俱进的方法分享给教师，才能做到问心无愧。虽然学校的硬件设施不是最新的，但我们有信心将软件做到最好，凡事第一步总是难的，但敢于迈出第一步并坚持下去是很勇敢的，我们现如今就在做这样一件事，做一件增强幸福感的事。

初到之时秋风萧瑟之美尽收眼底，半年有余春意盎然之真藏于心中，我们坚信自己在做一件美好的事情，是在为雄安新区的教育事业添砖加瓦的一件美好的事情。我们愿意捧着一颗心来，愿意将自己的汗水洒在雄安的教育事业上，正所谓有一种生活，没有经历过就不知道其中的艰辛；有一种艰辛，没有体会过就不知道其中的快乐；有一种快乐，没有拥有过就不知道其中的纯粹。经过两年多的拼搏，学校发生了巨大的变化。学校硬件设施也有了明显的改善，其中我们的土操场变成了塑胶标准运动场，教学实验室、电教室、多功能室等设备齐全。所有的改变都是我们向目标努力的成果，在中考、高考中，学校的成绩有了前所未有的突破，在 2019 年的高考中，学校有 6 个学生考入重点大学，2020 年高考有 100 多个学生考上本科，到 2021 年高考已经有 200 多个学生考上本科。也就在这一年秋季，这所原来破旧不堪、升学困难的学校已变成了河北省省级示范高中，成了雄安新区安新县域内的唯一一所省级重点高中。我们在新区播下希望，收获喜悦，让我们甘为人梯，使新区的孩子踩着我们的肩膀奔向未来！

也正是2021年秋季，我又来到一所新建的援建学校——北京市第八十中学雄安容东分校。学校在胡友永校长的带领下，秉承北京市第八十中学"一人一天地，一木一自然——让生命因教育而精彩"的办学理念，实行创新性育人模式，实施分层小班化教学，正副班主任协同管理。在五育小学临时校址那样艰苦的条件下，我们举行了建校的第一次教师教学基本功大赛。这次活动在校的教师全员参赛，各具特色，各有所长，体现了以教师为主导以学生为本的新课程理念。在教学中，教师的教学手段能结合当时的艰苦实际，将学科与信息技术有效整合，增强了课堂教学的直观性、趣味性，激发了学生的学习兴趣，较好地突出了教学重点，突破了教学难点。

2022年我们迁到了容东的新校址，这里的硬件设施丰富完善。一切都是新的，数学组作为三大主科更是汇聚了全国各地英才，走在教学创新改革的前列，把担当教学责任创造教学业绩作为工作的第一要件。数学教研组的教师们，他们勇于探索，组织学生参加强基础培训，在北京市数学竞赛中取得优异成绩；教师们积极学习教育新理念，加强课堂教学实践，提高学生数学专业素养，曾多次举办数学学科月活动。在教学中，全面推行"澄明课程"育人体系，加强课堂教学研究，全面促进学生核心素养发展。为保证教学质量的整体提升，学校推出走向深度学科理解的"以生为本、问题引领、情境再造、探究展示、精讲释疑、诊断检测"的教学调控方式，旨在使知识结构化、学科思想方法系统化、学习过程与能力发展融合化，保证学科价值与学生终身发展融合。研究教学，特别是"信息技术赋能的指向学科理解的有效教学"，聚焦教育高质量发展的实践和探索，"新"人工智能领域下的新课标实践路径等。教师对如何从学科育人立场出发，理解学科知识习得过程对发展学生素养的价值；如何基于课程标准，上好不同课型；如何通过信息技术赋能进行有效教学等主题进行深入交流，旨在聚焦教育改革热点，探讨解决问题方案，高效率发展学生核心素养。具体尝试如下。

第一，备课组全员参加学校组织的信息技术培训学习。教师掌握教学软件和信息平台的使用方法，并在教学中边用边学、边摸索。现在基本能够较熟练地运用"钉钉""腾讯""ClassIn"等上课软件。第二，狠抓集体备课。每日小组集体备课，每周三教研组集体备课。备课主要任务是制定在线课堂的教学，具体实施方案，包括教案、学案、课件、随堂训练、课后的研讨与反思等。在教学中，同一年级教师教学进度、内容统一，做到认真上好每一节网课。在制作课件的过程中，教师们共享备课资源，精选优品课件，沟通教学经验，旨在共创网课教学佳绩。第三，教师实行在线课堂和线下评估教学，注意关注教学效果，严格要求学生按时完成线上作业并及时批改反馈。第四，优化课堂的教学模式，不是传统的课堂而是有一种隔空取物的感觉，学生是通过屏幕的交流，教师要清晰整个教学流程、思路，学生能接受，且有预期的效果。总之千方百计利用现有设备资源实施教学。第五，教师在教学中注意指导学生提高学习的自控力、自觉学习的能力。相比之前的工作，这两年的支教工作更具有挑战性、开拓性、竞争性和实效性。新的学校，在2023年被评选为"河北省省级示范高中"。

我还清楚地记得在本校建校庆祝仪式上，感慨万千地回顾了那段在"五育小学"借址上课的情景。我是这样写的："大家好，我首先要祝愿北京市第八十中学雄安容东分校周岁生日快乐，祝福我们的学校年年桃李，岁岁芬芳，再创辉煌。时光荏苒，日月如梭，我们每一个曾经在五育小学，在胡友永校长带领下创造了'红高粱'精神的人，都无不为之感慨。之所以称之为精神，是因为在那里，不仅有许许多多我们共同学习生活的感人情景，还有我们历尽艰辛、挥洒汗水的深刻记忆，以及大家团结奋斗、相互支撑、共克时艰的工作热情。教师们眼含热泪、潜心教学的工作画面至今历历在目、刻骨铭心，小小的学校伴随着满满的温馨，浓浓的教学氛围和琅琅的读书声，悠扬的校歌飘荡在校园上空，这些都彰显着学校的生机与活力。我们的教师在那里立下誓言，为新区建设而来，从五育小学开始做起，为新区教育发展而为，直至今天，我们不忘初心，历经艰辛实现了学校至今的规模。回顾这一年多的工作，教师们培根铸魂、启智润心的育人场景，反映了我们工作的点点滴滴，以鞭策自己和鼓舞他人，在重温过去的同时，也要珍惜现在、憧憬未来。我由衷地祝愿我们的学校蓬勃发展，再创辉煌；祝愿我们的教师工作顺利，再创佳绩。"

今天看来，六年有余春意盎然之真藏于心中，回顾自己援建雄安六年来的工作和表现，有辛苦的付出，也有幸福的收获，我感受着支教赋予我生命的精彩。"为天地立心，为生民立命，为往圣继绝学，为万世开太平。"这不仅是古代读书人的立志目标，也应该是教师位于改革之巅的教育情怀。

最后，我在雄安校区支教数学教学是责任、智慧、汗水和泪水的结晶。工作虽不能俱尽教学所有，也不能遇见教学的所有未知，但是它能给人以力量与思考。我坚信办法总比困难多，做好艰苦工作、吃苦奉献的一切准备。在此我要感谢胡友永校长、田树林校长、任炜东校长及雄安新区领导对我个人和数学组的关心、指导、信任和帮助。感谢上级领导的关怀，支持和给予我援建雄安的机会。

张启华

2023 年 7 月 3 日

雄安支教 怀揣教育情怀 三尺讲台 书写别样青春
2022—2023学年八十中学雄安容和一高工作总结
左卫军

鸣蝉吟夏，桃李满园。与300多天前万物待发的情景不同，雄安容和一高操场上已是一团团白云悠然浮荡，一片片绿叶郁郁葱葱，一簇簇鲜花争奇斗艳……

伴随着期末考试的到来，一个学年的支教工作与生活即将落下帷幕。为了高质量服务雄安新区建设，有力推进京津冀教育协同发展，更好地发挥传、帮、带作用，作为八十中学本部支教教师之一，我已经比较顺利地完成了一个学年的英语教学工作，同时带领英语组团队，完成了将近30次的教研活动。从柔和的春风中拉开帷幕，走过清明的雨季，到荷香轻拂的盛夏，我们支教教师们用辛勤的汗水，灌溉着三尺讲台下一株株期盼成长的幼苗，不仅为今后自身的教学工作积累了宝贵的实践经验，也给当地学校的学生们带去了更多的知识与快乐，为学校的发展注入了新的生机与活力。"桃李不言，下自成蹊。"支教老师默默耕耘，赢得了当地师生的广泛赞誉。

具体工作总结如下。

一、思想方面

作为一名支教教师，首先，我坚持走教育方针的基本路线，根据课程标准进行备课与教学。在思想上我积极要求进步、爱岗敬业、为人师表、遵守学校的各项规章制度，积极参加学校的各类政治学习与培训任务，并且认真做好学习笔记，及时总结反省，努力提高自己的思想觉悟，不断地完善自我。

其次，端正自己的服务态度，教书育人，为人师表。我经常利用课余时间和同事、学生进行交流，使自己成为同事们的知己，学生们的良师益友，努力把八十中学先进的理念带到这里来。支教对我们每个支教教师来说,是一次磨炼,毕竟它打破了原有的生活规律,要具备吃苦耐劳的精神。因此,当我加入"支教"队伍之前,自己已经做好了充分的准备,不管遇到多大困难,我一定会坚持下来,尽自己最大的努力干好自己的本职工作。我严格要求自己,服从领导的各项安排。平时,我能主动与其他科任课教师沟通交流,传播新的教育教学理念的同时也虚心向他们学习。在工作中我坚持做到事事讲奉献,服从安排,以大局为重,以学校利益为重,不计较个人得失,理性地处理好个人利益与集体利益的关系,尽职尽责做好自己的本职工作。

二、工作方面

我信奉的工作理念是脚踏实地,和教师们、学生们一起努力和成长。我为工作的开始定了一个方向,我认为,成人比成材更重要,应该让孩子有一个远大的志向,正确的为人处事的方法以及健康的心理。课堂上,当学生的回答出现错误时,我会送给他一个"微笑",因为"微笑"只有几秒钟,但对于学生来说却是下次更加努力的肯定。我鼓励学生说普通话,使得师生之间的交流无障碍。每天空余时间我都在写教案和看课本中度过,我要让自己的每一节课都可以给学生带去收获,同时也充分利用支教的时间,为学生做力所能及的事情,可以提高他们的成绩,让他们的起步人生不要有太远的差距,只要能够看到孩子们的进步,我就会感到由衷的欣慰!

三、踏踏实实教书,全心全意育人

平时我切实做到关心爱护每一位学生,力求成为学生的良师益友。在过去支教的一年里,我主要担任高一英语教学工作,每周共14节课,还有早读、晚自习等。因为英语教学任务较重,所以我经常利用自习课给学生进行辅导,我深感肩上的责任重大。我们全部的爱倾注在所教学生的身上。在英语教学中我注重培养学生的学习能力,教他们听、说、读、写、看,指导学生积累语言,通过课外阅读丰富知识,而且尽量让每个学生都不掉队,尽量让每个学生都能完善自己,在各个方面都有不同程度的提高。课前,我坚持做到认真备课,针对学生实际学情因材施教。课堂上我再现教师的风采、循循善诱、及时鼓励,引导学生们大胆质疑,拓宽教学渠道。课后,我认真批改作业,对于后进生的问题,我给予更多的支持和尊重,对他们重点辅导;对于中等生,我帮助他们努力向更高的目标迈进。培优工作中，我鼓励学生将眼光放长远，开拓知识面，抓住亮点求更高的发展。

四、不断加强学习，强化自身素养

我在不断学习理论知识的同时，一有时间就走进其他教师的课堂，学习他们的教学方法，通过对比，及时弥补自身不足，进一步完善自身教学策略。我常常在备课时，边参考教学用书，边弄清当地学校的教学资源和学生的实际水平，从学生的角度去备课。课堂上我改变传统"填鸭式"的教学模式，采用师生互动，以学生为主体启发引导的教学方式，因此课堂气氛逐渐活跃起来，连那些不善言语的学生都开始积极回答问题了；那些学困生也认真听课了……学生的改变让我钻研的劲头更足了。

五、学习课标、明确教学目标

我通过对新课改的学习，认识到高中英语教学最重要的是培养学生的思维品质，激发孩子们学习英语的兴趣，培养他们学习英语的能力，使他们建立民族自信心，此外还要培养孩子们的语言运用能力，通过活动型的教学突出语言的趣味性和实际性，在此基础上，结合一高中实际情况，我认为有必要帮助孩子们了解世界和中西方文化的差异，使孩子们可以拓宽视野、增强民族自信。

六、扎实备课、改善教学措施

我每天给自己的任务就是必须研读新课程标准和教师用书，根据学生实际情况改进教学的方法，制定务实的教学措施，布置不同层次的作业。做到生活中有英语，英语中有生活，最重要的是要鼓励学生大胆说英语，肯定他们的进步（尤其是英语基础不好的学生），树立学生的信心，培养学生朗读和书写的习惯。在课堂中，我一般会多教授CHANT和歌谣或小故事，充分利用教科书中的课文创设栩栩如生的情境，如打电话、问路、看病等，为学生提供使用英语进行交流的机会。

七、指导教学工作

支教工作真正的目的和意义是提高当地教育教学质量，要在提高学校教育教学软实力上下功夫，因此在这学期我要把工作的重心放在听课、评课、指导备课、说课等教学业务指导上。在指导教师备课、说课之前，我对教学内容都进行了深入的学习和研究，对教材、教学目标烂熟于心，为了确定更好的教学方法，我通过上网、查阅资料等阅读了大量的教学设计，针对当地学生实际学情和教师们一起探讨适合本班学生学习的最佳教学方案，认真贯彻澄明课堂的教学理念，努力在教学中设置情境，打造高效课堂。

最后，关心学生，奉献爱心，做学生的良师益友。支教一年里，我主要承担英语教学工作，我倾注了全部的爱在所教的学生身上。课前，我认真备课，了解每一位学生的各种情况，因材施教。课堂上我再现教师的风采，精彩讲述，循循善诱，及时鼓励，深深吸引着每一位学生。课后，我认真批改作业，高质量地处理好学生作业，并对差生进行重点辅导，总是让每一位学生都理解消化了才肯罢休。我了解到这里的学生英语基础差，于是特意在上课的环节中增加了"翻译"这一项目，降低难度，使多数学生都能轻松地学好英语。课前课后，我教学生唱英文歌曲、编演英语情景剧、一起疯狂说英语，培养了学生对英语的兴趣，帮助他们树立了学好英语的自信。

轮岗支教，对我来说是一种锻炼和实践的机会。支教工作是短暂的、是忙碌的也是充实的。尽管有着种种困难，比如路途遥远、生活不便，但我依然风雨无阻，坚持着自己对于支教工作的那份执着，即使是在自己不断加重的病情面前，这份执着依然不曾改变。支教生活，尽管看起来显得有些平淡，但是它仍然让我受益匪浅，更使我对支教工作产生了一种深深的敬意，它将是我人生道路上浓墨重彩的一笔。希望通过我的努力，能够架起城区学校和农村学校交流沟通的桥梁，为实现均衡教育贡献自己的一点力量。支教工作虽然辛苦，但很充实。我将把这段经历永远地珍藏在心里。有多少付出，就有多少收获。支教生活给了我一段无极限的体验和感受，给自己人生留下了不可磨灭的印记，生命因为它而更加丰富和精彩，这将是我今后工作的不竭动力。能成为一名支教教师，是我无悔的选择，支教生活的光芒将照亮我今后的人生道路。

雄安，希望的田野

北京市第八十中学　赵修瑞

2018年，注定是我教育生涯中最重要的年份，因为雄安。

我是主动要求支教雄安的。尽管我也有很多理由不这么选择，就像有学生问我："马上高三了，老师你真的舍得离开我们啊？"我在班级微信群里是这么回答我班学生的："当然不舍得，但是请同学们理解并尊重我的选择。第一，到雄安支教，尽管我不是学校唯一的人选，但至少我是选择之一；第二，援建雄安，是一项政治任务，而政治没有讨价还价；第三，对你们来说，我能给予你们的，最多算是锦上添花，而对于他们来说，却可能是雪中送炭。"

后来再有人问我，为什么要来雄安？我这样告诉他："我想知道雄安现在是什么样子，我更想参与到雄安未来的建设中。"

尽管每个人心里都做了最坏的设想，但现实还是毫不客气地打碎了我所能想象的底线。

在离北京只有180公里的地方，却像隔着一个世纪那么遥远。

在我任教的高一年级，好多班级没有齐全的任课老师，民办高校和地方院校大三实习的学生无奈走上了课堂，即使这样还是有许多课程无法开设。70多个学生的大班额，让习惯了30多个学生的我，在教学和班级管理上举步维艰。

一切都是崭新的课题，一切都是严峻的挑战。

在安新这座小城里，在距离湖光水色的白洋淀不到500米的学校里，没有教学最基本的实验设备和器材，办公没有电脑，没有打印机，教师没有地方吃饭，没有地方开会，没有教研活动，没有选修课，没有校本课程；有的是坟头林立的黄土操场，满厕所的烟蒂，如同垃圾场一样、怪味刺鼻的教室，遍地纸屑的校园，有只能站着吃饭的食堂，有直接拿手抓取饭菜的食堂师傅，有坑坑洼洼容易崴脚的跑步甬道，有臭气熏天的12人一间的宿舍，有冬天在厕所凉水洗头的学生，有需要4个人才能抬动的大号垃圾桶，有早上5点多就集合的早操，有随处可见的搂搂抱抱的男生、女生，有成群结队的打架斗殴。当然也有最先进的指纹和人脸识别的考核系统,最先进的金属监考测试仪……

毫无争议,在首批援建雄安的4个学校之中,无论是硬件还是软件条件,八十中拿到的是一把最烂的牌。

让人欣慰的是,我们每一个人都没有丧失信心,更没有放弃。我们不是一个人在战斗,我们代表的是北京市第八十中学这个伟大的群体。就像胡友永校长所说的,我们支教的8个教师,是彼此可以把后背交给对方的战友,无论面对什么困难,我们都可以同舟共济、荣辱与共。

"教育,就是从改变人开始,只要有了开始,这就是成功。"茫然困顿之际,田校长给我们指明了方向,也带来了莫大鼓舞。

还记得第一次全校教师大会,下午,阳光透过教学楼的回廊,映着会议室斑驳的门窗,在全校唯一的这间小会议室内,座无虚席。后来有教师说,有些好多年从没开过会的教师,今天也来了,为的就是看看从北京来的学校领导能有啥神奇,到底有几把刷子,能不能把这个人心涣散的学校彻底变个样子。

那天,胡友永校长都讲了什么我已经模糊了,但是不时响起的掌声、笑声和他提出的8个愿望,却时常清晰地回响在耳边。

胡校长说,他希望有一个不再是晴天一身土、雨天一身泥的操场,能让所有孩子尽情地跑跑跳跳;他希望每一间教室的孩子上课不再睡觉;他希望每一个学生都能有尊严地坐着吃饭;他希望学生能够中午回到宿舍睡个午觉;他希望教学楼里不再摆满大大小小的垃圾桶;他希望教师都能用上电脑备课;他希望教师能在学校食堂吃上一顿早饭;他希望有一个能容纳所有教师开会的地方。

卑微而真实的愿望,让人心酸却又温暖的情怀。

我不知道胡校长的愿望到底打动了多少人,但我们清楚的是,"创造环境,改变观念"是八十中接手雄安校区的战略蓝图,两手都要抓,两手都要硬,这无疑是个巨大的工程。既然已经开始了,我们只能奋力前行!

刚报到,胡校长就给我们每个人肩上压上了沉甸甸的担子。我担任德育副主任,分管班主任培训、配合其他几个主任专项治理学生抽烟、仪容仪表、禁止购买外卖和宿舍安全管理等事宜,还担任高一一班的班主任,语文教研组组长和高一语文备课组组长。家人有时打电话问我:"在那边生活得还好吧?"我说:"不好。"家人说:"不是一个人一套房子住着吗?你支教倒比我们提前进入小康了。"我说:"你见过谁家小康是5点出门,11点回家的?谁的小康生活,连吃饭的时间都没有?"家人说:"有那么夸张吗?"我说:"我帮你算一下吧,6点到校跟操,6点30分早读,7点20分早读下课,第一节8点上课,走着回家来回就需要40分钟,哪来的时间做饭吃饭?"所以,第一学期,对于我来说,如果哪一天能吃上早饭，就感觉快达到人生的巅峰了。

如果没来雄安之前，有人问，雄安与北京有什么不同？我也许会说，没有什么不同吧？物价都是死贵，雾霾都是惨烈。而在经历了一个学期的生活之后，我会这样告诉他："雄安的白天比北京的白天更长，雄安的夜晚比北京的夜晚更短。"

夜半时分，马路上汽车的轰鸣声依旧聒噪，凌晨4点，狗叫、鸭叫、鹅叫、鸡叫此起彼伏，不知和我一栋楼的张文博老师是否还在梦里，但我已经醒了。

我敢说，我可能不是安新县城起得最早的，但我一定是这个小城起得最早的。

每一个早晨，都要5点多起床，6点赶到学校，在凌晨寂静空旷的大街上，我觉得自己好像成了叫醒每个黎明的人，甚至有时会被自己莫名地感动。

2018年11月6日，我在日记里这样写道。

今天又是忙碌的一天。6点到校跟操，没吃早饭，早上第一节，上课。上午连续3节课听课，又在阴冷的操场上站了一节课。11点40分至13点10分和胡校长、刘志辉书记值班巡视食堂校园，溜达了一个中午，下午一点半，准备回家做饭。两点半回校，接着听第7、第8节基本功大赛课。中间喝了一杯水，又接着上两节高三培优课。17点40分，继续巡视值班，没有时间吃晚饭，因为晚上第一节课18点30分上晚自习，需要监考周测。第三节晚自习巡视考勤。22点，学生放学，值班巡视宿舍。一天9节课，一顿饭，4节晚自习。22点40分终于回家，结束了累成一条狗的生活。

记得新年的时候，有学生问我："老师您对我们有什么要求和希望？"我想了一会儿，告诉他们说："你们可以学不好，但一定不要不学好！"不知道我这话是否伤了一些孩子的心，但至少那是我心里最想说的话。

如果我有什么愿望，我会说，让我班的孩子们不再厌学，能静下心来读点书，有一个大一点的视野，有一个良好的学习生活习惯，努力做一个对社会有益的人。

是的，不管是雄安的孩子，还是北京的孩子，都是我们的孩子，都是国家的未来。多年后，他们也可能会走在一起，生活在同一个城市里，做着相同的事情，为共同的理想奋斗，甚至可能会生活在同一个屋檐下，组成一个家庭。就像田校长所说的，如果每一个生命因教育而精彩，那么，每一个孩子的未来就一切皆有可能。而我眼下要做的，就是用心接纳每一个孩子，用爱引领每一个孩子，用力成就每一个孩子。

忘不了，教师节的夜晚，操场上有个胆怯的女孩子送我的那块大白兔奶糖；

忘不了，我与孩子们一起排练到深夜的歌咏比赛；忘不了，两年多不曾说话的王畅第一次开口对我说的"谢谢您！"；忘不了，在闷热潮湿的铁皮屋里与他们共度的那些时光……

忘不了，2020年8月9日，我高三的学生韩武杰给我打来电话："老师，我被江南大学音乐系录取了，我是我们村第一个考上211学校的，感谢老师对我的辅导和帮助，我以后也想做个像您一样的好老师！"

也许我们只是一粒种子，但我相信，我们用爱与奉献播下了希望；也许，我们只是一盏灯火，但我相信，我们用忠诚与信仰，点亮了人心，照亮了所有追梦人的前程。

感谢这个伟大的时代，让我们能亲历变革，参与创造！就像习近平总书记所说的那样："每个人都是新时代的见证者、开创者、建设者。功成不必在我，但功成必定有我！"

此刻，180公里之外的雄安，塔吊林立、机器轰鸣，面对这样一个日新月异、生机勃发的雄安，我可以骄傲地说："我们八十中人站在了新时代的潮头！我们和雄安在一起！"

支教雄安，尽管只有700多个日子，两年的时光，尽管没有留下伟大的成就，但我可以骄傲地说，在这里，我们没有辜负每一天的日出日落！

前些日子，学生陈雅文给我发了一条微信："老师，您还会来雄安吗？我们都想您了。白洋淀的荷花，今年开得特别美，您来的时候，一定告诉我啊，我让奶奶给你煮荷花粥。"

说实话，我也不知道自己什么时候会再回到那座小城，但我知道，那里的人，那里的事，和那些曾经认真付出过的时光，都将成为我生命中最刻骨铭心的部分！

感谢雄安！祝福雄安！

赵修瑞
2023.7

我在雄安教高三

北京市第八十中学高中政治组　张文勃

一、背景

2018年9月初，我在胡友永校长的带领下来到雄安新区的北京市第八十中学雄安校区即安新县第二中学，开始了为期一年的支教生活。我们同行的一共有8位领导和教师，由于初来乍到，学校安排我们几位教师担任新高一年级的教育教学工作，我的工作是担任高一年级思想政治课的教学。在教了高一年级一周之后，胡校长和主管教学的朱校长找我商量一件事，因为一位高三的政治老师因故不能继续教高三了，所以问问我能不能接替。高三的工作意味着更大的责任、更多的辛苦，同时也意味着更大的挑战、更多的快乐。我当即表示："我虽然在北京教过9届高三，但河北的全国卷高考毫无经验，只要领导能豁得出去，我就干。"于是从我支教的第二周开始，就开启了我在雄安支教的高三教学生活。

我们雄安校区的高三年级一共有3个文科班，其中3班是艺术特长班，学生在第一学期要在校外进行专业课学习，一般要在第二学期一模前后在专业课考试结束后才能回校参加文化课的学习，剩下的两个文科班在校进行常规的学习，我教其中的2班，2班的班主任是冯老师，在这一年中，冯老师和高三其他的教师们给了我很多的帮助。2班一共有82个学生，教室里坐得满满的。学生的学习水平如何？据说之前参加保定地区的统考，高三的学生在政治学科上几乎没有能达到一本分数线的。于是我给自己也给学生定下的目标就是保本争一，即在保定地区的统考中，保证达到本科线，争取达到一本线。在这一年的高三备考过程中，我们一共参加了4次保定地区的统考，在第一学期的期中考试中，2班达到一本线的有0人；在期末考试中达到一本线的有2人；在第二学期一模考试中达到一本线的有6人；二模考试中达到一本线的有3人。虽然最后高考呈现的成绩是综合的成绩，不能确切知道学生政治学科的准确成绩，但从 4 次保定地区的统一命题、统一考试、统一阅卷、统一排队的考试成绩看，2 班学生这一年在政治学科的学业水平还是有较大提升的，我也圆满地完成了自己的任务。下面从几个方面谈谈自己这一年是如何备考的。

二、备考

（一）资料

我努力搜集有关全国卷的高考资料，深入研究全国卷高考政治试题的特点。河北省高考采用全国甲卷，无论从内容还是形式全国卷的试题与北京卷的试题都有很大的不同。自从接手高三教学之后，我从各种途径搜集了近 6 年全国卷的试题及河北省问答题的给分标准，认真研究，找到其特点和规律，使备考能够有的放矢。另外，当时在安新县的范围内几乎没有统一的教研活动，就算高三也是如此，在备考的过程中，教师们都是各自为战，考试的信息十分不足。为了了解更多的河北省的备考信息，我加入了一个河北省高中政治教师的微信群，从中获得了不少的资源和重要信息，为高三教学提供了不少帮助。

（二）作业

作业是学以致用的基本形式，作业是完成考试的必要准备。不做一定数量的试题是无法很好地完成考试的，我每节课都会给学生布置作业，并且注意作业的数量及难易的水平。凡是我布置的作业，我第二天是一定要收上来的，每一个学生的作业我都要批改，并且统计每道题有哪些同学有错误。对于出错多的题目，下节课在课上必讲，讲的过程中对犯错的学生必提问。对出错少的题目，下课必对错的同学进行面批，直到他理解为止。对于问答题的优秀答案，我会在课上用 PPT 进行展示，这对能写出优秀答案的学生是一种鼓励，对其他学生也有巨大的收益，比直接看标准答案的效果更好。

（三）默写

全国卷非常重视对基础知识的考查，为了让学生更扎实地掌握基础知识，我每天上课都要对学生进行知识默写，每次都要发默写纸，用废试卷的背面默写，这样既方便保存又节约资源，由于每天都要默写，对废卷子的需求非常大，但印卷子学生都是要付费的，所以废卷子就很少，后来刻印员只要有废卷子就会给我留着。每次默写我只默写 10 个问题，默写之后我会马上进行订正，这时候学生及时知道答案，印象深刻有利于记忆，然后我再将默写纸收上来，在课下对学生默写的错题一个一个进行考查，这样经过了 3 遍的重复，学生的记忆大大加深。

（四）辅导

在高三的备考过程中，师生的结合度对学生的学习效果至关重要，这种结合一方面体现在课堂上师生的结合，即多上课，另一方面也体现在课下教师和学生的一对一辅导和一对一交流，而后一种的结合，实际上对学生的学习影响会更大。所以我从开始就想着如何对学生进行一对一辅导和答疑，但是我发现我几乎找不到学生空闲的时间，因为学生一天的时间全部被安排得满满当当，从 6 点到晚 22 点，全部都是课，学生自主支配的时间太少。经过一段时间的观察和尝试，我最后终于找到了两个时间段可以对学生进行单独的辅导，就是中午的 13 点到 13 点 30 分和晚自习前的 18 点到 18 点 30 分，于是在这两个时间，我会准时出现在教室里，坐在讲台上，等学生来问我问题，如果没有学生问问题，我会拿着默写纸逐个问学生问题。

（五）奖励

为了鼓励学生努力而快乐地学习，我对考试成绩优秀的学生会进行一定的奖励，凡在保定地区统考中成绩达到本科线的同学，奖励一个笔记本，对达到一本线的同学奖励一顿肯德基，这个奖励对学生还是有一定吸引力的，因为学生平时吃的饭太差了。奖励对调动学生的学习积极性能有多大的作用，实在不好说，但至少能使他们在单调紧张的高三学习中得到一点点的放松。县城里有一家肯德基餐厅，但考试的获奖者，我却没有办法请他们亲自去餐厅享受胜利的成果，因为学生的时间太紧了，休息的时间太短了，根本无法去餐厅就餐，于是我只能打包了给他们带回来，看着他们兴高采烈的样子，我的心里也无比的快乐。当然，我还给他们设置了一个超级大奖，就是谁能考上北京的大学，我请吃"满汉全席"，可惜最后没有一个学生能考到北京。

（六）新闻

政治学科与时政有紧密的联系，高考题都是以时政为背景来命题的，所以学生了解一定的时政知识，对于备考至关重要。而我们的学生整天关在学校学习，得不到任何时政的信息，这对高考非常不利，于是我利用晚自习的时间，在教室里组织学生利用教室里的设备收看《新闻联播》，每周收看 1~2 次，我边看边在黑板上做记录，然后逐条结合教材的知识进行讲解，学生收获了很多。

三、建议

我在雄安教高三这一年，有辛苦的一面，比如早上 6 点早读和晚上接近 22 点的晚自习，比如所有的节假日高三都要补课；也有奉献的一面，比如高三的补课费雄安校区每节课 10 元，而八十中的补课费每分钟 3 元，一节课 45 分钟就是 135 元，比如八十中高三的奖金要万元以上，高考之后教师有出国学习机会，而雄安校区什么都没有；但也有快乐的一面，比如与当地师生的情谊，比如学生取得的进步。希望雄安新区的教育越办越好，高考成绩越来越高，以我的经验，为高考备考提几条建议。

1. 研究高考试题。在所有高考复习的资料中最重要的就是高考试题，研究透了，复习就有了主心骨，未来的高考题就会心中有数。

2. 给学生一定的自主学习的时间。越是优秀的学生自主学习的时间应该越长。

3. 提高师生的有效结合度。课上老师讲学生听的结合大量是低效的结合，要通过一对一的交流提高师生的有效结合度。

张文勃

2023.7

支教感言

北京市第八十中学　宋福龙

随学校支教团队去雄安已经两年了，过往的岁月已经压缩到大脑的Memory"硬盘"尘封。2023年7月14日早上，胡友永校长的一条简讯成了解压按钮——让我写支教感言。

2019年暑假前，学校领导找到我，说下学期安排我去雄安支教。当时我有触电的感觉，感觉会直接晕倒爆炸。自己所教的孩子下学期高三，撇下自己的孩子不管，去教别人家的孩子……我觉得自己的身体被两种力量拉扯着。

想到设立雄安新区，是习近平总书记亲自谋划、亲自决定，是疏解北京非首都功能，促进京津冀协同发展的国家战略，我必须参与，才无愧于这个伟大的时代。经过认真思考，我决定服从组织安排，加入支教队伍。

北京市第八十中学援建雄安的单位是安新县二中，二中地处县城育才路，紧挨着县一中。一中是省重点校，生源、校舍都是一流的。二中像是县里后娘的孩子，生源校舍都差得远。由于一中办学规模有限，二中的教学质量很一般，县里有关系或条件好一点的人家，从小学、初中就把孩子送到邢台等地上学。

第一天到校，我发现楼道、办公室都是灰色的水泥地，空气中弥漫着厕所的骚臭味。办公室教师们没有电脑，门锁是坏的，门也推不动。我心灰意冷，仿佛到了另一个世界，很想再回到北京工作，这样别别扭扭好多天。

我是援建雄安的第二批老师。听胡校长说，一年前，学校操场还有五六个坟头，初一、十五还有周围的百姓烧纸焚香。经过胡校长不断和安新县领导沟通，坟头很快被迁走了。自此，我对胡校长的沟通协调能力有了新的认知。

我接手的高一教学班，有六十几个学生，他们的基础很差。

其实，雄安新区的安新县、容城县、雄县在河北省是教育落后的"黑三角"，这种现状和国家对雄安新区的定位极不吻合。

我坚信这种现状必须改变，也一定能够改变。

2021年暑假我离开北京市第八十中学雄安校区（安新二中）的时候，学校已经荣获河北省高中示范性学校，新建了操场、教工餐厅，每个教师配了新电脑，硬件设施得到了极大改善，教育教学质量稳步提升。这都得益于胡校长的英明领导和广大教师的极大付出。

学校操场旧貌换新颜

  一个好校长成就一个好学校。胡友永校长是个好校长。胡校长既是我的领导，又是老朋友。他平易近人、和蔼可亲、积极进取、思路开阔、海纳百川、又红又专。他调入八十中前，是河北省一中学业务校长、特级教师，调到北京后，在八十中分管德育工作，学校校风、校纪有极大改善。由于学校干部调整，胡校长负责白家庄校区（八十中南校区）全面工作，各项工作有序推进，取得了非常好的成绩，给八十中增光添彩。后来北京市发挥名校带动效应，组建八十中教育集团，筹建北京市八十中睿德分校，胡校长带领大家一干又是3年。睿德分校各方面工作就绪稳定平顺后，八十中作为北京首批援建雄安的4个学校之一需要胡校长，于是他又带领教师团队赶赴雄安，任北京市第八十中学雄安容东分校校长。他真正是教育行业的"拓荒牛"。

在雄安和同事们一起工作的岁月中，有一件事情我印象极深。受 2020 年春节后的疫情影响，2020 年 5 月 1 日起，其他年级学生在家上网课，只有高三师生在校学习，学校封校管理。胡校长和师生打成一片，以校为家。大家吃住在校，克服了各种生活不便，同心协力备战高考。

高三物理老师赵艳辉老师累病了，因此我也加入了高三团队。每个教师都默默坚持、无私奉献。当年高考成绩比上届进步不小，大家的付出得到了回报。

高三学子拼搏奋进

高一（1）班刘谦同学深情分析气态变化

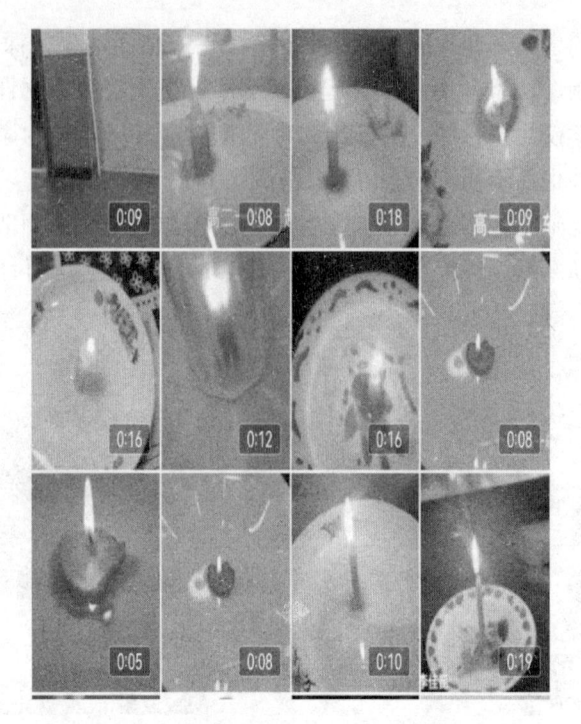

高二（1）班部分同学的研究气态变化的小实验

在安新二中工作期间，我每周组织物理组全体老师开展扎实有效的教研活动，内容包括新课程标准学习等，就如何培养学生物理核心素养开展各项活动进行安排、总结，得到了校领导的肯定和支持。

尽管学校当时实验条件差，但我还是尽可能多地让学生去实验室上课。疫情防控期间，我也组织学生在家搞小实验，把视频发到班级群展示。

两年的时间，无论刮风下雨，从华城湿地到安新二中的路上都有我们支教团队的足迹，风雨无阻。

在雄安支教期间，我们得到了胡校长、新区公局、安新二中师生的大力支持和帮助，得到了八十中学校领导的指导和帮助，得到了物理组同仁的支持和帮助，终生难忘，在此一并表示感谢。

2021年暑假后，我离开了支教的安新二中，支教任务圆满结束。人虽然离开了雄安，但是仍然心系雄安。同年12月，应胡校长之约，我为容和第一高中的于丹丹老师就"探究两个互成角度的力的合成规律"课题进行远程辅导。经过具体指导，于老师的课题研究有了创新点，把力的合成平行四边形法则在单纯的图示法之外增加了另一种表达，以下是课题总结的部分片段。

七、创新要点

力（矢量或向量）的合成遵循平行四边形法则，在中学教材、课标中，只有实验法和作图法两种方法。本节课在采用手持技术数字化实验器材进行实验，得到平行四边形定则后，为了加深学生的理解，拓展学生的思维，在学生能接受的情况下，设置兴趣小组，指导学生运用公式法推导平行四边形定则。

建立平面坐标系，用两个有序数表示一个矢量，$|A>\backsimeq\begin{pmatrix}1\\2\end{pmatrix}$，$\backsimeq|\ |B>\begin{pmatrix}2\\1\end{pmatrix}$，对应的两个数代数相加后，产生新的有序数$\begin{pmatrix}3\\3\end{pmatrix}$，这个新的有序数表示的矢量$|C>$即是$|A>$、$|B>$合成的矢量，由图可知符合平行四边形定则。从而将矢量加法运算（平行四边形法则或三角形法则）转变成标量运算。

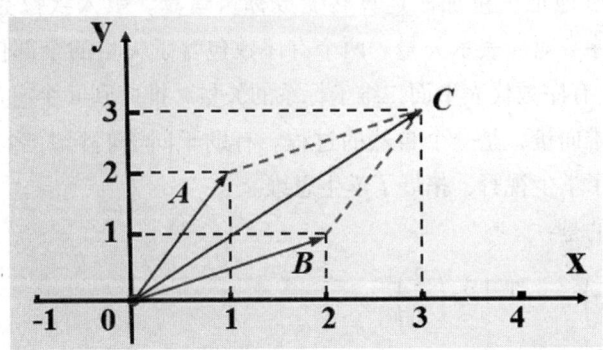

公式推导

$|A>\backsimeq\begin{pmatrix}1\\2\end{pmatrix}$，$\backsimeq|\ |B>\begin{pmatrix}2\\1\end{pmatrix}$

$|A>+|B>$

$\backsimeq\begin{pmatrix}1\\2\end{pmatrix}+\begin{pmatrix}2\\1\end{pmatrix}$

$\backsimeq\begin{pmatrix}1+2\\2+1\end{pmatrix}$

$\backsimeq\begin{pmatrix}3\\3\end{pmatrix}\backsimeq C>$

八、实验效果评价

本节探究实验教学过程中,以学生为主体,创设情境引出力的合成问题,引导学生逐步建立物理模型,使用手持技术数字化实验器材(力传感器、数据采集器和配套软件)进行实验,达到了预期的教学效果。

1. 学生通过位移合成规律对力的合成规律进行合理猜测,并能以小组为单位设计实验进行验证,学生的迁移能力、动手能力和合作能力均得到了提升;

2. 本节课使用手持技术数字化实验器材进行探究,实验具有数据采集智能化、数据可视化等优点,学生掌握了力的合成遵循平行四边形定则,并能熟练使用力的平行四边形定则解决实际问题;

3. 两个有序数对应元素的代数和与矢量加法符合的运算平行四边形定则,是等价的。巧妙地把矢量加法运算转变成标量运算。引入狄拉克(Dirac)符号,与两个有序数对应表示矢量。两个有序数包含了矢量的全部信息(大小和方向)。把两个有序数代表平面二维坐标系的矢量,推广到 n 个有序数表示 n 维向量空间的 n 维向量,是一个自然的过程。有助于同学们到大学进一步学习量子力学。开阔了学生视野,拓展了学生思维。

特别指出的是:

$$|A> \simeq \begin{pmatrix} 1 \\ 2 \end{pmatrix}, \quad \simeq | \ |B> \begin{pmatrix} 2 \\ 1 \end{pmatrix}$$

$$|A> + |B>$$

$$\simeq \begin{pmatrix} 1 \\ 2 \end{pmatrix} + \begin{pmatrix} 2 \\ 1 \end{pmatrix}$$

$$\simeq \begin{pmatrix} 1+2 \\ 2+1 \end{pmatrix}$$

$$\simeq \begin{pmatrix} 3 \\ 3 \end{pmatrix} \simeq C>$$

这个创新点需要具有线性代数、量子物理方面的知识。把平行四边形法则图示法进行扩展,是毕达哥拉斯定理数形结合的又一个突破。两个有序数对应元素的代数和与矢量加法符合的运算平行四边形定则,是等价的。巧妙地把矢量加法运算转变成标量运算。引入狄拉克(Dirac)符号,与两个有序数对应表示矢量。两个有序数包含了矢量的全部信息(大小和方向)。如果把两个有序数代表平面二维坐标系的矢量，推广到 n 个有序数表示 n 维向量空间的 n 维向量，是一个自然的过程，有助于同学们到大学进一步学习量子力学。开阔了学生视野，拓展了学生思维。

特别感谢王亚茹老师、于丹丹老师、王佳义老师、孙彩红老师，他们学历高，思路敏捷，为课题创新助力出彩。

道阻且长，行则将至，行而不辍，未来可期。经过人们的接续奋斗，雄安的教育芝麻开花节节高。

宋福龙

2023.7.15

一段难忘的岁月，一段宝贵的经历

北京市第八十中学　许　浩

千年大计，教育先行。在雄安新区的建设中，作为一名教育工作者，我有幸加入第一批北京援建雄安的队伍中，参与到雄安教育改革提升的初级阶段。跟随胡校长在安新二中的3年支教，让我亲眼看见了这所学校翻天覆地的变化，看到了这所学校精气神的快速提升。

从2018年9月1日来到雄安，我就全身心投入学校的教育教学工作中。教学上重点做的一件事就是让实验回归化学课堂，没有实验的化学课是空洞无味的纸上谈兵，学生不会喜欢。二中老的实验室设备陈旧、铁架台长锈、橡胶管老化，缺乏很多基本的药品，没有专门的实验员，甚至没有一个通风橱。教师们不进实验室已经很多年，因为每做一次实验都实在是困难重重。首先教师要亲自到保定去买药品，并且还不一定买得到；每一瓶试剂都需要教师亲自灌装；每一套装置都要教师亲自去组装：一堆的试管、镊子、酒精灯、滴管、火柴等，准备好一节实验课得花好几天时间。但是面对雄安的新形势，面对一群雄安未来的建设者，安新二中的化学组动起来了。大家联合起来，互帮互助，自制实验教具，先从简单的演示实验开始，再慢慢尝试一个年级的分组实验。化学课堂活起来了，学生的学习积极性也活起来了。记得做萃取分组实验的装瓶时，我在实验室需要把四氯化碳分装到每个小组的试剂瓶，灌装过程中发现试剂瓶滴管橡胶头老化干裂了，我不得不临时换橡胶头。在没有通风设施的实验室忙完一节课后，我出现四氯化碳中毒迹象，耳朵听不到任何声响，赶紧去安新县医院，折腾了一宿才缓解。事后学校马上安装了通风橱，开始培训实验员，更新一些实验器材，实验条件得以大大改善。师生教与学热情高涨，先后有几位教师参加河北省教学比赛获奖，屈千翔同学更是在2020年化学奥林匹克竞赛北京赛区获初赛一等奖，创造了安新县的历史。

安新县的教师辛苦，班主任则更是辛苦！支教3年我也担任3年的班主任，实实在在体会到当地班主任的不容易。每天早上6点20分准时陪着学生开始跑操,中午陪着学生在教室午休,22点10分学生洗漱完毕上床休息,班主任巡视完毕才能回家。不管刮风下雨,天天如此。课间教师们还需要参与到德育处的管理当中,去巡查各个点位,监督提醒学生别出现抽烟、点外卖等违纪行为。不停地提醒,反复地纠正,再三地沟通。记得在北京电视台的一次采访中,我班的班长崔子航说了一句话,令我记忆犹新:"班主任陪伴我们的时间比我们的父母亲都要长。"确实,5年过去了,依然清晰记得在二中黄土飞扬的土操场上我陪着孩子们军训,记得每个早读准时出现在各班教室的胡校长和启华老师,记得在没有空调的办公室里汗流浃背,和学生谈人生理想,记得拿个塑料袋装饭又装菜和学生一起吃饭的食堂,记得一个学生家长送来的自己家做的窝头,记得夏天晚上巡楼后准备回家时一群叫着老师再见的光屁股的男孩子……

3年支教基本上住在安新,回京少,但在北京的田校长时刻关心我们支教小分队的工作和生活;在安新的胡校长则把小分队紧紧团结在一起。仍记得田校长和刘书记带队来安新看望大家,想起胡校长爱人给我们包的韭菜馅饺子!

陪伴是最长情的告白,3年里我陪着我在安新的学生长大,我陪着我在安新的同事一起进步,我陪着北京的同事在安新坚守。这3年,我付出了一片真心,也收获了很多很多。

5年过去了,雄安新区的面貌日新月异。我想不管过去多久,我依然会记得这段难忘的3年支教生涯。祝愿新区的孩子们尽快担负起建设家乡的重任,祝福新区越来越好!

许浩
2023.7.5